全国高等教育自学考试指导委员会

全国高等教育自学考试工商企业管理专业（品牌管理方向）指定教材
中国品牌管理岗位水平证书考试

品牌营销管理

Brand Marketing Management

（附考试大纲）

主　编◎卫军英

全国高等教育自学考试工商企业管理专业（品牌管理方向）教材编写委员会

经济管理出版社
ECONOMY & MANAGEMENT PUBLISHING HOUSE

图书在版编目（CIP）数据

品牌营销管理/卫军英主编. —北京：经济管理出版社，2011.3

ISBN 978-7-5096-1301-6

Ⅰ.①品…　Ⅱ.①卫…　Ⅲ.①品牌营销—销售管理—高等教育—自学考试—教材　Ⅳ.①F713.50

中国版本图书馆 CIP 数据核字（2011）第 034881 号

出版发行：**经济管理出版社**

北京市海淀区北蜂窝 8 号中雅大厦 11 层

电话：(010)51915602　　　邮编：100038

印刷：三河市延风印装厂　　　　　　经销：新华书店

组稿编辑：勇　生　　　　　　　责任编辑：王　琼
责任印制：杨国强　　　　　　　责任校对：陈　颖

720mm×1000mm/16　　　　　　21 印张　　　377 千字
2012 年 5 月第 1 版　　　　　2012 年 5 月第 1 次印刷

定价：42.00 元

书号：ISBN 978-7-5096-1301-6

专家指导委员会

主 任：郭冬乐

副主任：赵宏大

委 员（按姓氏笔画排序）：

丁俊杰　中国传媒大学学术委员会副主任、国家广告研究院院长、教授、博士生导师

丁桂兰　中南财经政法大学工商管理学院教授

万后芬　中南财经政法大学工商管理学院教授

卫军英　浙江理工大学文化传播学院教授

王方华　上海交通大学安泰管理学院院长、教授、博士生导师

王永贵　对外经济贸易大学国际商学院副院长、教授、博士生导师

王淑翠　杭州师范大学副教授

王稼琼　北京物资学院院长、教授、博士生导师

甘碧群　武汉大学商学院教授

白长虹　南开大学国际商学院教授

乔 均　南京财经大学营销与物流管理学院院长、教授

任兴洲　国务院发展研究中心市场经济研究所所长、研究员

刘光明　中国社会科学院研究生院教授

吕 巍　上海交通大学教授、博士生导师

孙文清　浙江农林大学人文学院教授

庄 耀　广东物资集团公司董事长、党委书记

纪宝成　中国人民大学校长、教授、博士生导师

许敬文　香港中文大学工商管理学院教授

吴波成　浙江中国小商品城集团股份有限公司总裁

宋 华　中国人民大学商学院教授、博士生导师

宋乃娴　中房集团城市房地产投资有限公司董事长

张士传　中国国际企业合作公司副总经理

张云起　中央财经大学商学院教授
张世贤　中国社会科学院研究生院教授、博士生导师
张永平　中国铁通集团有限公司总经理
张昭珩　威海蓝星玻璃股份有限公司董事长
张树庭　中国传媒大学 MBA 学院院长，BBI 商务品牌战略研究所所长、教授
张梦霞　首都经济贸易大学工商管理学院副院长、教授、博士生导师
李　飞　清华大学中国零售研究中心副主任、教授
李　蔚　四川大学工商管理学院教授
李天飞　云南红塔集团常务副总裁
李先国　中国人民大学商学院教授、管理学博士
李易洲　广东商学院教授
李桂华　南开大学商学院教授
杨世伟　中国社会科学院工业经济研究所编审、经济学博士
杨学成　北京邮电大学经济管理学院副教授、管理学博士
汪　涛　武汉大学经济与管理学院教授、博士生导师
沈志渔　中国社会科学院研究生院教授、博士生导师
周　赤　上海航空股份有限公司董事长、党委书记
周　南　香港城市大学商学院教授
周勇江　中国第一汽车集团公司副总工程师
周济谱　北京城乡建设集团有限责任公司董事长
洪　涛　北京工商大学经济学院贸易系主任、教授、经济学博士
荆林波　中国社会科学院财经战略研究院副院长、研究员、博士生导师
赵　晶　中国人民大学商学院副教授、管理学博士后
徐　源　江苏小天鹅集团有限公司原副总经理
徐二明　国务院学位委员会工商管理学科评议组成员，中国人民大学研究生院副院长、教授、博士生导师
徐从才　南京财经大学校长、教授、博士生导师
徐莉莉　中国计量学院人文社会科学学院副教授
晁钢令　上海财经大学现代市场营销研究中心教授
涂　平　北京大学光华管理学院教授
贾宝军　武汉钢铁（集团）公司总经理助理
郭国庆　中国人民大学商学院教授、博士生导师
高　闯　国务院学位委员会工商管理学科评议组成员，首都经济贸易大学校长助理、教授、博士生导师

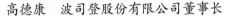

前 言

面对日益激烈的竞争格局，中国企业发现，是否拥有"品牌"已关系到企业的生存与发展，参与市场竞争就必须打造"品牌"，形成自己的核心竞争力。但是，中国企业目前仍面临着对品牌管理专业人员的巨大需求与品牌管理专业人员严重短缺的突出矛盾。为了解决这一矛盾，多渠道、多层次、多方面加快复合型实用人才的培养，促进企业持续、健康的发展，教育部考试中心与中国市场学会决定，在全国共同实施中国品牌管理岗位水平证书考试（Brand Management Accreditation Test，BMAT）。

中国品牌管理岗位水平证书考试分为初级、中级、高级三个级别。初级证书包括品牌管理学、品牌公共关系与法律实务、品牌质量管理、品牌营销管理、服务品牌管理、品牌传播管理6门课程（含实践环节），取得以上6门课程单科合格证者，可获得"中国品牌管理岗位（初级）水平证书"。中级证书包括品牌形象与设计、品牌价值管理、品牌案例实务3门课程（含实践环节），取得以上3门课程单科合格证并通过企业品牌管理案例研究报告评审者，可获得"中国品牌管理岗位（中级）水平证书"。高级证书包括品牌战略管理、品牌危机管理、品牌国际化管理3门课程（含实践环节），取得以上3门课程单科合格证、具备3年以上工作经验并通过企业品牌管理案例研究报告评审及答辩者，可获得"中国品牌管理岗位（高级）水平证书"。

中国品牌管理岗位水平证书单科考核合格，可以在全国高等教育自学考试工商企业管理专业（品牌管理方向）（专科、独立本科段）中获得相应课程的学分。

凡在市场营销、广告策划、产品管理、公关策划、品牌管理等领域工作或希望从事相关工作的人员，均可自愿选择不同级别证书的考试。中国品牌管理岗位水平证书考试报名资格没有学历、专业等方面的限制，也不需要逐级报考。

本课程既是中国品牌管理岗位水平证书考试的课程，又是高等教育自学考试工商企业管理专业（品牌管理方向）的课程，详见网站 www.chinanb.org.cn 和 www.bmat.org.cn。

由于这套教材的编写时间仓促，难免有不妥之处，敬请读者批评指正！

教育部考试中心

中国市场学会品牌管理专业委员会

目　录

品牌营销概述

学习目标

知识要求 通过本章的学习，掌握：

● 营销及品牌营销的内涵
● 营销观念的历史演变
● 品牌营销观念的形成
● 品牌竞争的特点
● 品牌的功能和作用

技能要求 通过本章的学习，能够：

● 了解品牌营销的内涵
● 熟悉营销观念的发展过程
● 清晰认识品牌营销思想
● 熟悉品牌竞争的特点
● 了解品牌的功能与作用

1

学习指导

1. 本章内容：营销以及品牌的概念与内涵；营销观念的发展过程；品牌营销观念的形成；品牌竞争的主要特征；现代营销中的品牌功能。

2. 学习方法：结合案例，强化概念辨析；注重结合现实加以思考，观察现实中的品牌现象，由具体而抽象，逐步建立营销思维和品牌意识。

3. 建议学时：6 学时。

引导案例

耐克彰显品牌核心价值

成立于 1972 年的这家体育用品公司，1978 年才正式打出它的品牌"耐克"。然而很快它便超过了在此之前一直居于其前面的领导品牌阿迪达斯、彪马、锐步等，成为世界体育用品的第一品牌。耐克被誉为"近 20 年世界新创建的最成功的消费品公司"，在形形色色的世界品牌排行榜中，它也一直位居前列。在美国有高达 70% 的青少年的梦想是拥有一双耐克鞋，在中国，当 1993 年 1 月，一家规模不大的耐克经销商在上海开店时，许多消费者天未亮就开始排队，希望自己是国内第一个拥有这种美国明星产品的顾客。2005 财年耐克全球的销售额高达 137 亿美元，同一年它在中国的销售额超过 4 亿美元。耐克以自己辉煌的业绩不断刷新着自己的品牌神话，成为市场上赢得消费者的真正的胜利女神（Nike 原意即为"古希腊的胜利女神"）。

耐克的市场突破口首先选择了青少年。这一市场上的消费者有一些共同的特征：热爱运动，崇敬英雄人物，追星意识强烈，希望受人重视，思维活跃，想象力丰富并充满梦想。针对青少年消费者的这一特征，耐克相继与一些大名鼎鼎、受人喜爱的体育明星签约，如乔丹、巴克利、阿加西、坎通纳等，他们成为耐克广告片中光彩照人的沟通"主角"。早在 20 世纪 70 年代后期，美国社会正处于"唯我独尊的年代"，与上一代相比新生代受教育程度较高，生活更加富裕，也更加追求以自我为中心的价值观念。在美国每位体育明星都被视为一个成功实现自我的奇迹。耐克敏锐地发现了新生代的思潮趋向，大量运用体育明星作为品牌代言人，尤其是迈克尔·乔丹长达十多年与耐克结缘，从一个籍籍无名的球员成长为一代篮球巨星，从而实现了一次完美而富有激情的品牌魅力创造。在耐克的广告中体育明星们也不是穿着耐克鞋跑来跑去，而更多的是真实地再现他们拼搏的精彩瞬间。耐克这种独特的自我价值关怀深刻地感染了新生代，于是从球场到城市街道，到处出现了穿着耐克鞋的健身族。进入 20 世纪 90 年代后，美国社会自我崇拜的热情渐渐退去，人们变得更加关注现实的自我，耐克再一次敏锐地发现了这种变化。虽然大部分广告代言的主角仍旧是体育明星，但是已经没有了那种超人般的气质，而是像普通人那样在感受着压力、困惑甚至失败。于是"Just do it"成为一种信念，成为人们在压力和困惑中自我激励的信条。

案例来源：卫军英《整合营销传播典例》，杭州：浙江大学出版社，2008 年版。

➡ 思考题：

1. 品牌营销对企业竞争有什么意义？
2. 在现代营销中品牌能够创造什么价值？

第一节　营销概念与品牌内涵

营销是一项古老而又永远富有新意的工作，它几乎是伴随着商品的产生而产生的。与此同时随着市场的发展，营销的内涵以及营销观念也在不断发展。品牌营销是市场营销发展到一定阶段的产物，虽然品牌现象并不新鲜，但是关于品牌的话题却永远新鲜。因此要认识品牌营销就必须从认识营销与品牌的内涵开始。

一、市场营销及营销观念

营销是企业组织或者个人推广自己的产品或者服务的市场行为，如果究其本源，营销从最原始的商业萌芽时期就已经开始，然而现代营销观念是在20世纪初期开始形成的。现代营销在形成过程中不仅建构了一套完整的理论框架，而且也形成了系统性的营销观念。

按照今天的理解，所谓营销指的是企业或者其他组织用以在自身或者客户之间进行价值转移（或交换）的一系列活动。有关营销概念的具体表述有许多种，菲利普·科特勒教授从社会的角度加以表述，认为"营销是个人和集体通过创造，通过销售，并同别人自由交换产品价值，以获得其所需所欲之物的社会过程"。[①] 这个定义中包含了一些核心要素：需要、欲望和需求；产品；价值和满足；交换和交易；市场；营销和营销者。值得注意的是，现代营销把消费者的欲望和需求作为整个活动过程的出发点，企业的任务是提供满足这种欲望和需求的产品。这种认识与以往一个明显的不同就在于，将营销的时代需求和市场变成了领先一步的要素，产品只是它的追随者。这一观念是现代市场发展的必然结果，它包含了超越营销现象之上的哲学含义，所以我们简单地把现代营销哲学概括为——需求对应模式。也就是说，现代营销以需求作为核心建构了自己的理念，其出发点是消费者的欲望和需求，落脚点也是如何满足消费者

---

① ［美］菲利普·科特勒、凯文·莱恩·凯勒：《营销管理》（第12版），上海：上海人民出版社，2006年版，第6页。

的欲望和需求，过程为通过发现需求、满足需求然后实现自己的价值。

因为人的需求不仅有物质需求，而且也有社会需求，所以从某种意义上说需求是无限的，因此营销的空间也是无限的。当然这种以需求为导向的营销追求并不是一朝一夕突然而来的，正如营销观念从传统的 4P 转向 4C 一样，它是市场发展演变的必然结果，正因此品牌才可能超越产品本身，成为更进一步的具有社会意义消费需求，对此我们在后面章节中将进一步介绍。

二、品牌概念的理解

环顾周围，无时无处不充斥着品牌。一早起来你很可能用很有品牌知名度的"高露洁"牙膏刷牙，女士们在出门前也许会略微洒一点来自巴黎的"香奈尔"香水，然后穿上一件流行的"伊芙心悦 EVENY"时尚外衣，满怀自信而又面带微笑地迈出家门。你开着自己的"凯美瑞"车汇入早高峰的上班车流中，汽车蜗牛般地缓缓前行，你把收音机调到自己喜欢的"开心早点"频道，听着甜甜而又不失性感的女播音员温婉地和你调侃，看着大街上五光十色的品牌广告炫彩夺目……在路过著名的"天长小学"时，你禁不住向校园张望一眼，希望自己的孩子能够进入这所著名的学校。当车子穿过大街停在"花旗银行"办事处门口，你充满自豪地走进了自己的办公室。

现代人生活在品牌的世界中，时刻接触着品牌，品牌像是一双"无形的手"左右着我们，消费者近乎盲目地追逐品牌，企业则带着狂热在塑造品牌，关于品牌的研究著作汗牛充栋。然而我们在对品牌司空见惯的同时，却生出一种熟视无睹的麻木和含混。品牌究竟是什么？对此几乎每一个接触品牌的人都会有自己的理解，而不同的专家学者也给予了不同的解释，其中不乏各种感性的说法，诸如：

——"品牌是质量和信誉的象征。"

——"品牌就是一种类似于成见的偏见，正如所有的偏见一样，对处于下风的一方总是不利的。"

——"品牌是一种无形的速记形式，主要功能是减少人们在选择商品时所需花费的时间和精力。"

——"品牌包含着一个提供功利性的产品，再加上一个足以让消费者掏钱购买的价值感。"

各种说法都触及品牌的实质，但是却并非一种普遍性的概括定义。事实上很少有人能够确切地说出品牌的概念，也很少有人去仔细辨析品牌"面纱"下的诸多区别。在现代汉语中从词源学角度看并没有品牌这个概念，而"品"和"牌"两个字在 20 世纪 80 年代之前，也没有构成一个完整的术语，显然品牌

（Brand）是一个引进的概念。《韦伯斯特词典》中对"品牌"的解释是："由热铁烙成的印记，如烙在动物身上表示所有权，或者印在包装容器表面以表明内容物的品质制造等；用任何其他方式制成的类似身份标志，如商标。因此，品质、等级或者成分等都可以成为认定优秀面粉品牌的标志。"①《辞海》中对"牌"的解释与"品牌"相关的部分是："产品的名号，如解放牌汽车、中华牌香烟。"这些都与品牌最初的概念接近。现代营销学界对品牌具有权威解释的是美国市场营销协会（American Marketing Association）对品牌所作的定义：

品牌是一种名称、术语、标记、符号或设计，或是它们的组合运用，其目的是借以辨认某个销售或者某群销售者的产品或服务，并使之与竞争对手的产品或服务区别开来。

显然，这个概念是对品牌的基本定义，它着眼于品牌的标志性特征。对此营销学权威菲利普·科特勒（Philip Kotler）和品牌研究专家凯文·莱恩·凯勒（Kevin Lane Keller）的解释是："一个品牌就是在某些方式下能将它和用于满足相同需求的其他产品或者服务区别开的一种产品或者服务的特性。这些差别可能是功能、理性方面的或者有形的——与品牌的产品性能有关；也可能是象征性、感性或者无形的——与品牌所代表的观念有关。"②在这个解释中，品牌是用来表明某种产品或者服务的，其主要作用是可以作为同类产品或者服务之间进行相互分辨的区隔方式，而品牌本身作为差别显示可以有多种表现方式，包括音、形、意等多个方面，可以是名称、专门术语，也可以是标记符号或者相应的设计。按照这种定义，我们可以做出如下五个方面的理解：

（1）品牌是一个名称。它用来指称某个产品或者服务，也可以指称某个组织机构。如农夫山泉、中国银行，它们都代表了不同的产品或者服务机构。

（2）品牌是一种标志。它可以使自己区别于同类，这种区别不仅是名称还有更多延伸。如宝马和奔驰都是豪华轿车，但是品牌不同却表明它们之间的明显区别。

（3）品牌是一种象征。它不仅指代产品服务的有形特征，而且也代表某些无形特征。如香奈尔不仅是一种香水品牌，还是一种高贵的象征。

（4）品牌具有符号性。它具有特别的乃至法定的显示方式，包括音、形、意等设计形态。如可口可乐的主要符号是斯宾赛体的"Coca-Cola"。

---

① ［美］唐·舒尔茨、海蒂·舒尔茨：《唐·舒尔茨论品牌》，北京：人民邮电出版社，2005 年版，第 2 页。

② ［美］菲利普·科特勒、凯文·莱恩·凯勒：《营销管理》（第 12 版），上海：上海人民出版社，2006 年版，第 304 页。

（5）品牌代表了竞争。它之所以被用于商业，其目的是要与竞争对手有所区隔。如微软不仅使之有别于竞争对手，而且意味着它是行业领袖。

三、品牌的基本内涵

按照对品牌权威定义的解释，似乎有关品牌概念的理解是非常清晰的，但事实上长期以来关于品牌的认识却模糊而又繁杂。之所以会这样，是因为品牌所涵盖的范围及其象征意义和竞争属性，决定了品牌本身不可能停留在一个静止的表述状态，随着营销和管理的深入，品牌也变得越来越复杂，而所有这些都来自于品牌内涵的丰富性，以及在品牌营销过程中它所展示的广袤的外延性。为了便于认识品牌和品牌现象，我们简单地从品牌依附物、品牌标识物和品牌象征物三个方面来把握品牌内涵。

1. 品牌依附物

品牌依附物主要是指品牌本身所附着的物质功能，也可以称为品牌的物质属性。即在品牌构成中，直接体现其满足需求和有用性价值的物质形式，主要指品牌作为有形存在具体可感的那一部分。物质属性是一切品牌赖以存在的物理载体，如果没有这个物理载体，品牌将无法获得持续生存。这种具有物质性的需要，是任何一个品牌都不能缺失的，它只能由产品或者服务的功能价值来完成。比如，"联邦快递"作为一个品牌，本身必须具有相应的快递和物流服务能力，满足市场对快递物流的需要；又如，我们认同"海尔"这个品牌，首先是因为它提供了具体的产品和服务功能，我们不仅以此明确辨认出"海尔"牌的冰箱、"海尔"牌的洗衣机、"海尔"牌的空调等，而且可以使用它实现相应的目的和需要。

从品牌所包含的物质属性来认识它的内涵，首先涉及的基本要素是产品、服务等功能价值。在现代营销中产品和服务是一个基本概念，所谓产品指的是企业或组织为满足社会需要而设计、生产，并向社会提供的物化劳动成果或者服务形态。这种物化劳动成果或服务形态，已经远远超出了传统意义上的生产资料或者生活资料，它广泛地涵盖了一切可实现价值交换的物质或者观念形态。如手机、饮料、电影、保险、培训、咨询、主持人等，都可以归属于产品或者服务形态。在商业社会中任何产品或服务，都是以直接满足人类需求而存在的，具有一定的功用特征，不论物质产品还是精神产品都是如此。正如科特勒和凯勒所说："很多人认为产品只是实物，其实不然。产品（Product）是能够提供给市场以满足需要和欲望的任何东西。产品在市场上包括实体商品、服务、体验、事件、人物、地点、财产、组织、信息和概念。"①

显然，任何一个品牌不论它以什么方式展示，但是究其依附的基础而言，都不能摆脱这种产品或者服务形态。这是因为任何消费者的需求最终都可以归之于对功能价值的追求，因此脱离了功能价值基础的品牌，只能是一种子虚乌有的空中楼阁。而功能价值的源是扮演者，就是产品或者服务本身。按照我们对产品的理解和界定，其包含了三个方面内容：核心要素即满足某种需求并解决具体问题的使用价值；表现形式即有形产品如质量、内容、特点、样式、品牌、包装等；产品附加值即相关附属的服务和利益等。

2. 品牌标识物

产品或服务是品牌的物质基础，但这并不意味着产品或者服务本身就是品牌。因为产品或服务所代表的只是一种功能形态，这种功能形态在大多数情况下是某一类型产品或者服务所共有的。比如，我们说银行是一个提供金融产品的服务机构，但是银行代表了一个广泛的服务行业，还不是一个确切的产品或者服务品牌。因此一个具体的产品或者服务品牌，进一步还应该确指某项产品或者服务，这就涉及产品或者服务的名称、商标和标志，这些用来将特定产品或者服务从同类中区别的事物，就是我们所说的品牌标识物。

很多人在观察品牌时，常常把品牌与名称或者商标相提并论，之所以如此是因为在日常生活中，我们往往用名称或者商标简单地代指某一具体品牌。实际上名称和商标虽然是品牌代指，但并不完全就是品牌本身，而只是品牌的标识和符号形态。它们的首要功能是区分具体的产品或者服务形态，进一步的则是暗示产品或者服务的深层次内涵。比如，名称是与品牌密切相关的一个概念，在认识品牌名称时必须明白，名称本身可以分为产品名称和品牌名称。产品名称是人类的共有资源，一般不作为品牌名称或者注册商标使用，如汽车、微处理器、电视、学校等。但品牌名称则具有专用性，属于品牌独自拥有。品牌名称顾名思义，就是指品牌的文字符号，它涵盖了产品和企业的一些文化属性内容，是产品和企业多种特质的识别工具，也是方便记忆的工具。通常名称具有文字、语音、图形等符号性特征。商标就是企业组织运用文字、语音、色彩、字形、图案等元素来表征自己品牌的法律界定。商标一经国家商标认证机构注册确认，其拥有人就具有了各项使用权利，它受法律保护，在知识产权范围内，未经许可他人不可使用，商标具有排他性。

---

① ［美］菲利普·科特勒、凯文·莱恩·凯勒：《营销管理》（第 12 版），上海：上海人民出版社，2006年版，第 414 页。

3. 品牌象征物

从对品牌要素的理解中，我们进一步发现，虽然品牌的功能基础是产品或者服务，它的标识体现为名称和商标等符号形态，但是品牌本身却并不仅停留于此。单纯的产品在大多数情况下是无法进行区分的。如同样是大学，都拥有教师、课程、学生等，其所提供的服务也同样是教育。如果从共同特征上考虑，几乎没有任何差别。有了标识使之能够有所区别，如哈佛大学、北京大学、同济大学等，人们所想到的不是教师和设备，而是不同的高等学校所代表的不同教育特色，显然在这里"哈佛"、"北大"、"同济"等，就是一个标识性符号，给人们提供差异性识别可能。但有趣的是，人们在选择产品或者服务的时候，却并不是在选择差异性标识本身，而是选择这个标识符号所代表的更深层次的产品或者服务功能，由此可见而人们的选择通常并不是产品，也不是标识，而是品牌。

从差异性选择上看，我们会发现很多不同，其中最重要的就是人们对在购买时的选择性需求是品牌而不是产品。当然，品牌也不能单纯理解为产品或者服务的名称或商标，因为单纯的名称或者商标，如果没有包含或代表更多的集合价值，其充其量只能起到一种肤浅的区分作用，而不能起到一种象征和暗示。比如，当我们提到手机产品时，有很多可供选择的品牌，诺基亚、摩托罗拉、海信、三星、飞利浦等，不同的标识虽然很清楚地区别出了不同的品牌，但是这些标识并不能构成我们选择的原动力，在购买时影响购买决定的因素，还是隐藏在产品或服务标识之下的深层次品牌要素，这就是品牌的象征部分。

品牌象征部分是一种复杂的多元现象。这是因为一个品牌不仅代表了产品本身，而且还代表了由产品所关联的一切顾客感知，而公司或者组织所提供给消费者的也不仅仅是产品或服务，还有更多的集合因素。这些整体的产品集合所传达出的顾客感知，也就是品牌内容。正如我们看到或者想到奔驰汽车、香奈尔香水时，所产生的联想要远远大于对这类产品的认识。因此整合营销传播专家汤姆·邓肯（Tom Duncan）认为："品牌即指所有可以区分本公司和竞争对手产品的信息和经验的综合并为人所感知的内容。"[①] 在这里品牌包含了一定的真实可感成分，它是产品物质特性的体现，而且因为具体品牌的原因，使得这种产品功用成分有了可以辨认的具体线索，如相应的品牌标志、颜色、包装等，这些都属于品牌的可识别性所在。但是对于顾客来讲，这些远远不是品牌的全部，甚至也不是重要内容所在，因为可识别性成分只是一种简单的区隔方

---

① ［美］汤姆·邓肯：《整合营销传播：利用广告和促销建树品牌》，北京：中国财政经济出版社，2004 年版，第 13 页。

式，而严格意义上说品牌并不是一个物质实体，而是存在于顾客头脑中的完整鲜明的集合对象。它的存在依赖的是品牌传达给顾客的一系列与品牌相关的信息、经验和联系，所以从某种意义上讲与其说品牌是一种真实的具象之物还不如说品牌是一种经验性的心里感觉。正是由于感觉因素的存在，即便是相同使用功能的产品，完全可以具有不同的感觉功能，因而也就导致了它们之间的价值不同，有时候这种价值甚至远远大于它们可以被理性认识到的差别。比如，对于时尚女性来说，一件名牌时装的价格可能是一件同样时尚但却并不出名时装的数十倍，但是对于购买者而言，似乎感觉对前者的多付出是理所应当的。

一个简单的道理是，任何具有品牌的产品，它所提供给消费者的不仅是单纯的功能价值，而且还有一种感觉价值。也就是说，顾客在选择一个品牌时，不仅考虑其所带来的实惠，更重要的还是选择它所带来的情感体验，而品牌的完整价值则是这两种价值的统一，同时在更大意义上感觉价值超过了功能价值。正如前文所说，所有的商业物品都具有象征性特点，既象征着个人的属性与目标，也象征着社会的模式与竞争。因此人们对商品的选择实际上就是对品牌的选择。换句话说，就是消费者的商品需求是品牌而不是产品。当然这种观念是在营销发展中逐渐产生的，或者说是在需求充分社会化之后才发展起来的。

第二节　营销观念的历史演进

9

从营销观念的演变过程看，在企业发展的不同阶段或者不同企业发展模式下，其市场行为往往代表了不同的市场观念和市场形态，同时也显示了市场主导力量的变化和转移。从纵向发展过程看，以演进形式呈现的营销，大致有以下几种形态。

一、市场营销观念的演变

按照菲利普·科特勒的说法，营销观念的变化主要经历了五个阶段：

1. 生产观念

这是最为传统的企业经营观念。它把企业的任务界定为生产各种产品，认为消费者只是喜爱那些随处可得、价格低廉的产品，因而企业的任务就是通过提高生产效益、降低生产成本来实现大规模的生产。在产品供应短缺时期，或者是生产成本很高时期，这种观念十分流行。相对而言，那时的企业十分单纯，只要埋头生产就可以，企业利润的实现完全来自于生产规模的扩大和生产成本的降低。

2. 产品观念

产品观念是单纯生产观念的一种发展。这种观念认为,消费者喜欢高质量、多功能和具有某些特色的产品。因此企业将工作的重心集中在精心制作产品上,认为只要产品质量上乘,消费者总会出钱购买它。科特勒描述这些企业,它们声称,"我们制作最好的男人服装"或者"我们生产最好的电视机",但是却弄不清楚市场为什么对此不感兴趣。有一个有趣的故事,办公室文件柜制造商认为它的文件柜一定好销,因为它们是世界上质量最好的。它称:"这些柜子从四层楼上扔下去仍旧会完好无损。"然而企业的销售经理却一边附和这种观点一边回答:"但是我们的顾客并不打算把它们从四层楼上扔下去。"

3. 推销观念

市场营销一个基本的内容就是交换,正因为这样推销迄今为止仍旧是大量企业保持不变的一种市场观念。这种观念认为,消费者通常具有一种购买惰性或者抗拒心理,试图让消费者购买,就必须对其进行劝说,或者运用一系列促销行为诱使其购买。从这种观念出发,运用什么样的促销技巧,如何更有效地推销就成了问题的关键。

通常所讲的强销(Hard Sale)就是推销观念的一种集中表现。由于这种观念与现代营销有许多融合之处,作为一种营销手段它仍旧受到广泛运用。今天绝大多数公司,在大量同质化和相对过剩的市场上,常常奉行的也是推销政策。这种政策的阶段目标是,努力销售所生产的东西,而不是生产能够出售的东西。当然对于销售来讲,推销必不可少,但是推销要真正地有效,必须要符合营销前提,恰当地评价客户需求,周详地研究分析,科学地开发产品,并且合理地定价,寻求有力的分销等。否则,推销只能令人生厌。

4. 营销观念

营销观念认为,实现组织目标的关键在于正确确定目标市场需求和欲望,并且比竞争对手更有效、更有利地传送目标市场所期望满足的东西。有关营销观念有许多感性描述:

"发现欲望,并满足它。"

"生产你能出售的东西,而不是出售你能生产的东西。"

"我们不能只经销有能力制造的产品,而要学会生产能够销掉的产品。"

从这些感性描述中可以看出营销观念与推销观念的根本不同。哈佛大学著名营销学家泰德·莱维特(Theodore Levitt)教授认为:"推销观念注重的是卖方需要;营销观念则注重买方需要。推销以卖方需要为出发点,考虑如何把产品变成现金;而营销则考虑如何通过产品以及与创造、传送产品和最终消费产品有关的所有事情，来满足顾客需要。"① 按照这种观点，企业生产什么销售什么的决定权不应该在公司手中，而应该在消费者手中。公司只有生产消费者所需要的产品，使消费者获益最大化，才可能赢得消费者并获取利润。只有当公司真正以消费者为中心，并且能够随时有效地对顾客的各种需求变化作出反应，这才是真正的营销成熟阶段。

5. 全面营销观念

进入 21 世纪市场营销环境发生了巨大变化，尤其是信息技术发展引导营销模式和营销观念发生很大变化，一种试图协调市场的全面营销理论逐步形成。全面营销涉及前所未有的市场宽广度和复杂性，菲利普·科特勒认为它主要包含了内部营销、关系营销、整合营销和社会营销四个方面的主题。② 具体如图 1-1 所示。

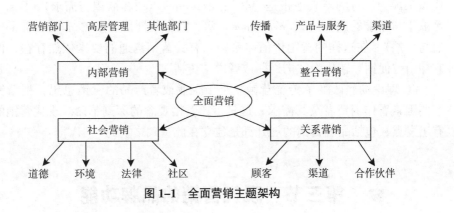

图 1-1　全面营销主题架构

二、基本营销框架的转变

早在 1960 年美国密歇根大学的 J.麦卡锡教授提出了著名的 "4P" 理论，从而建立了一个经典的市场营销框架：Product（产品）、Price（价格）、Place（渠道）、Promotion（促销）。几乎就在麦卡锡提出 4P 框架的同时，莱维特教授即针对当时流行的营销状况提醒道："根本没有所谓的成长行业，只有消费者的需要，而消费者的需要随时都可能改变。"③ 莱维特的观点对传统市场营销的既有成规提出了挑战，如福特汽车自认为自己的成功是来自于改变生产线、大

---

① Levitt, "Marketing Myopia", *Harvard, Business Review* (July–August), 1960, p.50.

② ［美］科特勒、凯勒：《营销管理》（第 12 版），上海：上海人民出版社，2006 年版，第 18 页。

③ ［美］唐·舒尔茨等：《整合营销传播》，呼和浩特：内蒙古人民出版社，1999 年版，第 10 页。

量生产而降低了成本。但莱维特却认为，根本原因是其洞悉了当时社会对廉价运输工具潜在的巨大需求所致。他批评当时许多公司管理层花费大量精力在生产流程和其他企业经营层面，但是却忽视了追踪消费者的需要和欲望（Wants）。尽管莱维特的观点当时并没有受到足够的重视，但是他却无疑为市场模式的变化提前敲响了警钟，此后的市场和营销背景的演变不断地对他的断言做出证明。

为了适应新的市场背景弥补传统营销价值体系的不足，1990 年整合营销传播的倡导者之一美国市场营销专家劳特朋（Robert F. Lauterborn）提出了一个新的概念——整合营销（Integrated Marketing），认为企业运营过程中的全部活动都需要以营销为核心，强调企业中的生产、财务、人事各部门要与营销相配合，以营销为目标协同作业。因此原来的 4P 已经不能满足需要，20 世纪 90 年代以来最为流行的新兴主张是"4C"：Consumer（顾客欲望与需求）、Cost（满足欲望与需求的成本）、Convenience（购买的方便性）以及 Communication（沟通与传播）。在这样的营销价值体系中，有关营销沟通的要素依然存在，但是它却由"促销"转化为"沟通"或者说"传播"。

4C 理论彻底改变了传统营销立足于企业或者产品的营销思想，把营销的首要因素看作消费者及其需求，这是市场营销观念的深刻革命。现代营销的所有出发点，包括品牌营销的展开都是建立在此基础之上的。

12

第三节　现代营销的品牌功能

在整个世界范围，与经济发展相伴随的市场竞争大约呈现出五个方面：产品竞争、技术竞争、资本竞争、品牌竞争和知识竞争。其中品牌竞争在 20 世纪后期最具有代表意义，它在一定程度上折射和包容了其他的竞争形态。因此在现代营销中，品牌竞争就成为一种具有典型意义的营销模式。当然品牌除了营销之外也是一种有效的管理工具，我们在这里对品牌的功能认识主要着眼于品牌竞争及其营销价值。

一、品牌竞争的特点

品牌竞争的特点主要是相对于其他几种竞争形态而言的，因此只有和其他的竞争形态进行比较，才有利于更深刻地认识品牌竞争。简言之，品牌竞争特点主要体现在五个方面：

1. 综合性

综合性从内容上看，品牌竞争涵盖了企业的产品开发、设计、生产、销售、服务，以及管理、技术、规模、价值观念、形象特征等多种因素。所谓品牌竞争实际上就是这些要素的竞争，只有当这些要素对品牌形成支持时，品牌形象才会丰满，品牌的竞争优势才可能体现。比如，当我们认定宝洁旗下的那些强势品牌时，不仅是由于它们在产品方面表现出的出色优秀品质，还因为其对顾客反应的有效关注以及通过长期宣传所形成的价值追求等。

2. 文化性

文化性是指品牌本身所附着的文化信息，是对某种社会情感诉求的反馈和表达。一般而言品牌的文化内涵直接表达了一种生活方式和生活态度，因此选择一种品牌，也就是选择一种情感体验和生活态度。正是品牌才使得产品这一物质形式有了一定的精神内涵，从本质上讲，品牌集中反映企业对产品的态度、对顾客的态度、对自身的态度以及对社会的态度。比如，意大利的著名休闲品牌 DIESEL 定位于那些具有叛逆精神的青年一代，它通过某种社会理念的表达努力实现品牌价值追求。现代消费并不单纯停留在产品本身的物质层面，人们对品牌的选择就是对某种生活方式和生活态度的选择。从这几点来看品牌的文化意义还表现为，品牌的社会信息可以帮助顾客实现一种情感体验、价值认同和社会识别。比如，用奔驰汽车象征身份，使用节能产品表现环保意识等。

3. 形象化

品牌的形象化特征最为显著，这是由品牌本身所具有的符号形态所决定的。形象化不仅使品牌得到简单明确的区分，而且还生动地折射出了品牌不同的内涵。品牌的形象化具有两重意义，一种是究其外在符号效果而言的，任何品牌总是以文字、图案、符号、产品外形和功能为载体，将其内涵与功能直接表现出来。比如，可口可乐的斯宾塞体文字和红色图案，以及特别的瓶形设计，给人们留下鲜活的印象。另一种是品牌形象地对品牌概念和品牌品质加以浓缩，如可口可乐通过长期的品牌积累，形成了属于自己的义化意味，这种符号形态本身又附着了美国文化的隐喻，在接触这个品牌时可以感受到其强烈的感染力和传播效果。

4. 稳定性

稳定性是就品牌可以超越产品而存在这一特性而言的，品牌比产品的内容更加丰富。稳定性可以从产品和企业两个方面着眼。就产品而言，通常情况下由于生命周期的原因，产品本身因为市场变化而不断更新调整，但是品牌却相对稳定。产品的不断创新只是对品牌内容的丰富和充实，产品变化了但是品牌价值却不会随之消失。就企业而言，品牌是企业经营活动各个方面的高度概括和浓缩，其表现相对比较抽象，具有一般性和普遍性，因此也就具有相对的稳定性。当然，任何稳定性都是相对而言的，没有一成不变的永恒品牌，品牌也必须随着社会和市场发展，否则必将被淘汰。

5. 时尚性

品牌的文化意味着对市场的追随，在一定意义上决定了品牌的时尚性。时尚性具有很多社会特征，有时是一种品位的昭示，有时是一种流行的追捧。人们通过品牌追求一种生活方式，而生活方式在很大程度上就是一种时尚的表达。品牌的时尚性通常来自于品牌在社交中所传达的暗示，如用一个 LV 手包或者戴一块劳力士手表，都可能被看作来自上层社会。有时候时尚也来自于人们对名牌的追捧，这是因为名牌本身就是一种具有流行色彩的社会定位，非常注重把握和引导某种社会情绪。人们通过对名牌的追捧，可以表达某种情感并宣泄内心的某种情绪。

二、品牌的功能和作用

品牌功能与作用和它的竞争特点密切相关。对于企业而言，实施品牌化的过程，既是一种创造价值的过程，也是一种管理工具的运用过程；而对于消费者言，品牌则不但包含了简单的识别，而且还包含了更深的意蕴。从市场营销角度界定品牌作用，通常可简单地归结为标识作用、品质保证、决定和影响企业竞争力、创造超值能力以及品牌文化导向等方面。

1. 品牌可作为标识性旗帜

通常情况下品牌的功能最直接的就是标识作用。这种标识作用从简单方面说，可以明确区分与其他品牌的差异，从而确认商品及其原料制造商，并且通常带有特定的关联形象。进一步则可以说一个品牌就是一个信号，就是一面特定的旗帜。在这面旗帜上书写了企业的追求、企业精神、企业文化、企业商誉和社会形象，以及企业的产品和服务质量，是对企业及其产品行为的高度概括和提炼。它告诉人们品牌的与众不同之处，从区别中显出特殊，通过特殊创造与众不同的情感体验。就这点而言，品牌标识意味着产品定位、质量、服务、信誉、销售等内容，是企业活动各个方面以及消费者满意程度的综合概括。

2. 品牌是质量和信誉的保证

对于消费者来说，确认某种品牌标识和品牌区隔，除了因为识别需要之外还有一层简单的意义，这就是品牌可以提供一种质量和信誉保证。大多数产品尤其是初次接触的产品，在被使用之前，消费者对其质量和信誉情况无法具体验证，而品牌作为一种概括其本身就具有质量和信誉的暗示。在这种情况下，认识了品牌也就认识了其所代表的产品、服务、质量及其商誉追求。从这个意义上来说，品牌对消费者来说是一种保证和信赖，对于企业来说则是一种责任，而这种品牌暗示的强度也决定了品牌影响和品牌竞争的力度。比如，世界第一家麦当劳餐厅于 1955 年在美国开业，多年来广受欢迎，从美国出发横扫世界，受到各国消费者的喜爱。由于品牌的影响，麦当劳在世界各地正以平均每 3 小时开设一家新分店的速度发展，成为世界最大最著名的餐饮集团，它每天服务的顾客多达 4000 万人次。据说麦当劳在约翰内斯堡开张第一天，就有数千人排队等候用餐，由此可见强势品牌的市场号召力。

3. 品牌影响企业竞争力

现代企业竞争很大意义上体现为品牌竞争。可口可乐之父罗伯特·白德鲁夫曾经自信，即使一夜之间所有可口可乐工厂化为灰烬，仍旧可以凭借其品牌而重新崛起，这种自信就来自于品牌的影响力。在这种竞争中由于品牌具有比产品更加丰富的内容，所以品牌竞争就成为一种综合竞争形式，这是因为品牌所代表的不仅是产品竞争力，而且也是企业自身的竞争力。它的基本表现可分为三个方面：扩大市场份额，即品牌美誉度越高市场影响力越大；实现产品组合扩散效应，即品牌影响力延伸到整个产品序列；企业组织的聚合效应，即通过品牌实现企业并购和重组。

4. 品牌具有超值创造力

品牌虽然无形，但是却具有为企业创造一种超越产品的超值能力。这种超值能力大多数可以通过利润形式体现出来，这是因为品牌经营达到一定程度，各种优势和有利于企业的因素就会明显体现出来。一方面由于品牌的特别地位，很容易受到顾客的追捧，许多消费者为了他们所追捧的品牌，愿意付出比同类产品更高的价格；另一方面由于品牌的作用，使得其在经营过程中的交易成本可能要低于同业平均成本，从而使得品牌创利能力也高于同业平均水平。对于任何品牌来说，当其销售利润小于 0 时，毫无竞争力可言；当其大于 0 时，则具有一定的竞争力；而当其高于同业平均利润时，则品牌具有很强的竞争力。在这种情况下，品牌就可能加速发展，成长为一个强势品牌，而强势品牌很可能就成为一种市场文化导向。

5. 品牌包含文化导向性

把品牌上升为一种文化导向，可以说是品牌经营的最大追求。这是因为品牌作为一种文化导向不仅表明品牌的市场号召力，而且也代表了品牌在与顾客以及整个社会的对话中，得到了普遍的认同。当此之际，由品牌所创造的那种价值追求，已经超越了一般商业意义而上升为一种社会精神象征。如可口可乐被看作美国文化的象征，很多时候我们往往不得其解，为什么这样一瓶深褐色的液体，竟然可以承载起美国文化的内涵？其实在这里美国文化已经被浓缩为一种符号，它展示的是一种生活方式和生活品位。同样也不难理解，万宝路香烟采用一个西部牛仔作为象征符号，它所表示的文化内涵就是粗犷不羁、自由奔放和充满阳刚之气。

 **案例分析**

联想的品牌之道

2006 年 10 月《财富》中文版与全球咨询公司 Hay（合益）集团联合首次推出了针对中国本土企业的"最受赞赏的中国公司"。海尔、联想和宝钢位居前三名。与此同时，在《世界经理人》2006 年完成的第二届"中国十大商务品牌"评选中，有 38% 的经理人表示联想是其心目中最崇尚的台式电脑品牌，它的排名居于行业第一。在这个本土品牌传统上处于劣势的领域，联想取得了具有历史意义的品牌突破，在品牌崇尚度、渗透率、偏好度等各项指标上都全面超越戴尔。这次调查还显示了联想在个人电脑领域的潜力，有 24% 的经理人表示联想是未来购买的第一品牌，超过了戴尔的 23%。联想品牌的大幅度提升，很大程度上得益于它对 IBM 个人电脑的并购及其形象战略的成功。综观联想品牌成功的原因，作为一个本土电脑企业，联想的品牌建设所经历的是一段由本土走向世界的道路。在这个过程中，有效的品牌整合成为联想品牌价值提升的主要途径。从它的发展过程尤其是并购 IBM 之后的整合传播策略来看，联想主要采取了以下几个步骤达成其品牌提升策略。

1. 建立强大的消费认同，传达清晰的品牌价值

联想品牌建设初期，电脑市场鱼龙混杂，因此通过引导消费建立自己的品牌制高点，是联想品牌建设的主要路径。它首先采取价廉物美策略，为品牌注入了"价廉物美，品质可靠"的价值标签，适时地为众多彷徨的电脑迷提供了选择电脑产品的指导，帮助消费者摆脱对于高新技术的过分迷信。为了进一步增加联想品牌的市场认可，联想又采取"适用、够用、好用"的品牌宣传策略，成功地引导了电脑消费的新理念，再一次隐性地为联想的产品贴上了"适用、够用、好用"的品牌标签。在这次典型的品牌建设活动中，联想采取了多种传播手段，如口号宣传、客户接触（如举办现场咨询、营业员与顾客交流等）等，不仅成功避免了与跨国企业在尖端技术方面的竞争，同时还第一次让消费者认识到联想是一个"倡导实实在在"的品牌，并且将这些建立在质量可靠的产品之上。至此，联想在国内市场上的强势品牌地位逐渐形成：消费者认可了联想是一家相对于国际品牌，能够提供相近的产品及服务的民族品牌，而相对于国内厂商，它则具有无可比拟的实力与优势。

2. 实施国际化营销策略，进一步提升品牌价值

国际化是联想品牌发展的一个重大战略。早在 2003 年为了实施国际化发展战略，出于海外商标注册需要，联想将原有的英文商标"LEGEND"改为"LENOVO"。这个具有独创性的新名称充分体现了联想的品牌理念。"LE"是"LEGEND"的缩写，而"NOVO"在拉丁文中表示创新，"LENOVO"意即"创新的联想"。这次改名不仅有利于联想产品的海外市场销售，而且使联想在国际市场上的宣传活动得以正常进行，随后联想开始了品牌宣传的多面出击。毫无疑问真正为联想带来品牌飞跃的，是它对 IBM 个人电脑的并购，以及随之而来的一系列品牌整合。运用 IBM 在业界的巨大影响"借船出海"，为联想赢得了声誉，但是如何有利地把原属于 IBM 品牌的资源优势转入联想，却是一个严峻考验。联想拥有 5 年的 IBM 品牌使用权，但是简单依赖这 5 年品牌使用权显然无法使联想成为一个国际化的品牌。因此，联想必须采取有效的方式使自己的品牌在迅速传播的同时，国际市场也获得迅速提升。

3. 运用背书品牌策略，借助事件营销传播联想品牌

在完成并购 IBM 个人电脑后，由于 Think 的加入联想也开始由单一品牌转向双品牌。如何适当地运用双品牌战略，是联想完成并购之后在品牌方面要解决的最大难题，为此联想采取了"品牌背书"策略。所谓"背书品牌"是指公司品牌为产品品牌提供担保。消费者由于对公司信任，对其产品就更为放心。比如宝洁公司，在其众多产品的广告末尾都会加上一句"宝洁公司，优质出品"，就是用宝洁的公司品牌为产品品牌作担保，IBM 一直以来实施的也正是"背书品牌"的策略。但现在联想面临的却是由谁为 Think 这个产品品牌进行"背书"？就在许多专家认为联想应该充分利用 IBM 的品牌价值进行提升的时候，联想却选择了迅速淡化 IBM 品牌的影响，采取了由 Lenovo 公司品牌为 Think 产品"品牌背书"的传播策略，并借用 2006 年都灵冬季奥运会的机会，向整个世界展示了 Lenovo 旗下的 Think 品牌，一点儿也不逊于它在 IBM 旗下。冬奥会品牌形象的成功展示，不仅迅速提升了联想的品牌知名度使客户更加信任联想，而且也随之带来一个明显的品牌权益：客户可以接受联想的更高报价。

4. 贯彻品牌等式，强化双效协同的整合价值

认知联想的 Logo 通过广告等营销手段可以实现，但是建立信任要通过行为表达。在联想看来，冬奥会不过是它为 2008 年北京奥运会提供赞助的一次"练兵"。联想希望在北京奥运会上，能让更多的人知道联想，知道联想产品是经得起奥运会检验的产品。阿德瓦尼说："奥运会使我们拥有了展示联想产品和联想人的国际舞台。"为此，联想按照柳传志所提出的品牌等式，进一步通过承诺和表现增加自己的信誉。其品牌架构是：联想主品牌作为企业品牌，代表着公司的形象。它的主要内涵是：①创新——联想是一个具有创新精神的企业；②高品质——不管产品价格高低，都是高品质的产品；③非常可靠的服务。在此基础上联想充分运用双品牌模式，发挥协同效应，在品牌定位、业务模式等方面形成两个子品牌的互相促进：Lenovo作为大众化的品牌，定位于零散的客户和中小企业，强调时尚和令人兴奋，带给人们愉快的生活感受；Think是定位于商务客户的较高端品牌，强调其科技领先地位以及坚如磐石的质量和专业性，是终极的商务工具。这两种品牌模式不仅在定位上，而且在渠道和供应链上也构成了相应的特色，但最终在市场上又互相促动，形成了双效协同的品牌传播效果。

案例来源：卫军英：《整合营销传播典例》，杭州：浙江大学出版社，2008年版。

➡️ **思考题：**

1. 在市场竞争中运用品牌营销有什么优势？
2. 联想的品牌营销主要体现了什么特点？

品牌营销管理

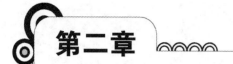

第二章

品牌营销特征

第二章 品牌营销特征

19

学习目标

知识要求 通过本章的学习，掌握：

● 品牌营销的消费者效应
● 品牌营销对企业的影响
● 品牌营销的基本方式
● 品牌化的内涵及过程
● 品牌是企业的战略资源
● 品牌对营销的整体驱动

技能要求 通过本章的学习，能够：

● 了解品牌如何作用于消费者
● 认识品牌在企业营销中的张力
● 分析运用品牌营销的基本路径
● 把握品牌资源在营销中的地位

学习指导

1. 本章内容：品牌的消费者效应以及企业的品牌张力；品牌引导、品牌扩张、品牌限定等基本模式，以及企业品牌化经营的基本内涵；品牌作为一种战略资源对企业营销的作用和影响。

2. 学习方法：结合案例，独立思考；注重结合现实加以思考，观察现实中的品牌现象，由具体而抽象，清晰认识品牌在营销价值链中的作用。

3. 建议学时：5 学时。

李宁体育品牌的崛起

与国际品牌耐克的辉煌相比，李宁品牌最多只能算是一个刚刚起步的追随者。不论是商标符号还是广告语，抑或是体育营销模式，李宁都是一个不折不扣的耐克模仿者。可以说是耐克为李宁引导了走向成功的道路，而李宁也正是在对耐克的模仿和追随中不断创新，才逐步建立了中国体育品牌的个性，并进而开始了国际化的跨越。自从 2005 年在中央电视台举办的 "CCTV 我最喜爱的中国品牌" 评选中，"李宁" 成为唯一入选的运动品牌后，几年来李宁已经成长为当今具有世界影响的体育品牌，在它身上再一次印证了品牌在营销发展中的功能和魅力。

1990 年李宁有限公司在创立之初即与中国奥委会携手合作，通过体育用品事业推动中国体育发展，并不遗余力赞助各种赛事。"推动中国体育事业，让运动改变我们的生活"，这是李宁有限公司成立的初衷。李宁相信：人有无限潜能。运动让人更加自信，敢于表现，不断发掘潜能、超越自我。如果说广告语很大程度上代表了一个品牌的内涵，那么 "一切皆有可能" 就是李宁品牌在过去的 15 年不断积累和完善的结晶。多年来李宁公司的广告语曾经不断变化：从最早的 "中国新一代的希望" 到 "把精彩留给自己" 到 "我运动我存在"、"运动之美世界共享"、"出色，源自本色"，直到现在的 "一切皆有可能"，李宁品牌在变化中逐步积淀出它独有的内涵。

"一切皆有可能" 不是一个单纯的广告口号，它需要很多东西来支撑，同时也需要让更多消费者真正感受和体会其内涵，为此李宁选择了通过体育营销凸显品牌价值。体育营销是一项精心构建的系统工程，企业在体育赞助的时候，必须使体育文化、品牌文化与产品推广三者和谐统一，融入到企业运作的各个环节中共同发展，从而形成一种独特的企业文化，达到一种企业与消费者的共鸣状态。而体育用品的核心消费群体是年青一代，一个体育品牌品牌只有得到年青一代的认同，才可能真正实现它的价值，为此李宁把品牌传播的焦点对准了大学生一族。"80 后" 一代相对而言并不在乎做事的结果，他们更看重体验的过程。所以我们的产品和品牌策略一方面强调过程的'享受'，另一方面营造'挑战'的平台，希望他们通过李宁的活动和产品，实现心中的英雄梦。" 李宁公司品牌营销部经理这样概括李宁和 "80 后" 的情感沟通。"80 后" 消费者中，更在乎产品本身，对价格不是那么敏感，所以除了提升产品的时尚

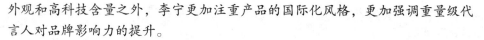
外观和高科技含量之外，李宁更加注重产品的国际化风格，更加强调重量级代言人对品牌影响力的提升。

2004年10月，李宁公司作为唯一指定运动装备赞助商，赞助大学生3对3篮球赛，其赛制和"一切皆有可能"的品牌定位十分贴切，在比赛中提出"不服就单挑"，比赛过程中先安排8分钟团队作战3对3打，剩下2分钟每队选出最强的人进行单挑，而且单挑环节是双倍记分的，就算团队赛比分落后，也有可能在一对一中扳回来。这一赛制将"一切皆有可能"演绎得淋漓尽致，此项赛事战火燃遍北京、上海、广州、天津、哈尔滨、南京、杭州、成都、武汉全国9大城市，赛事转战120所高校，共有2536支参赛队伍、万余名大学生，进行了超过5300场的较量，受到在校学生的热烈欢迎。这种活动不但加强了品牌的亲和力和认知度，而且增加了品牌与消费者面对面的沟通机会，比起简单运用"明星+广告"营销模式更加有利于建立品牌关系。奥运会作为最大的国际体育盛会，一向是李宁公司展示形象的窗口。自从1992年巴塞罗那奥运会起，每届奥运会李宁公司都会赞助中国体育代表团，此后李宁公司开始赞助国外代表队，启动自己的国际化进程，包括赞助法国体操队、捷克体操队、俄罗斯大学生代表队和西班牙女子篮球队。2004年6月，李宁公司与西班牙篮协签约，当年8月李宁篮球装备伴随着西班牙篮球队扬威雅典奥运会，这次成功使李宁及李宁篮球品类受到空前关注；一个月后李宁公司趁势推出专业篮球鞋Free Jumper系列，成为国内第一个进军专业篮球市场的品牌。2005年初，李宁正式成为NBA合作伙伴，公司以体育为载体，逐步扩大了自己在国际上的影响力。

真正使李宁品牌与巨人并肩的是2006年8月14日。这一天赢过四枚总冠军戒指的沙奎尔·奥尼尔和李宁公司签约。当体操王子李宁站在身高2.16米的NBA明星奥尼尔面前时，他的高度正好到达奥尼尔的胸膛。签约这位NBA历史上最伟大的中锋之一，对李宁公司来说是品牌国际化的一次巨大胜利。大鲨鱼奥尼尔是美国名人堂中唯一一位NBA现役球员，幽默而霸道，是NBA塑造的完美"NBA式球星"。为了捉弄姚明，他花大力气学说中文"你好哥们儿"；为了娱乐大众，他硬着头皮约会库尔尼科娃。在2006年的NBA总决赛前，他还叹息着说："像我这样既伤感又性感的老家伙真是不多了。"正因为如此，奥胖在体育界和球迷心目中的影响力非常大。而这些又都在一定程度上契合李宁所倡导的"一切皆有可能"。也许是从乔丹与耐克的结缘中得到了信心，虽然34岁的奥尼尔面临退役，但是李宁公司相信球星的价值会得到延续。虽然李宁与世界超级体育品牌的距离还很远，其品牌宣言在模仿中还不十分成熟，但是它所坚持的专业化精神和运用体育营销模式，都在传达着一个确切的信息：随着一个东方民族的复兴，本土体育品牌的崛起已经不远，从中国走向世界"一切皆有可能"。

案例来源：卫军英：《整合营销传播典例》，杭州：浙江大学出版社，2008 年版。

思考题：

1. 李宁品牌崛起给我们哪些启示？
2. 品牌营销在李宁公司是如何实施的？

第一节　品牌效应与品牌张力

很多时候品牌具有一种令人迷惑而又充满神奇的魔力，它就在我们周围环绕着我们，然而往往又很难具体而又清晰地对它进行说明。企业追逐它，消费者拥戴它，根本的原因就在于品牌本身的功能价值，尤其是那些具有市场影响力的著名品牌，无论对于企业还是消费者，都具有超越性的意义。这些著名品牌不仅给予消费者带来相应的满足，也有效地帮助企业实现品牌影响和品牌版图的扩张。

一、消费者的品牌效应

不妨想一想，为什么人们会偏爱可口可乐，为什么女士们喜欢用法国名牌香水而不是那些名不见经传的香水？事实上就饮料本身的功能和口感以及香水的质量和气味而言，后者或许并不逊于前者，甚至其功效也没有什么区别，但是消费者在选择时倾向性却很明显。一个简单的事实是，这些著名品牌成功地创造出了产品与人们生活方式的某种联系，它通过对消费者的心理影响增加产品在消费者心目中的价值，进而形成了产品的附加值，这种附加值就是品牌。

1. 消费者的感性追求

多年来在市场营销中，消费者都被假设为是非常理性的一个群体，尤其是随着各种调查和统计分析方法被引入到市场策划和营销传播中后。现在看来这种对消费者所进行的预先假设未必完全正确，至少从品牌意义上可以这样说。我们不妨结合有关品牌调查案例，来探讨其中的奥秘所在。

1987 年美国《福布斯》（Forbes）杂志专栏作家布洛克曾经对万宝路香烟品牌进行了一项调查，如果仅从调查对象的数量来讲，这几乎可以说是一次绝无仅有的商业调查了。布洛克总共调查了 1546 万名万宝路香烟爱好者，主要问题是"为什么喜欢这种香烟"，绝大部分受调查者对此所做的回答都集中在香烟自身属性上，如这种香烟味道比较好、香烟味道浓等。在得到回答后布洛克继续了他的试验，他向每位自称热爱万宝路香烟品质的人提出一个建议：以半价提供这种香烟。从外表上看不出香烟的品牌，但由生产商保证所提供的产品货真价实。这项建议发出后，其结果是那些号称喜欢这种香烟品质的人中，只有大约21%的人表示愿意购买。可见当时很理性表示自己喜欢万宝路是出于喜欢其品质的人，绝大部分没有说出真实意图，或者自己也不知道真实意图。布洛克据此认为，那些烟民们所需要的其实是万宝路香烟品牌所带来的特有的满足感，而不是香烟本身。简装香烟虽然具有香烟的一切内在质量，但是却不具备某种相伴而来的愉悦和满足。布洛克还观察了万宝路爱好者每天掏出香烟的次数，一般都在 20~25 次，超过他们吸烟的次数，这是一种下意识行为，这种行为充分反映了非理性作用对人们行为的支配。

也许香烟是一个非常感性的产品，还不足以完全说明消费者对品牌需要的事实，那么我们来看一下非常具有技术特征的计算机也成为感性消费的典型案例。英特尔仅在 1992 年即 "Intel Inside" 广告推出之后一年，其全球销售额就增长了 63%。就在采用英特尔处理器电脑风靡全球之时，那些因为没有采用英特尔处理器的电脑却必须折价出售。当普通的电脑购买者冲着所谓 "奔Ⅲ"、"奔Ⅳ" 而来时，可以说几乎绝大部分的购买者并不十分清楚，这个被称作 "中央处理器" 的具体工作程序是怎样的，它与其他的品牌又有什么不同。尽管不断有技术人员在解释，事实上还是有很多消费者依然不明白，"微处理器" 到底是什么东西。有趣的是，英特尔在其广告中并没有告诉消费者，自己的 "微处理器" 要比别的品牌好，但是消费者依然对其趋之若鹜。从消费者角度分析，一个简单的理由可能是：这些电脑制造商——如 IBM、康柏等，它们花那么多钱做广告，告诉大家自己采用的是英特尔处理器，这些电脑公司显然不是笨蛋，这个被称作 "微处理器" 的东西一定很重要，而英特尔当然就是最好的微处理器品牌。一切也许就这么简单，这个广告计划不仅大大提升了英特尔的知名度和品牌价值，而且直接提升了其市场份额。

从万宝路到英特尔，这种来自于品牌的迷惑充分说明了一个问题，即消费者的消费需求并不是单纯的产品而是品牌。究其原因而言，这是因为产品本身给消费者带来的满足特性主要来自于它的功能价值，也就是所谓 "物的有用性"。在一个可以充分满足的市场竞争环境中，这种来自于 "物的有用性" 的使用价值往往并不稀缺，并且通常都是处于过剩状态。因此消费者在选择过程中，来自产品功能方面的影响比重相对会越来越小，选择的天平会极大地朝着具体产品所代表的关联因素倾斜，而且主要是指向与消费者认同密切相关的社会因素，这就涉及品牌。此外，品牌是公司及其产品价值的一种集合反映，它在综合消费者对相关产品价值认识的同时，也整合了消费者对自身社会属性的一种体会。

2. 品牌带来的心理满足

品牌作为一种标识虽然具有区隔属性，但它不是简单的商标。从营销追求上而言，品牌对消费者的识别效应只属于最简单的低级层次，更重要的还在于品牌的心理效应。表面上看，品牌似乎只是一个比较抽象的元素，但是在市场竞争中，由于同质化的存在通过产品本身特点进行差异化划分，几乎已经没有任何价值，与此同时在消费心理和消费行为中，纯粹产品使用价值对顾客的支配，已经渐渐地被感觉因素所取代。通常消费者在进行选择时，首先追求的是一种高感度产品属性，这种属性大多由品牌所暗示。营销学家辛迪·莱瑞在其所著的《销售的象征》中讲道：

现代商品被认为本质上是一种心理事物，既象征着个人的属性及目标，也象征着社会的模式及竞争……所有的商业物品都具有象征性特点，而进行采购则涉及评价——无论是含蓄的还是明确的——以便决定这种象征适合与否。[①]

简单地说，任何一个产品，除了能够给予消费者一定的使用价值满足之外，更重要的是可以给消费者带来情感上的满足。消费者在使用一个产品时，除了认可它的功利价值外，还通过它完成一定的情感体验。产品作为一种纯粹的功能体现，一般只能对消费者达成使用价值上的满足，而只有品牌在满足使用价值的同时也满足情感价值，所以品牌与其说是具体之物还不如说是一种感觉。比如，同样是一部汽车，不论是宝马还是一般的大众汽车，它的基本功能就是以车代步，但是当它被赋予一定品牌时，对于消费者而言最重要的价值就不是驾驶了，而是一种象征性的满足。宝马也许更多地象征着财产和地位，它无声地满足了消费者对自己的情感认同，并有效地向人们显示了这种认同。在社会化生活中，当人们获得基本的物质需求保障后，最大的满足就是心理满足，而心理满足的根源主要来自于社会的认可。正因为这样，品牌一旦形成，似乎就产生了一种神奇的魔力，消费者青睐品牌，市场也在追逐品牌，一个品牌可以轻而易举地获得超过社会平均利润的收益，于是从消费者到企业再到广告商都会对品牌倾注极大的热情。

二、企业的品牌张力

由于消费者需要的不是简单的产品而是品牌，因此运用品牌来扩张市场成为企业经营的核心追求。所谓品牌张力是指品牌在市场竞争中帮助企业所获的

---

① [美] R.Batra 等：《广告管理》，北京：清华大学出版社，1999 年版，第 215 页。

各种有效影响，既指品牌在市场上的影响范围，也指品牌在消费者心目中的影响效应。通常情况下，一个著名品牌比一个普通品牌更加受到消费者欢迎，而一个处于市场领袖地位的品牌则对市场走向和趋势具有一定的领导和引领作用。从企业的品牌扩张而言，著名品牌可以带来一系列明显的效应。

1. 扩散持续效应

任何品牌在打造著名品牌的过程中，必然是对综合运营能力的提升。而著名品牌的地位一旦确立，就相应地建立了良好的形象，并通过消费领域快速传播和流通，从而迅速扩大产品的影响力。这种扩散在一定程度上具有"马太效应"，雪球越滚越大，在向更多消费者辐射的同时，也获得越来越多的信任，赢得更多的顾客忠诚。比如，肯德基是一个深受欢迎的著名快餐连锁品牌，随着它在中国不断地进行连锁店面的扩张，其产品也根据中国消费者的喜好不断推陈出新。消费者由于对肯德基品牌的信任和好感，对其各种新的产品也乐此不疲。著名品牌具有相应的稳定性，它的影响效应一旦形成，便像是一个人的良好品德一样，得到人们的长期认同和肯定。这种肯定反过来就是影响力，只要没有出现对品牌的致命伤害，便会得到长期的持续。

2. 刺激放大效应

刺激指的是著名品牌对市场需求的推动，尤其是对消费者的心理吸引和诱惑，当消费超越简单功能利益时，对深层次的消费需求具有一种刺激作用。比如，很多年轻的中学生都希望拥有"耐克"运动鞋，这除了对耐克运动鞋产品本身的优异品质追求外，更重要的是向往在这个品牌中凝结的丰富象征意蕴，追捧实际上是其心理上对"耐克"品牌的一种迷恋。因此，著名品牌有利于企业进一步挖掘市场潜力，与此同时著名品牌一旦确立，就不仅局限于一个产品，它还具有一种"晕轮效应"，把具体产品的品牌形象放大为企业形象，从而扩张到该企业的一系列产品之上。比如，"美的"原本是广东顺德的一个电风扇品牌，出色的产品质量使"美的"品牌效应得到放大，进一步塑造出优秀"美的"企业形象。这种品牌放大相应地延伸到其他产品之上，成就了"美的"空调、"美的"冰箱等著名品牌。

3. 资产增值效应

品牌的商标属性本身就具有法律所赋予的独享权，因此著名品牌也是一种知识产权，当然它的价值不仅是标识性区隔，而且还意味着一种无形资产。品牌的增值效应来自两个方面：一方面，品牌本身可以为企业带来超出行业平均利润率的增值收益。行业平均利润率所反映的是产品本身的竞争力，而超值利润则可归之于品牌竞争力。另一方面，著名品牌一旦形成，其本身就具有极大的价值，成为企业的无形资产，这种无形资产往往在企业品牌评估和企业并购中能够得到充分体现。世界上形形色色的各种品牌资产评估每年都会为著名品牌做出价值评估并公之于众，而在近些年的企业并购中，并购价格往往极大地超过实有资产价格，其主要原因就是品牌资产具有更大的价值。

 **案例延伸分析**

李宁品牌如何在模仿中实现超越

正如我们在本章引导案例中所介绍的那样，李宁作为一个体育品牌已经获得了很大的成功。在品牌营销时代，任何商品一旦失去了品牌支撑都将失去持久的生命力。星巴克 CEO 霍华德·舒瓦茨认为，以宝洁公司为代表的传统的品牌推广模式通过大规模分销和铺天盖地的广告占领市场，然后再集中全力从竞争对手手中抢夺市场份额——正成为过时的模式。一个耗费巨资的广告计划并不是创立一个全国性品牌的先决条件，即它并不能说明一个公司有充足的财力就能创造名牌产品。回顾李宁品牌的成长和发展过程，实际上它是从学习耐克开始逐步建立自己独特的品牌价值，其所走的正是一条从模仿到超越的品牌之路。我们可以具体分析李宁品牌成功的基本原因。

1. 通过品牌定位构建品牌内涵

任何一个品牌在其建构过程中，都面临着品牌定位问题。品牌定位意味着对品牌内涵和品牌价值的确认，是实现整合传播的必然步骤。作为耐克品牌的模仿者，李宁品牌在起步阶段曾经在中国复制耐克，专业于体育品牌这使其获得了前期的巨大成就。但是随着竞争的深入，李宁品牌面临着一个老化和缺少活力的威胁。盖洛普公司为李宁品牌所做的消费者调查显示出一系列严峻问题：李宁品牌目标消费者不清、品牌面临被遗忘的危险和品牌的个性不鲜明等。显然李宁的品牌力在衰减，所以品牌重塑势在必行。公司的市场部、营销部以及营运支持部承担了这次品牌定位任务，在广告商配合下一个新的品牌理念得以确立：一切皆有可能。"一切皆有可能"意味着冲破极限，一切刚刚开始，一切都可以从无到有，它不仅体现了体育价值而且体现了年轻乐观的人生追求。这一品牌定位虽然仍旧没有完全摆脱对耐克的模仿，但是它改变了以往的定位模糊，赋予李宁品牌清晰而又清新的价值内涵，同时也给李宁品牌创造了确切的传播可能。可以说，李宁品牌定位经过了一个"S"形的发展过程，这个过程恰好表现了一个品牌"兴起—低落—复兴"的过程。李宁品牌经过这个过程，实现了其品牌定位从模糊走向清晰。

2. 运用体育营销传达品牌价值

一个品牌的建立需要选择最适合自己的营销传播手段，对此李宁品牌选择了体育营销。体育营销作为一种事件营销，超越了简单的广告传播模式，它集热点关注、公关宣传、人际传播等营销传播手段于一体，堪称是一项精心构建的系统工程。它需要将企业自身的特点与体育赛事有机结合，品牌定位、企业文化、管理风格等和体育赛事联系在一起是否贴切，能否真正体现品牌的价值都决定体育营销的成败。而体育营销也不只是停留在单纯的体育赞助和"体育明星+广告"的营销策略，它还必须满足大众对品牌认知的渴望，有力地达成品牌传播的效果。从2004年以来李宁公司正式调整运营策略，重新规划体育营销，以篮球作为主要载体在传播品牌价值方面奏响了一个个精彩的乐章。从大学生篮球赛到赞助西班牙队获得世锦赛冠军，从签约达蒙·琼斯到携手沙奎尔·奥尼尔，李宁在不断向世界展示自己品牌的同时，也不遗余力地对它所参与的事件推波助澜，这些似乎都在向世界宣告：只要你足够努力，一切皆有可能！

3. 营造品牌文化保持品牌张力

对于现代营销而言，当产品质量不再成为技术"瓶颈"，售后服务也不再是消费障碍时，品牌自身所包含的文化内涵将决定它的市场命运。品牌不再仅仅是营销部门的问题，而是一个涉及公司上下各个部门的问题。品牌被看作是"公司DNA"，它决定公司的寿命、公司的品格以及公司未来的成长形态。在整合营销传播视野中，品牌关系并不仅仅是公司外部形象，也是公司内部那种无形而又可感的文化。只有在企业和员工中建立一种清晰的、引以为豪并自觉维护、全力改善的品牌文化，才有可能使之实现强有力的外部扩张。在遭遇成长的上限之后，李宁公司投入更多的热情激活已老化的品牌，使品牌成为一种包含高度文化认知的价值承诺的载体：李宁品牌所展示的绝不仅仅是体育用品，而是一种生活品质和生活境界。"一切皆有可能"虽然刚刚开始，但是它在一定意义上是一种人类奋发进取、超越现实和自我的追求象征，用体育精神对此加以阐释，正是一种理想与体验的完美结合。它不仅属于李宁公司和李宁品牌，也属于那些积极进取寻求超越的人们，正是在这一点上李宁创新性地构建了品牌文化的张力。

案例来源：卫军英：《整合营销传播典例》，杭州：浙江大学出版社，2008年版。

➡ **思考题：**

1. 从李宁品牌看如何创建品牌的独特价值？
2. 品牌营销如何从模仿走向独立？

第二节　品牌营销的基本模式

　　作为现代营销中最具有关联度和统合能力的核心节点，品牌几乎渗透到营销的各个方面，甚至超越营销范畴而成为一种企业经营和可持续发展的基本要素。品牌的这一特性，决定了品牌营销既是一种营销方式，同时也是渗透于其他营销方式之中的一种综合营销策略。因此品牌营销模式，也就一方面具有涉及全局的战略性特征，另一方面也体现了属于品牌自身所特有的营销特点，我们将其归为三个基本模式。

一、品牌引导式

　　所谓品牌引导式是指在市场营销中，把品牌作为市场开发和引导消费的旗帜，运用品牌进行市场开拓。这种类型一般体现在品牌进入市场的初期，即在市场营销生命周期理论中所指的导入期。在这一时期，由于消费者对于品牌的认识还很缺乏，所以必须尽可能地通过宣传和推广，使其以及整个市场尽可能快地接受品牌。

　　品牌引导式虽然和产品生命周期理论中的产品导入期有所相似，但品牌并不等于产品。产品往往是一个全新的功能试用品，而品牌则有两种可能：既可能是一个全新的品牌，也可能是一个已经有相应历史的品牌。前者是全新品牌对一个全新市场，后者则是成熟品牌刚刚进入一个新的市场。两种不同的形态，决定了在品牌导入中品牌定位的不同。具体而言，一个全新的品牌在进入一个全新的市场时，往往是依附在一个新的产品之上，它把提高品牌知名度与增加品牌认同度融为一体，引导消费者去了解和接近这个品牌。对于大多数新导入的品牌而言，这是一种全新的市场开发，艰难且具有很大的风险性。这种风险一般来自三个方面：①市场和消费者对陌生品牌往往保持一定的距离；②新的品牌没有市场基础以及前期消费者信誉建立非常艰难；③整个营销链尚不十分健全，尤其是中间商对新品牌推广比较保守。通常在这种情况下，新品牌导入只有通过相应的刺激或者比较强的利益承诺，才可能激发消费者的品牌尝试。所以很多公司在新品牌导入时，通常采用的方式不外乎三个方面：①通过大规模的广告宣传，迅速打响品牌知名度；②强有力的促销刺激，吸引消费者的品牌尝试；③对经销商的大幅让利，激发经销商的推广动力。

　　相对于全新品牌的导入而言，那些具有相应历史的成熟品牌，在进入一个新的市场时其导入方式虽然与此也有相似之处，但主要谋略则有所不同，因此这点与其说是导入还不如说是品牌扩张。如在 20 世纪 80 年代末 90 年代初，国际著名品牌宝洁和联合利华在开拓中国市场时，虽然是面对一个迥然有别于本土的全新市场，但是这些跨国品牌所采取的策略仍旧是高举高打。它们与当时的本土品牌所采取的路径截然不同，一方面通过广告迅速让中国消费者知晓和了解其品牌；另一方面也明显地通过品牌细分市场引导消费。当时联合利华最初推向市场的是力士香皂，它的宣传口径是："国际著名影星用的香皂。"利用改革开放初期中国高端消费群体的逐步形成，以及明星效应对这个群体的影响，迅速树立了品牌形象，赢得了以都市白领为主的高端消费人群。宝洁公司也一样，那个时期宝洁所推广的主要有针对白领丽人和知识女性的"护舒宝"卫生巾、针对城市高端消费者的"海飞丝"、"飘柔"等洗发水。在这些品牌的推广中，宝洁公司都采用了示范模式，广告画面上所用的模特儿是"大学讲师章晓英"、"合资公司助理顾莉"，是刚下航班的一群空姐、在舞会上翩然起舞的年轻舞伴等。这些形象在当时都代表了中国改革开放走向世界的新兴群体，所以具有很大的引导作用和示范效应。所以这些著名品牌在导入中国市场时，不仅是在建立品牌认同，而且也是在导入一种新的生活方式。宝洁和联合利华都是世界著名的品牌大鳄，它们驾轻就熟的品牌导入方式，代表了跨国品牌在新市场中的高端营销模式。这对于当时的中国品牌具有一种示范作用，因此很多中国品牌在创立过程中都借鉴了这种模式。这种模式在一定意义上对品牌创立有所帮助，但是随着品牌竞争的激烈和市场的成熟，这种方式也变得捉襟见肘。

二、品牌扩张式

所谓品牌扩张式是指在整个市场营销中，运用品牌优势实施市场规模扩张，包括对市场范围扩大和市场深度开发。品牌扩张在一定意义上与前面所说的成熟品牌对新市场的开发具有一定的相似性，只是前者通常是一个全新品牌在全新市场上从无到有地导入，所导入的虽然是成熟的甚至是著名的品牌，但在新的市场上却很陌生；而后者则主要是指一个成熟的、具有一定知名度的品牌，运用品牌优势在新的或者是原有的市场上，进行市场的空间开发或者深度开掘。在具体的运作中，品牌市场扩张的方式很多，如品牌连锁、品牌延伸、统一品牌和多品牌联合等，都是常用方式。

我们仍旧以宝洁公司为例加以说明。当宝洁公司已经占据中国高端市场后，它的洗发产品在中心城市的市场占有率已经超过 70%，这一时期为了进一步拓展市场份额，宝洁采取的策略主要有两个方面：一方面不断开发新的产品，通过新产品进一步细分市场，典型的就是宝洁所推行的多品牌战略，海飞丝、飘柔、潘婷、沙宣等，每一个产品都有一个品牌，也代表了一种市场细分。另一方面则是对整个市场进行规模促动，目的在推动整个市场的同时提升自己。比如，宝洁为了进一步开掘市场，曾经大规模进行洗发理念宣传："今天你洗头发了吗？"其通过进一步深化市场进而增加规模的意图十分明显。同样联合利华也致力于品牌扩张路线，它在一份名为"联合利华创造杰出广告主计划"（UPGA）中，开宗明义言及品牌：联合利华从事品牌营销，而非产品营销。两者之间差别何在？一个产品仅代表了产品类别——整个类别的物品，如汽车、照相机、洗衣粉、牙膏、人造奶油。所以联合利华通常也会在某一产品类别中，上市多种不同的品牌。

由于这些已经取得了一定的知名度和市场信誉的品牌，具有相应的市场基础，消费者对其较少陌生感和距离感，这促使企业可以很好地运用品牌实施营销扩张。如中国休闲服饰品牌美特斯邦威，运用其品牌优势在各个城市实施连锁和专卖，迅速扩大市场占有率。大型连锁电器超市苏宁电器也是这样的，由于其本身的品牌优势和已有的知名度，使得这种扩张比一般品牌更为有利。国际著名品牌也同样，如美国快餐品牌麦当劳和肯德基。

三、品牌限制式

30

品牌限制通常是已经取得了一定的市场地位的强势品牌，为了维护自己在市场上的势力范围所采取的品牌保护和立体防御措施。也有少数在技术和知识产权等方面处于领先地位的品牌，在其导入市场之际为了防止未来竞争，一开始就采取相应的限制措施。品牌限制的目的是通过设置相应的品牌壁垒，保证自己的品牌不受或者远离竞争威胁。为此设置相应的市场进入门槛以及在市场上实行竞争压制措施，是品牌限制的基本方法。设置竞争门槛通常是和相应的技术标准、知识产权等相关的。具有主导性的品牌，往往代表了行业的领先地位，它们在一定意义上成为市场的标杆。比如，可口可乐是饮料行业最具有代表意义的品牌，为了保持竞争中的领先地位，可口可乐努力把自己塑造成为可乐家族乃至于软饮料行业无可争议的代表，甚至被神化为美国文化的符号。多年来可口可乐在宣传中一直标榜的口号就是"永远的可口可乐"、"只有可口可乐才是真正的可乐"。

这类公司或者品牌往往是竞争的导向点，其他公司在市场战略上一般不是模仿它就是向它挑战，或者干脆避开它。其雄踞行业领先地位，一方面具有不可替代的竞争优势；另一方面为了保持自己的地位时刻不停地进行多种努力。首先它们必须致力于扩大总的市场容量，因为整体市场的扩大最大的受益者就是市场领先者。除了扩大总需求外，更多的是保护并扩大市场份额，为此必须实施一系列有效的防御策略。在这方面，许多在军事领域行之有效的战略战术都被运用到营销战略中。如阵地防御，建立起相应的市场壁垒以保证自己的战线完整。宝洁公司在洗发水领域占有绝对优势，为了保持自己市场战线的完整，它推出了多个品牌的产品，分别占据洗发水不同的细分市场。

成为市场领袖几乎是每一个品牌的梦想。因为领导者意味着它是"霸主"、"第一"，意味着它是最先进入人们大脑的品牌。事实证明，最先进入人大脑的品牌，一般而言相比第二个进入的品牌其市场占有率要高出 1 倍以上，而第二个比第三个又要高出 1 倍以上，这种关系一旦确定就很难改变。领导者能够做他想做的任何事情，从短期看，领导者几乎都是无懈可击的，仅仅只需要动力，就能够无往而不胜。领导者通常属于最先进入这一类别的市场，经过艰苦的努力创造了市场，或者是采取后发先至，占有了最大市场份额，成为市场上最受欢迎的品牌。市场领袖地位的确立，不是靠公司自封的，也就是说你不能靠自我标榜建立一个领导地位，必须用潜在消费者的认可来建立领导地位。

一旦拥有领导者的地位后，企业在拥有竞争优势的同时，也面临着一个考验：如何保持领导者地位。为此，领导者一般采取两个方面策略：

1. 不断强化产品概念，发展自身优势

可口可乐多年来虽然不断变换广告，但是却始终在强调一个口号："只有可口可乐才是真正的可乐！"这是一个典型的保持领导者概念的广告策划，其目的就是不断强化可口可乐自创造以来的产品概念，把可口可乐作为一个衡量标准，置一切品牌于其领导之下。对于消费者来说，就是强调永远的可口可乐，仿佛是初恋的情人，永远在心目中占有一个特别位置。这就是领导者的魅力。

2. 实施竞争压制，不给挑战者夺去领导地位的机会

常见的方式是多品牌策略和扩大品牌包容性，这方面最为成功的是宝洁公司。宝洁公司在它的每一个品牌成功之后，都会推出另一个品牌。因为它认识到自己的每一个成功品牌，都已经在市场和消费者心目中树立了确切位置，要移动这个位置往往比较困难而且得不偿失，所以就没有理由去变更它。而且从长远来看，放弃或者改变某种品牌倾向，还不如建立一个新的品牌。因此，宝洁的每一个品牌都有自己的名称和独特的利益点。同样是洗发精，海飞丝去头屑、飘柔洗发护发二合一、潘婷则强调滋养。各品牌之间既有关联性也有区别性，每一个品牌几乎都是同一类别中的第一，从不同的角度占据有利地位，压制竞争对手，使其不能超越。

肯德基品牌植入中国

　　肯德基自1987年在北京前门开出中国第一家餐厅到现在来到中国已经20年了。肯德基在中国的20年，是"立足中国，融入生活"的20年，是"为中国而改变，全力打造'新快餐'"的20年。20年来，肯德基一直都在努力探索，把最贴心的服务回馈给广大中国消费者。如今中国肯德基已在402个城市开设了1800余家连锁餐厅，遍及中国大陆除西藏以外的所有省、市、自治区，是中国规模最大、发展最快的快餐连锁企业。2000~2004年，连续5年被中国连锁经营协会评选为"最佳连锁品牌"；2005年被颁发"中国特许奖"。根据著名的AC尼尔森调研公司在中国30个城市的调查，肯德基被中国消费者认为"顾客最常惠顾的"品牌。毫无疑问肯德基是国外快餐业融入中国市场的典范，在中国它甚至超越了同样来自美国的快餐业老大麦当劳。肯德基在中国的极大成功，很大意义上来自于它所树立的品牌形象，以及中国消费者长期所形成的品牌认同。

　　炸鸡、薯条、汉堡、可乐；明亮洁净、全球统一的餐厅环境；自助式、立等可吃的就餐方式，肯德基坚持的工业化和标准化，也就是快餐业的本质特征。而正是这个本质特征导致了快餐业当前面临的难以超越的局限和缺陷，即其食品的健康问题。当西方社会将越来越严重的肥胖问题归咎于高热量、少品种的快餐食品时，麦当劳、巨无霸等超级快餐品牌也因此被指责为肥胖病的元凶。而当麦当劳与肯德基在中国已经成为洋快餐的代名词时，其食品的不健康、不合理也成为洋快餐在国人心中挥之不去的印象。而这种印象在全球范围内都越来越深刻，最极端的说法是：洋快餐是"垃圾食品"。针对这些肯德基努力打造一个符合中国国情的食品安全体系。2004年1月发布的《中国肯德基食品健康政策白皮书》，表明了肯德基致力于倡导健康生活理念的决心和信心。并在此基础上，提出"天天运动，健康一生，让我们动起来"的口号，开展"体坛群英"、"肯德基全国青少年三人篮球冠军挑战赛"和"肯德基全国青少年校园青春健身操大赛"。2005年先后派遣食品安全官到任，并设立"中国百胜餐饮集团特约食品安全实验室"，成立"食品安全专家咨询委员会"。

　　为了适合中国市场需求，肯德基在产品多样化上不断创新，开发出更多适合中国人口味的食品。肯德基尤其注重蔬菜类、高营养价值食品的开发，如今产品已从2000年的15种增加到2007年的48种，20年来研发的长短期新品近百款。目前，除了广为消费者喜爱的吮指原味鸡、香辣鸡腿堡、香辣鸡翅等代表产品外，由中国团队研发的老北京鸡肉卷、新奥尔良烤翅、四季鲜蔬、早餐粥、蛋挞等都受到好评和欢迎。肯德基在努力使中国人相信：我们非常在意你们的健康问题；是的，肥胖是个很现实很糟糕的问题，我们都应该避免肥胖。但肯德基也强调，导致肥胖的因素非常多，不全是炸鸡、薯条的错；快餐食品也可以更健康、更营养；我们在不断推出充满中国特色的新产品，米饭、汤、粥、老北京鸡肉卷、串香辣子鸡、咕佬鸡肉卷等。

值得一提的是，肯德基的品牌传播也多了很多本土化的痕迹，以往山德士上校的卡通形象已经很少在广告中出现，代之的是很中国化的普通家庭场景。过去肯德基的电视广告围绕着家庭故事展开了一系列生活剧，将肯德基的产品与中国人的生活结合在一起，体现出浓浓的家庭氛围和幽默情调，算是肯德基在广告传播方面的一次尝试和突破。近年来肯德基在中国市场推出了一句看似平淡、貌不惊人的广告语——"立足中国，融入生活"，并在全国范围内大力传播，这平常的一句也包含着肯德基进入中国近20年持之以恒的"本土化"策略。"立足中国，融入生活"所表现的是肯德基似乎想做成北京胡同里的馒头店、上海弄堂里的点心铺、广州小街上的豆浆摊，不仅在一二线城市保持高速开店节奏，同时向三线城市渗透，更推出了早餐产品，而且在肯德基网站上赫然可见邻街餐厅搜索栏，消费者只要输入自己所在的城市和区域，就能方便地找到最近的肯德基餐厅。肯德基似乎正要成为中国人的一种生活方式，中国人的邻居，融入中国人的方方面面。

与此同时，肯德基还结合市场实施公益性促销，充分利用分布在全国402个城市的1800余家餐厅，通过餐盘垫纸和宣传单页向广大消费者传递食品、卫生、营养、运动常识，引导人们建立正确的饮食、健康习惯。几年来发放健康资料超过6亿份。与此同时，肯德基还定期在餐厅组织儿童营养教育活动。肯德基每年均以各种不同的形式支持中国各城市地区的教育事业，从捐款"希望工程"等教育项目到资助特困学生、免费邀请福利院儿童和残疾儿童就餐；从举办形式活泼的体育文化比赛到捐赠书籍画册。近年来，肯德基还开展了生动活泼、寓教于乐的肯德基健康流动课堂；与电视台一起举办的"小鬼当家"冬令营和夏令营活动，受到孩子和家长们的喜欢。这些都体现了肯德基"回报社会，关心儿童"的企业文化，获得了良好的社会效益。

案例来源：卫军英：《整合营销传播典例》，杭州：浙江大学出版社，2008年版。

➡ **思考题：**

1. 在品牌营销中品牌引导、品牌扩张和品牌限制有什么不同？
2. 肯德基在中国的品牌营销体现了什么特点？

第三节　品牌化及其品牌驱动

从营销角度看，任何品牌只有在它能够为企业带来效益时，才可以说是一个有价值的品牌，而且之所以追求品牌，其核心也是品牌所带来的利益附加值。因此在这一节我们将从企业经营角度对品牌加以审视，着重探讨企业品牌导向的必然性，以及促成这种必然性的利益因素。

一、品牌化成为一种经营路径

所谓品牌化是指把品牌理论运用于实际运作，"赋予产品和服务一种品牌所具有的能力。品牌化的根本就是创造差别使自己与众不同"。[①]当然正如品牌不仅是单纯的商标符号那样，品牌化也不仅是给产品或服务赋予某种符号形式，更重要的是给产品或服务注入更深的内涵和意蕴，并为品牌发展提供正确的发展方向。

品牌化过程实际上就是品牌基本策略的制定过程，它主要包含三大方面内容：①品牌认同系统的建立；②品牌符号系统的设计；③品牌战略的确定。品牌认同是确立品牌价值的原点，它保证在营销传播中不会出现价值偏离；品牌符号系统包括品牌命名、品牌标志设计、品牌标语创意，是品牌认同系统的具体化和直观化；品牌战略的确定则包括品牌发起人和品牌战略的选择。[②]品牌化作为品牌决策过程，始于对品牌路径的选择，完成于对品牌定位的确立。通常情况下，进行品牌化运作的基本流程如表 2-1 所示。

品牌定位确立后，在一定意义上就是确定了品牌的特征以及品牌传播的核心所在。之所以实施品牌化，其假设的前提是消费者可以通过这种品牌差别，获得相应的利益差别，因此品牌建设包括创造精神结构，帮助消费者获得关于产品或者服务的知识，并通过这种方式验证他们的决策，同时在这个过程中为公司创造价值。

一般而言，企业之所以热衷于品牌，虽然有各种各样的理由，但究其根本的原因却主要是从自身利益追求考虑，认为品牌对企业市场竞争和利润追求具

---

① ［美］菲利普·科特勒、凯文·莱恩·凯勒：《营销管理》（第 12 版），上海：上海人民出版社，2006 年版，第 306 页。

② 张金海：《20 世纪广告传播理论研究》，武汉：武汉大学出版社，2002 年版，第 121 页。

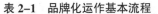
表 2-1　品牌化运作基本流程

运作步骤	主要关注点
1. 是否建立品牌	品牌经营本身具有一定的风险性，必须对企业和产品以及市场状况做出相应的评估
2. 确定品牌基本价值系统	对品牌内涵和基本价值理念加以确认，明确品牌意义，初步建立品牌认同系统
3. 设计品牌符号	根据品牌特点加以符号化，使品牌理念得以形象化和视觉化
4. 制定品牌战略	新品牌战略、产品线延伸战略、品牌延伸战略、多品牌战略、共同品牌战略
5. 实施品牌定位	从品牌特点出发，注重品牌传播对象接受特点，确定品牌传播和诉求核心

有相当的影响力。这种理想的品牌假设具体而言无外乎两个方面：第一，品牌有利于企业扩大市场份额。因为品牌是企业及其产品综合品质的一种体现，在企业市场拓展方面，来自品牌的力量和影响几乎具有决定性的作用，所以企业为了扩大和保持市场份额，往往对品牌多加依赖。第二，品牌具有一种超值创利能力。企业的根本追求是利益追求，在充分一体化的市场格局中，一个行业的利润通常都处在一种大体平衡状态，而品牌之所以受到青睐，很大一个原因就是通常所说的可以为产品创造一种附加值，使其获得利润超过同业的平均利润。对于许多实施全球战略的跨国公司而言，品牌的营造成了其第一位的要素，如日化巨头宝洁公司以善于营造品牌而享誉全球。

　　从品牌经营来看，许多跨国公司如麦当劳、可口可乐等，其所代表的是一种理想的品牌状态。中国企业的品牌追求意识之所以在 20 世纪 90 年代后期普遍崛起，大致是基于这样的背景：其一，企业在基本上完成了早期粗放式经营以后，面临着一个自我提升的问题，其中很重要的一个方面，就是企业形象提升，而企业形象在很大意义上来自于企业的产品形象；其二，随着市场的普遍开放和一体化市场格局的形成，一些跨国公司和全球品牌纷纷进入中国，它们凭借品牌优势大规模地抢占市场，并且获得远远高于中国企业的行业收益，这种品牌战略对中国企业具有示范效应；其三，由于生产的相对过剩和买方市场的形成，大量同质化的商品进一步加剧了市场竞争程度，企业通过产品差异在细分市场上获得竞争优势的机会越来越少，这进一步导致了寻求产品营销中感性因素的追求。正是由于这样一些原因，品牌意识也应运而生，许多本土企业把品牌建设提高到企业经营战略高度看待，希望通过品牌化保持企业稳定持续的发展。

二、品牌成为营销驱动的战略性资源

虽然在市场营销和营销传播中，品牌和品牌资产已经成为一个被津津乐道的战略术语，各种品牌机构甚至为不同品牌提出了许多精确量化的评估值，但是品牌管理专家对此似乎并不完全认同。一切正如大卫·艾克所说的那样："品牌的价值无法精确地评估，但可以大略地估算。由于误差很大，这些估算不能用于评估营销计划，只能说明创造了多少品牌资产。这些估算还不能为制订品牌创建计划和编制预算提供参考。"[①] 一个非常具有意义的问题由此而生，既然品牌价值不能准确估算，而且这种估算也不能作为制订计划参考，这就涉及对于品牌及品牌资源的价值该如何看待，对此我们的基本倾向是：品牌是整个营销价值链中的一种战略性资源。

企业价值链理论的提出者是哈佛大学著名的战略管理专家迈克尔·波特（Michael E. Porter）教授，在对企业竞争优势的研究中他认为：

每一家企业都是用来进行设计、生产、销售、交货以及对产品起辅助作用的各种活动的集合体。所有这些活动都可以用价值链表示出来……虽然同一产业内的企业有相似的价值链，但竞争对手的价值链常常有所不同……竞争者价值链之间的差异是竞争优势的一个来源。[②]

按照波特的说法，在企业所进行的各种价值活动中，并不是所有的行为都可以创造竞争优势，因此必须识别那些具有差异性的创造竞争优势的价值。如果说在整个企业价值链构成中，营销既是企业价值链中一个价值环节，同时又是一个自成系统的价值链，那么品牌则可以说就是这个价值链中最具有统合力的核心元素。因为正是品牌才具有其他任何元素都不具备的关联能力，并且通过这种关联恰当地显示出自己的差异性和竞争优势所在。波特认为这种"联系可以通过最优化和协调一致这两种方式带来竞争优势。联系常反映出为实现企业总体目标的活动之间的权衡取舍"。[③] 很明显，如果没有品牌来进行统合，面对着众多的竞争对手，一个产品在企业和消费者之间将很难创造自己的竞争优势。因为正是品牌将商品与竞争对手的产品区分开来，并且它在带来规模经济和范围经济的同时，也相应地建立了市场壁垒，使得竞争者很难逾越这种障碍形成竞争冲击。此外品牌也使得公司可以超越价格竞争的恶性循环，有利于保持利益稳定性。

---

① ［美］大卫·艾克：《品牌领导》，北京：新华出版社，2001 年版，第 18 页。
② ［美］迈克尔·波特：《竞争优势》，北京：华夏出版社，1997 年版，第 36 页。
③ 同②，第 48 页。

正因为这样，我们认为品牌是企业经营的一种战略资源，这种资源本身存在于企业的营销管理之中，是整个营销价值链中的一个重要环节，它所具有的有形和无形力量使其对整个营销价值链具有某种统合作用。品牌资源必须通过有序的组织和充分的发掘，才能够成为有效的竞争力量，或者如大卫·艾克讲的那样成为"强势品牌"。而品牌资源的变化则是由在品牌整合过程中，对资源效果评价和资源平衡方式的倾斜所决定的。这样一来，我们对品牌认识在很大程度上就要回到管理层面上看待。迈克尔·波特认为："竞争优势归根结底来源于企业为客户创造的超过其成本的价值。价值是客户愿意支付的价钱，而超额价值产生于以低于竞争对手的价格提供同等的效益，或者所提供的独特的效益补偿高价而有余。"[①] 因此他把竞争优势基本形式归为两个方面：成本领先和标奇立异的差异性。实际上当我们把品牌作为资源看待时，就会发现品牌恰好成为帮助企业实现这两种获得竞争优势的途径。

下面一章我们还将涉及品牌的关系构架，在这种关系构架中，与品牌前后关联的既有企业内部的各种资源要素，也有企业外部的各种资源要素，品牌在将其连接为一体的同时也对这些资源进行了相应的整合。在整合过程中品牌资源得到了充分发掘之后，所获得的第一个报答就是企业的成本优势。比如，一个具有价值的品牌，它在生产流程上同样应该具有获得优势的优先权，其内部认同延伸到管理上也必然是简捷高效，各种有效性优势最终必然反映在它的成本上。也就是说，一个强势品牌所带来的价值很大程度上来自于它所提供的商品成本低于一般竞争产品。比如，娃哈哈纯净水作为一个大众型竞争产品，由于其生产和管理的有效优势，无论从生产成本和零售价格上都堪称全国乃至全球最低，这就形成了其品牌的竞争优势。与此相反的是，几年前另一家宣称"拒绝生产纯净水"的农夫山泉天然水，虽然标榜品牌领先，但是由于其价格超过前者60%以上，以至于营业利润惨淡，最后被迫降低到与娃哈哈相当的价格才保证了市场的基本平衡。这说明品牌作为一种管理资源，完全可以成为保持企业成本领先的手段。

从差异性角度来说，由于品牌对外所连接的是顾客和相关利益群体，其本身就在制造独特性竞争差异，所以相对于成本领先而言，差异性更是品牌资源的价值所在。正如迈克尔·波特所说："当一家企业能够为买方提供一些独特的、对买方来说其价值不仅是低廉的东西时，这家企业就具有了区别于其他竞争厂商的经营差异性。"[②] 差异性是不同品牌之间形成区别的关键，正是由于差

37

---

① ［美］迈克尔·波特：《竞争优势》，北京：华夏出版社，1997年版，第3页。
② ［美］同①，第123页。

异性本身所具有的独特因素，这才使得那些同类型的产品完全可能由于品牌的不同，给消费者带来不同的利益。商品销售中的溢价或者说品牌附加值就可以从中找到答案，即品牌本身可以给消费者带来超值享受，顾客所付出的价格可以从其他方面得到回报。比如，做工和使用价值完全一样的两块手表，因为劳力士更加具有社交方面的满足感，所以消费者愿意为此付出更多的价钱。

正因为品牌可以凝聚两个方面的竞争优势，所以品牌本身就具有其他价值环节所不具备的资源优势，而对品牌资源的发掘也就最有可能形成企业自身的核心竞争力。1990年在《哈佛商业评论》上发表的"公司的核心竞争力"一文中，哈默尔（Gary Hamel）和普拉哈拉德（C. K. Prahalad）对企业的核心竞争力这样定义：核心竞争力是企业组织中的集合性知识（collective learning），特别是关于如何协调多样化生产经营技术和有机结合多种技术流的知识。首先，必须具有客户可感知价值，使客户感受到产品符合其利益需要且显著地实现其所看重的价值；其次，必须具有独特性并且不易被竞争对手所模仿；最后，应具有很强的延展性有利于实现范围经济。如苹果电脑的产品设计创新能力，它首开使用鼠标操作电脑的先河，它的麦金托电脑可看可感的设计，极大地促进了个人和家庭电脑市场的发展；宝洁、百事可乐优秀的品牌管理及促销能力；丰田的精益生产能力等。依照大卫·艾克的品牌认同理论，所有这些要素其实都在品牌的包容之中，都可以从品牌认同中得到反映。因此我们可以做出一个基本的归结：品牌作为一种整合战略性资源，既是营销价值链中具有统合力的一个重要元素，同时它的差异性特征又充分体现了可以满足客户价值需求的核心竞争能力。

三、品牌资源的整合路径

20世纪90年代以来关于品牌的研究可谓汗牛充栋，但是面对复杂的品牌现象，形形色色的解释并未提供一个充分的模式。我们从品牌资源整合的角度理解，也只是希望能够为企业竞争提供一种新的观察视角。进行品牌资源整合，所面临的一个首要问题便是企业竞争中的先期选择，即要不要实施品牌化运作，这须根据企业和市场现实做出判断，而做出判断并选择的依据就要看品牌是否具有资源优势。如果相对于整个价值链中的其他价值要素，采用品牌资源更加具有竞争优势，同时品牌本身也具有相应的统合能力，通过挖掘品牌资源能够给企业及其产品带来更多的利益，那么就适合于品牌化经营。

品牌资源整合若在决定实施品牌化经营之后展开，就必须明确品牌与不同价值要素之间的各种关联，在此基础上确定品牌的基本价值系统。这包括两个方面：一是从不同层面明确品牌的基本精神和意义所在，建立品牌基本内涵并据此形成初步的品牌认同；二是根据品牌内在要求，寻求品牌的感觉外化形式，即设计相应的品牌符号体系。应该说品牌传播从这一刻起就已经开始，在这个过程中已经明晰了品牌形象、确定了品牌定位，并且选择了品牌化的发展方向。其中最重要的一点就是，通过品牌找到了与各种价值关系之间的具体联结点，所以进一步的策略发展就集中在积极传播和协同管理两个方面。

这就涉及品牌战略的运用。虽然品牌研究专家总结出了很多的理论方法，但是品牌经营并没有一个确定不变的模式，几乎每个擅长于品牌的企业都有属于自己的独特品牌经营模式。而多年来曾经被奉为经典的传统品牌经营方法，在新的市场背景下也受到了严峻的挑战，正如大卫·艾克所言，传统的品牌管理系统已经为宝洁公司和它的模仿者效力了几十年，但是在新的背景下正变得力不从心，正在兴起的品牌经营模式其核心就是注重战术的同时更加注重战略。① 如果说传统品牌观念的注意力主要集中在建立统一的品牌规范，并进行有力的品牌传播等战术性操作的话，那么新的品牌观念则把工作中心放在策略性思维的远见卓识之上，不仅系统实施品牌传播而且引入战略性品牌管理思想。表 2-2 所示的是大卫·艾克对两者之间差别的比较。

表 2-2 新旧品牌运作模式比较

传统品牌领导方式	新品牌管理方式
从战术管理到战略管理	
战术型、及时反映	战略型、具有远见
品牌经理资历浅、经验少	品牌经理资历深、处于企业高层
概念模式——品牌形象	概念模式——品牌资产
着眼于短期效益	发展品牌资产评估
从有限的焦点到广阔的视野	
着眼于单一产品和市场	跨产品和跨市场管理
单一的品牌结构	复杂的品牌构架
着眼于单一品牌	多元品牌——目录管理
多国化——每个国家都配备品牌管理小组	全球观念
品牌经理协调传播团队	传播团队有专门领导
品牌处在一个职能化组织之中	品牌由个人或跨职能团队进行管理
外向型的视野	依附于企业的文化和价值观
战略的推动者由销售转为品牌识别	
由销售和市场份额推动	由品牌识别推动

① ［美］大卫·艾克：《品牌领导》，北京：新华出版社，2001 年版，第 9 页。

显然，在这里品牌管理已经超越了单纯营销传播的范畴，因此品牌经营也就不是一般意义上的营销传播所能够完成的任务了，它涉及整个企业管理体制的适应与变革。事实上，品牌概念由于内含极多的包容性，以及几乎可以无限伸展的外延，不同专家对它的理解并不完全一致。比如，大卫·艾克所理解的品牌就是基于品牌认同所建立的品牌框架，而汤姆·邓肯认为品牌代表了企业一切价值追求的总和，其整合营销传播宏观构架就是建立在这种认识之上的。当品牌经营超越了一般营销传播意义，而上升为一种企业的竞争优势战略之时，也许不同企业都具有自己多样化的竞争选择，正是从这个意义上，我们说进行品牌经营并不是每一家企业都适合的，也许对于很多企业而言这个选择所要付出的成本更大。因此，与其说品牌是一种刻意的追求，不如将其看作是企业在完成竞争优势创造过程中所自然衍生的一种现象。

案例分析 2-2

海尔整合品牌文化资源

家电行业是竞争最激烈的行业之一，产品在质量和技术上都已经高度同质化，长期以来家电行业拼的就是价格。而海尔则在一次又一次的"价格战"中虽走得艰难，却坚定地走既定的高端路线，并最终谋得了良好的发展，创造了一个享誉全球的品牌。2001 年 8 月出版的《福布斯》杂志刊登资料表明，海尔已在全球白色家电制造商中雄踞第六位；2004 年开始，海尔全球营业额开始突破 1000 亿元人民币大关；2005 年，它实现了 1039 亿元人民币的全球营业额。而与巨大的营业额交相辉映的是海尔的品牌价值。早在 2000 年海尔品牌价值已达 330 亿元人民币，是 1995 年第一次评估的 7.8 倍，从而无可争议地成为中国家电第一品牌。2004 年海尔又一次蝉联中国最有价值品牌第一名，品牌价值高达 616 亿元人民币。到 2006 年，海尔品牌价值已经飙升到了 749 亿元人民币。

尽管关于海尔的是非争论从来就没有停止过，但没有人否认海尔是一个真正的传奇式企业，其出色而独具一格的营销理念也极大地丰富着营销传播的实践内容。海尔的企业文化不但得到国内专家的高度评价，还被编入哈佛大学MBA 案例库。一家企业的成功往往是多方面综合的成果，即所谓的多种资源优势的整合。而对于海尔来讲，它对内部企业文化的营造以及始终不渝的内部营销则是其巨大成功的基础。在海尔的成功背后，我们可以看到它对内外双向沟通的注重。海尔的内部沟通首先源自于对员工价值的认识，海尔掌门人张瑞敏说过："如果把企业比作一条大河，每一个员工都应是这条大河的源头；员工的积极性应该像喷泉一样喷涌出来，而不是靠压出或抽出来。小河是市场用户。员工有活力必然会生产出高质量的产品，提供优质服务，用户必然愿意买企业的产品，涓涓小流必然汇入大海。"

海尔的"源头论"强调一种奉献精神，每个员工都是企业的"源头"，海尔进军国际化，需要众多"源头"的汇聚，只有海尔每一个人的国际化，才有可能实现海尔的国际化。在"源头论"引导下，海尔将市场竞争机制引入员工的工作环境。每个员工都是一个微型市场，这就意味着每一个海尔员工都拥有了代表市场的索赔权利，同时也具有了高度的市场责任。把市场的压力转化为提高素质、不断创新的动力。这种被称为"市场链"的模式给海尔带来了新的活力。这个目标使海尔的发展与海尔员工个人的价值追求完美地结合在一起，每一位海尔员工将在实现海尔世界名牌大目标的过程中，充分实现个人的价值与追求。

具体来说，海尔就是将内部营销的观念引入生产和管理流程、在员工内部广泛树立"内部客户"意识，这是一种协调流程运行、促进部门协调的有效手段。海尔将传统上企业用在外部的营销思想、营销方法用于企业内部，使员工认识到企业价值的形成过程是由若干紧密相关的活动构成，各种活动直接或间接地对企业的产品或服务的价值有所贡献，各个部门只有协同发展才能最终实现价值链。在具体的操作过程上，海尔各部门之间、各工序之间、各岗位之间互为顾客，外部订单转化成了企业内部各工序之间的订单，工序与工序之间的订单交接是买卖关系，每个工序的报酬由下道工序兑现，因此每道工序都会为追求自身的利益而主动加强与下道工序之间的沟通，从而促进了整个流程的顺畅运行。在这种模式下，无论是直接面对市场的核心业务流程，还是面对内部的支持流程，海尔都建立起互相衔接、互相咬合的价值分配体系，从而有效地消除部门间的缝隙，从而形成了和谐统一、强大鲜明的对外品牌形象。

更高层次的内部营销实际上就是品牌文化的建设。海尔注重企业文化的建设，其发展每时每刻都离不开企业文化。海尔把企业文化分了三个层次，表层是物质文化，它代表海尔的发展速度、海尔产品、服务质量等；中间层是制度行为文化；最里层是价值观，即精神文化，它是海尔企业文化的核心及创新。不断创新的价值观使海尔在企业发展中不断战胜自己，不断给自己确立新的目标。对外品牌形象也只有扎根于坚实而合理的企业文化之时，才能产生巨大的价值。

畅通的内部沟通机制可以在企业内部树立以顾客为导向的质量观，这是在产品本身差异化日渐缩小的前提下，渴求质量突破的有效手段。从海尔的一系列内部营销沟通手段来看，其显然在追求和实施一种可以被称为超越顾客期望的战略观，这很大程度上又取决于内部员工的思想和理念是否与企业的价值取向相一致，以及员工个人价值与企业价值的重合程度。海尔正是通过充分的内部沟通，使员工得到充分的满意，进而给顾客带来满意，这其实构成了一条营销传播的价值链。具体来说，海尔畅通的内部沟通机制由以下几个方面组成：

1. 用畅通的内部沟通整合所有与质量相关的环节，明确各部门的质量责任

乔治·达伊在《市场驱动战略》中指出：企业制订获得优异质量的计划，必须认识到企业中的每个人与每项活动都是先行活动的顾客，每个人的目标必须确保其产出质量符合活动链条中下一个顾客的期望值，如果能做到这一点，最终顾客的需要也就得到了满足。这是一个内部市场营销的过程，是优异的质量在企业活动链条中由内部供应者到内部顾客依次传递，直至传递给外部顾客，取得顾客满意的过程。

海尔在质量管理上，形成了一整套环环相扣的沟通体系。海尔的内部沟通参照了市场经济中的利益调节机制，在企业高层的宏观调控下，把企业内部的上下流程、上下工序和岗位之间的业务关系由原来的单纯行政机制（纵向依靠自上而下的计划安排和行政指令，横向依靠会议调度和上级命令协调；下级只服从上级，只对上级负责）转变成平等的买卖关系、服务关系和契约关系，通过这些关系把外部市场订单转变成一系列内部市场订单，形成以"订单"为中心、上下工序和岗位之间相互咬合、自行调节运行的"市场链"，并以"市场链"为纽带，对企业传统的业务流程进行彻底的重新设计，以完整连贯的整合性业务流程取代被各种职能部门割裂的、难以管理的破碎性流程。每一个业务流程有高度的决策自主权、有直接服务的顾客，有明确的质量责任；整合的业务流程也就有了环环相扣的质量保证。

2. 通过内部沟通鼓舞员工士气，克服员工抵制障碍，全面提高质量管理成效

任何企业都会不可避免地遇到员工抵制难题。这种情况在制作流程复杂的家电企业尤为突出。海尔因为重视了内部顾客需求的全面质量管理，从而将"质量提高—顾客满意—企业盈利"的传统模式升级为顾客、员工与企业在互动中实现价值交换的模式，并且重视员工对变革目标的理解与接受，因而能够避免由于实施变革对员工利益造成损害或员工不理解变革而导致的员工抵制，促使其工作与全面质量管理战略保持一致。

全员参与质量管理显然是不够的，更重要的是员工参与的积极性。如果把员工的技能看作是影响质量的硬件，员工的参与态度就是与其同等重要的软件，后者更加需要具有人性化的沟通激励机制。Brian Thomas 有一个关于质量管理绩效的公式：$E = MC^2$，其含义是质量管理的绩效（Effect）与员工的积极性（Motivation）、员工的技能（Capability）及质量管理的控制（Control）呈正相

关。只有通过畅通的内部沟通机制，使员工满意并以自己的工作为荣，他们才会以积极的态度参与工作，才会提供更高质量的产品，为顾客创造更大的价值，真正达到个人价值、企业价值与顾客需求的整合。

3. 运用内部沟通促进部门协作与职能整合，减少内部冲突形成高度整合

利用畅通的内部沟通机制来协调各个部门之间的合作的终极目标是达到外部营销的成功；反过来，外部营销的成功也可以促进企业更好地实施内部营销，从而使企业形成内部营销、质量管理与外部营销之间相互促进的良性循环。综观海尔的内部沟通机制，它的每一步都与对外沟通环环相扣。同时它在外部营销传播上的种种经验和模式又很好地引入到了内部沟通之中，从而实现了内部营销传播的高度整合，创造出了出色的营销传播模式和企业文化。

案例来源：卫军英：《整合营销传播典例》，杭州：浙江大学出版社，2008 年版。

➡ **思考题：**

1. 品牌资源整合对企业发展有什么帮助？

2. 海尔品牌建设中是如何整合内部资源的？

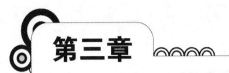

第三章

品牌营销路径

学习目标

知识要求 通过本章的学习，掌握：

- ● 营销传播及其概念
- ● 品牌营销是营销与传播的统一
- ● 品牌关系的基本内涵
- ● 品牌相关利益者的构成
- ● 品牌关系的衡量梯度

45

技能要求 通过本章的学习，能够：

- ● 认识营销与传播统一的特点
- ● 掌握品牌关系及其基本构成
- ● 区分品牌的各种相关利益者
- ● 根据品牌关系梯度衡量品牌现状

学习指导

1. 本章内容：品牌营销中的营销传播观念以及营销与传播的统一；完整的品牌视角、顾客作为品牌关系的核心、品牌的相关利益群体；建构品牌关系的方法以及衡量品牌价值的基本纬度。

2. 学习方法：结合案例，理清思路；注重从实际出发，从宏观着眼，从微观入手；抓住品牌关系这一核心展开思想，从而顺利把握相应的环节。

3. 建议学时：6 学时。

 **引导案例**

万科以品牌引导营销

作为中国房地产市场的唯一的驰名商标，万科几乎获得了这个行业的所有荣耀。成立于 1984 年的万科是在中国内地首批公开上市的房地产企业之一，如今它已将业务扩展至深圳、上海、北京、广州、天津、杭州等 20 多个大中城市，并成为中国房地产行业的第一品牌。然而与许多企业致力于把利润作为首要追求不同，这家立志要成为世界最大房地产商的企业，在其官方网站上明确对外宣称，对于万科而言责任重于利润：

万科开发房地产，不以盈利为唯一目标，也不只是单纯为客户提供居所，而是从满足现代人追求舒适、便利、完美的生活方式出发，自始至终为客户的各种合理需求而提供尽善尽美的服务，即便暂时牺牲部分经营利润也在所不惜……要有创造城市文化的责任感，对城市负责，对后代负责。

万科的成功来源于其高品质的住宅产品、精细化的物业服务，以及对客户和相关利益者的良好关系管理，但首先得益于万科企业的品牌理念：建筑无限生活。在对这一理念的具体阐释中，万科充分表达了它对各种关系对象的重视。

46

对客户，意味着了解你的生活，创造一个展现自我的理想空间；对投资者，意味着了解你的期望，回报一份令人满意的理想收益；对员工，意味着了解你的追求，提供一个成就自我的理想平台；对社会，意味着了解时代需要，树立一个现代企业的理想形象。

可以说正是由于这种超越单纯利润的追求，成就了万科品牌的辉煌，也给它带来了相应的社会效益和经济效益。早在 2002 年底，万科对它在全国 10 个城市的 42000 名客户进行了调查，结果显示万科老业主整体满意度为 78%，新业主满意度为 77%。这一切都是由于万科对产品和服务的高度重视才赢得了新老客户的满意，使得其楼盘始终处于热销状态，进而保证了企业的盈利。有调查显示，在万科的大本营深圳，万科地产的第一批客户中，有很多人随后购买了万科第二个、第三个物业的住宅。上海的万科城市花园也曾在 1995 年做了一个购买客户的问卷调查："您是根据什么渠道知道城市花园的？"回答通过万科城市花园的居民介绍的超过 50%。

在万科员工的工作牌后面有个小卡片，上面印着万科的核心价值观。那就是：第一，客户是我们永远的伙伴；第二，人才是万科的资本；第三，阳光照亮的体制；第四，持续增长。在成立万科之初，创始人王石就按照这个思路要求企业。到今天，这些观点已经深入人心。万科的成功，得益于企业核心价值观有效的内部传播。十余年来的万科，产生了诸多佳话，例如：陈之平（万科首任物业管理处经理）手揣抹布，随时清洁小区；姚牧民（1991年任万科地产总经理）喝游泳池里的水；万科的清洁工都能随口说出户型面积、价格和布局，甚至装修材料等住宅信息。应该说，企业的核心价值观深入员工的内心，并引发他们相应的行动，经过发展，就形成了具有强大力量的企业文化。反映万科成长的《万科周刊》，在记录和宣扬企业文化的同时，也以开放的姿态迎合信息浪潮，从而以"剑走偏锋"之势，成为房产行业的顶级企业内刊。这无疑成为万科主品牌的价值标签。企业文化的张力，支持着诸多关于万科的服务细节在口碑传播中建构其万科"服务到家"的品牌印象。

案例来源：卫军英：《整合营销传播典例》，杭州：浙江大学出版社，2008年版。

➡ **思考题：**

1. 品牌营销为什么必须把营销与传播统一？
2. 为什么说品牌实质上所体现的是一种关系？

第一节 营销与传播的统一

品牌营销区别于传统营销的一个很重要的特点，就在于它不是简单的产品营销，也不是单纯地建立一种销售关系。品牌营销本质首先是营造品牌与消费者之间的关系，而不是向消费者兜售产品。因此从消费者的品牌认知来说，品牌营销中既包含着营销因素，也包含着传播因素，它是营销与传播的统一。

一、品牌营销中的营销传播角色

作为一个传统而富有新意的概念，营销传播一直处在发展中。营销传播的源头和主体构成无疑是促销（Promotion），包括广告和各种销售促进方式，其中就系统性而言广告则更具有模式化的理论规范。早在20世纪前期新兴的市场营销理论与广告观念的结合，逐渐使得广告摆脱了单纯的叫卖状态，而导入一个不断规范化和理性化的发展轨道。在经典的市场营销著作中，营销组合（Marketing Mix）的一个重要构成就是营销沟通，也叫营销传播（Marketing Communication），毫无疑问这个概念是对传统意义上促销认识的发展。随着新兴传播学理论的进一步引入和渗透，现在营销领域的许多专家和专业人员更加喜欢运用营销传播而放弃使用促销这个术语。

　　理解营销传播这个概念，就须关注它的两个组成部分：营销和传播。所谓营销是指企业或者其他组织用以在自身或者客户之间进行价值转移（或交换）的一系列活动；传播或者沟通是指思想传递以及不同个体之间或组织与个体之间达成共识的过程。将这两个概念综合加以认识，可以说营销传播就是指在一个品牌的营销组合中，通过建立与特定品牌的客户或者用户之间的共识而达成价值交换的所有要素的总和。① 由此可见，营销传播是实现营销和品牌发展的基本要素，它的职责是在公司产品或品牌与其消费者之间建立某种共识，进而实现彼此之间的价值交换。所谓共识也就意味着双方之间不只是单纯的信息转移，还必须形成一种相互协调的意见平衡，因此营销传播不论采取什么形式，都不能摆脱对信息交流的依赖。

　　随着产品主导时代的结束，传统的依赖产品本身差异获得消费者认同的几率越来越小。在新的时代，拥有产品或者是其他销售优势也许并不是最重要的，因为赢得消费者的注意力是获得认同的先决条件。而随着产品可替代性的日益加剧，获得注意力的途径已经从产品本身转化为与产品相关的信息传播。在这种状态下，实现营销价值的核心指向已经发生了根本转变，不再是传统的基于产品主体的店面促销模式，而是消费者对产品或者品牌的认同。如果说传统的营销是开发出好的产品，给予适当的定价，辅以相应的销售渠道并配合强力的促销就可以基本实现，那么现在这些远远不够，甚至难以行通。因为消费者所面对的产品或者品牌大都很少具有差别性，它们在功能和使用价值上具有较高的同质化。消费者或许注意到了产品或者品牌的信息，但是在购买的最后一刻也许他又放弃了这种产品或品牌；或许消费者已经购买并且使用，但是使用经验和接触感觉却导致再次购买时的重新选择。甚至有时候依靠大量广告和促销所建立的消费者认可，很可能由于消费者亲友之间轻描淡写的一句话便打消了念头。种种迹象揭示了一个现实，按照消费者需求形成产品、价格、渠道和促销信息，这些似乎都不难完成，但是仅凭借这些如果没有与消费者实现良好的沟通，营销价值也无法实现。因此，营销在很大意义上取决于传播，正所谓营销即传播，传播即营销。

二、品牌营销是营销与传播的统一

　　"营销即传播，传播即营销"，这是美国西北大学的唐·舒尔茨教授在1992年提出的一种营销观念，舒尔茨被誉为整合营销传播之父。所谓营销与传播的统一，意味着现代营销尤其是品牌营销，已经不仅是简单的传统营销了，因为

---

① ［美］特伦斯·A.辛普：《整合营销沟通》，北京：中信出版社，2003年版，第4页。

品牌营销本身不但涉及一般营销问题，如产品、价格、渠道、促销等，而且更重要的是它涉及消费者的心理认同。品牌定位、品牌形象、品牌价值乃至于品牌忠诚等，每一点都不是单纯的营销问题，都关系到品牌与消费者之间的沟通和交流，因此品牌营销是营销与传播的统一。

此外这一命题还意味着，以往在营销专家们看来的各种营销元素，本身也都是传播元素。最直接的就是产品、价格、渠道这些要素，在整合营销和品牌传播的视角中，无一不是传播元素。美国科罗拉多大学著名的整合营销传播专家汤姆·邓肯博士认为，在整合营销和品牌传播中，整合信息有计划内信息、计划外信息和产品服务信息三种存在方式。计划内信息是"言"，属于企业的自我宣传；产品服务信息是"行"，是品牌见诸实践的行为；计划外信息是"肯定"，属于外在对于品牌信息的肯定或者否定。可见产品、价格、渠道不仅本身具有信息构成，而且也是一个传播通道。就像一个产品的款式包装是一种传播一样，它采取什么样的价格定位，运用什么样的渠道，这本身也传达了一种品牌信息。①

更进一步认识，"营销即传播，传播即营销"还揭示了，在营销传播过程中，如果没有做到两者的统一，即便是有意识的"营销传播"，也很可能无法达到促进品牌的营销战略追求。这是因为以往消费者由于缺乏比较和参照，常常处在一种目光短浅的盲从之中。现在一体化和选择多元化正在把人们引向一个更加广阔开放，同时也更加具有竞争性的时代，它导致了营销中差异化也越来越难以创造。这些也提醒我们即便是在传统营销中，那些原本就属于传播范畴的要素，在新的背景下也需要重新审视。如许多广告虽然在进行信息传播但未必是良好的沟通，所以谈不上是营销与传播的统一，简单的例子如恒源祥的十二生肖广告。我们可以引用著名的 BBDO 广告公司董事长、总裁艾伦·罗森极的一段话来说明："BBDO 公司很清楚地知道不能进行理性推销。我们认为广告实际上是消费者与品牌的一次接触。我们很谨慎小心地使这一接触尽可能愉快、温暖、富于人情味，且从营销战略的角度上看还很恰当。"②

49

---

① ［美］汤姆·邓肯、桑德拉莫里亚蒂：《品牌至尊：利用整合营销创造终极价值》，北京：华夏出版社，2000 年版，第 97 页。

② ［美］巴茨等：《广告管理》，北京：清华大学出版社，1999 年版，第 302 页。

第二节 品牌与相关利益者

一个孤立的品牌充其量只是一个商标而已，而任何单纯的商标是无法达成营销的。所以品牌营销实际上包含了品牌与消费者以及相关利益者之间的关系，在一定意义上它是一种关系营销。在品牌营销中只有把握好品牌与消费者以及相关利益者的关系，才可能顺利地实现品牌营销价值。这就涉及我们如何完整地看待品牌与其相关利益者之间的关系。

一、完整的品牌观察视角

由于品牌现象的复杂性和多元性，要真正理解品牌并借助品牌运作实现营销价值，就必须有一个完整的品牌视角。所谓完整的品牌视角，就意味着从品牌本身出发，了解品牌所包含的信息系统，以及品牌与消费者和相关利益群体的关系架构。

什么是比较完整的品牌信息系统？这就是品牌不仅是产品、商标等，还代表了一种文化，是与此相关的产品、人、企业、符号等各种因素的综合体现。图3-1具体示意出观察品牌的一个完整视角。

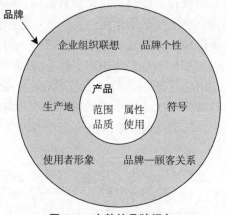

图3-1 完整的品牌视角

显然，这个观察视角既涉及品牌的有形部分，也涉及品牌的无形部分。诸如产品、产地、符号等都属于品牌的有形部分，这一部分是品牌的直观表现，如我们看到一个袋装的纯牛奶产品，首先最直观的就是它有形的品牌所属部分，我们会看到这是一个精致的包装完好的产品，当然也拥有一般纯牛奶的营养和饮用功能，它的商标是"蒙牛"，它的产地在中国的内蒙古。品牌的有形部分直观地说明品牌，而品牌的无形部分则依附在这些有形部分之上，诸如品牌个性、企业联想、使用者形象、与顾客关系等因素，其间包含了很大意义上的情感判断。如看到"蒙牛"这个品牌，会想到它通过一系列传播沟通所建立的富有朝气的品牌气质，它年轻、进取、充满朝气，而"天苍苍、野茫茫，风吹草低见牛羊"的内蒙古草原，又正好是奶制品的绝佳产地。这是一个中国奶业的领先企业，长期以来很关注消费者，在企业发展中非常注意回报社会等，这些都毫无疑问增加了消费者对品牌的亲近感。

在这个完整的品牌视角中，我们可以发现至少六个层次的认识：

（1）核心部分为品牌就是产品，还包括了它的原产地（或生产国）的概念；

（2）除此之外，品牌认同的基础还必须包含品牌就是企业、品牌就是人、品牌就是符号；

（3）同时一个成功的品牌，不仅要具有实用价值，而且还要能够激发顾客的感情；

（4）成功品牌在建立信用的同时，也要建立在消费者心目中的价值感；

（5）成功品牌还必须能够兼顾品牌认同在企业内外的角色；

（6）品牌特色比品牌定位、品牌核心特点要丰富。

由此可见，品牌在企业的整个营销系统中，已经成为一个具有最大包容性和最广关联性的价值核心。如果说整个企业营销系统代表着一个有序的实现价值获得利润的程序，那么品牌就是这个程序中帮助企业实现最佳效应的基本元素。从品牌关系角度看可以归结出一个根本问题，即品牌的核心作用就是与顾客或者相关利益者建立一种特殊关系。

二、顾客和员工是品牌关系核心

品牌关系涉及多个方面，因此在创建并传播品牌信息时不仅要考虑消费者（顾客），而且要考虑到众多的群体（相关利益者），因为他们都能够影响公司的利益。因此在整合营销传播的关系指向中，主要就是品牌与顾客和相关利益者的关系。严格地说，相关利益者已经包含了顾客的成分，但是由于习惯上顾客总是被置于现代营销的顶端之上，因此把顾客与相关利益者并提，有利于引起对其他相关利益群体的注意。图3-2说明了相关利益群体对品牌关系的重要性。

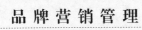

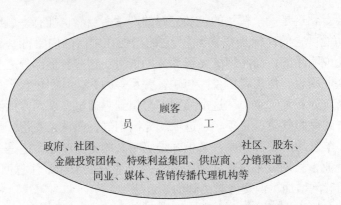

顾客

员　　　工

政府、社团、
金融投资团体、特殊利益集团、供应商、分销渠道、
同业、媒体、营销传播代理机构等

社区、股东、

图 3-2　品牌关系中相关利益群体的存在层级

　　按照这个品牌相关利益群体的模型，显然在品牌关系中处于核心地位的就是消费者即顾客群体，其次是员工。其他相关利益群体包括了政府、社团、股东、社区、同业、媒体、供应商、分销渠道、金融投资团体、特殊利益集团以及营销传播代理机构等，这些相关利益群体根据不同行业和公司所处的不同阶段，其关系重要性以及对品牌的影响也有所不同。以下我们将分别对一些关系加以具体剖析。

　　第一个层次是顾客。在所有的相关利益群体中，顾客处在品牌关系的核心地位，是品牌的最重要的相关利益群体。之所以这样是因为顾客作为营销终端，他们对品牌的支持与否直接决定了品牌能否销售并获得盈利。现代市场营销把顾客需求作为营销出发点，也是基于这一认识，因此品牌建设要建立的首先就是品牌与顾客之间的关系。由于顾客本身处于不断的变化和重组中，来自不同渠道的各种信息无时无刻不在冲击着他们，因此要建立与顾客之间的良好关系，就必须保持流畅的传播反馈渠道。通过经常性的具有深度的沟通，迅速了解顾客不断变化的需要和需求，把握顾客关注焦点的变化。在这里沟通成为构建"品牌—顾客关系"的最重要手段，一个品牌越是能和顾客形成良好的沟通就越是能够得到顾客的认同，良好的沟通有利于把顾客纳入公司或者品牌的计划与运作中。毫无疑问在沟通过程中采取什么样的沟通手段和沟通管道，在这里显得至关重要。

　　第二个层次是员工。以往很多公司或者品牌大多关注于外部关系，很容易忽略内部关系，员工关系往往被当作公司内部管理问题看待。在 20 世纪 80 年代"CIS"流行之际，这种关系被上升到一个新的层次。所谓 CIS 即"企业形象识别系统"（Corporate Identity System，CIS），由企业理念识别系统（Mind Identity System，MIS）、企业行为识别系统（Behavior Identity System，BIS）和

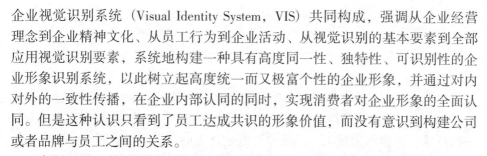
企业视觉识别系统（Visual Identity System，VIS）共同构成，强调从企业经营理念到企业精神文化、从员工行为到企业活动、从视觉识别的基本要素到全部应用视觉识别要素，系统地构建一种具有高度同一性、独特性、可识别性的企业形象识别系统，以此树立起高度统一而又极富个性的企业形象，并通过对内对外的一致性传播，在企业内部认同的同时，实现消费者对企业形象的全面认同。但是这种认识只看到了员工达成共识的形象价值，而没有意识到构建公司或者品牌与员工之间的关系。

实际上员工关系涉及两个方面的交流，其一是员工和公司之间的内部交流；其二是员工与顾客和相关利益者之间的外在交流。从理论上说，只有当员工真正了解了他们的工作、感受到自己在公司得到公正待遇、体会到自己是公司队伍中的一员，他们才可能满腔热情地投身工作，并为顾客提供一流的服务。从信息传播角度看，员工传达的信息对顾客的影响是十分重要的，鼓励并促进顾客与公司进行交流，这就意味着有更多的顾客将要与公司员工进行沟通，因此如果在员工这一环节出现障碍，公司或者品牌将会为此付出巨大的代价。

三、品牌的其他相关利益者

除了顾客和员工外，其他相关利益群体也会对品牌发展产生很大影响。一般来说，维持与其他相关利益群体的关系，并不属于营销中的任务，但是由于在营销过程中，这些相关利益群体或多或少会从不同方面对公司或者品牌产生影响，所以必须要考虑与这一群体的沟通。在不同公司和品牌中，这些相关利益者的影响并不是完全处在一个层面上的，必须对这些不同的相关利益群体进行具体评估。

对于大多数公司和品牌而言，在生产和经营过程中有两个相关利益群体是不可避免的，这就是供应商和分销商。它们分别代表公司及其品牌流转的上游与下游，直接关联到公司或者品牌存在的可能性，因此近些年来其在利益相关群体中的地位越来越显得重要。一个品牌如果无法处理好与它的供应商的关系，那么其结果不但是在原材料方面无法得到应有的保证，而且还会受到来自下游或者终端的质疑。相反，与供应商之间的良好关系不仅可以保证供应链的顺畅，而且来自供应商的美誉也会增加自己的品牌效应。比如，在英特尔的品牌运动中，宣传的主题就是"一颗奔腾的心"，这时候一个采用英特尔作为中央处理器的品牌电脑，自然会受到顾客和其他利益相关者的认同。至于处在下游的分销商则更加显得重要，这是因为分销商不仅仅是单纯的销售渠道，更重要的是它直接联系着消费终端，是品牌和消费者实现接触的关键链条。其本身就是品牌传播沟通的主要管道，所以必须保证这个管道流畅。至于政府、媒体、股东、投资商,甚至是竞争对手等,他们不仅涉及政策以及许多具有社会意义的宏观问题,而且由此所形成的社会影响也不可忽视。

在这些相关利益者中,媒体和政府关系通常比较受到重视,这是因为它们一方面具有政策性的监督调控能力;另一方面又可以直接影响社会舆论,公司或者品牌为了获得其支持往往主动采取措施,以保证这种关系处于良性状态。相对而言,公司或者品牌在其他关系利益者的处理上可能不及前者,尤其是对一些特殊利益群体如社区、环保等,但是要切记与这些相关利益群体合作与否,也同样会影响到公司及其品牌关系。股东、投资部门既是公司的投资者也可以看作是品牌的拥有者,它们对品牌的关注与品牌持有人一样,而且由其所扩散的信息也许要大于公司自身。除此之外,还有一个并没有引起注意的相关利益者,这就是同业之间。通常同业往往被看作是竞争对手,实际上同业除了对抗性竞争之外还共同拥有维护市场的责任。举一个简单的例子,1995 年一位亡命之徒为了敲诈而在娃哈哈果奶中投毒导致小学生生命垂危,有关媒体道听途说不负责任地报道这一消息并受到了猎奇媒体的追风。为了稳定市场,娃哈哈总裁在第一时间打电话给其最主要竞争的对手乐百氏负责人,双方立刻达成共识维护果奶市场稳定,同业竞争在这里表现出了良好的互动关系。乐百氏企业的创建者何伯权,多年来在市场上一直与娃哈哈正面竞争,但是 1998 年有记者问他:"你最欣赏的人是谁?"这位乐百氏总裁毫不迟疑地回答:"娃哈哈的宗庆后。"——竟然是他的竞争对手,这无疑是同业竞争良好关系的一个注脚。

品牌与顾客、员工和相关利益者关系构成了品牌关系的内涵,维护品牌关系也就是维护四者之间的关系。相关利益群体是一个多层次的集合,会对公司发展产生很大影响,如供应商关系到企业生产的原材料供应、媒体能直接影响社会舆论等。如前所述,一般来说维持与其他相关利益群体的关系,并不属于营销中的任务,但是由于在营销过程中,这些相关利益群体或多或少会从不同方面对公司或者品牌发生影响,所以整合营销传播必须要考虑与这一群体的沟通。对于不同行业不同公司来说,不同的相关利益人对于品牌关系影响的重要性也不同,因此企业必须根据自身行业及发展特点,制定相关利益人的优先顺序,并有针对性地实施传播沟通。

案例延伸分析

万科如何全面提升品牌关系

万科在品牌关系建设中,十分注重从不同层面上完善品牌与相关利益者之间的关系。在万科员工的工作牌后面有个小卡片,上面印着万科的核心价值

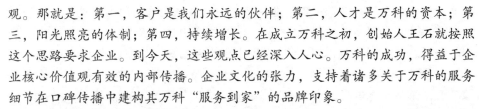

观。那就是：第一，客户是我们永远的伙伴；第二，人才是万科的资本；第三，阳光照亮的体制；第四，持续增长。在成立万科之初，创始人王石就按照这个思路要求企业。到今天，这些观点已经深入人心。万科的成功，得益于企业核心价值观有效的内部传播。企业文化的张力，支持着诸多关于万科的服务细节在口碑传播中建构其万科"服务到家"的品牌印象。

万科的这种追求作为一种企业理念，已经体现在其经营活动的各个层面。比如，在物业管理方面，万科也推行精细化、人性化的服务理念，充分挖掘客户需求和服务资源，持续提高客户服务水平，并将之切实贯彻到每一个服务细节上。几年前万科论坛上曾有业主发了这样一个帖子：

去年国庆节我自己粗心大意，把车停在停车场，车窗都没有关就去了上海。第二天就有管理处的人通知我说车窗没有关，我也没办法，就请他们关照一下。没想到他们真的把闭路镜头对着我的车，还派了个保安守在车旁。让我非常感动！

在与客户沟通和客户管理中，万科还进行了许多具有创造性的尝试。早在1998年，万科发起创建的客户俱乐部，简称"万客会"。万客会的诞生同样是一项独特创举，随后这种模式被众多同行或非同行争相效仿。这也带动了万科品牌的有效传播。万客会成为万科品牌的另一标签被市场广泛认同。企业对外传播持续发力，"我们1%的失误，对于客户而言，就是100%的损失"的理念被广为认同，创立接受客户网上匿名投诉的对外完全公开的BBS投诉论坛使得万科品牌印象深入顾客内心，客户微笑年的概念传播更掀起全国性的讨论，这些别具一格的举措，成为万科品牌核心价值成型的有力支撑。从某种意义上看，建立品牌和盖房子如出一辙，只有专业化的协调才能带来高品质，而特立独行的万科，也同样是以其专业化的追求和对各种关系利益人的关注，构建出万科恢宏的品牌大厦。在万科的品牌追求中，清晰的企业使命不仅支持企业的发展，同时也形成了品牌发展的扎实根基。万科对企业使命的履践，为万科品牌拓宽了社会人文意义的深刻内涵，这种品牌建设思路和众多全球品牌的构建策略不谋而合。如可口可乐，在明晰品牌的核心价值观之后，逐渐上升为带有国家和民族色彩的国际化品牌。万科品牌的成功也不是偶然的，是坚决奉行企业理念的必然结果。

1. 依托高品质产品与服务，建立客户关系

产品质量是任何企业发展的生命线，万科也不例外，企业或者品牌如果失去了质量基础的保证，即使巧舌如簧也终究会被市场抛弃。万科对于质量的重视表现在项目的选项质量和建造质量上。选项质量包括房地产开发品种（如别墅、商品房、写字楼等）、开发地点、开发周期和节奏的选择。选项质量是产

品质量的基础，项目选择出现问题，建造质量再好也难以被市场接受。建造质量顾名思义指的是建筑本身的质量，而万科将其质量观念体现在了建筑细节上。如现在流行的大窗容易带来风大时晃动的毛病，国家技术标准是不超过 1/130 挠度，万科主动加厚玻璃和窗框，把标准提高到 1/180 挠度，即使遭遇暴风雨，振动和传递到屋内的声响都很小。这种为了客户利益增加建筑成本的做法，也正是万科责任重于利润信念的体现。为此，万科还通过一系列制度和活动保证产品质量，诸如 1996 年启动的以"质量管理"为主题的主题年活动；2003 年推出的"磐石行动"，倡导"零缺陷质量文化、关注客户需求、与合作伙伴共同成长"，都把产品质量作为维护良好客户关系的纽带。

2. 多渠道沟通赢得客户忠诚，提升关系价值

产品同质化现象的日趋严重以及大财团和境外著名房企的进驻，使得房地产行业的竞争越来越激烈，各企业都已经充分认识到"谁拥有客户，谁就拥有未来"。在企业的品牌追求中，塑造忠诚客户处于最高端层次，忠诚客户不仅与企业利益紧密相连，而且也是企业品牌的义务推广者。许多万科的客户都会重新购买万科房产，而且会主动向亲友推介万科房产，成为万科地产的义务推销员。那么是什么力量促使这些忠诚客户的行为呢？显然只有当品牌与顾客的关系上升为一种伙伴关系时，这种现象才会出现。万科通过多渠道与现有客户进行深度沟通，培养了大批忠诚客户，进而提升了关系价值。从中至少可以看出万科在两个方面所做的努力：首先，除了使用产品和服务本身所传达出的信息外，万科还以各种活动的形式传播对客户的重视，强化客户关系。这些活动丰富了业主的业余生活，也为加强与业主的沟通提供了良好的桥梁。其次，万科深信"我们 1% 的失误，对于客户而言就是 100% 的损失"，强调让万科在投诉中完美。为了与客户良性互动，万科开通了集团客服中心、物业管理处、网上投诉论坛等 5 条投诉渠道，充分保障了客户反馈渠道的通畅，并承诺工作日 24 小时内予以回复并尽快解决。

3. 重视员工和相关利益者关系，全面树立品牌

万科深知，品牌关系不仅是单纯的顾客关系，还有与各种相关利益群体的关系，为此在 2002 年万科就提出要构建全面均衡的关系网络。在这个网络中，既包括客户，也包括员工、合作伙伴。在员工关系管理上，万科创新设置了员工关系专员岗位，在对员工身份保密的前提下接受和处理员工表达的想法、意见和建议，并保证在正常工作日 36 小时内给予答复。此外还通过吹风会、面谈会、网上论坛和申诉等多种形式加强沟通，提高员工满意度。在合作伙伴关系的管理上，万科积极探索与建筑商、材料供应商、中介代理商、广告商维护关系的模式，并引入"战略供应商"概念，推出新的统一采购模式。除此之

外，万科还重视与投资者、同行、媒体和政府的关系，这些关系元素都对万科意义重大。因为房地产开发是资金密集型行业，企业离不开资本市场的持续支持；与同行的交流和相互学习，以及行业协会的推动和约束，都是营造健康、规范行业环境的动力；房地产开发是城市运营的一部分，每一环节都和政府政策密不可分；而信息化时代，媒体则必然成为企业提升形象、扩大正面影响力的不二助力。各种关系的持续深化和推进，有效地提升了万科与客户员工以及相关利益者之间的关系价值，塑造了万科中国房地产行业领跑者的形象，并使之成为最受尊敬的品牌企业之一。

案例来源：卫军英：《整合营销传播典例》，杭州：浙江大学出版社，2008 年版。

➡ **思考题：**

1. 万科品牌营销给我们哪些启发？
2. 万科是如何处理品牌关系的？

第三节　如何建构品牌关系

品牌关系是连接品牌与消费者的桥梁，关系的好坏直接决定企业能否盈利生存，并依靠消费者的品牌忠诚获得品牌的长期发展。在品牌营销背景下，品牌关系作为一种多维现象，较之于以往表现得更加复杂，顾客在其中虽然是核心，但已不是唯一，很多其他相关群体都会影响到公司和品牌的利益。这就要求企业在品牌营销中不仅要考虑顾客需求，还要考虑到其他众多的相关群体，如企业员工、政府、媒体、社区、供应商及其他相关团体等。

一、企业及消费者的品牌连接

正如前面所述，品牌在企业的整个营销系统中，已经成为一个具有最大包容性和最广关联性的价值核心。如果说整个企业营销系统代表着一个有序地实现价值获得利润的程序，那么品牌就是这个程序中帮助企业实现最佳效应的基本元素。品牌贯穿于整个营销活动，对于企业而言它可以有序地把相关工作程序整合起来，并经过平衡把企业的核心竞争力转化为竞争优势；对于消费者和相关利益群体而言，品牌就像是一个信息模块，它把各种相关信息都储存在一个"文件名"下，消费者以此获取各种有价值的信息资源。既然完整的品牌视角包含了有形和无形，具有一定的情感判断，那么情感判断的倾向尺度主要在于品牌关系。可以说这种基于关系的品牌资产，主要是一种感性资产。这种感性资产的来源主要有两方面：生产者对品牌的输入和消费者从品牌中的输出，如图 3-3 所示。

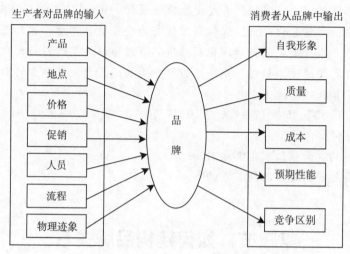

生产者对品牌的输入

产品
地点
价格
促销
人员
流程
物理迹象

品牌

消费者从品牌中输出

自我形象
质量
成本
预期性能
竞争区别

图 3-3　品牌成为一个有效的连接

在图 3-3 中展示了一个确切的现实，即品牌作为一个中枢纽带，几乎把所有的营销元素都连接起来了。因此企业进行品牌营销，实际上就是要通过品牌使这些相关要素达到统一，或者说要努力让自己对品牌所输入的各项要素，在品牌输出中得到顾客和相关利益者的支持性理解。在所有的关系利益人中，顾客处在品牌关系的核心地位，是品牌最重要的相关利益群体。之所以这样是因为顾客作为营销终端，他们对品牌的支持与否直接决定了品牌能否销售并获得盈利。现代市场营销把顾客需求作为营销出发点，也是基于这一认识，因此品牌营销中要建立的首先就是品牌与顾客之间的关系。

不少企业深知与顾客建立良好关系的重要性，却容易忽略员工这一企业内部关系，认为员工关系只是企业人力资源部的事情。然而随着理论与实践的不断深入，员工关系在品牌关系中的重要性越来越凸显出来。营销专家格隆鲁斯强调："关系营销的成功在很大程度上依赖于员工的态度、承诺和行为。如果他们对自己的兼职营销者的角色不够投入，不积极地以顾客导向的方式行动，战略就会失败。因此，外部市场的成功要求首先激励员工，使他们更投入地追求关系营销战略的内部成功。"① 事实上，只有当员工真正了解了他们的工作、感受到自己在公司得到公正待遇、体会到自己是公司队伍中的一员，他们才可能满腔热情地投身工作，并为顾客提供一流的服务。

二、品牌价值评估中的关系影响

按照品牌资产专家们的说法，品牌资产取决于品牌的价值。大卫·艾克在他的《品牌价值管理》著作中提出了品牌资产评价的十大要素，通过五个大类十个小项来评估品牌所具有的资产价值（见表3-1）。他认为品牌资产价值主要来自于品牌的知名度、品质认同度、品牌联想度和品牌忠诚度，其中最核心的是品牌忠诚度。

表 3-1 品牌资产评估要素

品牌忠诚度评价	（1）价差效应
	（2）满意度/忠诚度
品牌认定/领导性评价	（3）品质认定
	（4）领导性/受欢迎程度
品牌区隔/联想性评价	（5）价值认识
	（6）品牌个性
	（7）企业联想
品牌知名度评价	（8）知名度
市场状况评价	（9）市场占有率
	（10）市场价格、渠道覆盖

根据这个评价方法，品牌经营的目的就是通过不断提高品牌知名度、品质认同度、品牌联想度与品牌忠诚度，把作为无形资产的品牌有效地转化为一种可以具体可感知的价值。这一点在整合营销传播理论中得到了相应的发展，按照整合营销传播观点，无论是知名度、认同度还是联想度、忠诚度，归根结底都是顾客和相关利益者与品牌之间所表现的一种关系方式，因此品牌资产价值说穿了就是品牌的关系程度。汤姆·邓肯认为：

来自各种相关利益者的支持程度越深、范围越广，该品牌就会越强大。品牌的股票价格由顾客而定，即以顾客忠诚度为基础；同样，品牌的价值由公司

① ［德］索斯顿·亨尼格·梭罗、尤苏拉·汉森主编：《关系营销：建立顾客满意和顾客忠诚赢得竞争优势》，罗磊主译，广东经济出版社，2003年版，第108页。

利益相关者而定，即以不同利益相关者的忠诚度为基础。在此意义上，利益相关者关系就是另一种形式的资本（相对于银行中的资金而言）。关于盈亏状况、销售收益和股价（假定是上市公司）的升降都取决于顾客、股东、媒体、金融界和其他相关利益者行为。[①]

前文已经提及在通常的市场营销中，公司或者品牌最为关注的都是顾客，所以沟通传播的设计都是以获取和保持顾客为前提，这当然没有错。但是在当今市场格局下，对于品牌经营而言，越来越多的影响不仅来自于顾客，更重要的是来自于其他各个层面。过去的公司最高决策者可能工作重心是生产管理，后来有一段时间工作重心是营销管理，如今大多数公司决策人都将关注重点放在了公司与相关利益群体的沟通之上。这是因为并不是在任何时候顾客影响都处在公司或者品牌的第一位，不同的利益相关群体在不同情况下，对品牌的影响程度并不一样。比如，在遇上突发事件时，最主要的相关利益者可能就是媒体；在公司兼并重组过程中，员工利益可能就是首先要考虑的因素。已经有调查资料证实了同时关注多类相关利益者的好处，当公司同时关注三种团体——员工、投资者和消费者——时候的效果，远优于只关注其中一个或者两个团体。在几年时间内同时关注这三个群体的公司，其收益增长率是那些只重视有限利益相关者公司的 4 倍，前者股票上涨 901%，后者却只有 91%。[②]

之所以会这样，是因为在现行营销传播体系中接触无处不在，各种利益相关群体所接受的信息并不仅是公司或者品牌的计划信息，他们都存在于自己的关系网中，这些关系网错综复杂相互交织，彼此之间也在相互影响，而且这些传播方式多种多样难以控制，其比公司或者品牌专门设计的营销传播信息更加具有影响力。正是在这个意义上，把品牌价值界定在公司或者品牌与顾客和相关利益者的关系上，就具有必然意义。

三、品牌关系的价值衡量梯度

《数字化生存》的作者麻省理工学院教授尼古拉斯·尼葛洛庞蒂（Nicholas Negroponte），在他的预言式著作中创造性地提出了计算机"界面"（GUI）与图形用户的关系问题，认为界面不仅关系到计算机的外表和感觉，而且还涉及创建个性、智力的设计以及建立能够识别人类情感表达的机器。"界面"（发音 Gooey，意思是甜美的、黏性的）表示在其与消费者之间应该有一个黏性界面，

---

① ［德］汤姆·邓肯：《整合营销传播：利用广告和促销建树品牌》，北京：中国财政经济出版社，2004 年版，第 55 页。

② 同①，第 56 页。

实际上品牌在某种意义上就是一种与顾客和相关利益者的关系界面，也就是说，消费者与品牌所形成的关系具有黏性特征，即在消费者与品牌之间存在着某种忠诚。正如我们所说的，品牌价值就是品牌与顾客和关系利益者的关系程度，这种关系程度也有一系列相关的评价指标，通过这些指标我们可以解构和分析品牌资产的价值，这些指标主要是信任、强度和忠诚。

一是信任，即一家公司在顾客和相关利益者那里所取得的信用程度。在竞争性市场上，顾客对特定品牌的选择往往依赖于信任，选择了品牌也就意味着选择了信任。而信任的基础就是公司是否兑现了它的承诺，即它对所有相关利益群体是否保持诚实。公司或品牌的信誉取决于顾客和相关利益者的信任，通常情况下信任的建立比信任的消失要困难得多。由于市场竞争的激烈和复杂，一家公司或者品牌需要运用大量的时间和资金，通过各种传播渠道反复沟通证明，才有可能获得顾客和关系利益者的信任，但是不幸的是这种历经艰难建立起来的信任稍不留心就很容易丧失。比如，一个顾客对某个品牌产生了信任，但是在购买使用中却发现该品牌在某一点上并不比竞争对手优越，于是他会认为该品牌所承诺的那种优势完全是一种虚伪的欺骗。因此建立品牌信任有七个关系要关注：①满意度，指品牌对相关利益者期望值的满足程度；②一致性，指营销传播中各种接触所传达的信息统一性；③可接近性，指顾客和相关利益者获得求助的简捷方便程度；④反应灵敏性，指顾客反馈问题是否能够得到迅速解决；⑤责任感，指顾客希望感受到公司的服务是发自内心而不是仅为了完成销售；⑥亲和力，指品牌对顾客和相关利益者的情感吸引；⑦喜爱，指顾客和相关利益者对品牌的偏好。

二是强度，指的是品牌与相关利益者之间可以衡量的关系程度。正如人与人之间不同交往程度的人际关系一样，品牌关系也具有不同程度。这种关系的强度因顾客和产品种类而各有区别，并且随着关系的强烈程度可以划分为多个层级。图 3-4 所表示的就是品牌关系程度层级。在这个模型中，品牌关系的强度是由下往上逐级增强的，从最底部的"了解"向上升至"顾客是品牌的拥护者"，通常公司或者品牌在每一个层级中都有部分顾客，一般情况下层级越向上递进，则顾客数目也就相应地越少。在这种强度层级中，关系程度往往是顾客和关系利益者对品牌的强烈的情感认同，通常那些品牌的拥护者只占顾客总数的很少比例，而公司或者品牌的目标，也就是尽可能多地把集合之中的顾客由较低层级提升到较高层级，也就是努力使品牌支持者数目最大化。在整合营销传播中，了解顾客处在何种关系层级，可以有效地帮助公司或者品牌识别顾客，并为之提供针对性的品牌信息。从这些层级递进中我们可以发现，品牌关系虽然是建立在交易基础上的，但是除了最低层级中对交易关系的重视之外，在向上升级的其他层级中，几乎看不到任何交易的影子。比如，顾客向潜在用户宣传该品牌的信息，这对顾客来说根本没有任何利益上的收获，但是它所产生的影响却要远远大于公司花费巨额资金所取得的效果。因此单纯的交易关系，很难帮助品牌建立起具有可靠强度的关系，只有在其逐步升级过程中，品牌关系强度才会不断提高。

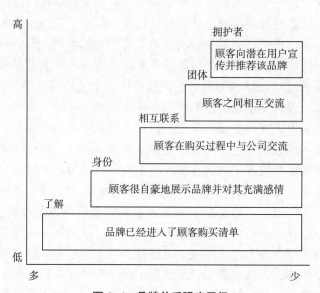

图3-4　品牌关系强度层级

三是忠诚，指顾客和关系利益者对品牌的持续性认同。在前面的关系层级中忠诚属于较高层级的顾客关系，品牌关系是建立在对简单交易关系超越之上的。因为品牌的成功是建立在对顾客的保留之上，而不是仅仅争取顾客。但是在大多数情况下，即使那些对品牌忠诚的顾客所选择的也并不只是一种品牌，只购买一种品牌的顾客往往只是小型顾客（其购买量很小），中型和大型顾客往往在一种商品中会中意2个以上的品牌。而正是由于忠诚度并不是100%的，所以不论什么公司或品牌，不切现实地试图通过忠诚把顾客捆绑在自己品牌上，都不是一种明智的做法。比较现实的应该是重视在顾客钱包中的占有份额，也即重视在顾客的支出比例中愿意为企业付出的份额。没有任何一家公司或者品牌可以拥有顾客的全部支付总额，因此培育大型购买者就成为品牌关系中对品牌忠诚的一种追求。以意大利经济学家帕累托（Vilfredo Pareto）名字命名的帕累托定理（营销学中又称作"80/20"定理），在这里的解释就是处在20%部分的是大型购买者，但是这些购买者并不是完全停留在一个品牌上。

在对品牌关系程度的有效管理中，除了上面几点之外还必须注意两点：一是获取与保留的关系，获取是指公司对新顾客的开拓，保留是指公司对老顾客的保持。虽然有很多公司或者品牌注重开拓而忽略保持，但其实品牌关系获得成功的真实情况正好相反，这就是保留比获取更加重要。二是管理预期问题，所谓管理预期是指顾客与公司承诺之间的关系。在一项良好的关系中，公司的付出和回报往往是平衡的，但是"经常看到的是公司把关系当作赚取顾客利润的一种途径，而不是利用它构造双赢形势"。[①] 整合营销传播中所涉及的品牌关系管理过程，说穿了就是在对顾客和相关利益人所实施的一切营销传播中，通过互动性沟通有效地获得并持续地保留。在这个过程中有关信息的设计，一定要从顾客的现实和自己的可能出发，也就是说必须保持整合管理的有效性，其中也包括对品牌关系的利益考虑。

 **案例分析**

欧莱雅的品牌关系建设

创立于 1907 年的法国欧莱雅公司已经有 100 年的历史了，如今它不仅跻身财富全球 500 强行列，而且也名列"全球最受尊重公司"之中。欧莱雅的旗下拥有 500 多个品牌，作为世界最成功的化妆品公司，其成功的秘诀很大程度上要归功于其品牌布局。

目前欧莱雅已经将 10 个品牌引入到中国，加上刚刚收入囊中的小护士和羽西，其在华一共拥有 12 个品牌。欧莱雅把投放在中国的 12 个品牌比作一个金字塔：兰蔻、碧欧泉、赫莲娜是定位在塔顶的高档化妆品品牌；薇姿、理肤泉是定位在塔中的保健化妆品品牌；而巴黎欧莱雅、美宝莲、卡尼尔等则是定位在塔底的大众化的品牌。这些品牌定位各异，针对不同特点、不同层次的消费群体。欧莱雅中国有限公司总裁盖保罗说："我们的使命就是向不同层次的消费者提供相应的不同层次产品。"为此在分销渠道的设计上，欧莱雅充分考虑产品的目标消费群定位：①大众化的产品价格要容易让大众接受，销售渠道要十分广泛，消费者随时能看到，随时能买到；②中端品牌，如欧莱雅专业美发是专业护发品牌，需要通过发廊美发师的特殊技巧和极具个性化的服务，使顾客得到整体享受，所以仅限于发廊及专业美发店销售；③薇姿和理肤泉通常通过各大中城市的专业药房经销；④高档品牌如赫莲娜等则在一些大城市中最

---

① ［美］汤姆·邓肯：《整合营销传播：利用广告和促销建树品牌》，北京：中国财政经济出版社，2004 年版，第 62 页。

好的百货商店、百货公司设有专柜来进行销售。欧莱雅以这四大渠道为经，以品牌为纬，形成一个具有强大整合能力的品牌矩阵，与其他企业营销架构根据产品功能特性分类不同，欧莱雅依托销售渠道的布局实施品牌组合策略，以整合庞杂的品牌体系。

为保证品牌定位战略实施，欧莱雅实行品牌经理制，每一个品牌都有自己的品牌经理和营销经理，它们各自有一套广告、渠道、促销和定价策略。对于每一个品牌经理来说，品牌就像自己的孩子一样，方方面面都要为它设想。欧莱雅要求其地区经理必须经常到销售点上去传授品牌管理理念。在世界150多个国家和地区，欧莱雅的地区经理们经常会出现在化妆品商店中，指导售货员把中档与高档的欧莱雅产品分开摆放。欧莱雅认为公司的价值创造是建立在消费者价值的基础之上的。正是从这个角度出发，欧莱雅不但通过和外部顾客保持良好的沟通，而且同时还通过对内部顾客的管理来为其品牌资产积累做"加法"。比如，为了快速提高欧莱雅在非洲的品牌知名度，欧莱雅通过开办培训班的形式，向当地美发师介绍欧莱雅护发产品，并教给他们使用产品的方法。通过消费者教育，让他们自愿接受欧莱雅。一个典型的例子就是欧莱雅的染发产品，最初进入中国的时候，顾客很难接受染发的观念，他们认为染发并不适合中国人。欧莱雅为了帮助中国消费者了解染发产品，邀请巩俐作为广告模特。作为有国际知名度的中国影星的巩俐拥有标准的东方人的头发，她身上具有东方人的高贵、典雅和美丽，欧莱雅邀请她作为品牌代言人，目的是告知消费者：染发同样适合中国人。以此和中国消费者进行更好的沟通，从而来创造和引导需求。

欧莱雅还通过随时随地对消费者需求的跟踪来进行自身的产品研发，从而牢牢把握住消费流行的方向标。欧莱雅认为要对消费者需求非常敏感，包括对消费者兴趣的敏感、对消费者鉴赏能力的敏感、对消费者的消费倾向和爱好的敏感等。进入亚洲市场之后，欧莱雅很快就发现：虽然西方人以被阳光晒出的小麦色皮肤为美，但亚洲人特别是中国人欣赏的则是白皙靓丽。于是，针对这样的审美心理，欧莱雅各大品牌纷纷开发了美白产品，专门供应亚洲市场。

除了对顾客进行教育和沟通外，欧莱雅还通过员工管理提升内部顾客满意度。欧莱雅认为：提高员工的满意度绝不能仅依靠金钱，完善的培训、开放式交流环境以及灵活的组织机制也是必不可少。为了让本土员工具备全球化的眼光，欧莱雅采取"三点一线"的模式来进行培训。首先，要求他们在中国国内了解当地的市场以及营销等基本业务知识；其次，近一半的职员将被送到欧莱雅设在新加坡的亚洲培训中心，同来自亚洲以及澳洲的同行交流学习，并由欧洲著名商校以及欧莱雅总部的高层管理人员为他们授课；最后，一部分优秀

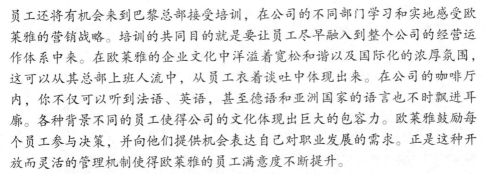

员工还将有机会来到巴黎总部接受培训，在公司的不同部门学习和实地感受欧莱雅的营销战略。培训的共同目的就是要让员工尽早融入到整个公司的经营运作体系中来。在欧莱雅的企业文化中洋溢着宽松和谐以及国际化的浓厚氛围，这可以从其总部上班人流中，从员工衣着谈吐中体现出来。在公司的咖啡厅内，你不仅可以听到法语、英语，甚至德语和亚洲国家的语言也不时飘进耳廓。各种背景不同的员工使得公司的文化体现出巨大的包容力。欧莱雅鼓励每个员工参与决策，并向他们提供机会表达自己对职业发展的需求。正是这种开放而灵活的管理机制使得欧莱雅的员工满意度不断提升。

欧莱雅品牌的成功，离不开它对顾客和相关利益群体的关注，正因此欧莱雅的品牌关系就是一种实实在在的可获利的品牌关系，这一点不论是从欧莱雅的营销策略中，还是从其品牌管理中都可以得到充分的说明。

1. 平衡利益机制实现顾客与品牌关系清晰化

化妆品不仅是一种功能产品，更是一种感觉型产品，而且在很大意义上后者要甚于前者。拥有 500 多个化妆品的品牌的欧莱雅，在中国就有 12 个品牌，因此如何给各个品牌进行清晰的定位，以满足不同的细分市场，从而使这些产品品牌之间不至于互相混淆，一直是欧莱雅精心研究的课题。通常认为这种清晰的品牌定位只是营销的需要，事实上品牌定位更重要的还是对消费者的一种尊重。欧莱雅的品牌金字塔大致是由高端到大众一种组合，这种组合往往和价格密切相关，因此如果没有清晰的定位就很可能伤害不同顾客的利益，无法实现与顾客之间的利益平衡。可以说"全方位的品牌及产品结构"是欧莱雅最为独特的优势，它所推出的品牌金字塔布局，在中国市场按价格从塔底到塔尖都有产品和品牌，无论是处于塔尖的兰蔻，中层的欧莱雅还是大众的美宝莲都有清晰的市场定位和明确的客户群。品牌定位是一个持续的传播和沟通过程，沟通的要素除了媒介之外，还有多种接触点包括产品、价格、服务、渠道等要素，良好的利益平衡保证了顾客对欧莱雅品牌的认同。正如美宝莲虽然是一个大众品牌，但是并没有妨碍它成为全球最大销量的品牌，这也要归功于欧莱雅不断细分市场、划分目标客户群的成功。

2. 满足多种需要提升内部群体的品牌归属感

品牌价值的实现主要来自于顾客的满意度的提升和积累，顾客满意度又分为外部顾客满意度和内部顾客（员工）满意度两个方面，很多企业往往关注外部顾客却有意无意地忽视了内部顾客。实际上在品牌的相关利益者群体中，员工是仅次于顾客的相关利益者，因此员工的品牌归属感直接关系到品牌价值。内部员工的满意是达成顾客满意的第一步，因为员工在经营中的参与程度和积极性，很大程度上影响着外部顾客满意度。对此欧莱雅在用人标准、选拔方式、培训制度等多方面加以努力。欧莱雅的择人标准与众不同，它不仅要求员工既要有诗人般的想象力，又要像农民一样吃苦耐劳；而且注重组织的灵活性和适应性，鼓励员工参与决策，并向他们提供机会表达自己对职业发展的需求。公司认为，由分歧引起的交锋能保持创新的能力，并将激发新的创意。与此同时，各个层面的管理者通过多种渠道与下属频繁沟通，当雇员与他的直接领导者产生摩擦时，他可直接向更高层汇报。种种沟通措施不仅给内部群体带来了极大的物质利益，也带来了超越物质层面的精神利益，这些都大大提升了欧莱雅内部群体的品牌归属感，而公司也因此得到了更多的利益回报。

3. 完善品牌管理保证相关利益者的品牌获利

盖保罗认为："欧莱雅的品牌管理已经有近 100 年的历史，公司的历史也就是品牌管理的历史。"品牌管理不但是观念的提出，也是制度的执行，可获利的品牌关系是一种持续的管理形态，因此必须有良好的品牌管理机制才能够得到有效的保证。推行品牌管理制度就是欧莱雅品牌管理的基本保证，这种基本保证在多个方面都得到了有效的延伸。针对顾客消费需求，欧莱雅现任总裁欧文中认为：所谓好的品牌管理策略，就是针对合适的顾客群体投放正确的产品。欧莱雅以"品位"来进行品牌定位并形成鲜明的品牌区隔，为此其中国的市场营销通路分为高档化妆品部、大众化妆品部、专业产品部和活性健康化妆品部四大部门。广告策略自然也随之有所不同：美宝莲是一个大众化的品牌，在中国也已经有了方便购买的销售渠道，而电视是目前中国很重要和有效的大众传媒，所以要在覆盖面最广的电视媒体做广告，让更多的消费者知道。而因为薇姿和理肤泉是在药房销售，卡诗和欧莱雅专业美发在发廊销售，兰蔻等高端品牌只有在高档商店才有，网点并不像美宝莲那么多，所以在这种情况下，做大规模的、昂贵的电视广告既不合适，也不合算。凡此种种，都可以看作是对可获利品牌关系的有效管理。

案例来源：卫军英：《整合营销传播典例》，杭州：浙江大学出版社，2008 年版。

➡ **思考题：**

1. 欧莱雅品牌关系建设有哪些特点？

2. 为什么品牌关系建设要保持利益平衡？

第四章

品牌与消费者

学习目标

知识要求 通过本章的学习，掌握：

- 消费者需求对品牌的影响
- 消费者行为及其动机
- 产品定位与品牌定位
- 消费者品牌忠诚的价值
- 创造消费者品牌忠诚的方法

技能要求 通过本章的学习，能够：

- 认识并分析消费者品牌需求动机
- 区分产品定位与品牌定位的不同
- 根据需要设计品牌忠诚方式

67

学习指导

1. 本章内容：消费者品牌需求的决策过程、影响消费者需求的基本因素；产品定位与品牌定位的不同；如何根据消费者需求定位品牌、消费者忠诚对品牌营销的价值等。

2. 学习方法：厘清理论，深入思考；结合实际，注意观察，并联系自身情况有所体察；结合案例，与同学讨论不同品牌根据消费者需求的定位特点；思考并选择具体品牌进行品牌忠诚营销等。

3. 建议学时：6学时。

排队就餐的外婆家

在杭州有一家每天都要排队等待就餐的餐饮连锁，虽然就餐需要排队等候，但这并没有影响很多餐馆的老顾客前来就餐。这家名叫"外婆家"的餐饮企业经过几年的发展，如今已经成为杭州餐饮业的龙头。从 2000 年首家门店在杭州马塍路外婆家餐馆开业以来，公司经营面积逐年扩大，业绩不断攀升，在当地获得了较高的知名度。在 2003 年"西湖杯"厨艺大比拼专业组比赛中，摘得唯一一个金奖。杭州西湖博览会期间，管理部门组织东坡宴大赛，又获创新奖。

有一个有趣的细节可以看出外婆家受到顾客追捧的情形。几年来外婆家的连锁餐饮店不断扩展，2006 年在快速扩张时期，几乎每个月都有新店开张。于是每次有新店开张的时候，合伙经营的一位总经理总是喜欢和其他股东老总打个赌，赌一下新店开张第一天是否会出现排队现象，不成想每次都会出现顾客排队，连续多次他都毫无悬念地输了。如今去外婆家就餐要排队，几乎成了当地人默认的一种现象，就餐时间走进外婆家总能看到有顾客坐在那里排号等待。周到的餐厅也为等待的顾客准备了消遣的茶水和小吃，一些悠闲的顾客也因此免除了等待的枯燥和乏味。

外婆家餐饮连锁由经营中式酒菜的外婆家酒店和经营自选式中式快餐的速堡餐厅两大系列构成。马塍路外婆家餐馆为外婆家餐饮有限公司进入餐饮业的起点。随着都市生活的来临，越来越多的消费者不愿也没有过多的时间来操持家务，公司管理者敏锐地感觉到这一市场动态，抓住契机，转变经营思路，扩大了经营范围，将消费人群确立在餐馆周边居民和一些工作繁忙的白领人群。有了准确的市场定位后，公司将目光瞄准了城西一些著名楼盘，相继在两个小区开设了餐馆。随着外婆家品牌的不断提升，引来了一些特殊的消费群体，公司于 2002 年应邀承包了浙江重竞技训练中心的运动员食堂，将其改造为杭州黄龙体育中心运动员专用餐厅，改造后的餐厅能容纳 250 人同时用餐，专为运动员服务，因此也曾吸引多名奥运会冠军在此用餐。在杭州老城区及城西站稳脚跟后，公司又将经营范围扩大到了杭州其他区域，在钱江南岸江滨花园开设了具有餐饮、休闲、住宿于一体的江滨花园外婆家酒店。2005 年又在城南复兴路喜盈盈宾馆内开设了以大铁锅菜为特色的外婆家酒店，扩大经营的同时公司还致力于研究适合特定人群的餐饮服务，在杭州中央商务区开设了定位于白领人群的"速堡"美食餐厅，借势将"速堡"这个外婆家的新品牌引入市场，随即又在另两个高档商务楼世贸中心及中田大厦落户。2006 年外婆家相继在杭州日报大楼和杭州大厦开设门店，速堡餐厅不仅进驻了文三路最大的写字楼华星时代广场，还开进了杭城目前标准最高的写字楼公元大厦。

在和外婆家掌门人吴总交流之中，曾谈起餐饮业的定位问题，他认为外婆家餐饮连锁发展到如今天天火暴、家家排队的状况，离不开对主消费群的准确定位和建设到位。外婆家的消费主群体是追求美味也追求品位的城市白领，对于这一类消费群体而言，就餐不仅需要可口美味、环境幽雅，而且也需要价廉物美。在做好菜肴的基础上，外婆家在用餐环境和就餐流程的各个环节，不断引进时尚元素，从就餐区的装潢到厨房和等候区的建设，从服务人员的服务要求到工作服饰，标准逐年提高。在杭州也有一些提倡品位的所谓高档餐饮，它们并没有走大众化的道路，打着瞄准中产阶层的旗号，菜肴价格也很显然提高不少。对此外婆家管理层认为这不是自己追求的风格，因为任何高档的餐厅都很难保证顾客的反复光临，即便是收入不菲的顾客，对此也很难成为回头客。外婆家既然想瞄准顾客的回头率，那么就必须首先考虑消费者的感受。很多在外婆家消费的顾客，都会有这样的感受，服务员向你推荐菜单的时候，推荐的都是饭店的招牌菜，但却不是那些最贵的菜。有时候当客人点菜略多的时候，一旁的点菜员会提醒顾客差不多了，不够可以再点。虽然很简单，但是也很能获得顾客的认同。

案例来源：卫军英：《整合营销传播典例》，杭州：浙江大学出版社，2008 年版。

🡆 **思考题：**

1. 如何看待品牌与消费者关系？
2. 消费者对品牌有什么决定性影响？

第一节　消费者需求与品牌开发

品牌营销着力于与消费者的良好关系，并把消费者忠诚作为其最高追求，所以品牌营销中必须考虑消费者的需求所在，并根据消费者需求特点进行品牌开发。这一点决定了一切品牌营销过程中的每一个步骤都不能离开对消费者行为的认识。而消费者对于相关产品或者品牌的认识，以及做出相应选择的行为方式，也是遵循一定的步骤发生的，不同类型的消费者有其不同的行为方式，品牌营销只有根据这些不同特点才能获得预期的行为效果。

一、消费者品牌需求的决策过程

所谓消费者的品牌决策过程，主要探讨的就是消费者的需求动机和其所导致行为的过程，它所侧重的是消费行为的内在发生模式。在这里我们以消费者达成交易（实现购买）的行为趋势作为基本参照，可以用一个概念模型作为分析消费者决策过程的框架，有关讨论也将在这个概念框架中展开，具体如图4-1所示。

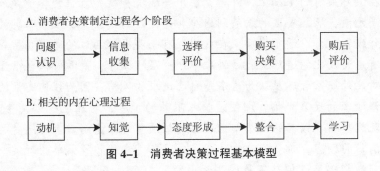

图 4-1 消费者决策过程基本模型

如图4-1在消费者决策制定中，大致经历了五个阶段，而在这五个阶段中相互伴随的心理过程也经过五个环节的发展，心理过程和决策步骤两者是交互发生的。

1. 问题认识

这是由于消费者理想状态与现实状态之间存在一定差距而引起的。在这一阶段差异和距离导致消费者认识到有一种需要，随即产生解决问题的冲动，这种解决问题的冲动在心理学上就是动机的产生。所谓动机就是促使人们付诸购买行为的潜在驱动力。动机无法直接观察到，如我们看见一个人在吃东西会认为他饿了，其实未必如此。因为除了饥饿之外，还有很多原因可以导致"吃"这个行为：想加入群体之中、习惯用餐时间到了或者纯粹因为无聊等。

2. 信息收集

一旦消费者认识到一个问题或者需要可以通过购买某种产品或者服务得到解决，他们便开始寻找制定购买决策所需要的信息，即信息收集。信息收集来自于内部和外部两个方面。内部即大脑的记忆储存，通过对过去经验的回忆扫描来做出；如果内部没有足够的信息，消费者便会从外部寻找。信息的外部来源包括个人来源（朋友、同事等）、商业性来源（广告、人员推广或展示等）、公共来源（有关报道或者介绍等）和个人经验（实际运作、研究测试等）。信息收集在心理反应上就进入了知觉阶段，知觉是个人对信息的加工过程，它不仅依赖人的内部因素（信仰、需要、情绪、期望等），而且还直接受到外部刺激的影响（包括对象的物理特征或者听闻的内容等）。这就涉及营销和广告策划中最关注的一些问题：消费者如何感觉到外部信息？如何挑选这些信息来源？对这些信息如何解释？

3. 选择评价

消费者把各种相关的产品、品牌或服务信息加以集合，根据特定的对其重要性程度标准进行比较并做出选择，这种标准可能是客观的也可能是主观的。例如，消费者购买汽车既使用价格、燃油等客观属性，同时也使用形象、风格等主观属性作为参照。消费者在评价和选择中形成明确的态度，这种态度直接影响购买行为是否发生，是消费行为研究中的一个重要概念，它是"指个体以特定的方式对待人、物、思想观念的一种倾向性。"[1] 态度的重要性就在于它们从理论上概括了一个消费者对某种东西（品牌、公司）的评价，而且代表了消费者的某种积极或消极的感觉和行为取向。所以广告和促销策划就是要帮助目标群体建立对特定产品、品牌或者服务的有利态度，或加强既有的有利态度，改变消极的态度。整合过程也是处在选择评价阶段中的，它是消费者通过组合有关品牌特征的信息做出购买决策的方式。在整合过程中，消费者把有关产品或者品牌知识、意义和信念组合起来，对多个方案进行评价。这种分析评价往往依据不同的决策准则和策略，对所选择方案的独特属性进行研究和比较。这个过程比较仔细，通常会一个属性一个属性地比较哪个更好。当然有时也会运用更简化的决策准则做出购买决策，如感性决策原则就是以多种选择方案的总体印象或总结性评价为基础做出选择的。促销和广告策划在这里最主要的是了解哪些属性是消费者正在考虑的或者是对其有决定性的因素。

4. 购买决策

这是选择评价阶段的结果。它并不等同于实际购买，作为阶段性结果，它是消费者对一系列信息进行收集、选择和评价之后，所形成的购买意图或者倾向。要真正成为购买行为还要受到其他因素影响，如在什么时间、去什么地点购买，通常在这种意图和实际购买中间存在一定的时滞。这一点在对耐用消费品和重大复杂商品，如汽车、住房等决策与购买过程中尤其突出；对于一般性的非耐用品或者是费用不大的产品，可能购买时间与决策时间会比较短，如牙膏、食品等。所以营销和广告策划要努力保持消费者对产品或者品牌的关注，以便在其购买中能被迅速识别和充分考虑。一些货架陈列、附送赠品等都是出

71

---

[1] 马谋超、陆跃祥：《广告与消费心理学》，北京：人民教育出版社，2000年版，第199页。

于这种考虑的促销形式。

5. 购后评价

从消费心理和营销沟通来讲，购买决策并不随着购买过程的结束而结束。在使用产品之后消费者会将产品的实际表现水平与期望水平进行比较，根据比较的满意程度做出购后评价。满意的积极评价就意味着消费者认同并增加再次购买可能，不满意消极评价则表示消费者减少购买甚至不再购买。消费者从感知信息到购后评价，代表了其对产品或者品牌的认识和体验程度，这个过程对消费者来说既是决策过程也是学习过程。这种学习就是"个人获得运用于未来购买和消费行为的相关知识和经验的过程"。[①] 也就是说，这种学习不仅在购买决策过程中发生作用，而且对今后购买也具有某种引导意义。从营销沟通上进一步探讨，购后评价也成为一种特别的传播形式，它可以直接达成顾客与营销者的交流和反馈。

应该说，消费者决策制定的五个步骤只是在一般意义上的一种普遍模式，它并不排除消费者在购买决策过程中出现有别于此的行为方式。比如，消费者在决策中并没有涉及所有的五个步骤，或者没有按照五个步骤所提供的序列进行等。

二、消费行为的外部影响因素

在一个确定的市场环境下，任何消费者的购买决策都不能被看作是一种孤立的行为，其在购买决策制定过程中，往往要受到很多外部因素的影响，且这些因素往往对购买行为具有决定性作用。社会学和消费行为学在对消费者社会角色和消费行为的研究中，提出了这样一个认识：每个人都处在一定的社会环境中，不同的社会构成和环境因素，决定了消费者不同的角色行为，并导致了相应的消费倾向。这种影响可以归为两类：

1. 人际因素

（1）文化。这是影响消费者行为的最广泛和最抽象的外部因素。文化的概念多种多样，我们赞成把文化定义为"一个社会群体中大多数人共享的生活方式。"[②] 也就是说，文化所影响的对象往往是一个社会群体，在这个群体中的所有社会成员，其生活和行为方向都认同一定的文化规范和价值观念，当然也包

---

① ［美］乔治·E. 贝尔齐、麦克尔·A.贝尔齐：《广告与促销：整合营销传播展望》，大连：东北财经大学出版社，2000 年版，第 170 页。

② ［美］J. 保罗·彼得等：《消费者行为与营销战略》，大连：东北财经大学出版社，2000 年版，第318 页。

括其消费行为。这种文化具体表现在各种风俗、时尚、种族、地域、宗教等形式中。比如，春节是中国人和全球华人一年中最隆重的节日，家人习惯一起吃年夜饭、燃放爆竹，张灯结彩喜庆团圆，这种节日的气氛往往要延续到正月十五闹元宵，因此这段时间往往是中国人的一个消费高潮。

（2）亚文化。其是同一文化背景之下的分支。在一个给定的文化中，一般都有一小群人或一部分人，他们的信仰、行为、习惯以及价值观念等，相对于同一文化范畴中的其他分支有着明显的差别，这些建立在年龄、地理、宗教、种族以及民族等差别基础之上的文化称之为亚文化。比如，温州是中国的一个特别具有地域色彩的城市，温州人喜欢走南闯北而且非常抱团讲义气，所以无论是在中国国内还是在世界各地如法国巴黎、西班牙巴塞罗那等地，温州人勤劳吃苦、善于经营都成为中国移民和商人的出色一族。

（3）社会阶层。不论是什么社会形态，无一例外地都存在着某种形式的社会层级或者类别，处在这个社会中的每一个人也都将按照一些相应标准被划分到这种层级或者类别中去。社会阶层是指一个社会中那些比较同一的一部分，每个部分都是由相近的生活方式、价值观、规范、兴趣和行为的人所构成。社会学家通常把社会阶层划分为上层阶级、中产阶级和下层阶级三个层次。在美国这个比例被认为是 14%、70% 和 16%。[①] 在中国也有很多不同的划分，比如，根据职业情况把消费者划分为经理阶层、白领阶层和打工族等。一般情况下，对社会阶层的划分，主要是以其文化水准和受教育程度、所从事的职业以及经济收入等因素作为参照。社会阶层对于分析消费群体是一个重要概念，因为每个社会阶层中的消费者通常在价值观、生活方式和购买行为上都具有相似性。不同社会阶层中的消费者，在使用各种产品和服务程度上，以及他们在工作交往、休闲活动、购买模式、媒体习惯等方面，都有着明显的差异。因此，这种社会阶层划分实际上是提供了一个自然的细分市场基础，营销和广告策划可以根据这种差异需求，对不同的社会阶层实施产品或品牌定位，并采取相应的广告诉求策略，运用不同的媒体形式实现自己的沟通任务。

（4）家庭。一个人从出生开始就受到家庭的影响，这必然引导和培养了其对待许多产品的态度和购买习惯。同时家庭成员之间在做出购买决策时，往往要承担不同角色。比如，一对年轻夫妻打算买一辆汽车，汽车主要使用者的丈夫可能是出于以车代步需要，所以他多方面搜集信息偏重于价格和性能，而妻

---

① 三个层次是一种比较普遍的划分方法，也有划分为四个层次的，如 Richard P.Coleman 划分为社会上层、社会中层、工薪层和社会下层。参见 [美] 乔治·E.贝尔齐、麦克尔·A.贝尔齐：《广告与促销：整合营销传播展望》，大连：东北财经大学出版社，2000 年版，第 377 页。

子则可能更注重对款式和品牌的选择，最后两个人决定购买了一款性价比相对较高的新款车。在这个例子中丈夫是购买者和使用者，具有一定的决策权，而妻子则是购买的参与者，对购买决策可以产生明显影响。所以研究家庭与消费行为的关系，要注意三个方面：①家庭的购买习惯；②不同家庭成员在购买中的角色；③谁是购买决策者。营销和广告要针对家庭中做出购买决策的那个人，同时适当地考虑其他参与角色。

（5）参照群体和意见领袖。参照群体是指个体在与群体接触中所尊崇或者对比的榜样。消费者非常看重某一群体的意见，甚至有意识地模仿这个群体中的某种行为。意见领袖又称作舆论领袖，"是指在信息传递和人际互动过程中少数具有影响力、活跃力，既非选举产生又无名号的人"。[①] 参照群体和意见领袖表明，在人的群体生活中消费者个体处在渴望群体认同之中，所以其行为和购买决策往往带有明显的群体特征，并且对群体之中意见领袖的示范表示广泛尊重和普遍效仿。比如，迈克尔·乔丹是中学生最崇拜的篮球明星，由他所代言的耐克运动鞋在中学生中非常流行，甚至成为中学生最为追捧的穿着标志，于是不少中学生都渴望得到耐克运动鞋，甚至把拥有耐克运动鞋作为一种骄傲。营销传播要适当地迎合群体需要，规避某种群体的否定，同时合理地发挥意见领袖对消费者的引导作用。

2. 非人际因素

非人际因素在影响消费者行为决策时一般都不以消费者意志为转移。我们把这些因素主要归之为情境因素，包括时间、场所和环境等。

（1）时间。时间对消费者的行为具有很大影响，这是因为消费者在某一特定时间往往对某种需求特别强烈。在中餐时间如果走进饭店，会发现就餐人员特别多；在夏季炎热时往往空调需求比较旺盛；周末或者是节假日，商场里生意总是明显上升；等等，这些都是因为时间对消费影响所导致的结果。时间影响反映到营销和广告策划，就是要了解消费者的时间消费特点，把握有利时机。当然，消费者的需求特点在随着时间变化而变化的同时，也会因为对时间的敏感而呈现复杂状态。比如，有时候一些时尚商品在特定时间往往价格不菲，于是消费者就会选择其他时间购买。所以有些反季节促销也很有效，如冬装夏卖等。

（2）场所。在消费者的购买过程中，有很多可能产生的随机影响因素，这些因素主要是购买情境，包括购买场所等。发生在购买场所的问题很多，如果消费者已经决定购买某种产品，但是他们却不知道在哪里买，或者是无法在自

---

① 邵培仁：《传播学导论》，杭州：浙江大学出版社，1997 年版，第 349 页。

己方便或自己偏爱的地方买到，这也会导致消费者犹豫不决。同样，当消费者一直认为某一品牌属于一种特别商品，但是有一天却发现这种品牌到处充斥，那么其心中的特殊感就会荡然无存。

（3）环境。很多消费者在购买过程中，都会受到购买环境的影响。这种环境因素既有广义也有狭义，包括社会环境和物质环境。大的环境如经济低谷、股市大涨等，小的环境则是指购买决策中的具体环境。就具体购物环境而言，涉及的主要是商品和商场关系（产品品牌、商场信誉等）、销售空间关系（商场位置、商品的陈列等）以及销售中的人际行为（大多数顾客的购买倾向、售卖者的态度等）。有很多消费者非常注意购买环境，这些往往决定了其购买意向。比如，小孩子喜欢吃肯德基，但是同样的食品，他们认为把外卖带回家吃的感觉远不如在肯德基店里的感觉，这就是明显的环境影响。有时候，一个消费者原本打算购买一个既定的品牌，但是在商场突然发现另一个品牌包装更出色或者是货价陈列更铺张，这也许会导致他改变购买决定。

案例延伸分析

外婆家餐饮注重感觉体验

也许比起那些著名酒店和跨国品牌，外婆家的菜肴制作水平还不是最高的，用餐环境的装潢还不是最好的，菜肴的价格还不是最低的，用餐服务还不是最到位的，但外婆家一直在追求各个环节的最佳结合点。作为一家兴起才几年的餐饮品牌，来自杭州本土的外婆家显然无法和来自大洋彼岸的肯德基相比。但是这并不能抹杀外婆家在品牌建设上的努力，从整合营销传播的角度看，外婆家的成功也体现了一种整合的效果。每一个成功的品牌都有它的成功奥妙，在外婆家品牌的成功路上，至少有几点是值得格外关注的。

1. 通过多层面的感受效果，强化顾客的餐饮体验

虽然说民以食为天，餐饮业的功能就是为了满足人们的饮食需要，但是一个餐饮品牌的成功却不仅是这些，还有很多综合因素。正是在这一点上外婆家的很多营销策略，都表现出了对顾客综合感受的强调。就在很多餐饮公司追求大面积、大场面的时候，外婆家所走的却是一条自己独特的路子。它的每一个餐厅单店面积都不超过 1000 平方米，而且选址也往往靠近一些白领集聚的地带或者相应的商业圈中。这样主要照应周边工作生活的顾客，不但对应了饭店的客源，也缩小了顾客的就餐距离。但是它又不像一般中小饭店那样，装修简单缺少一种品位。外婆家很讲究自己的装修风格，每一个到店里来的顾客，几乎在它那独特的就餐环境中都会有一种别样的感受。在饭店就餐不仅是简单的

吃饭，也是一种综合体验，包括服务和就餐环境，显然外婆家抓住了顾客的这种心理。相对于肯德基在各地统一不变的设计制式来，外婆家的每一个单店几乎都采取了不同的装修风格，这样做也许就是在过于一致的餐饮连锁中，追求一种变化有利于增加顾客的体验效果。

2. 着眼于就餐的回头客，侧重对顾客关系的维护

整合营销传播观念格外强调的观点就是，虽然营销和营销传播的基本目的无外乎是获得和保留顾客，但是在获得和保留之间后者要重于前者，尤其对一些具有重复性消费的品牌而言更是如此。外婆家的基本经营思路就强调了对长期顾客的关注，这在它的定位和整个经营策略上都表现得比较充分。就餐环境已经说过，菜肴本身也很重要。外婆家很注意开发自己特色性的菜肴，而且和一般餐饮不同的是，很多餐厅虽然关注自己的名菜，但是往往名菜品种并不多，外婆家却有多个属于自己特色的名菜，这在一定程度上满足了顾客重复消费中追求变化的心理。菜肴好也不能价格贵，这是对回头客进一步挽留的一个重要因素，再好的饭店价格太贵，也不可能成为一种重复的消费场所。因此外婆家在这点上做得非常到位，虽然并没有刻意保持价格最低，但是却在综合水准上保持低价，它最便宜的一道菜只有 3 元钱。当一个白领顾客在这里既可以享受到舒适品位的就餐环境，也可以品味到价廉物美的菜肴，还能够得到周到的服务时，再一次的光顾几乎就成为一种必然。

3. 借助于口碑传播效果，达成品牌的晕轮效应

整合营销传播格外强调采取多元的传播渠道，对于餐饮业而言，运用大众传媒的形式虽然也有一定的效果，但那更多的是一种告知功能，往往并没有达成品牌效应。相对于大众传媒而言，口碑传播在树立餐饮品牌方面似乎更加具有优势。曾经有一位上海顾客来到杭州专门要去外婆家消费，原因是他的朋友来杭州消费后对他盛赞外婆家。外婆家的生意好虽然得益于大量回头客，但是对于很多初次消费的顾客来说，却是出于口碑传播的影响。口碑传播的好处是，往往是熟悉的人之间交流，现身说法可信度十分高。在顾客对外婆家的口碑传播中，最集中的无非就是三点：菜肴不错、价格便宜和就餐环境好。这种经过切身体验者的人际传播，对于品牌而言更加具有影响力。外婆家之所以能够快速实现连锁扩张，很大程度上正是得益于这一原因，那些在外婆家新店开张之际，早早排队的顾客大多并不是因为新店开张会有什么优惠，而是因为早已听到了名声，当传闻中的餐馆就开在了附近时，当然就会争相前来体会，这也许就是一种借助口碑传播达成的品牌晕轮效应。

案例来源：卫军英：《整合营销传播典例》，杭州：浙江大学出版社，2008 年版。

> **思考题：**
>
> 1. 外婆家在处理与消费者关系中主要采取什么措施？
> 2. 为什么外婆家特别关注顾客的品牌体验？

第二节　从产品定位到品牌定位

消费者需求是品牌营销的出发点，这包含了品牌开发、品牌定位乃至于整个品牌营销全过程。而定位是现代营销中至关重要的一个步骤，在品牌营销中具有举足轻重的位置。品牌营销摒弃了传统营销观念中拘泥于产品本身的定位思想，把定位回归到品牌层面上，这体现了品牌关系中对消费者需求的重视。

一、定位对广告观念的推动

在广告领域明确提出"定位"概念的是美国广告学家艾尔·里斯和杰克·特劳特。定位概念的正式提出，始于 20 世纪 70 年代初。1981 年两位作者联合出版了《定位》一书，自那之后"定位"已经成为当今被使用最为频繁的战略术语之一。而两位作者所提出的"定位"概念尽管起点是对广告沟通策略的探讨，但是也立刻成为营销战略理论构架中的一个核心概念。定位与此前的营销法则迥然有别的是，其所关注的对象不是产品，而是消费者对品牌的认同。定位观念的核心观点是，对于一个产品来讲最重要的是产品在消费者心目中处于什么样的竞争地位，而广告的主要任务就是完成产品在消费者心目中的地位塑造。从广告思想发展史上看，定位其实是对以往广告思想的继承和发挥，并以新的形式确立了其划时代的地位。

在定位之前，具有代表意义的经典营销传播理论是罗斯·瑞夫斯的"USP"和大卫·奥格威的"品牌形象"理论。"USP"理论的出发点是产品，作为产品时代的营销传播观念，其核心是每个产品都具有某种独特性，所以广告沟通就是要找到这种独特性，并将其加以放大。他认为只要找到并放大这种特征，就能够给产品确立独特的卖点。大卫·奥格威的"品牌形象"理论是对瑞夫斯观念的一种发展，他认为，随着产品和竞争的发展，仅仅从产品本身寻求独特因素并不足以为品牌建立个性形象。而最大的威胁是大量同质化产品充斥市场，已经很难从产品本身寻找到什么差异性了，因此必须建立一种属于产品自身的个性形象。值得注意的是，从思考的出发点来看，无论是瑞夫斯还是奥格威，他们的出发点都是产品，把产品作为第一要素。相比之下，艾尔·里斯和杰克·

特劳特提出的定位观念，虽然也是一种继承和扬弃，但是思考问题的出发点显然大不一样。其核心就在于，定位观念之中有一个明显的转换，过去那种从产品出发的思考模式被彻底改变为从消费者出发思考。也就是说，以往营销沟通强调的是"我具有某种特性"，现在定位所倡导的是"我可以满足你某种要求"。这种意识不仅包含着古典经济学中对消费者主权的认同，更重要的是树立了需求第一的价值观念。毫无疑问，需求是导致人们动机和行为的基本依据，只有真正把握需求才可能在信息过剩状态下，实现营销沟通中的主动把握。

作为一种广告策略，定位的关键思想是要使消费者对企业的品牌代表的含义有清楚的认识，那种试图让一个产品或品牌成为人见人爱的"大众情人"的做法从根本上无法形成清晰的定位。在定位战略中，有关品牌的价格、分销、包装以及产品实际特征虽然也起重要作用，但定位的获得却主要靠广告宣传。这正如定位概念的倡导者所说的，定位不是要对产品本身去做什么，而是要对消费者的认识做些什么。从广告策划上讲，欲达目标就必须使细分市场与广告定位有机地配合，这就是指对于一个品牌的定位，必须能够最有效地吸引其最希望获得的目标群。

二、定位从产品走向品牌

定位是市场及市场学发展的必然产物。定位的关键思想是使消费者对企业的品牌代表的含义有清楚的认识。

定位观点的核心价值就在于，在当今这个传播和信息泛滥的时代，公司太多、产品太多、品牌太多，市场上的干扰和噪音也太多，因此一个产品或者品牌如果想要取得市场认同，最重要的就是在人们头脑中确定你的位置。而进入头脑的最容易办法就是争做第一，如果当不了第一，你就得针对已经成为第一的对象（包括产品、政客、人等）来给自己定位。这是因为在现今这个传播过剩的社会，人们已经学会了在头脑中的小阶梯上给所有商品[①]打分排级，如果一个商品或者品牌能够进入这个头脑阶梯并占有位置，那么就可能得到注意。有观点这样解释定位：[②]

定位从产品开始，其可能是一件商品、一项服务、一个机构，甚至是一个人，也许就是你自己。但是，定位并不是要对产品做什么事情。定位是你预期

[①] 这里所提到的商品这个概念也许已经超越了经济学上对商品的界定。事实上，如果用营销学的眼光看待问题，一切对象凡涉及某种具有价值的交流和交换，都具有商品意义。当然，在很多情况下，这种价值表现得比较隐蔽，不是以简单的货币符号表示的。所以艾尔·里斯和杰克·特劳特在《定位》中把这种手段推广到政治、个人，甚至是恋爱。

[②] [美]艾尔·里斯、杰克·特劳特：《定位》，北京：中国财政经济出版社，2002年版，第2页。

的顾客所做的事。换句话说，你要在目标客户的头脑中给产品定位。

显然，在这里表明了定位的特性，它虽然是建立在产品之上的，但却不是对产品本身进行改变，而是改变受众对产品的认识。就是说定位的着力点是受众心理，所以里斯和特劳特立即对这个定义进行了补充："所以说，把这个概念称作产品定位是不正确的，因为你对产品本身实际上并没有做什么事情。"这就是说，定位在本质上并不是产品问题，而是关于品牌与消费者心理认同的问题。从市场竞争的背景来看，任何一个产品或品牌在消费者心目中的定位都是一种相对的概念，是消费者对该产品或品牌与竞争产品或品牌的差异性比较。在消费者的大脑中有一幅产品类别概念图，某一品牌在这幅图中的位置（当然是与竞争对手相比较的位置）就是该产品的定位，而这种位置是由消费者所认为的各品牌之间的联系所决定的。这进一步说明了定位虽然依据产品或品牌本身的一些有形因素，但更重要的是凝结在这种品牌之间的消费者的认定意识和品牌内涵。

作为市场营销和广告策划中一个具有革命性的概念，定位今天已经得到了广泛的应用。当企业把市场作为核心追求时，几乎每一步都存在着定位问题。似乎不仅是产品、品牌，包括企业自身、企业在竞争中所处状态，都存在着一个定位问题。定位简直就成了新的市场环境下，达到与目标对象沟通的必然手段。以至于 2001 年美国营销学会评选有史以来对美国营销影响最大的观念，出人意料的结果却是"定位"理论。反思这一事实，我们发现定位的一个很大特点，就在于它超越了一般的产品营销意识，而是把自己的立足点建立在品牌与消费者认同之上。

第三节　寻求消费者的品牌忠诚

品牌与消费者是相互依存的关系，对于任何品牌来说，忠诚的消费者是其最大的财富。可以说品牌营销乃至于整个品牌建设，其所追求的最高目标就是创造消费者的品牌忠诚，因为忠诚的顾客不仅可以给品牌带来极大的收益，而且也减少了品牌营销中的各种交易成本。在品牌资产衡量中，忠诚度是一个极为重要的定量概念。

一、消费者品牌忠诚的价值

品牌和顾客之间是互相依赖、互相满足的关系。对于受市场利益驱动的企业而言，压倒一切的目的就是培养愉快而忠诚的顾客，因为只有顾客（而非产品或其他）才是企业的命脉。这种认识促使企业纷纷从简单的交易性营销（Transactional Marketing）转向关系营销（Relationship Marketing）——在企业与顾客和其他利益相关者之间建立、保持并稳固一种长远关系，进而实现信息及其他价值的相互交换。在品牌营销中，这种忠诚关系的价值主要来自五个方面：

1. 与现有顾客交易成本较低

无论是信息沟通还是其他方面，任何品牌在新老顾客之间实现价值的成本都是大不相同的。Sears 的研究发现与新顾客的交易成本要高于老顾客的 20 倍，威廉·阿伦斯则认为争取一名新顾客所付出的营销广告和促销代价，是维护一名老顾客的 5~8 倍。[①] 关于成本差异的各种调查数据可能有所不同，但是结论并没有什么两样。

2. 顾客关系可以分期分摊顾客获得成本

品牌与顾客之间的获得成本取决于这种关系的维持周期，也就是说，当顾客不再购买这个品牌时公司的投资回报就基本结束。例如一个品牌获得一名新顾客，如果其购买周期是全年则获得成本在 12 个月内平摊，如果其购买周期是 3 年则成本在 36 个月平摊。

3. 品牌忠诚者不但可以减少宣传费用并且也容易把握

这是因为品牌忠诚者通常对品牌比较了解，而且满意程度也比较高，对他们的宣传不仅远远低于潜在客户和一般顾客，而且他们自己也往往会成为品牌的宣传者。由于这些顾客与品牌之间良好的关系，在沟通过程中往往比较容易把握。

4. 忠诚度是品牌与顾客关系中的最高价值

通常每一位顾客带给公司的利润随着时间而增加，而且有研究表明顾客与品牌维持关系的时间越长，则越是愿意支付价格溢价，终身顾客是品牌最为珍贵的资产。

5. 顾客流失所带来的影响

有研究发现，减少 5% 的顾客流失在平均顾客使用年限中会使利润上升35%~95%。而且流失的顾客也造成其他顾客流失，与此同时顾客流失往往是因为不满意因素所致，因此这种流失不仅是财务上的成本利润问题，还包括了顾客本身的口碑传播影响。

---

① ［美］威廉·阿伦斯：《当代广告学》，北京：华夏出版社，2001 年版，第 218 页。

二、消费者品牌忠诚的度量

在现实生活中，可以发现一种有趣的购买现象，那就是相当一部分消费者在品牌选择上呈现高度的一致性，即在某一段时间甚至很长时间内重复选择一个或少数几个品牌，很少将其选择范围扩大到其他品牌。这种消费者在一段时间甚至很长时间内重复选择某一品牌，并形成重复购买的倾向，被称为品牌忠诚。品牌忠诚是一种行为过程，也是一种心理（决策和评估）过程，是一种在一个购买决策单位中，多次表现出来的对某个品牌有偏向性的（而非随意的）行为反应。简单来说，就是消费者在一段时间甚至很长时间内重复选择某一品牌，并形成重复购买的倾向。

品牌忠诚度是品牌资产的重心，拥有一群忠诚的消费者，就像为自己的品牌打造了一道难以跨越的门槛，它能有效阻止竞争对手的刻意模仿、破坏性的削价等，从而抵御或者缓解来自其他品牌的冲击力和影响力，它是一个品牌所要追求的最终目标。

与品牌知名度相类似，按品牌忠诚度也可以把消费者分为几个层级，它们分别是无忠诚度者（No Brand Loyalty）、习惯购买者（Habitual Buyer）、满意购买者（Satisfied Buyer）、情感购买者（Like a Friend）和忠诚购买者（Committed Buyer）。从品牌经营的角度一般考虑后四个群体。他们也呈一个金字塔形。

1. 无忠诚度者

无忠诚度者是指那些从不专注于一个品牌的购买者，他们对品牌不敏感，基本上是随机性购买，兴趣广泛，喜欢尝试新鲜事物。如有些人到超市去买饼干，喜欢更换不同的牌子与口味，以享受更多的味觉乐趣。

2. 习惯购买者

习惯购买者是指那些对产品满意或起码没有表示不满的买主。他们习惯性地购买某些品牌，但易受带来明显利益的竞争者的影响，转换品牌的可能性较大。如有些人十年如一日地使用某一品牌的护肤品或者牙膏，没有特殊原因想不到更换。

3. 满意购买者

这类买主对产品感到满意，能感觉到品牌转换成本，也就是说购买另一个新品牌，会感到有时间、金钱、适应等方面的成本与风险，与习惯购买者相比，他们转换品牌的可能性要小一些。如有些消费者习惯了"光明酸奶"，既喜欢其口味，又满意其价格，就不愿意再尝试其他品牌的酸奶了。

4. 情感购买者

这类买主真正喜欢某一品牌，他们把品牌当作自己的朋友、生活中不可缺少的用品，对品牌发出由衷的赞美，对其具有一种情感的依附。这种联系建立在买主对品牌识别、使用经历或品牌的品质认知等联想的基础上。有些品牌很注重培养与顾客的亲密关系，让顾客在使用产品时找到一种归属感，从而建立起很强的情感联系。

5. 忠诚购买者

这类买主不仅持续、重复购买特定品牌，而且还引以为傲，会向其他人积极推荐此品牌。拥有相当数量的忠诚购买者的品牌被誉为最有魅力的品牌。例如，买了一款"海尔"的热水器，从产品质量到服务态度都很满意，就可能因此变成忠诚的购买者，以后再买其他家电都会选择这个品牌。

在实际购买中，这五种层级并不总以单纯的形式出现，也有其他的复合形式。研究发现，"品牌忠诚度"包含消费者对品牌的两个重要态度：满意和赞美。消费者对品牌评价所持的满意和赞美程度，可以用"品牌美誉度"来描述。

对品牌忠诚度进行量化主要采用以下四类测量方法：

1. 按购买比例来测量

对顾客购买所有品牌量进行排序以确定忠诚度，如在一年中某顾客购买了几个品牌 A、B、C，按比例排序为 70%、20% 和 10%，那么他就最忠诚于 A 品牌，忠诚度为 70%。

2. 按重复购买次数来测量

在一定的时间内，消费者对某一品牌产品的重复购买次数越多，说明对这一品牌的忠诚度越高，反之则越低。当然，由于产品的用途、性质、结构等因素不同，因此，对于这一指标的确定要有所区别，不可一概而论。

3. 按购买决策需要的时间来测量

消费者购买商品时，由于对相关品牌的熟悉程度、偏好程度等不同，消费者做出购买决策需要的时间不同。通常，顾客的品牌忠诚度越高，购买决策需要时间就越短；反之，忠诚度越低，购买决策需要的时间就越长。在利用这个指标测量顾客的品牌忠诚度时，还要考虑产品的价格、用途和使用时限等因素。

4. 按顾客对价格变动的敏感程度来测量

事实表明，对于喜欢和依赖的品牌，消费者对价格变动的承受能力强，即敏感度低；反之，则敏感度高。

研究发现，吸引一个新消费者的花费是保持一个已有消费者的 4~6 倍；从品牌忠诚者身上获得的利润是品牌非忠诚者的 9 倍之多。美国通用汽车公司曾经算过这样一笔账：每一位美国青年只需推开其经销商的大门，他将在一生中为通用公司带来大约 230 万美元的买卖，这其中包括他购买的车、他妻子购买的车和他的孩子们购买的车。公司与这位购车者培养长久的关系要比去征服一位新的信徒节省 5 倍的开支。因此，品牌忠诚度是一项战略性资产，如果对它进行恰当的经营开发，那么它就会给企业创造多项价值。

案例分析

中国移动如何维护品牌忠诚

中国移动已连续多年稳坐世界 500 强之列，其品牌也被评为全球最有价值品牌之一。在中国移动的飞速发展中，促销的运用是其实现品牌定位达成目标市场的有力措施。为了吸引更多的客户资源、提升客户品牌忠诚度、充分挖掘客户的价值，中国移动成功地开展了一系列的促销活动，成功推出了"全球通"、"神州行"、"动感地带"三大子品牌，并逐渐成为中国移动通信领域的市场霸主。按照中国移动自身的品牌定位，全球通的客户是尊贵的、追求高服务价值的目标人群，动感地带是时尚的年轻一族，神州行是话费不多的普通市民，三大品牌各自占领高中低客户群。

一、针对神州行新用户的促销

中国移动旗下有三大子品牌：专注中高端用户的"全球通"，专注年轻用户群体的"动感地带"以及专注大众用户的"神州行"。"神州行"作为主攻非高端通信市场的移动通信品牌，目标客户是群体庞大的普通老百姓，消费比较理性、果断而有计划性，对价格很敏感，选择"神州行"的初衷也主要是与朋友和家人交流沟通，以使用语音和短信业务为主。因此，针对客户的需要，中国移动有针对性地推出了各种面向神州行新客户的促销活动。

（1）新入网，免 SIM 卡费、送礼品。抢夺新客户资源成为通信企业工作中不遗余力的重中之重。为了吸引新客户，中国移动的促销可谓力度一波胜过一波。面对新入网的客户，中国移动大多数子公司都采取了免收 50 元 SIM 卡费的促销政策，并配以赠送入网小礼品的方式，以空前的促销力度促使新顾客做出决策。

（2）设计满足不同客户需要的通信套餐。针对神州行用户消费比较理性、对价格敏感等特点，中国移动设计出各种不同形式的套餐计划，以期吸引新客户，如 10 元本地畅听套餐，10 元长话长聊套餐等，都得到了众多新客户的响应。

（3）新入网，充值赠送高额返充式话费。为了加大对新顾客的促销力度，同时降低新顾客的流失比例，中国移动各分公司根据各自实际情况制订了高额的返充式话费回报计划，新入网客户在办理入网时，始充 100 元将被赠送 20 元、

30元、50元甚至更高的返充式话费，而且是始充金额越高，赠送幅度越大。

（4）手机欢乐送，赠送中国移动定制手机。中国移动与手机生产厂商联手，定制了大量符合工薪阶层消费者需要的手机，有策略地免费赠送给消费者。消费者只需新入网时一次性充值与手机等值的话费，并承诺每月有一定金额的消费额或加入中国移动定制的通信套餐，即可免费得到中国移动赠送的品牌手机一部。

中国移动在对神州行品牌进行清晰定位之后，通过大量富有吸引力的促销活动，加上由葛优代言的"神州行，我看行"广告的大力推出，吸引了大批的大众客户群体。"神州行"凭借自由、实惠、便捷的服务为中国移动积累了丰厚的客户资源和极高的市场知名度，成为中国移动通信客户品牌体系中极其重要的一部分。

二、针对动感地带用户的促销

"动感地带"（M-Zone）是中国移动通信针对年轻一族的生活特点和消费习惯推出的全新品牌，在动感地带内，年轻一族可以找到够酷够炫的图片和铃声，可以找到够新够奇的海量资讯，可以自主地选择更加自由的资费组合。以创新的短信套餐形式营造现代文化理念，搭建生活沟通的新方式，开辟获取信息的新渠道，这就是动感地带。

基于此，面向动感地带用户的促销主要策略有：

（1）举办各种符合年轻一族的参与活动。作为中国移动通信旗下一个专属年轻人的品牌，"动感地带"自面世以来就动作不断，在2003年先后举办首届中国大学生街舞挑战赛、赞助华语音乐榜中榜、联手快餐大王麦当劳共推"动感套餐"、冠名赞助周杰伦演唱会等一系列活动，宣扬了"动感地带"时尚、好玩、探索的品牌特性。通过活动提升"动感地带"用户的忠诚度，同时扩大了"动感地带"用户的阵营。

（2）推出可以自主选择的资费套餐。中国移动针对动感地带全体的特点，在制定资费套餐上给予其充分的自由和广泛的参与，大大提高了新客户的选择热情。

（3）选择合适时机展开话费回报和礼品赠送。在年轻人活跃的日子里，如情人节、春节、开学时期，中国移动通常会适时推出新入网充值优惠。同时，对于动感地带用户，建立M值积分奖励计划，用以兑换时尚奖品或话费，通过兑换活动在年轻人群体中的扩散和传播，这也给众多准动感地带的用户以巨大吸引。

正是这些富有创新的促销活动，加上周杰伦"我的地盘我做主"的代言示范下，"动感地带"已经成长为中国通信市场中最知名的品牌之一。"动感地

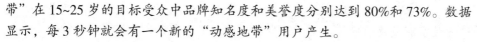

带"在 15~25 岁的目标受众中品牌知名度和美誉度分别达到 80%和 73%。数据显示，每 3 秒钟就会有一个新的"动感地带"用户产生。

三、针对全球通用户的促销

作为高端定位的"全球通"品牌，为了打动中产阶层群体，更加体现时代精神，中国移动采用了品牌驱动要素的整合方案。

（1）中国移动策划了丰富多彩的活动，提供了生动的现实素材。如南京移动举办了充满创意的"全球通 VIP 俱乐部首届外籍人士商务沙龙"活动，深圳移动举办了"全球通 2004 年深圳中外艺术精品演出季"等。

（2）在资费设计方面，中国移动根据用户需求设计了资费套餐。中国移动为全球通品牌精心设计了不同资费的套餐，让高端用户拥有更实在的消费体验。

（3）在业务和服务方面，中国移动增加了手机银行、随 E 行、MO 手机上网、移动证券、移动邮件等新应用，加强"全球通 VIP 俱乐部"、大客户经理、1860 全球通专席服务、积分计划等服务举措，使全球通客户得到有别于其他客户群体的成功、尊贵感受。

（4）在宣传方面，中国移动利用不同渠道、不同媒体全面点燃全球通"我能"的宣传，而且所有广告中都出现了"我能"这个鲜明的标志符号。中国移动还借助著名旅行作家、汽车旅行探险家廖佳穿越全球的追梦之旅，诠释全球通"我能"的完美内涵。

促销活动要立足于增强顾客对产品或品牌的忠诚感，必须能够激励消费者重复购买和长期惠顾，避免陷入"促销一停，销量即降"的营销陷阱。中国移动通过系统的促销活动，不但有效提升了企业的营销业绩，同时也为"神州行"、"动感地带"、"全球通"三大品牌积累了宝贵的品牌资产，极大增强了企业的核心竞争力。

电信业是一个规模效应非常显著的行业，在用户规模达到一定数量之后就会出现所谓的"雪崩效应"——用户的增长与盈利的增长将呈现正比关系。在移动通信市场上，中国移动和中国联通的规模效益都十分显著，在现在的资费水平下，每增加一个用户、每增加 1%的市场占有率都意味着利润的增加，所以双方都不惜一切代价，抢夺用户资源。但是由于两大运营商为了抢夺潜量市场而不断出台的各种促销政策，造成一些精明的用户通过不断开通新号放弃旧号来获得了更多的实惠。这种状况在一些用户发展已经接近饱和的大中城市更为明显。如何能够利用促销活动，既能开发新用户，又能稳住新用户，就成为一个十分重要的问题。这一点要求企业在促销中不仅要关注即时的销售效果，更要注重品牌偏好的建立，从而获得长远的品牌收益。中国移动通信正是因为秉承了"正德厚生，臻于至善"的企业核心价值观，努力提升核心竞争力，通过各种富有成效的促销活动，逐步成为移动信息专家和卓越品质的创造者。其特点主要体现在几个方面：

1. 定位清晰的整合品牌传播策略

从品牌塑造的角度看，中国移动旗下三大品牌的形象塑造相当成功。神州行展现的是实惠、精打细算，动感地带展现的是时尚、特立独行，全球通则展现的是尊贵、价值、高品质服务，三大业务品牌无论在定位、内涵以及外延扩展性上都有清晰的特点。而针对三大品牌各自不同的目标消费者，中国移动采取了既有针对性又相互共通的促销、广告等各种整合营销传播工具：对于神州行而言促销的重点放在资费的优惠，广告重点塑造的是平民化的品牌个性；对于动感地带而言促销的重点放在多元的套餐组合和自主选择，广告重点塑造的是时尚、特立独行的品牌个性；对于全球通而言促销的重点放在专享服务、贵宾礼遇，广告重点塑造的是成功人士的身份象征。中国移动将企业品牌理念最广泛地进行了传达，加强了与品牌潜在消费群体之间的情感联系，吸引了更多新顾客的尝试和购买。

2. 基于品牌持续发展的营销传播策略

移动通信领域属于具有高固定成本和低变动成本的企业，因此，一旦新顾客变成品牌忠实的消费者以后，将给企业带来高效率的回报。为此，在促销过程中，中国移动从对新顾客的促销开始就充分重视对新顾客的关系维护，增加客户的在网时间，减少客户离网的几率。中国移动采取的返充式话费赠送、承诺在网期的话机赠送、开放自主网上选号等等促销技巧，都极大地提高了新顾客在网的稳定性，降低了客户的流失率，为中国移动品牌的持续发展提供了保障。

3. 构建品牌偏好的促销理念

中国移动同其他的市场领域内一样，开发新客户的成本总是很高，而此后维护的成本则相对低得多。由于在吸引新顾客时采用高额促销优惠的原因，一开始新顾客实际上并不能给企业带来太多的利益。因此，对于中国移动来说，留住新顾客才是企业发展的制胜之道。于是，中国移动在其所有的营销传播活动中，都让目标消费群体参与进来，产生情感共鸣，在体验之中将品牌潜移默化地植入消费者的心智，例如中国移动采用的自选消费套餐、赠送印有品牌标识的定制手机、提供独特附加服务等多种方式，加以名人广告的高频覆盖，充分加强了与消费者的情感体验，起到了良好的营销效果，为品牌的持续发展奠定了基础。

总归而言，中国移动在营销传播的成功依赖于两大原则：一是创新性，即围绕全球通、神州行和动感地带三大品牌不断推出新业务，并对三大品牌下的业务品种、资费类型、办理方式、使用方法等进行持续创新；二是系统性，即各营销策略除了有较强的主动性、连续性外，其针对不同用户群体的策略之间的平衡性也较好。在营销传播中充分重视与消费者的关系维护，充分重视品牌的可持续发展，是中国移动获得成功带给我们的有益启示。

案例来源：卫军英：《整合营销传播典例》，杭州：浙江大学出版社，2008 年版。

➡ **思考题：**

1. 为什么说顾客忠诚是品牌营销的最高追求？
2. 中国移动是如何保持消费者的品牌忠诚的？

第五章

品牌认同策略

学习目标

知识要求 通过本章的学习，掌握：

- ● 品牌认同的概念和主要内涵
- ● 产品在品牌认同中的作用
- ● 品牌认同中的企业认同
- ● 品牌认同中的消费认同
- ● 建立品牌认同的途径

技能要求 通过本章的学习，能够：

- ● 清晰把握品牌认同的核心
- ● 根据品牌认同规划品牌
- ● 将品牌认同用于具体品牌

学习指导

1. 本章内容：品牌认同观念及其基本内容；产品在品牌认同中的作用；企业与品牌认同的关系；品牌认同中的消费者认同以及品牌的符号认同和价值认同；建立品牌认同的方法等。

2. 学习方法：结合案例，强化综合分析；注重把概念辨析与具体现实结合，观察现实中的品牌现象；能够进行逻辑性的归纳和总结，并在此基础上把握品牌认同方法。

3. 建议学时：6 学时。

引导案例

芳龄三十的 Kitty 猫

从 1974 年日本三丽鸥公司（Sanrio 株式会社）的设计师清水侑子第一次将系蝴蝶结的白色 Kitty 猫放在钱包上开始，这只圆圆的脸蛋、没有嘴巴、左耳上扎着一个蝴蝶结，还有一截小尾巴的小猫，到今年已经芳龄 30 多岁了，但在全世界众多 Fans 眼里，她是永远长不大的小可爱。

Kitty 猫诞生之际，当时三丽鸥公司预定推出一款小钱包，上面的图案希望能设计出一个崭新的人物。而 Kitty 的第一代设计师清水侑子在设计之初想到小孩子喜欢的动物，不外乎小熊、小狗和小猫而已，由于前两者早已推出过，因此她便决定采用最喜欢的猫咪了。从此这只系上红色蝴蝶结的小白猫便出现在钱包上，并逐渐成为世界级的商业卡通形象。

Hello Kitty 是日本在全世界最成功的商业卡通之一，她的母公司三丽鸥年销售额约 1000 亿日元，其中一半多是挖掘 Hello Kitty 这座金矿来的，仅她的品牌特许费每年就能收益 150 亿日元。Kitty 猫每年为版权所有者三丽鸥公司创造 5 亿美元的利润，同时也为获得授权使用其形象的公司赚取了几十亿美元的收益，三丽鸥向日本超过 500 家公司以及海外的数百家企业进行了授权。这个可爱猫咪形象被印在 2.2 万种不同的产品上，畅销 40 多个国家。除了酒、香烟、枪支之外的每一种你可以想象的产品，小至贴纸、笔、笔记本、衣服、玩具、手表、杯子、盘子、筷子、手机、烤面包机、垃圾桶，大至电脑、跑步机、汽车，甚至是可以让人们置身其中的冒险主题乐园，都可以看到 Kitty 猫的身影。

Hello Kitty 与其他风靡世界的卡通形象不同之处在于，相比机器猫"哆啦A梦"、加菲猫、Snoopy（史努比）、Winnie Pooh（维尼熊）、唐老鸭和米老鼠等，她只是纯粹的商业符号，没有任何电影、漫画、图书、故事的支撑。然而，Kitty 猫却获得了全世界各阶层和各年龄段消费者的支持。Hello Kitty 的开发与推广没有特定的战略，甚至没有采用市场调查等最普通的市场营销方法，成为市场营销中另类成功的范例。

30 多年来，这只没有嘴巴的小猫继续微笑着，成为孩子们尤其是小女孩们最令人放心的伙伴和榜样；当一代女孩长大成为母亲后，依旧会和她的女儿一样，继续喜欢这只猫。Kitty 猫赋予了消费者无穷想象的空间，容许人们将自己的情绪投射到 Kitty 猫身上。你今天想 Kitty 猫是快乐的，她就是快乐的；若是你今天心情不好，Kitty 猫就是忧郁的。这种角色替代，容易让人感觉她是亲密的伙伴。

Kitty 猫满足了所有人的童趣心理，寄托了"我们永远不要长大"的梦想。在城市化的今天，其实不光在日本，全球都市人都普遍面临人际关系逐渐出现隔阂疏离，有越来越多的城市新生代变得孤僻，不愿意和其他人交流，而机器、玩具变成他们倾吐心情的对象。所以 Kitty 猫不单单可以俘获小孩的心，大人甚至是老年人都会爱上她。Kitty 猫对消费者似乎有多面向的影响力，对儿童来说，她是一个可爱的玩具；对成熟女性而言，她号召怀旧情结，令人回想到童年的纯真；对父亲而言，顺从小孩的购买愿望可以显示父亲的爱。也就是说，相同的产品，吸引的却是不同年纪、品位、风格、愿望的人，使得不同年龄层的人纷纷加入购买的行列。

案例来源：卫军英：《整合营销传播典例》，杭州：浙江大学出版社，2008 年版。

思考题：

1. 品牌认同对品牌营销有什么意义？
2. 品牌认同对消费者的品牌忠诚有何影响？

第一节　品牌认同概述

91

品牌不是冷冰冰的、拒人千里之外的，而是围绕在消费者周围、与消费者一同生活的"人"，它有自己的形象（品牌形象）、自己的性格（品牌个性），甚至有态度、主张、理想、信念，有情绪、情感。品牌以自己的行为（市场行为）实践着自己的价值标准，在市场众多的声音中努力向消费者表达自己的诉求，试图获得目标消费群的最大限度地接受和认可。品牌认同体现了消费者对品牌的偏爱与忠诚程度，这一概念使营销者认识到，品牌的确认与构建不能只是营销者的一厢情愿，而必须与消费者达成一致的默认协议才能够深入人心。

一、品牌的"人际关系"

"只管去做！"

"一切皆有可能"

"没有愈合不了的伤口"

"成长难免有创伤"

我们可以设想一下，当你处于情感或事业的低潮，面对困境不知所措、面对抉择犹豫不定时，你身边的朋友会说什么来安慰你、鼓励你？相信上面的广告语所传达的内容会被经常提到。品牌对于消费者来讲就是一种陪伴，它们如同我们身边的一个个生动、具体的"人"，品牌与消费者之间的关系，可以说也是一种"人际关系"。

1. 愈加孤独的消费者

一个不可否认的事实是，生活在现代社会中的人们正在面临越来越强烈的焦虑感、失落感，这很大程度上归罪于社会个体之间的人际交往日益减少，现代人的社会关系不如以前那样密切。这种现实状况是由多种原因造成的。首先，我们所处的社会在不断的变动中，人们所面对的环境每一天都是新的，每一天都需要我们重新调整来适应新的生存环境。新环境所带来的焦虑感如影随形，不信任、怀疑、警惕、防备的心理在社会中蔓延，人人都如同蜗牛一样蜷缩在自己的壳里，小心翼翼地避免受到外界的伤害。

其次，社会家庭结构出现了小型化的趋势，以血缘关系为基础的传统人际关系网络正在日趋萎缩。就我国的情况来看，我国的社会家庭结构已经进入了一个"421"的时代：两对祖父母、一对中青年夫妇、一个孩子。独生子女的家庭成为主流，甚至放弃生育的丁克家庭也为数不少。以往错综复杂、筋骨相连的血缘关系和宗族关系不复存在了，社会成员的归属感和自我认同程度在降低。

最后，大众传媒的发达也是人际交往减少的一个非常重要的原因。我们可以回想一下，在电话、网络发明之前，人与人之间的信息交流需要传播者和接受者双方面对面的口语传播，没有大众传播媒介参与的传播行为为人际交往创造了更多的可能性。而现在，借助大众传媒的帮助，信息可以在千里之外瞬间到达接受者，人们只需要在电话的一端对着话筒说话，或者坐在显示器前操动鼠标和键盘就可以了。大众传播媒介在缩小世界物理距离的同时，却加大了人与人之间的心理距离，人们在享受无与伦比的方便与快捷时，却使彼此变得更加陌生和疏离。除此之外，大众传媒还占据了现代人大部分的闲暇时间，消费者被孤立地存活在媒介所构筑的狭小空间里，甚至日常生活的必需品都可以通过大众传媒和物流体系来得到满足。

2. 品牌是一个虚拟的人

品牌填补了人际关系缺失留下的真空，消费取代了人际交往大部分职能，消费为人类提供了更加容易获得、更加廉价的满足感。"品牌是一个虚拟的人"，"品牌即人，人即品牌。把品牌当人看是了解品牌的最简单的方法。人有人格，品牌有品格；人有性格，品牌有个性；人有思想，品牌有内涵；人有脸面，品牌有表象；人有疾病，品牌有危机，也需要经常进行体检。"[1] 现代品牌理念越来越关注品牌的人格化，品牌在消费者心目中不是抽象的、不可感知的，人们对品牌的感觉与情感愈加丰富起来，品牌作为一个虚拟的人逐渐丰满清晰起来。品牌不仅有自己的形象、个性、风格、气质、价值、文化内涵，还作为消费者人际圈层中的家长、亲属、密友、同学、支持者、领导者、建议者、鼓励者等身份和形象出现，总是以各种面目和角色试图向消费者传达自己的某种诉求和主张。

　　一个品牌就是一个人。国内外学者从各自角度对"品牌是什么"这个问题进行了各种各样的阐述，当我们把人与品牌进行比较时，品牌"人"的属性便可以清晰地显示出来，对于品牌理解和运作将更加趋于简单化和操作化。表5-1 是人的"人格"与品牌的"品格"之间的对比：[2]

表 5-1　品牌人格谱

品牌线	人格	品格
成长线	姓名	品牌名称
	年龄	品牌历史
	籍贯	品牌出生地
	教育	品牌内涵
	性格	品牌个性
	外貌特征	品牌形象
事业线	信条	品牌口号
	规划	品牌战略
	专长	品牌定位
爱情线	初识	品牌知名度
	好感	品牌美誉度
	忠诚	品牌忠诚度
	故事	品牌联想
家庭线	家庭结构	品牌格局
	遗传基因	品牌核心价值
	兄弟姐妹	兄弟品牌
	子女	自品牌

---

① 张红明：《品牌人格化——品牌价值实证研究》，武汉：华中科技大学出版社，2007 年版，第 8 页。

② 曾朝晖：《品牌 15 步法则》，北京：中华工商联合出版社，2004 年版，第 3 页。

我们不难发现，任何品牌都可以作为一个"人"来归纳到上面的品牌人格谱中，事实上现代市场营销行为中将品牌人格化的做法也十分普遍。品牌与消费者的生活融为一体，"他们"无时无刻不在向消费者施加着自己的影响，从我们每天做的第一件事——睁开眼睛开始，品牌便伴随我们的衣食住行，我们没有办法停止消费，也没有办法将品牌从我们身边剥离出去。不仅如此，品牌所代表的价值、观念，所表达的情感、情绪和体验，时刻在告诉我们"生活是什么"、"该如何更好地生活"。

如在邦迪创可贴的广告中，邦迪不再仅仅是治疗身体伤口的药品，它化身为抚慰成长伤口和情感创伤的"心灵鸡汤"。邦迪在广告中截取了青少年成长过程中使他们遭受失落、困扰、无助的三个生活片段，如图5-1所示：孩童时不能买到自己心爱的玩具、与小伙伴怄气、暗恋的人和别人在一起。虽然这些片段在成年人看来不算什么，甚至回过头看看可能还有点幼稚、可笑，但在孩子和青少年眼中却是天塌下来般的遭遇。邦迪以一个睿智、友善、慈祥的长辈或朋友的身份告诉我们，生活就是这样，我们不能像小孩子一样期盼事事如意。

图5-1 邦迪"成长难免有创伤"广告

3. 培养关系，强化认同

相互认可与接受是人际关系的基础，同样对于品牌与消费者之间的关系来讲，消费者的品牌认同感是这一关系的基础。品牌不单是一个商标、一个符号、一句口号，"品牌是存在于你头脑中的某些东西，它是与消费者紧密相连的产品或服务的承诺。无论是文字、形象或情感，抑或这三者的结合，品牌是一种精神联系"。[①] 如果消费者对品牌的形象、性格及其所代表的价值持否定态度，那么品牌就无法在消费者的心智中占据一个属于自己的位置。

生产者所提供给市场的是有物理属性和使用价值的商品，而消费者购买的却是有情感归属的品牌，消费者的品牌认同决定了他们是否会重复购买某一产

---

① [美] 艾伦·亚当森：《品牌简单之道：最佳品牌如何保持其简单与成功》，北京：中国人民大学出版社，2007年版，第4页。

品或品牌，培养消费者的品牌忠诚度的第一步就是强化认同感。顾客很容易在竞争品牌的诱导下失去主张，他们可以选择的产品与品牌实在太多了，维持较高的品牌忠诚度是非常困难的，消费者更换品牌的前兆即是他们对品牌所体现的价值给予否定以及由此带来的品牌认同感的丧失。一旦这种情况出现，品牌距离被抛弃的命运就不远了。

二、品牌认同的概念和内涵

对于品牌营销者来讲，他们期望的是顾客能够持续不断地重复购买产品，希望不断有新的顾客加入到品牌的忠诚者群体中，这就需要营销者通过各种手段来强化品牌认同度。没有人愿意和不爱的人步入婚姻的殿堂，同样也没有消费者愿意购买他们所讨厌的商品。成功的品牌无一例外都是能够给顾客带来认同感和满足感的品牌。

我们可以在此对品牌认同进行一个定义性的描述：所谓的品牌认同是指品牌所依附的产品与符号，品牌所构建的形象与个性，品牌所代表的价值、态度和观念，品牌所传达的情感、情绪和体验，在消费者和公众那里所获得的理解、评价、接受和认可；它是品牌营销者的品牌意图与消费者、公众的认知状况之间的契合程度。我们进一步从以下五个方面来理解品牌认同这一概念的内涵：

1.品牌认同的主体

品牌认同行为的发生者就是认同的主体，主要指的是消费者和公众。消费者的品牌认同直接决定了他们的消费行为，它是衡量品牌形象塑造是否成功、品牌定位是否准确的标准，从这个意义上讲品牌认同是品牌传播效果的一部分。公众也是品牌认同的主体。公众概念可以细分为融资公众（银行、证券、股市、基金组织等）、媒介公众、政府公众、社团公众（社会团体、协会组织、公益组织、检测和评价机构等）、社区公众和内部公众。大部分公众并不是品牌的直接消费者，但是公众的品牌认同仍然是至关重要的。公众通过对信息传播过程的参与，可以极大地改变消费者的情感和认知；不仅如此，公众还是企业所面临的市场营销环境的重要组成，影响和制约着企业目标的实现。

媒介公众的品牌认同具有决定性的影响。媒介是消费者获取信息、评估品牌的重要渠道，人们对品牌的认知大多数情况下是借助媒介实现的，媒介信息左右了消费者对品牌的态度和情感。强化媒介公众的品牌认同在任何时候都是必要的，尤其是在品牌面临巨大的危机时，争取和强化媒介公众的品牌认同是消除负面影响、重建品牌信任的首要举措。

2008年9月，中国老牌奶制品企业三鹿集团被推上了生死的悬崖：三鹿婴幼儿配方奶粉被投诉存在严重的质量缺陷，南京、广州、长沙、兰州等地出现多起儿童肾结石病例，病因被怀疑是幼儿经常食用三鹿的奶粉所致，随后三鹿奶粉被检测出含有三聚氰胺。三聚氰胺是一种重要的有机化工中间产品，主要用来制作三聚氰胺树脂，不法奶农和厂家将它溶解到牛奶中用来提高牛奶的蛋白质检测量。有网友曝出新闻，称三鹿为扭转局势发动危机公关，以300万元的广告投放请求百度屏蔽三聚氰胺事件的搜索。① 然而三聚氰胺事件已经超出了企业能够运作、周旋的空间，全国范围内的儿童肾结石病例爆发将事件推向了不可挽救的地步。媒介关于三鹿品牌的质疑和批评铺天盖地，三鹿的媒介公众品牌认同降到了最低点，各地退货、索赔的风潮使三鹿雪上加霜。三聚氰胺事件从三鹿波及整个中国牛奶品牌，并对国产乳业造成了一定程度的影响，显示了媒介的品牌认同与消费者品牌认同之间的互动，媒介公众的品牌认同是消费者品牌认同的反映。

2. 品牌认同的内容

我们可以将品牌认同的内容归纳为以下几个类别：产品认同、生产者认同、使用者认同、符号认同和价值认同。品牌认同的具体内容我们在本章第二节专门进行详述，现在我们先来初步了解一下符号认同和价值认同。符号认同主要指品牌的识别系统，"一个成功的符号（或标志），能整合和强化一个品牌的认同，并且让消费者对于这个品牌的认同更加印象深刻。在品牌的发展过程中，如果有这样的符号或标志，对于品牌的建立将会有举足轻重的影响，但是如果没有这样的符号标志，则将会严重阻碍品牌的成功。"② 例如，提起耐克我们就会联想到它著名的钩形标志，提及阿迪达斯就会想到三叶草标识，而麦当劳则是以它的黄色 M 造型为消费者所熟知。

价值认同是指消费者对品牌所代表的价值、观念、态度以及情感、情绪和体验的认同。品牌的价值认同是品牌附加值赖以存在的基础，品牌能够给消费者带来超越产品本身的心理利益和情感满足，主要归功于消费者对品牌的价值认同。创造价值认同是品牌运营的主要任务，其可以在高度同质化的市场条件下差异化品牌形象，增进消费者与品牌的情感联系，促使消费者对品牌产生消费偏爱。因此我们可以看到，在许多广告中并没有直接诉求商品的质量、性能、款式、品质等物理属性，而是将品牌与特定的价值观念和情感体验联系在一起，以此强化消费者对品牌的价值认同感。如在陈道明主演的利郎商务男装广告中，利郎品牌与"简约而不简单"、"忙碌而不盲目"、"放松而不放纵"等

---

① 网易科技：http://tech.163.com/08/0915/12/4LSNPQ1N000915BF.html。

② ［美］大卫·艾格：《品牌经营法则》，呼和浩特：内蒙古人民出版社，1999年版，第54页。

商务人士的生存哲学融为一体，这些是对利郎品牌价值的提升，持有这种生活理念的消费者将会对利郎品牌产生极强的认同。

3. 品牌认同度是营销者的品牌意图与消费者认知状况的契合程度

首先，品牌认同是一个信息传播、积累的过程，营销者通过系统、有计划的信息传播，以品牌接触的方式不断修正消费者头脑中的品牌图式，这一过程中伴随着消费者对品牌认同的不断加强。其次，营销者的品牌意图与消费者的认知状况存在差异。如果说品牌意图是品牌的"主我"，即营销者期望品牌是什么，那么消费者的认知状况就是品牌的"客我"，即消费者心目中的品牌是什么。营销者所制定的品牌形象、品牌性格、品牌定位策略只是其所设定、所期望的"品牌是什么"，而在消费者心目中品牌则是多样的、自我的、私人的，每个人对品牌的理解都不可能完全相同。

品牌认同追求的是营销者的品牌意图与消费者的品牌认知最大限度地契合，希望消费者能够更"乖"一点，按照营销者的设计来理解、认可、接受品牌，不过事实并非总是如人所愿，消费者对品牌的认同可能存在一定的误差，甚至存在否定品牌的情况。在家电市场，几乎大多数品牌都强调产品的节能环保特性，但真正能让消费者认同的品牌只有少数的几个；每个品牌都强调自己的优质服务，但真正备受赞誉的品牌却只有少数几个。

并非所有的品牌认同误差都是坏事，消费者的认知偏差如果可以经过合理的纠正或迎合，同样能够为企业赢得新的消费市场。强生（Johnson & Johnson）被消费者认为是一个生产婴儿用品的品牌，同时消费者还认为强生的产品既然适合皮肤更娇嫩的婴儿，那么对成年人就更不会产生伤害和刺激了。消费者的这种认同并非是企业刻意造成的，而是他们的"自行推理"，这给强生进入新的细分市场创造了机会。强生在坚持儿童定位策略不变的同时，也在广告、营销组合等方面对消费者的认知误差给予迎合，趁机扩大了产品的目标消费群。强生在对婴儿洗发精推广中，先诉求"Best for Baby"（宝宝用好），突出介绍它的"无泪配方"，然后又诉求"Best for You"（您用也好），强调它的"性质纯净温和，不刺激头发"。这一策略被扩展到婴儿肥皂、润肤油、爽身粉等产品，帮助强生在成人市场上取得一席之地。在强生婴儿牛奶沐浴露的广告中我们可以看到妈妈的肌肤与婴儿同样娇嫩，广告语不断暗示强生是"妈妈和婴儿共同享有的秘密"：

"我俩的悄悄话；我俩的嘟嘟嘴；我俩的滑溜溜。强生婴儿牛奶沐浴露，天然牛奶蛋白，加上维他命E精华，给肌肤深层滋养的美妙感觉，一寸寸展现婴儿般幼滑。我俩的肌肤，我俩的幼滑，强生牛奶沐浴露。"

4. 品牌认同来自于消费者的品牌接触

环顾身边的人，我们对家人、亲属、朋友、同事的判断来自于我们对其信息掌握的丰富和全面程度，认识、了解乃至认同一个人最好的办法莫过于与其多接触、多交流。品牌认同的产生也是如此。整合营销传播思想倡导"一切接触即传播"，接触的目的在于信息传递，只有通过接触消费者才能够消费产品、感知品牌、体验文化，消费者在与品牌接触的过程中达成了品牌关系。"优秀的品牌传播信号其关键所在是，它应当准确建立起如你所愿的关联"，[①] 这种关系着眼于品牌认同和品牌忠诚度的培养。

消费者接触品牌的"界面"有很多，实际上这些接触点是企业传递品牌信息的渠道，我们大致上可以将这些信息渠道划分为四类：

经验来源——个人的消费经历得到的经验和体验，最为直接、最为生动的品牌接触。

人际来源——家庭、邻居、朋友、同学、同事等人际交往圈层的信息传播，可信度较高的品牌接触。

公共来源——社会公众、公共机构、公益组织所传播的信息，如大众传播媒体的报道、消费者权益协会的公告、政府的检验报告等。

商业来源——品牌广告、公关、推销、促销，中间商活动、售后服务、包装、橱窗展示、产品展览等所传达的品牌信息。

确立品牌认同需要尽可能增加品牌与消费者的接触点，最大化地引导消费者关注、体验品牌，同时要避免浪费任何一个接触机会，不在任何时刻、任何场景给消费者留下负面的印象。

5. 品牌认同的主观价值大于事实真相

我们看到过太多的案例，产品本身并没有什么问题，甚至在性能、质量、价格等方面优于同类的产销产品，然而却在市场上得不到消费者的青睐。越来越多的事实证明，消费者的决策不是按理性出牌的，他们更多地按照自己的主观感受进行消费，而不是依据产品的事实和真相：

"大多数消费者会认为白色亚麻香水质量高、价格贵，但是同一种香水如果在没有品牌标志的瓶子里，即使香味没有什么两样，也很有可能被认为质量较差。"[②]

---

① [美] 艾伦·亚当森：《品牌简单之道：最佳品牌如何保持其简单与成功》，北京：中国人民大学出版社，2007 年版，第 49 页。

② [美] 加力·阿姆斯特朗、菲利普·科特勒：《科特勒市场营销教程》，北京：华夏出版社，2004 年版，第 324 页。

这一点主要是由产品的同质化趋势造成的。产品在功能、材质、工艺、特性、成本等方面差异已经越来越被缩小到可以忽略不计的程度，品牌差异取代产品差异成为识别生产者和产品的最主要标识。品牌所带来的心理利益和情感附加值，促使感性因素成为品牌选择时的主导因素，消费者不会对枯燥的事实和数据产生亲近感，最佳品牌必须在情感层面，而非理性层面与消费者建立联系。从品牌认同的内容来看消费者的主观价值比产品的使用价值更能获得品牌认同，善于在情感方面迎合、讨好消费者的品牌更容易成功。市场上从来不缺乏好的产品，缺乏的是对消费者有吸引力的品牌。

 **案例延伸分析**

Hello Kitty 品牌的人格特征

Hello Kitty 的成功与她的人格化品牌塑造密切相关，其中最显著的就是 Hello Kitty 的个人档案和她的人际关系谱。对于她的 Fans 来说，Kitty 猫不是虚拟的，她是真实存在的，就在我们的身边，呼吸着和我们一样的空气，生活在

99

Hello Kitty 档案

中英文名	凯蒂猫（Kitty White）
昵称	Hello Kitty
性别	可爱小女孩（漂亮的小女生）
生日	1974 年 11 月 1 日
星座	天蝎座（和原创作者相同）
血型	A 型
出生地	英国伦敦
身高	5 个苹果高
体重	3 个苹果重
家庭成员	妈妈、爸爸、双胞胎妹妹
性格	开朗活泼，温柔热心，调皮可爱，喜欢交朋友
专长	最擅长打网球，钢琴也弹得非常好
最拿手厨艺	欧洲田园风手制小饼干
最喜欢的事情	喜欢听童话故事；收集各式各样美丽可爱的小装饰品，有糖果、小星星、小金鱼，尤其以蝴蝶结为最多；喜欢和许多好朋友一起到公园或森林玩耍
最喜欢的食物	妈妈亲手做的苹果派和镇上面包屋叔叔的爱心面包
最喜欢的科目	英语及音乐
最佳的代步工具	粉红色的三轮脚踏车
最有魅力的地方	左耳上戴着的红色蝴蝶结和圆圆的小尾巴
最喜欢的颜色	红色，是跟她的蝴蝶结一样的颜色
最喜欢的服装	总喜欢穿着男性化的工人裤，但有时也会穿着美美的连衣裙和洋装
最甜蜜的梦想	跟丹尼尔（男朋友）在一个浪漫的海边小教堂结婚

同一个空间，甚至她比我们身边的人都更加看得见、摸得着。

在 Kitty 迷的世界里，她住在英国伦敦近郊小镇的红屋顶小白屋，是两层高的平房，离伦敦市中心（泰晤士河）20 公里的地方。小镇上有 2 万多人口，祖父母居住在附近一个森林里，只要一天的时间就足够步行过去。放假时，爸爸会开车载着家人一起去探望爷爷奶奶。Kitty 猫的学校位于伦敦市，离家要 4 公里。Kitty 猫每天都乘坐巴士上学，只需过三个站即可到达。令其他卡通形象羡慕的是，Kitty 还有一个令人羡慕的男朋友。

Hello Kitty 人际关系谱

	关系	姓名	描　　述
家人	爸爸（Daddy）	George White（佐治维特）	一个可靠且又有幽默感的好爸爸，十分重视家庭，非常疼爱小孩子，最爱抽大烟斗
	妈妈（Mami）	Mary White（玛丽维特）	一个慈祥的妈妈，充满爱心和温柔。她是全能的家庭主妇，喜爱种花、烹饪和布置房间，Kitty 最喜欢吃妈妈亲手做的苹果派
	妹妹（Sister）	咪咪（Mimmy）	Kitty 的双胞胎妹妹，她头戴着粉黄色蝴蝶结，很讨人喜欢，个性很害羞也很恋家，喜爱跟奶奶学习做手工艺，常常会幻想长大成为一位幸福的新娘子
	爷爷（Grandpa）	Antony White（安东尼维特）	一个很有学问的爷爷，曾去很多地方旅行，很爱画画，常戴着画具到处去画画，经常说好听的故事给 Kitty 和 Mimmy 听
	奶奶（Grandma）	Magaret White（玛嘉烈维特）	最会做好吃的布丁，平常喜欢坐在摇椅上做手工艺和刺绣

	姓名	描述
朋友	小老鼠裘依（Joy）	身手敏捷，最爱玩花绳，好奇心很强烈
	白兔姐姐凯西（Kathy）	很懂事，且会时常关心别人
	小熊提比（Tippy）	偷偷暗恋 Kitty 很久，很想当她的男朋友照顾她
	泰迪小熊（Tainiy Chan）	因为爸爸到纽约工作，而住在 Kitty 家中，与 Kitty 有情同手足的感情
	小狗裘弟（Judy）	很喜欢看书，是一只聪明绝顶的小狗
	小浣熊罗立（Rory）	有一个毛茸茸的大尾巴，常把森林的秘密告诉大家
	狸猫小子（Terence）	常常惹出一堆麻烦
	小绵羊菲菲（Fifi）	头脑清楚、口齿伶俐，总是有忙不完的事
	提姆和提米兄弟（Tim&Tammy）	由于常跟 Kitty 一起玩耍，因此也变成很好的朋友
	小地鼠摩立（Mory）	很害羞不敢接近陌生人，常常待在 Kitty 家的庭院

		描述
男朋友	丹尼尔·史塔（Daniel Star）	精力旺盛，爱干净会打扮的男孩，会因小小的事情而深受感动，是个感情丰富的男孩

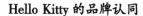

Hello Kitty 的品牌认同

Kitty 猫征服了各个年龄段的消费者，更为难得的是，不同国家地区、不同文化背景、不同收入群体的消费者都一定程度上保持了对 Kitty 品牌消费的忠诚。Kitty 猫之所以能够成为风靡世界的流行符号，主要得益于消费者的品牌认同。面对日益加大的生活和工作压力，身处愈加复杂的人际关系，承受着越来越磨灭创造性的工作状况，充满对未来的不确定感和对现实的焦虑感，这一切使得很多青年人尤其是女性，非常怀念童年时简单纯真，充满梦想的心态。Kitty 猫则为人们提供了一种方式，让人们重返童年时代，以纯真的情绪面对这个世俗、世故的世界；Kitty 猫承载了时下典型的"可爱"文化，这种文化给现实生活披上一层情绪化和理想化的外衣，她为消费者提供了一种"可爱"的标签。

案例来源：根据 Hello Kitty 网站、叶翀的《品牌与文化：Hello Kitty 的成功》中部分内容等资料改编。

➡ **思考题：**

1. Kitty 猫品牌有哪些比较突出的认同点？
2. 结合 Kitty 猫品牌思考如何塑造品牌的"人格"并获得认同？

第二节　品牌认同的内容

品牌认同包括了产品认同、企业认同、使用者认同、符号认同和价值认同五个全然不同的重要概念。这五个概念几乎囊括了品牌相关的各个方面，虽然有所不同，但是其目的却是非常一致的，它们不仅让品牌更加清晰、丰富、与众不同，而且帮助品牌完整地建立了与顾客及相关利益者乃至整个社会的紧密联系。我们结合品牌专家大卫·艾克的认识，并加以补充对这些品牌认同进行阐释。

一、品牌的产品认同

产品认同是指消费者对产品的使用价值、物理属性以及相关期望内容的认同，具体包括产品的质量、品质、功能、特性、价格、款式、材质、产地、工艺、外观、包装等，还包括与消费行为相关的服务、保证、承诺、说明、咨询、培训和相应的配件、辅助产品等。产品是实现品牌所有价值的基础，没有产品的品牌无异于空中楼阁，因此产品认同是品牌认同体系的第一个层级。这个概念在品牌认同中扮演了极为重要的角色，因为这些属性和特征对消费者满意程度和是否购买产品具有直接影响，它是把品牌与顾客相互连接的基本物质需要，因此也是品牌认同的基础。其具体含义如下：

1. 品牌与产品类别结合

这是品牌认同的基本要素之一，在这里品牌往往代表了一个产品种类，它意味着当向消费者提到一个品牌时，其就会联想到什么样的产品。如当我们提到"海尔"这个品牌就会想到家电，提到"娃哈哈"就会想到饮料。

2. 品牌与产品品质结合

产品品质所代表的是产品属性中相对突出的因素，如高档、高附加值等。通常当产品的某项属性特别突出时，这项属性也就容易成为该产品品质的最基本因素。比如，同样是化妆品，克里斯蒂（CD）、雅芳（Avon）、卡尔文·克莱恩（CK）就代表了不同的产品品质。

3. 品牌与产品用途结合

产品用途是就产品实际使用而言的，这是消费者与产品最基本的结合方式。将品牌与产品用途相结合，就是试图建立品牌与消费者之间的直线反应关系，期望消费者在需要某类产品时，直接联想到品牌。比如，宝洁公司把海飞丝洗发水与去头屑密切联系在一起。

4. 品牌与使用者结合

这是基于对目标市场的确认所建立的品牌认同，直接使品牌与消费对象的需求特征相统一，是一种由外向内的建立品牌认同方式。其最大的特征是可以突出产品品质带来的特别承诺。比如，耐克突出自己的运动特征，将高品质与现代感、使用者个性追求相结合。

5. 品牌与产地相结合

产地（或者生产国）对某种类型产品具有明显的形象暗示作用，如中国丝绸、瑞士手表、法国香水、日本电器等。通常情况下，这些国家或者地方都是这些产品的发源地，或者是因为生产这些产品而出名。因此把品牌与生产地相结合，有利于极大地提升产品的品质形象。

二、品牌的企业认同

品牌的企业认同就是生产者认同。把品牌与企业相联系，是对品牌形象的进一步丰富和充实，也是品牌认同中关系营销的集中体现。品牌帮助消费者找到值得信赖的生产者，事实上，品牌是消费者和生产者之间的一种协议和契约，品牌是生产者向消费者提供的承诺和担保，消费者对生产者的认可和信任最终会被转嫁到产品和品牌上。简单地说，品牌营销中所要突出的，是品牌中

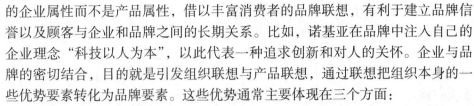

的企业属性而不是产品属性,借以丰富消费者的品牌联想,有利于建立品牌信誉以及顾客与企业和品牌之间的长期关系。比如,诺基亚在品牌中注入自己的企业理念"科技以人为本",以此代表一种追求创新和对人的关怀。企业与品牌的密切结合,目的就是引发组织联想与产品联想,通过联想把组织本身的一些优势要素转化为品牌要素。这些优势通常主要体现在三个方面:

其一,企业的管理品质。这是以产品品质追求为基础元素所建立的企业优势,它包含企业的开发、生产、营销、服务等一系列运转过程。这个过程既是企业内部机构的自我运转,也是企业与外部社会的互相交融。良好有效的管理过程,不但可以使企业提高效率、保证产品或者服务效果,而且可以为顾客和相关利益者带来相应的利益。

其二,企业的创新精神。创新精神是企业通过产品或者服务引导发展方向的一种具体体现。正如传播学家罗杰斯(Everett M. Rogers)所说的,创新是一种被个人或其他采纳单位视为新颖的观念、实践或事物。他将技术创新特性概括为相对优越性、相容性、复杂性、可分性和可传播性五个方面。[①]显然,企业的技术创新是企业为了更加适合市场需要所采取的一种积极行为,它的明确优势使其具有极强的传播效果。比如,微软公司虽然建立才 20 多年,但是它一直处在新技术领先地位,其创新能力受到了顾客和社会的普遍认同,这种企业属性被引入品牌认同之中,使其具有一种超越传统品牌领先科技潮流的巨大号召力。

其三,企业的社会责任。企业的社会责任感包含了企业在更广阔背景上的活动范围,如企业的社区关系、环保意识、公益活动,往往涉及企业价值观念和理想追求。具有社会责任感的企业,是抛弃了唯利是图逐利本性的企业,它在顾客和相关利益者心目中的地位也是崇高受人尊敬的,其最高上升阶段就是邓肯所说的"世界公民"。比如,默克公司曾经开发和捐赠美迪善这种药品给第三世界国家,以帮助治疗"河盲症"。第三世界有上百万人患有河盲症,这是一个庞大的市场,但是这些顾客却买不起药。默克公司原希望政府机构或者其他方面购买这种药物分发给病人,但是却没有那么幸运,于是默克决定免费赠送药品给所需要的病人,所有费用都由自己负担。默克知道这个计划不会有很大的投资回报,仍旧决定实行。

三、品牌的使用者认同

品牌的使用者认同是现实消费群和潜在消费群以及社会大众对品牌消费者

① 张国良主编:《20 世纪传播学经典文本》,上海:复旦大学出版社,2003 年版,第 326 页。

形象的认知状况，是对某品牌消费群的年龄、阶层、群体、身份、职业、收入、性格、价值观念、生活方式等方面的预想和判断。品牌的忠诚消费者喜欢用品牌来标榜自己，将自己同其他品牌的消费者区别开来，特别是当某些品牌具有较高的心理价值时更是如此。品牌是消费者的身份标签，它揭示了你属于哪个群体，有着什么样的价值观念，过着什么样的生活。

这一认同把品牌引向更加广阔丰富的观察思考空间，从这个角度来认识，我们会发现品牌的内涵更加丰富有趣。所谓品牌是人，就是说品牌像人一样，有品位、风格、风趣、幽默、智慧、成熟、青春等特性。这些认识应该是从奥格威开始就已经基本确立，早在创意革命时期，那些杰出的广告人通过自己的创作在实践中使之进一步发展。今天在品牌认同视野中重新审视这个观点，我们发现无论其内涵还是外延都变得更为丰富。这是因为它不仅代表了品牌的个性因素，而且也展示了品牌与顾客之间的相互对应关系。具体说，就是消费者在这种认同中发现品牌个性的同时，也发现自我并且主动地把自我与特定品牌个性相关联，这也正是品牌是人最具意义所在。大卫·艾克的看法是：

其一，消费者会选择符合自己认同或者表达自己认同的品牌。就像是兰蔻和美宝莲都是巴黎化妆品巨头欧莱雅旗下品牌，从广告摄影用光角度看，兰蔻的用光很立体，整个面部很有层次感，彩妆也会显得很有质感，着力营造高端精品形象，因此相对应它的消费者也是那些高贵、自我、不趋附时尚且具有品位的女性；而美宝莲则永远走在纽约时尚的最前沿，似乎追求的是让每一个爱美的女性都可以拥有，其跳跃的色彩和耀眼的星光是追逐时尚的女性最佳的选择，相对大众化的价格，再加上一定的品牌知名度，很容易被年轻女性认同。

其二，一个人的认同往往会涉及与外围的关系。可以从两方面对此加以理解：一方面这种认同决定了它与顾客之间的关系；另一方面这种认同又会影响品牌拥有者的社会关系。比如，日高是户外休闲体育品牌，拥有日高产品的顾客，一方面会感觉到它是自己的户外活动伙伴；另一方面一些同样爱好的年轻人，又会以此为纽带找到共同语言。

其三，品牌认同有利于加强产品属性，使产品功能更加强大。由于品牌与顾客之间的密切关联，在其相互认同中，存在着明显的心理偏好，这使得品牌所代表的产品也具有某种不同凡响的意义。比如，大多数情况下，消费者总是倾向于认为自己喜欢的品牌所代表的产品比不喜欢品牌的要好，这种感觉可以具体体现在产品功能、包装、外形等物理属性上。

使用者认同是消费者对自我身份的认可，消费者眼中的"自我"是什么样的，这一点决定了品牌是否能够给顾客提供归属感，归属感的增加有助于培养消费者对品牌的情感依赖。同时品牌的使用者认同是社会大众对某品牌消费者的预想和判断，品牌代表了社会大众对某一群体的总体看法和印象。如即便是无力购买豪车的人也知道劳斯莱斯是名车，而劳斯莱斯也通过各种手段使这一印象和看法进一步得到强化，诸如对购车者的身份和背景进行审查，购买者必须通过厂方对其身份、地位、文化教养及经济状况的综合调查。劳斯莱斯还从车型和颜色上对购车者的身份、地位加以区分：黑蓝色的银灵系列卖给国家元首、政府高级官员、有爵位的人；中性颜色银羽系列卖给绅士名流；白、灰浅色银影系列卖给一般企业家、大富豪等。

四、品牌的符号认同

这一点似乎最容易理解，因为所有品牌的基本外化形式就是符号（标识）。品牌符号包括了音、形、字、色等基础要素，以及与这些符号相关联的所有隐喻。它着重于对人的感官形成直觉刺激，在大多数情况下，人们提及品牌首先意识到的是这种品牌的外化形式。成功的品牌符号系统是品牌精神和品牌价值的集中折射。尤其是一些历史悠久备受欢迎的品牌，或者是具有深刻市场影响力的强势品牌，其所带给消费者的精神感受，很大意义上就来自于它的符号形式。比如，受到年轻一族追捧的耐克运动鞋、在本土市场异军突起的中国汽车品牌奇瑞 QQ 等。

品牌的视觉符号主要是 CI 系统中的视觉识别，包括商标的造型、形状、颜色等，除此之外有些企业还设计了品牌吉祥物、象征物，这些象征物通常都十分讨人喜欢，它们可以使品牌视觉化和具象化，增强了品牌的亲和力。例如，米其林轮胎的卡通形象"必比登"，在中国被称为"米其林先生"，他诞生于 1898 年，到现在已经是"百龄老人"了。米其林作为轮胎的制造商本来与消费者并不直接接触，轮胎也并非我们经常需要的日用品，但由于"必比登"的存在使米其林品牌家喻户晓。快餐业的巨头麦当劳创造了"麦当劳叔叔"（马戏团的小丑形象）来讨好儿童，肯德基则在店门口立起了创始人卡耐尔·山德士上校的塑像招徕顾客。中国品牌如海尔设计出了"海尔兄弟"两个可爱的卡通儿童、蒙牛从一滴牛奶激发创意创造出"奶人多多"、瑞星杀毒软件的小狮子"卡卡"、腾讯的网络聊天的小企鹅等，都是品牌符号的出彩之作。所以运用品牌符号实现品牌认同，就需要品牌在直觉形象上既符合消费者的认知特性，又能够完整地传达品牌本身的内在信息。同时品牌符号要鲜明、具有视觉和听觉冲击力，便于消费者识别和记忆，并能够激发消费者对它的向往。

听觉符号的认同是一个有待开发的新领域。配合视觉符号的传播，听觉符号也能够在消费者心智中形成识别，达到事半功倍的效果。如英特尔公司不仅要求使用其处理器的下游计算机生产商在包装上以及广告中打上"Intel inside"

的标识，而且还设计了一个 3 秒钟的音效，要求其必须在广告中加入这一音效。尽管英特尔并没有做多少广告来传播其品牌，但它的这一策略使其伴随着下游制造商的广告得到广泛的传播，而有英特尔标识的计算机也成为性能卓越计算机的标志。听觉符号认同的另一个著名例子来自摩托罗拉，2002 年摩托罗拉公司发动了一场 "Hello Moto" 的广告推广活动，电视广告在推出摩托罗拉新标版 "Moto" 同时，配上一句非常有磁性、非常独特的 "Hello Moto" 声音，创造了一个新的流行语，许多年轻人相互打招呼用 "Hello Moto" 取代了 "你好" 之类的问候语。

符号认同的过程可以分解为两个阶段：第一，符号的识别传播阶段，这一阶段主要目的是使消费者对品牌符号产生印象、形成记忆，这个过程并不是太难；第二，符号的价值化阶段，这是从品牌符号认同升华到价值认同的阶段。对于企业来讲，设计一个传播力、识别力比较强的品牌符号并不困难，困难在于如何将这个符号与特定的品牌内涵捆绑在一起，获得消费者对品牌的价值认同感。

五、品牌的价值认同

品牌价值的产生主要来源于两个部分：一是生产者特殊劳动投入要素，包括资源稀缺性、技术及工艺、品质保证、文化特征开发、形象与广告、顾客服务管理等；二是市场认可要素，包括消费者的专属与独享感、功能利益、安全与耐用性、审美与个性、信赖感、亲切感等。品牌价值既与生产者投入特殊劳动的熟练和质量有关，又与市场上消费者的认可程度有关（见图 5-2）。品牌价值的内涵可以界定为被消费者认可的品牌所赋予产品的物理功能之上的情感和体验附加值。[①] 品牌价值认同一方面由商品所提供的物理属性和功能决定；另一方面更多地由品牌所提供的心理利益所决定。

品牌的价值认同是消费者对品牌所提供的利益、价值、文化、观念、情感、体验的认知状况和接受程度。价值认同的基础是商品的物质利益和属性，但价值认同从本质上应该是品牌相关的期望价值和心理利益的总和。可口可乐、百事可乐所生产的无非就是糖浆与碳酸水的混合物，然而在消费者那里却有着迥异的价值认同：可口可乐是美国文化的象征，喝可口可乐是在消费美国文化；而百事可乐则是 "新一代的选择"，消费者获得的是激情、渴望、年轻无极限的快感体验。价值认同使企业在价格决策方面获得更多的优势地位，忠

---

① 王成荣：《品牌价值论：科学评价与有效管理品牌的方法》，北京：中国人民大学出版社，2008 年版，第 101~102 页。

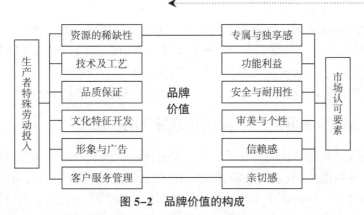

图 5-2　品牌价值的构成

诚的消费者支付了额外的品牌溢价的部分。新奇士公司首席执行官拉塞尔·哈林对此自豪地描述道：

"橘子就是橘子……它只可能是橘子。除非那只橘子贴上了80%消费者都知道并且信赖的新奇士（Sunkist）品牌标签。"

品牌价值认同是品牌差异化的关键，品牌所提供的核心利益必须是独特的，是其他竞争对手所无法模仿的，或者难以提供的，同时这一核心利益必须是消费者愿意接受、认同的。否则这种利益和价值就无法持久，品牌忠诚度也就无从培养。

在对品牌认同的理解中，我们发现不论是哪种认同形式，归根结底其中所表现的都是品牌与顾客之间的关系，一个品牌如果失去了这种与顾客之间的关系，那么品牌本身也就失去了意义。所以品牌认同既是品牌经营中主动追求的一种价值认同，也是顾客和相关利益者对品牌的一种认同评价。这种"品牌—顾客"模型，其核心在于品牌看待顾客的方式，以及顾客与品牌所达成的关系程度。

第三节　品牌认同的方法

品牌认同的重要性对于任何企业和品牌都是不言而喻的，没有深刻的品牌认同，品牌就如同无根之木找不到立足点，难以建立与消费者长久稳定的消费关系，品牌生命自然无法持久。品牌认同的确立不是一朝一夕的事，它既是企业不断展示自我、管理自我、发展自我、维护自我的过程，也是消费者逐渐认知和接受品牌的心理过程。在这个过程中品牌作为欲望管理者而存在，消费者的欲望和需求被刺激、被激发、被满足，品牌的价值也由此得以实现。品牌认同的五个层面——产品认同、生产者认同、使用者认同、符号认同和价值认同，对于处在不同营销环境中的品牌不能齐头并进，应该依据自己的实际状况在不同的生命阶段有所侧重。品牌认同的确立需要企业坚持不懈的努力。

一、品牌认同的起点：优质和差异化的产品

产品认同是品牌认同的基础层面，没有产品认同就不会有其他层面的品牌认同。在品牌的市场启动和成长阶段，产品认同尤为重要，这是消费者接触、体验品牌的第一步。在今天产品的同质化倾向十分严重，在满足消费者的核心利益和基本需求这一层面，大部分产品都处在比较接近的水平，关键就在于如何在形式产品、期望产品、延伸产品和潜在产品上实现自身的差异化。大卫·艾格认为产品在品牌认同方面扮演了重要的角色，并进一步提出了"品牌就是产品"的几个面相，从以下角度入手来塑造产品认同：①

1. 品牌和"产品类别"的结合

产品的种类往往是品牌认同的基本要素之一，当我们向消费者提到一个品牌时，他们会联想到什么样的产品十分重要。如当我们提到哈根达斯时，会想到冰激凌；当提到康柏时，会想到电脑。一个品牌和它所代表的产品种类紧密相连，意味着消费者想到这种产品时，也会想到这个品牌。然而，更为重要的是，我们要让消费者在产生某方面的需求时，会联想到满足其需求的产品类别中的某一个品牌。

2. 品牌和"产品的属性"结合

品牌的产品属性，往往能够激发消费者购买和使用的意愿，而这些产品属性通常也能够为消费者带来实质上的帮助，同时让消费者对这项产品产生感情。如海尔已经成为"优质服务"的代名词，而格力则被认为是好空调的代表。

3. 品牌和"高品质"及"高价值感"的结合

当某一项产品的某一项属性显得特别突出，这项属性也就是形成品牌的基本因素。如奔驰、宝马和沃尔沃，分别代表了三种不同的产品属性：尊重、驾驶的乐趣、安全。许多企业都以品质为主要的"品牌认同"，如吉利刮胡刀被定位于"让男人拥有最好的"，而星巴克的品牌认同也有相当大部分是建立在"高品质咖啡"的诉求上的。

4. 品牌和"产品用途"的结合

这种操作方法比较普遍，很多品牌将自己的品牌捆绑在产品的功能上面。

---

① ［美］大卫·艾格：《品牌经营法则》，呼和浩特：内蒙古人民出版社，1999年版，第48页。

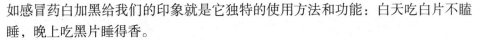
如感冒药白加黑给我们的印象就是它独特的使用方法和功能：白天吃白片不瞌睡，晚上吃黑片睡得香。

5. 品牌和"产品使用者"的结合

建立强势品牌认同的一个途径是将品牌和产品使用者结合。如劲霸男装和自信、进取的男性结合在一起，万宝路是西部的牛仔，苹果则和新潮、时尚人士相连在一起。

6. 品牌和"生产地"（或生产国）的结合

例如，我们都知道"香奈儿"产自法国、斯沃琪来自瑞士、奔驰源自德国。此外如国内农夫山泉强调它建厂水源地的水质卓越，同样使自己区别于其他的瓶装水品牌。当这些品牌和生产国（生产地）的形象结合之后，这些品牌的品质形象也极大提高了。

除了上面所陈述的途径外，品牌的特性、价格、款式、材质、工艺、外观、包装，以及与消费行为相关的服务、保证、承诺、说明、咨询、培训和相应的配件、辅助产品等都是产品认同的切入点，不同的企业和品牌可以利用定位工具为自己找到吸引消费者的不同诉求。

二、为品牌消费赋值：品牌符号的价值化

联合利华的董事长 Michael Perry 先生认为：品牌是消费者对一个产品的感受，它代表消费者在其生活中对产品或服务的感受而滋生的信任、相关性与意义的综合。[①] 由此看来，消费者的消费行为其实包含了两个部分，首先是对产品使用价值和物理属性的消费；其次是在此基础之上的品牌符号消费，即对品牌符号意义的获取、解读、传播而产生的消费者心理满足。实现完整意义上的品牌消费的一个前提是消费者的品牌符号认同和价值认同，换言之，必须为品牌的内涵进行赋值，找到品牌的消费价值所在，使品牌符号价值化。

考察消费者所追求的消费价值，基本上可以将其归纳为七个类别，品牌符号价值化可以从这几个方面入手：

1. 实用功能价值

品牌功能所能够给消费者带来的实际效用价值，不单纯是价格上的优势，还包括其他的功能和效用。如戴尔品牌的崛起有赖于它为消费者提供的颇具优势的消费模式，它不仅通过压缩供应链以降低戴尔电脑的价格，还允许顾客按照自己的需要定制产品，这是戴尔品牌的核心价值，对消费者来讲是一种实用

---

① 余明阳等：《品牌学教程》，上海：复旦大学出版社，2005 年版，第 4 页。

功能利益。

2. 安全承诺价值

赋予品牌在安全方面的利益点，消除消费者的戒备心理，减少他们的不确定感和风险感。麦当劳通过严格的质量标准和食品管理体制，向顾客提供高品质的产品（Quality）、快速准确的服务（Service）、清洁优雅的环境（Cleanness），以及做到物有所值（Value Quality）。麦当劳在创立之初即确立了"QSCV"的经营理念，这一理念使消费者获得了更多的安全承诺。

3. 社会交往价值

社会交往是消费者打发闲暇时间、消除内心孤独和忧愁郁闷以及追求社会认可的重要方式，商品或服务往往会成为社会交往的场景或道具。菲利普·科特勒曾经指出："大量喝咖啡的人一般来讲都比较好交际。所以为了吸引顾客，星巴克和其他咖啡店营造了人们在其中以一杯热气腾腾的咖啡来休闲放松和进行社会交往的环境。"

4. 标榜展示价值

使品牌成为某消费群体的代言人，成为某种生活方式、理念、态度的象征。如阿迪达斯的"没有什么不可能"（Impossible is Nothing），李宁的"一切皆有可能"（Anything is Possible），乔丹的"凡事无绝对"等。

5. 社会成就价值

消费者对财富、名望、身份的追求是永恒的，品牌符号也必须能满足这一心理需求。如香奈儿、迪奥、瓦伦蒂诺、Prada、范思哲等这些奢侈品牌，满足了顶级的富豪和精英对自我身份的认同。

6. 时尚审美价值

赋予品牌时尚、潮流的价值内涵，如苹果电脑的产品无论是最初的透明电脑，以及后来的 ipod、iBook、iphone 等，都能给消费者带来无可比拟的科技感、时尚感、神秘感、渴求感，这使得它的每件产品一经投放市场，都能获得为数不少的拥趸者。

7. 情感依赖价值

为品牌注入情感元素，如欢乐、愉悦、怀旧、伤感、愤怒、悲伤、失落、沮丧等情绪，或者友情、爱情、亲情所产生的情感。如 Sugus 瑞士糖在广告中的诉求："小小的甜蜜，真心喜欢你；小小的甜蜜，连接我和你"以及戴比尔斯钻石的"钻石恒久远，一颗永流传"等。

三、构建品牌忠诚：消费者与品牌关系的固化

品牌忠诚度的建立与维护取决于消费者与品牌关系的稳定性。哈佛大学的

Susan Fournier 提出了品牌关系质量（Brand Relationship Quality）来衡量品牌关系的强度、稳定性和持续性，她提炼出 BRQ 的六个维度：[①]

1. 爱与激情（Love and Passion）

强烈的品牌关系与深入人心的人际关系一样，其核心也是"爱"。这种感情能够带来持久、深入的品牌关系，使用者会对所用的品牌形成明显偏向性的肯定，拒绝与替代品牌进行客观的比较。在这种关系中没有其他品牌可以代替这个品牌的位置，如果失去这一品牌，消费者会感到不安。

2. 自我连接（Self-connection）

这一维度反映的是品牌与消费者的自我概念相连接，帮助消费者表达自我的程度，与品牌的连接让消费者感觉到自己获得了某种肯定。在这一层面品牌形象与消费者的自我形象达到了高度的契合，品牌提醒了"我"是谁。

3. 相互依赖（Interdependence）

强烈的品牌关系通常也表现出消费者与品牌的高度依赖，品牌完全融入消费者的个人生活，甚至成为不可或缺的一个部分。品牌在消费者生命中扮演着重要的角色，一旦消费者不使用某种品牌，就会带来不适应感，好像生活中的某些东西消失了一样。

4. 承诺（Commitment）

强烈的品牌关系之下，消费者会对品牌做出承诺，这种承诺包括感情上的和行动上的。处于对品牌的喜爱和承诺，消费者会高度约束自己的行为，对品牌忠诚不渝，当消费者更换品牌时其会感觉到深深的内疚和歉意。

5. 亲密性（Intimacy）

消费者对品牌甚至制造这一品牌的企业都知之甚详，他们以自己的了解坚信这一品牌非常卓越，会自觉地对其他品牌的诱惑产生"免疫"。

6. 品牌伴侣品质（Brand Partner Quality）

这一维度用婚姻关系来比喻品牌关系。对于消费者来讲，品牌的"伴侣"品质是否优秀，可以从五个要素来衡量：品牌的顾客导向（品牌要让消费者感到他们被需要、被尊敬、被倾听、被关心），品牌的可靠性（能够预见品牌会履行其作为"伴侣"的责任），品牌的持久性，品牌能遵守关系契约，品牌能对其行为负责。

111

① 张红明：《品牌人格化——品牌价值实证研究》，武汉：华中科技大学出版社，2007 年版，第76~77 页。

四、创造体验机会：在品牌体验中确认品牌认同

消费者对品牌的任何接触都是一次难得的体验机会，品牌认同需要在体验中得到确认，品牌最终的表现取决于品牌体验的好坏程度。所谓的品牌体验，即顾客在对品牌的接触、选择、购买、使用、评价这一过程中的每一个环节伴随发生的一切感受和经验，包括与此相关的情感和情绪，以及在此基础上所形成的对于品牌的态度与观念。品牌体验是消费者通过看、闻、触、听等多种手段来感知品牌符号、接受品牌信息、理解品牌价值过程。

"如果你的品牌观点承诺'飞行是一种乐趣'，那就不仅是在我登机时给我一个微笑。千万别把我的行李弄丢了！要确保你的商业战略能够实现这一承诺。如果你的品牌观点传达的是你的电视节目值得每月花钱去看，那么就播放一些值得看的电视节目，好让我在周六的晚上愿意待在家里看电视。"①

消费者可以通过视觉的形象对产品形态、色彩、材料或平面广告、销售环境进行体验，也可以借助听觉的广告语言、销售场所的音乐，触觉方面的使用操作，甚至嗅觉方面的特定气味进行感受，一个品牌同时启动的感官或感觉越多，它就越有可能营销消费行为。品牌体验应该是全方位的、立体的、3D的，利用一切机会向消费者展开劝服的攻势。通常我们将品牌体验划分六个类型：

1. 感官体验

通过眼、耳、鼻、口、身体与外界进行接触过程中所体会到的愉悦感。如消费者在炎热的天气中喝到冰镇可口可乐所带来的"畅爽"快感、在汽车展览现场所看到的车型款式、在星巴克所闻到的独特咖啡香气、在苹果专卖店所触摸到的电脑键盘等。

2. 娱乐体验

以顾客的娱乐体验为诉求，通过愉悦来获取消费者的注意力，刺激需求和欲望，达成购买行为。如蒙牛的娱乐营销，通过赞助选秀节目"超级女声"、赞助体育赛事、举办娱乐活动，实现了娱乐和营销的结合，使蒙牛品牌迅速被目标消费群认知。

3. 情感体验

以消费者内在的情感为诉求，激发和满足顾客的情感和情绪体验。如孔府家酒为品牌注入了"家"的内涵，贵州青酒则是与友谊捆绑在一起，"喝杯青酒，交个朋友"让人难以忘怀，非常可乐"中国人自己的可乐"将品牌与民族

---

① ［美］艾伦·亚当森：《品牌简单之道：最佳品牌如何保持其简单与成功》，北京：中国人民大学出版社，2007年版，第21页。

情感捆绑在一起，南方黑芝麻糊使品牌多了几分怀旧的思绪。

4. 成就体验

品牌对人的表现欲、控制欲、占有欲、权力欲的满足。如中国移动全球通的贵宾候车室、候机室，以及相关的会员制、VIP等手段，都是增强用户成就体验的途径。一些品牌在广告传播中使用"奢侈"、"顶级"、"尊贵"、"独享"等词汇，使品牌具有了同样效果的体验。

5. 价值体验

在产品设计、陈列、销售、消费过程中，传达品牌的价值理念，由此带给消费者的体验感。如诺基亚坚持"科技以人为本"的理念，每一款手机都有自己的个性和灵魂。诺基亚的设计工程师弗兰克·诺弗说："技术本身是冷酷无情的，一旦你学会了使用它，它就变得富有人性。如果你把产品看作人，而不是物体，你就能和它互动，它就开始展示自己的个性。"

6. 行为体验

通过身体的有形体验、生活形态以及互动所形成的品牌体验。例如，2008年，阿迪达斯将其全球最大的旗舰店开在了北京三里屯，4层的店铺面积超过了3000平方米，在此设计了"iCoach核心技术体验区"。消费者可以在该区域通过个性化的定制手段，获得时尚的运动训练方案。消费者可通过全方位系统、触摸屏界面等设备，测试自身的体能以及平衡性，并根据免费打印出的测试报告对消费者的体育竞技水平进行分析，制定相应的运动方案。不少消费者在阿迪旗舰店里流连忘返，乐此不疲地参与多项体能测试，在潜意识里加深了对该品牌的好感，成为潜在消费者。

113

案例分析

宜家的品牌体验策略

1943年瑞典人英瓦尔·坎普瑞德创建了宜家品牌，如今宜家已经成为世界上最知名、最受欢迎的家具品牌之一。宜家坚持"为大多数人创造更加美好的日常生活"的经营理念，为普通人提供种类繁多、美观实用、设计精良、功能齐全、价格低廉的家居用品，在全球34个国家和地区的240个商场销售包括坐椅/沙发系列、办公用品、卧室系列、厨房系列、照明系列、纺织品、炊具系列、房屋储藏系列、儿童产品系列等约10000个产品。宜家品牌的成功与其长期以来通过品牌体验培养顾客认同的努力有很大的关系，宜家不仅是家具生产、销售的专家，更是品牌体验和品牌认同的创造专家。

宜家的感官世界。宜家从视觉、听觉、触觉、嗅觉等方面给消费者提供了一个感受宜家品牌魅力的通道，其展现给顾客的是一个时尚、平和的"家"的感觉。温馨舒适的卧房、错落有致的客厅、充满童趣的儿童房、巧妙利用每一寸空间的厨房，还有令消费者心动不已的创意饰品和配件，消费者在此体验宜家提供的"家"是什么样的概念，宜家部分还原了顾客买回产品后的使用场景。

宜家的体验是完整的，顾客可以享受轻松、自在的购物乐趣。没有喋喋不休导购员劝服你购买自己不满意的商品，也没有防范的目光时刻注意你是否损坏了商品，除非你主动要求帮助，宜家的服务员都会安静地站在一边，让顾客自己做出购买决定。宜家强烈鼓励顾客在卖场进行全面的亲身体验，鼓励顾客拉开抽屉、打开柜门、在地毯上走走、试试床垫和沙发，宜家出售的一些沙发、餐椅还会提示顾客："请坐上去，感觉一下它是多么的舒服。"

宜家用体验降低顾客的心理风险。有些家具买回家后会发现组合后效果并不协调，消费者在购买决策过程中时刻有这样的担心。宜家显然注意到了这一点，1953年宜家开辟了样板房，充分考虑不同产品的颜色、灯光、材料、款式的搭配效果，并将搭配方法介绍给消费者，鼓励他们买回家后自己进行的搭配。宜家还为消费者准备了"后悔药"——在宜家的《商场指南》里写着："请您放心，您有14天的时间可以考虑是否退换。"14天以内，如果消费者对所购商品不满意，可以直接到宜家办理更换等值货品或退货手续，同时宜家还负责教会消费者如何进行搭配。宜家考虑到中国的运输问题，还特意将退换时间从14天延长至60天。而在每个单品上，宜家也设计了消费者自己动手体验的过程。每个大件产品都是可以拆分的，消费者可以带回家自己组装，宜家提供各种各样的工具来帮助安装，并配备有安装的指导手册和宣传片。

宜家用服务增强消费者的情感体验，培养消费者的品牌认同。宜家创始人英瓦尔·坎普瑞德曾经说过："饿着肚子促不成好生意"，因此每个宜家商场都设有餐饮部，消费者在逛累了之后还可以享用到宜家精心准备的各种美味小吃、茶点。在宜家餐饮部不仅有地道的瑞典美食——瑞典肉丸，还有香醇的咖啡、可口的小酥饼、美味的芬兰鸡肉肠，甚至还有米饭供应。宜家还设立了儿童代托——既有利于父母耐心选购商品，又避免了孩子在商场内喧闹等。宜家还用事实来打动消费者，通过有说服力的试验让数字来证明宜家的产品质量。在宜家厨房用品区，橱柜从摆进卖场的第一天就开始接受测试器的测试。橱柜门和抽屉不停地开、关，数码计数器显示了门及抽屉可承受开关的次数；在沙发区，一架沙发测试器不停地向被测试沙发施压，计数器上显示着这只沙发承受过多少次的重压依然完好如初。

宜家善于在消费者购买过程中的每一个环节创造体验的机会，在体验中让消费者不知不觉地增强了对品牌的认同，消费者的每次购物都是一次独特的体验之旅，带给他们无数个难以忘记的美好感受和回忆。

案例来源：根据宜家官网以及品牌中国网案例改编。

思考题：

1. 宜家在品牌营销中如何有效地创造品牌认同？
2. 宜家是如何通过顾客体验强化品牌认同的？

第六章

品牌市场策略

学习目标

知识要求 通过本章的学习，掌握：

- 市场细分与目标市场概念
- 市场细分的方法与程序
- 品牌营销中的市场细分
- 品牌定位观念及其特点
- 品牌定位的主要方法

技能要求 通过本章的学习，能够：

- 把握细分市场的方法
- 根据品牌营销需要确定目标市场
- 对具体品牌进行策略定位

学习指导

1. 本章内容：营销以及品牌的概念与内涵；营销观念的发展过程；品牌营销观念的形成；品牌竞争的主要特征；现代营销中的品牌功能。

2. 学习方法：结合案例，强化概念辨析；注重结合现实加以思考，观察现实中的品牌现象，由具体到抽象，逐步建立营销思维和品牌意识。

3. 建议学时：6 学时。

引导案例

牙膏市场细分模式

Russell L.Haley 对牙膏市场的细分研究在美国营销界得到了广泛认同，从科特勒到 R.巴茨的许多营销和广告著作中都普遍采用了他的研究。为了具体说明，我们以一组表格了解牙膏市场细分状况，下表就是对牙膏市场四个方面的细分。

牙膏市场利益细分状况

特　点	感觉型	社会型	保健型	独立型
寻求的基本利益	口味、产品包装	牙齿洁白明亮	牙齿保健	价格
人口统计重点	儿童	青少年	大家庭	男人
特殊的行为特征	偏爱清香牙膏	吸烟者	重度使用者	重度使用者
偏爱的品牌	高露洁	超洁	佳洁士	减价的品牌
个性特征	高度自我参与	高社会性	注重保健	高自主性
生活方式特征	享乐型	活跃型	保守型	价值导向型

如表中所示，第一个细分市场为感觉型市场，对口味和包装较多关注，其消费对象大多是那些自我参与程度较高，追求享乐主义生活方式的具有多重特征的消费者。高露洁在这一市场上相当成功，因为消费者对口味和外包装高度重视，并且他们倾向于采用在产品和广告中强调这些特性的品牌。第二个细分市场是社会型市场，主要是那些对自己牙齿洁白明亮有兴趣的消费者。他们大多是生活丰富、社交频繁的年轻人，吸烟人士较多。在这一市场上超洁品牌最有影响。第三个细分市场是保健型市场。对牙膏利益点追求重要是预防龋齿。其大部分使用者来自于牙膏重度使用的家庭，生活方式比较传统，注重健康和牙齿卫生。佳洁士在这个市场上甚受欢迎。第四个细分市场可称为独立型市场。他们在对任何商品做出购买决策时，都会考虑商品本身价值，常常钟情于削价商品。按照上述方式对细分市场加以描述后，根据各个细分市场不同的利益点追求，就会比较准确地找到与之相对应的广告方式。比如，对感觉型要强调产品本身，对社会型可以突出一种社交氛围，对独立型可采取试验对比等。同样，细分市场的确立也为媒体的选择与应用提供了参考。

　　案例来源：拉赛尔·I.哈里：《利益点市场细分：一种决策导向研究工具》，载于《营销学经典权威注文集》（第8版），大连：东北财经大学出版社，2000年版。

第一节　市场细分中的品牌概念

越来越多的产品和品牌进入到相同的市场互相争夺消费者，营销和广告必须适应这种变化。竞争的激烈导致了产品生命周期越来越短，而以往无差别的大规模营销也变得越来越不现实，于是市场细分开始大行其道。对于市场营销和广告策划来讲，市场细分观念是一个非常值得重视的思维转折，今天几乎所有流行的营销和广告观念都受其影响，如定位、整合营销传播、对位营销、关系营销、微观营销，甚至一对一营销等。所以对市场细分观念加以认识，就成为我们市场营销和广告策划的思维基础。

一、市场细分概念

市场细分又叫做市场区隔（Marker Segmentation）。作为市场营销中一个具有代表意义的核心概念，这个术语是 20 世纪 50 年代后期才出现的，从那以后它就在营销及广告理论与实践中产生了巨大影响。市场细分理论基于一个最为普通的观点，即所有的消费者并不是统一的，一家公司在市场营销中或者为消费对象中的不同群体制订不同的营销计划，或者只展开一种营销活动以专指某一确定群体。市场细分承认了在多元选择的市场背景下，消费者由于各种因素的区别，本身也呈现多样化，采用任何单一策略来对应所有不同消费者的策划活动，都不是一种优秀的战略选择。市场细分在本质上为迅速提高一个大型多元化的组织管理水平提供了实际的可能性。

就其实际应用来看，市场细分实际上是一个两步式战略：首先在一个较大的消费者用品市场或企业市场识别出具有某种共同需求和特征的人群；其次根据他们对产品效用的共同兴趣，将这些人群聚合（综合）成为稍大的细分市场。这样一个过程有利于企业根据自己的能力选择适合于自己的细分市场规模。一家企业的目标市场往往并不是一个细分市场，而是许多相近似的细分市场的综合。从本质上理解市场细分，必须把握一个核心概念，这就是"共同特征"。共同特征意味着在一个细分市场中，消费者具有某种基本共性，他们对产品或者品牌具有大致相同的需求，同时也对相应的促销（营销沟通信息）产生大致相同的反应。这些共同之处就是细分市场所表现的特性所在，也是某种具有相似性消费群体所处的一种确切位置，找到这个位置就是细分市场的目标，而营销人员也正是根据这种特征设计自己的产品或者服务，以满足消费者的特定需求。

二、市场细分战略

实施市场细分战略有两种基本类型：其一是"集中战略"，即把营销活动集中于一个次级细分市场上；其二是"差别战略"，即按照不同标准划分出两个或更多的次级人口群组，然后再针对每一个细分群组展开营销活动。

采用集中战略瞄准一个大规模的细分市场，运用统一的营销努力开发广阔市场，这是一种对许多决策者都有极大诱惑力的战略选择。在这种选择和决策过程中，决策人员往往以"大"作为标准来区别细分市场，也就是说他们首先考虑的是那些潜力和规模在数量上够"大"的消费群体，更多地考虑这个市场上较为广泛的一致性。这样选择本身无可厚非，因为在一个具有广泛共性和普遍一致性的"大"市场上，消费群体的需求量同样远远大于其他市场。但值得注意的是，那些大的有吸引力的细分市场，往往是多家企业同时瞄准了的市场，其结果是不同品牌的同类产品簇拥在一个市场上同时竞争，而那些相对较小的市场却没有人试图去占领。这种现象在实际营销中非常普遍，通常被称为"大多数谬论"。如果从营销成本上考虑，有时潜力最大的细分市场并不一定是最为有利可图的市场。当然，对一些小型公司来说，瞄准那些小规模的细分市场实行集中战略也不失为一种选择，这通常被称为"适当战略"。因为小公司想在大的细分市场上与大公司竞争，这无异于自杀，但是小公司如果承认了大公司在大规模市场上的绝对优势，而把自己的努力放在大公司不适合操作的小规模市场的特殊需求上，则有可能做得非常出色。

在一个充分多元化和呈现基本饱和状态的市场格局中，市场细分战略无疑是品牌营销中寻求战略决策的一种有效的方法。市场细分有利于制定市场战略，也便于战略管理。但并不能说市场细分是永远的唯一途径，也有可能单一产品和诉求针对无差别市场同样有效。可口可乐公司被认为是这一方面最为杰出的典范，可口可乐的产品名称、包装、价格及广告实际上都在针对所有的消费者。一般而言，如可口可乐这样采取无差别的高超战略，需有相当坚实的基础。而即便像可口可乐这样，近年来实际上也在不断地对消费者进行细分，如推出健怡可乐、无咖啡可乐等。这是一种自然的发展，任何一个产品在走向成熟后，其消费通常会分化，细分市场战略所对应的正是这种需要。

三、市场基本细分方法

市场是由购买者组成的，但购买者在某一方面或者许多方面又各不相同，他们有各自的需求、资源、地理位置、购买态度以及不同的购买经验，其中任何一个变量都可以作为细分市场的依据。发展细分市场战略大都以两种方式进行，即逻辑细分与经验细分。这两种细分方法，一般都是以消费者的某种定性为认识前提的。在市场细分中，有关人口统计学上的多种因素是最多被考虑的，如年龄、性别、收入、文化程度、地理位置等。此外一些相关概念则是直接与消费者对产品的接受程度相联系，如使用度、品牌忠诚、态度与利益点、生活方式或行为模式等。所以通常都是将这些消费特征按照地理、人口统计、行为方式和消费心理进行分类。这种细分的目的具有双重性：首先是识别有可能做出反应的人；其次对这些人进行充分的描述，以便于更好地了解他们，针对其进行营销组合。虽然人的社会属性具有无数的外延，任何一种属性都可能是一种细分标准，但是人的行为和行为方向的变化却取决于一些基本的规定，因此在对细分方法的具体运用中，要注意一些具有代表意义的细分标准。以下我们主要介绍四个方面。

1. 利益细分

利益细分是美国营销学家拉赛尔·哈里 (Russell L.Haley) 提出的一种细分方式。他认为市场细分的方法是建立在人们消费某种特定产品时所欲获得利益的基础上的，这才是市场细分得以存在的基本原理。[①] 因此，这种方法旨在估量消费者价值体系以及消费者对同一档产品的不同品牌感觉。利益细分的典型例证，具体如前面引导案例所列举的 Russell L.Haley 所提供的对牙膏市场的细分。

2. 心理细分

心理细分是依据消费者的社会阶层、生活方式或者个性特点，将消费者划分为不同的消费群体。一般来说，即便是在相同的人口统计背景下，消费者也可能因为生活方式和个性特点等方面的不同，表现出迥然相异的心理差异，这种心理差异也进而导致了消费模式的不同。比如，服装制造商为了满足不同生活方式的女性，设计了具有不同消费者个性的服装，有"简朴型女装"、"时髦型女装"、"男性气质女装"等。

在进行心理细分时，一般说来消费者首先被问及有关他们生活方式的各种问题，然后再根据他们回答的相似性进行分组。消费者被问及的生活方式的范围与他们的活动（工作、爱好、休假等）、兴趣（家庭、事业、社团等）和见解（社会争端、政治、商业等）有关。除此之外，还有一些问题与具体产品相联系。心理细分研究经常包括数以百计的问题，以及提供有关消费者的数量惊

121

---

① ［美］J.保罗·彼得、杰里·C.奥尔森：《消费行为与营销战略》，大连：东北财经大学出版社，2000年版，第 428 页。

人的信息。它的思想基础是"你对消费者知道和理解得越多，你就能更有效地和他们沟通。"①

当然，心理细分也有缺陷，最大的不足就是迄今为止在整个世界范围内，究竟有多少种心理细分方式尚没有人可以说得清楚。而心理学研究中，关于生活方式数量和性质的种类，其所得出的结果也不尽相同。因此心理细分在比较难以把握的同时，其有效性也常常受到质疑。不过，这并没有妨碍心理细分方法的应用，而且这种细分显然已经获得了很大的成功。

3. 地理细分

这是细分市场中最为简单的方法，即按照消费者的地理差别加以划分。地理细分要求把市场划分为不同的地理区域单位，如国家、省、市、县等。公司可以根据需要在某一个或几个限定的区域展开营销，也可以面向全部地区。当然，由于地理区域的不同，人们可能会有不同的需求差别和购买习惯，这就导致了不同的消费特性。比如，一种号称"杭帮菜"的餐饮模式，以制作讲究、价格低廉而著称，在上海受到精明细致比较讲究的上海人的欢迎，但是在北京就因为消费上的差异而不尽如人意。这就是细分市场在地理上的明显区别。

因此，营销者在分析地理资料时，虽然可以按照地区（国家、省市等）大小、特别位置以及广告配置等进行大致划分，但是必须注意同样的产品即便是在同一个地区也会有差异，而这种差异有时候甚至并不小于不同地区之间的差异。比如，温州是一个经济比较发达的市场，白酒消费量比较大。但是就在这样一个市场上，也有一个很明显的差异，在酒店里人们常常喝一些中高档白酒，而在大排档里人们喝得更多的是简装大白酒。至于同一地区城市和农村之间的差异，则更是天壤之别。

4. 人口统计细分

人口统计细分是指以人口统计标准作为变量来划分市场。人口统计特征主要指的是性别、年龄、教育、职业、收入、家庭人口、民族、宗教等可以量化的指标。人口统计细分成为区分消费者群体最常用的方法，其中一个重要原因就是消费者的欲望、偏好和使用情况等，常常是与人口统计变量密切相关的。而人口统计变量相对于其他各种类型的细分变量来讲，更加确定也更加容易掌握。在通常情况下，对于目标市场的描述，即便是并非按照人口统计因素（如性格、行为等），但为了确切地把握这一市场的大小和有效地达到市场，也必须考虑人口统计因素。

---

① ［美］J.保罗·彼得、杰里·C.奥尔森：《消费行为与营销战略》，大连：东北财经大学出版社，2000年版，第430页。

人口统计细分中，由于各种细分变量较多，大多数公司在采用这种方法时，往往是采用两个或者两个以上的变量作为细分标准。比如，一家装修公司要对家装市场进行细分，它很可能从人口统计角度选取几个要素：户主年龄、家庭人数以及收入水平等。通过这几个方面指标的衡量，来确定自己服务的规模与标准。

细分市场的模式还有很多，只要我们具有合理的细分变量和细分参数，就可以取得不同的细分模式。市场细分化是一种把一个笼统市场划分成不同购买群体的行为，所以在细分过程中还有一个关键问题，就是要看这个群体是否值得为其提供独立产品和营销组合。而营销和广告策划人员在细分过程中，也要努力观察究竟哪一种细分方法更适合揭示最好的细分机会。这中间还涉及细分市场的有效性和可操作性等问题，如果一个细分市场虽然可以明确加以细分，但是在规模或者竞争成本上不具备适当进入可能性，那么这个细分市场就不是有效的。此外，一个细分市场虽然可以明确区别，但是在操作中却无益于营销实际，那么这个市场也不是一个可操作的市场。

第二节　目标市场中的品牌指向

从营销战略规划上讲，细分市场所做的工作主要是识别和判断市场。细分市场的战略意义在于，改变了以往市场学认识上的一个谬误——认为产品只有针对大多数人诉求才能成功。它把市场目标集中在了部分人身上，注重从个别群体中寻找差异，从而使营销目标的确立更加简捷、更具有深入发展的价值。如果说在市场营销和品牌传播的战略过程中，细分市场阶段我们的工作还主要集中在对消费群体和市场结构的确认上，那么目标市场则转向为品牌营销确立一个有针对性的目标群体。

一、把握细分市场的机会

可以说在市场营销中，市场分析的基本途径就是运用一系列数据，对消费者需求和购买行为进行研究，寻找相应的细分市场，从中发现有利的市场空间，也就是市场机会。我们把公司最终确定的，并准备进入的那个细分市场或者是细分市场组合，称之为目标市场。所以探讨目标市场也就是探讨如何寻找市场机会。

在细分市场过程中，经过对公司产品、竞争、消费者状况等多方面的研究，我们会逐步发现一些有价值的事实，这些事实可以揭示出营销和广告策划的发展方向。在对这些事实进行分析和评价时，一般普遍采用的是一种SWOT分析法。SWOT分析指的是在市场机会和竞争分析中，对公司产品或者品牌所面临的内部和外部环境的分析，主要是两个方面四个要素：优势（Strengths）和劣势（Weaknesses）分析、机会（Opportunities）和威胁（Threats）分析。优势和劣势属于内部因素，与此对应的是作为外部因素的机会和威胁。公司的优势指的是公司在营销中可以获得成功的一些战略资源，而公司的劣势指的是公司需要加以改正的一些不足之处；而对机会和威胁，按照科特勒教授的观点可以定义如下：[①]

公司营销机会是指对公司营销行为富有吸引力的领域，在这一领域，该公司将拥有竞争优势。

环境威胁是指环境中一种不利的发展趋势所形成的挑战，如果不采取果断的营销行动，这种不利趋势将导致公司市场地位被侵蚀。

在进行市场分析和细分市场、确定目标市场过程中，显然一个重要的任务就是认识并且尽量发挥企业的优势和机会，努力回避并改变自身的劣势和威胁。一个成功的目标市场营销策略，必须要顾及这些方面，市场机会就是在这种背景下产生的。在这里一切工作都是围绕着这样一些问题展开的：这个或者这几个细分市场是否具有相当的获利空间？获取这些利益需要怎样的营销投入？进入这个确定的市场比进入其他市场，在相关条件上具有哪些优势，优势是否远远大于劣势？这个确定的市场是否有利于自身各种营销组合的展开和应用？通过对细分市场的评价和市场机会的分析，很显然就可以确定目标市场。而品牌营销策略的推出，其实质就是要选择好目标市场，并合理地确定对目标市场的服务方法。

二、目标市场的必然走向

选择目标市场是现代营销的必然走向，也是品牌营销的基本指向。目标市场观念是随着市场演进而形成的一种现代营销观念，是市场发展到一定阶段后对营销和策划的一种必然要求。综观企业市场营销观念的发展，大致经历了三个阶段：

第一阶段：无差异营销。无差异营销也称作大量营销，在这个阶段中，公司并不考虑细分市场之间的区别，它只是推出一种产品来追求整个市场，其所致力的是顾客需求中的相同之处，而非顾客之间的不同之处。因此公司设计出

---

① 菲利普·科特勒：《营销管理》，上海：上海人民出版社，1990年版，第52~53页。

单一产品，制订一个统一的营销计划，以迎合最大多数的购买者。公司在营销中凭借着广泛的销售渠道和大规模的广告宣传，旨在人们心中树立起某一产品的超级形象。许多具有开创性的公司，在其早期发展阶段，都曾采取这一策略，如可口可乐公司的早期营销就是面向所有的消费者，只生产同一规格同样口味的饮料。采用这种营销模式的基本依据是，认为统一规格大批量生产，可以降低生产成本和产品价格；而采取无差异的市场和广告战略，也有利于降低广告投入额度；最终因为不进行市场细分和营销调整，也节省了计划及多项管理成本。然而随着市场竞争的激烈和消费者选择的多元化，这种尚未摆脱产品导向时代的营销思想，越来越受到了怀疑，同时由于它缺乏对满足消费者不同需求的认识，必然在营销之中举步维艰。

第二阶段：差异化营销。差异化营销认识到不同消费者具有不同的爱好和需求，而且这种爱好和需求会随着时间以及环境的推移而发生变化，因此公司必须生产出多种具有不同特点、不同规格、不同风格的产品，通过产品多样化，力求在每一个细分市场上都获得回应。差异化营销中，由于公司所提供的产品正好迎合了消费者的需求，所以它一般比无差异营销创造更大的销售业绩。然而差异化营销随之也为公司带来了一个难题：通过生产多样化产品和进行多样化渠道销售，在增加销售业绩的同时，也增加了产品及其销售的成本。从某种意义上讲，差异化营销实际上还是在为一个笼统的无差异市场提供不同的选择，公司并没有真正找到一个使产品尽量扩大的营销方式，因此产品利润也受到影响，这必然导致营销观念进一步向一个更高层次演进。

第三阶段：目标市场营销。目标市场营销又称作集中营销，即公司从整个市场中分割出最重要的细分市场，选择其中一个或者多个作为目标，有针对性地制订出产品计划和营销计划，以适应其需要。这种营销方式与差异化营销的本质不同，就在于它是根据消费者的不同需求设计产品，力求在一个或几个确定的细分市场中占有最大份额，而不是在一个笼统的大市场中只得到较小份额。与一般差异化营销相比，它的优势就在于：首先由于市场细分化，本身具备了可以准确分析的前提，对市场中的各种变量能够按照一定标准加以衡量；其次由于确切的分析与描述，公司可以针对目标对象的需求提供产品或服务，进而最大限度地开发市场。正因为目标市场营销在现代营销中具有无可比拟的优势，对目标市场的选择和确定就成了现代营销中意义重大的课题。

三、目标市场的选择与评价

从很大意义上说，营销是否成功的关键，就在于有没有准确找到一个恰当的目标市场。市场细分的目的就是要找到一个合适的目标市场，在此基础上实施各种定位战略，从而确定营销和广告策划的方向。在市场细分过程中，也许会发现面临着很多机会，似乎不少细分市场都有利可图，所以必须对这些细分市场加以选择和评价，以决定究竟为哪些细分市场服务。在评价细分市场中，首要的问题是评价各个细分市场的盈利潜量和销售预计，也就是进行"市场规模测量"；进一步的问题是这个市场是否容易渗透，这就涉及竞争分析，以及对自身资源和覆盖市场模式的评价。

　　通常情况下，公司选择目标市场不外乎三种策略：其一，单一目标市场策略，又称作"来复枪"策略，即针对一个细分市场发展营销组合，实施单一化产品和单一化对象。其特点是绝对集中。这适合于资源有限但又试图突破市场的公司。其二，多种目标市场策略，即选择两个或者两个以上的细分市场作为目标市场。这些被选择的目标市场之间，或者具有某种联系，或者根本没有任何关联，为了这个目标市场公司甚至要发展不同的营销组合。其三，综合式目标市场策略，又称作"散弹式"策略，即在对市场进行细分后，将若干个细分市场加以合并，成为一个更大的市场，然后再努力运用某一种营销组合来针对这个被合并了的市场。其特色是淡化了不同细分市场之间的差异性，强化和突出了这些细分市场彼此之间的共性和关联性，只有这样才可能发展出一种具有广泛包容性的营销组合，并为这个综合市场服务。

　　不论采取哪种目标市场策略，都是建立在细分市场基础上，只有把最佳的细分市场作为自己的目标市场，才可能实现营销利益的最大化。有时候一个明确的细分市场，虽然公司具有相对应的资源优势，也比较易于开发，但仅仅这个细分市场其容量却十分有限，那么就不能单一化，还必须试图在其他细分市场中寻找立足点，这就导致了多种目标市场和综合式目标市场。有时候公司目标市场虽然明确了，但在这个市场中还存在其他公司产品作为竞争对手与其共享市场。这些都直接影响了公司对目标市场的选择和认定，所以公司在进行目标市场决策时，必须要考虑以下五个因素：

　　（1）自身资源。是否拥有充分的资源以保证对目标市场采取某种营销战略。

　　（2）产品属性。不同类型产品对市场差异性具有不同的要求。

　　（3）生命周期。处在不同生命周期的产品在实施目标营销时具有不同指向。

　　（4）市场性质。细分市场在各自相异情况下也具有某种共性可能使市场得以协调。

　　（5）竞争比较。从竞争对手的市场策略之中寻找空白和缝隙。

第三节　品牌定位及其基本方法

最早提出定位概念的两位美国广告专家艾尔·里斯和杰克·特劳特。20 世纪 70 年代初期，针对当时 RCA 公司和通用电器在市场上向占据电脑行业首位的 IBM 公司的全面挑战，艾尔·里斯和杰克·特劳特发表了一系列见解，认为这不符合定位原则。1981 年他们把自己的观点加以整理，出版了《定位》一书系统阐述了这一概念，如今定位已经成为营销界最富有价值的战略理论。

一、定位及其基本观念

与细分市场一个最大的共同点就是，定位同样强调着力于特定的市场方向，从某种意义上讲，定位是市场及市场学发展的必然产物。市场竞争及市场营销的演变，迫使我们从早期无差别营销转向目标市场营销。目标市场营销的最大特征就是利用市场细分方式，确定一个或一组可供运作的有利于发展的差异市场。在这个市场上，消费者按照某种共性被组合成一个群体，他们具有同样的利益追求或者同样的心理倾向，为了最大可能地获得这一市场的认同，产品或广告也就按照这一方向进行设计。定位就是在市场细分化与目标营销背景下一种特定传播策略，其关键在于使消费者对产品或者品牌代表的含义有清晰的认识。从这点来说，定位与其说是一种经营方式，不如说是一种广告策略。

如前所述，作为一种营销和广告策略，定位的关键思想是要使消费者对企业品牌代表的含义有清楚的认识，那种试图让一个产品或品牌成为人见人爱的"大众情人"的做法从根本上无法形成清晰的定位。在定位战略中，有关品牌的价格、分销、包装以及产品实际特征虽然也起重要作用，但定位的获得却主要靠广告宣传。这正如定位概念的倡导者所说的，定位不是要对产品本身去做什么，而是要对消费者的认识做些什么。从广告策划上讲，欲达目标就必须使细分市场与广告定位有机地配合，这就是指对于一个品牌的定位，必须能够最有效地吸引其最希望获得的目标群。

定位观点的核心价值就在于，在当今这个传播和信息泛滥的时代，公司太多、产品太多、品牌太多，市场上的干扰和噪音也太多，因此一个产品或者品牌想要取得市场认同，最重要的就是在人们头脑中确定你的位置。而进入头脑的最容易办法就是争做第一，如果当不了第一，你就得针对已经成为第一的对象（包括产品、政客、人等）来给自己定位。

定位的一个核心内容，就是心理占位。即在潜在消费者的心目中为产品或品牌确立一个确定的位置。除了心理占位这个核心概念外，定位的创新贡献还包括"第一位"和"极其简化信息"等策略。

定位虽然依据产品或品牌本身的一些有形因素，但更重要的是凝结在这种品牌之间的消费者的认定意识和品牌内含，所以对于定位而言运用广告比改变产品要重要得多。艾尔·里斯和杰克·特劳特公开宣称："这是一个定位至上的时代，"在这个策略为王的时期，"创意已经不再是成功的关键。"① 这似乎已经宣告了 20 世纪 60 年代创意革命的终结。

作为市场营销和广告策划中一个具有革命性的概念，定位今天已经得到了广泛的应用。当企业把市场作为核心追求时，几乎每一步都存在着定位问题。结合具体现实，我们至少可以从以下四个方面来把握定位概念：

（1）定位的基点并不是产品，而是着重于产品与消费者心理位置的统一。

（2）定位的目的是为了在消费者心目中确立本产品与众不同的优势。

（3）定位所宣称的并非同类产品所没有的，而应该是竞争对手没有说明的或者是尚未引起注意的，但却确确实实对消费者具有吸引力的那部分特征。

（4）定位是从消费者的心理需求空间出发，对产品优势的一种创造，既创造功能更创造形象。

二、品牌定位的含义

品牌定位是指企业在市场定位和产品定位的基础上，对特定的品牌在文化取向及个性差异上的商业性决策，它是建立一个与目标市场有关的品牌形象的过程和结果。换言之，它是指为某个特定品牌确定一个适当的市场位置，使商品在消费者的心中占领一个特殊的位置，当某种需要突然产生时会联想到这一品牌。比如，在炎热的夏天口渴时，人们会立刻想到充满年轻朝气、清爽可口的"百事可乐"；需要买运动鞋时会青睐鼓励超越自我、率性而为的"耐克"；到中国旅游，北京、上海、大理、拉萨等城市因为有不同的"名片"而会吸引不同喜好的游客。

品牌定位与产品定位看似相同，其实是有所区别的，品牌定位包含的范围更广，因为品牌概念本身，除了包含产品外，还有服务、形象、价值等多方面的内容。产品定位准确是保证品牌定位准确的基础，但品牌定位是否恰当还需要符号表达、信息传播、受众口碑等要素的配合，当这些方面与产品定位都能清晰一致时，品牌定位才能为受众正确地理解。

---

① ［美］艾尔·里斯、杰克·特劳特：《定位》，北京：中国财经出版社，2002 年版，第 29 页。

品牌定位是品牌与这一品牌所对应的目标消费者群建立了一种内在的联系。品牌定位是品牌经营的首要任务，是品牌建设的基础，是品牌经营成功的前提。品牌定位在品牌经营和市场营销中有着不可估量的作用。

品牌定位是市场定位的核心和集中表现。企业一旦选定了目标市场，就要设计并塑造自己相应的产品、品牌及企业形象，以争取目标消费者的认同。由于市场定位的最终目标是为了实现产品销售，而品牌是企业传播产品相关信息的基础，品牌还是消费者选购产品的主要依据，因而品牌成为产品与消费者连接的桥梁，品牌定位也就成为市场定位的核心和集中表现。品牌定位的目的是将产品转化为品牌，以利于潜在顾客的正确认识。成功的品牌都有一个特征，就是以一种始终如一的形式将品牌的功能与消费者的心理需要连接起来，通过这种方式将品牌定位信息准确传达给消费者。因此，厂商最初可能有多种品牌定位，但最终要建立对目标人群最有吸引力的竞争优势，并通过一定的手段将这种竞争优势传达给消费者转化为消费者的心理认知。

品牌定位不单是实现竞争差异性的一个技巧，更是企业领导者制定与执行品牌战略决策的实施过程，强调连续性与完整性。从市场调研寻找受众的心理空隙，到确定品牌定位的战略方向，再到战术执行与策略配合，缺少任何一个环节，都会给品牌定位带来"硬伤"，导致品牌定位模糊、错位、与竞争对手雷同或者传播沟通不利，从而影响品牌形象、个性的塑造，削弱、损伤企业的品牌价值。

129

三、品牌定位的运作流程

准确的品牌定位不是企业或者广告代理公司闭门造车空想出的概念；也不是随便提出一个想法，借助大力宣传推广从而使得此定位深入人心；更不是企业不经意间喊出一个概念，正巧为市场所接纳，侥幸占据了消费者心中的位置。品牌定位如同品牌识别理论，有较为完整的运作流程，企业对品牌进行定位，必须一步一个脚印，踏踏实实完成每一个步骤，否则难以取得预期的效果。

品牌定位策略的运作过程，可以参考图 6-1 设计。[①]

具体而言，品牌定位的决策程序可以依照以下六点执行：

1. 以消费者的需求与心理为出发点

定位理论本身就是从消费者的心智中寻找空白点，所以品牌定位尤其强调

---

① 宋永高：《品牌战略和管理》，杭州：浙江大学出版社，2003 年版，第 135 页。

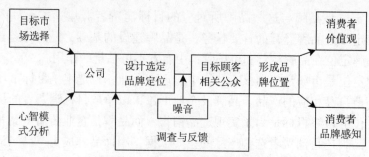

图 6-1　品牌定位运作流程示意

对消费者的研究，通过分析消费者的心理，明确他们是如何感知品牌的，他们认为品牌应该处于什么样的市场位置，他们接受、理解信息的模式是怎样的，以及他们最为关注的品牌优势与差异性是什么？

2. 结合企业优势与竞争状况确定品牌定位

在消费者分析的基础上，再结合市场竞争状况，分析竞争品牌的定位策略与优劣得失，看看还有哪些市场空隙，这些空隙是没有价值还是竞争品牌尚未发掘？同时，综合企业的实力、竞争优势、发展方向与历史传统等因素，确定一些有实力、有价值的市场空白点。

3. 品牌定位方案的事前测试与选择评估

一般企业或者品牌顾问公司在确定品牌定位时，往往很难一步到位地提出一个准确的位置，需要在几个备选方案中权衡，比较、挑选出最具亮点的方案。如何选择呢？对目标受众与市场进行小范围的事前测试是比较可行的方法。看看他们的评价与反应，再听听企业内部领导、员工与相关专家的评价，以判断哪种定位最可行。

4. 制定、实施品牌定位的传播与沟通策略

确定了品牌定位点后，就可以制定出完整的品牌定位战略与执行策略，这是品牌定位最为关键的一个环节。它一方面强调战略的前瞻性；另一方面又强调战术的可执行性，尤其应重视计划分解到位、落实到人，同时保证与受众顺畅、准确的信息沟通。

5. 确定品牌在消费者心中的定位，形成品牌优势

完成了品牌定位信息的传播与沟通后，一般而言，品牌在消费者心中已经形成了一个独特的位置。这个阶段再给予一定的强化，注意对竞争对手的反应进行有效应对，方可确保形成极具差异化的品牌竞争优势。

6. 品牌定位效果调研与受众信息反馈

虽然定位之初已经对其进行过事前的测试，但考虑到市场处在不断变化

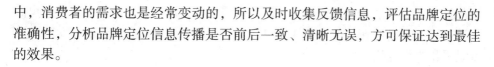

中，消费者的需求也是经常变动的，所以及时收集反馈信息，评估品牌定位的准确性，分析品牌定位信息传播是否前后一致、清晰无误，方可保证达到最佳的效果。

四、品牌定位的方法

品牌定位是在产品定位基础上更加完善与全面的表达，产品定位研究在前，品牌定位研究在后，因此探讨品牌定位的方法可以参考产品定位研究的结论。一般而言，产品定位方法同样适用于品牌定位，有些产品定位方法适用范围可能较小，适当调整后也具有借鉴价值。此外品牌内涵也因远大于产品概念，形成了一些自己独特的定位方法。

1. 产品定位方法

定位理论提出后，在实践中不断得以丰富和发展，应用策略也越来越完善。但不论采用什么方法，其目的最终都是发展或强化产品或品牌的某一特定形象在消费者心目中的地位。由于定位实质上是使产品与目标顾客的心理需求在特定状态下相吻合，因而，定位方法的两个极点就是作为实体的产品与代表心理的观念。由各种方式所形成的定位最终都可归于实体定位、观念定位、竞争定位，后两种定位方法一般可以直接用于品牌定位，而实体定位中过于关注产品本身狭小范围特征的方法，可以稍加调整后增加品牌其他属性与内涵，从而使得品牌定位更为准确可行。

（1）实体定位方法。实体定位方法是从产品本身出发，突出产品的新价值，强调与同类产品的差异性所在，从而突出产品个性或者在某种意义上的不可替代性。其中，品牌与功效定位可以适当增加其他品牌特征后，再用于研究品牌定位策略。

①品质定位：强调产品优于同类竞品的品质，突出其与众不同之处。例如，沃尔沃多年来一直将自己定位为"安全"的汽车，在广告中展示撞击试验，用以说明汽车的价值所在，甚至不失时机地在英国王妃黛安娜出车祸之后宣称，如果当时她乘坐的是沃尔沃汽车，也许就不会香消玉殒了。光明乳业的"100%好牛，产100%好奶"也属于典型的品质定位。

②功效定位：突出产品的使用功能以及其所具有的特别使用效果，常常强调产品的快速见效和即时表现，以此来提高产品信誉。例如，马丁啉"快速恢复胃动力"的广告和海王银得菲"治感冒，快"的广告都是运用这种定位方式。

③市场定位：着眼于产品在市场上的最佳位置，或者将其与特定使用者相联系，强调在某一市场或对某一类消费者的特别意义。"动感地带"为年轻人

群体推出的专项话费包月套餐；百事可乐绕开可口可乐"真正可乐"的影响而另辟蹊径，提出"新一代的选择"；"静心口服液"专门适合更年期妇女服用等都是采用市场定位方式。

④价格定位：在产品同质化严重的时代，利用消费者对价格的敏感制造差异也是一种常用的定位方式。一般采用四种方法：高质高价、高质低价、低质高价和低质低价。在消费者心目中，价格性能比是一种惯用的评价方式，除此之外，他们对产品价格中的附加值也有一定的认同。因此，除低质高价属于商业欺诈外，其他价格定位方法都有合理性。雕牌洗衣粉"只买对的，不买贵的"的广告是对这种策略较好的运用。

（2）观念定位方法。观念定位方法着眼于消费者的心理和认识习惯。它通过对受众的心理进行诉求，为产品树立一种新的价值观，借此改变消费者的固有认知，以形成新的消费习惯。

①心理定位：采用象征和暗示的手法，赋予产品某种气质性归属，借以满足消费者某种心理需要和精神享受。奢侈品往往采用这种定位方式。例如，凯迪拉克、奔驰、宝马汽车都是以其豪华气派营造名流坐骑形象的。

②逆向定位：采取反向思维方式，从消费者的否定中挖掘自身优势。艾维斯出租车公司的"我们只是第二"堪称这种定位策略的经典之作，蒙牛乳业也是通过"向伊利学习"的比附定位获取市场成功的。

③是非定位：按照肯定或否定的简单模式对产品与市场进行逻辑区分，使之呈现"是——不是"状态，借以形成有利于自己的判断，这是是非定位的核心所在。七喜通过"非可乐"的定位，有效地与可乐类饮料区分开来，从而增强了产品的竞争优势。

④观念转换：观念转换策略从根本上讲，是促成消费者从一种固有的观念模式转向另一种新的观念模式。脑白金直接将产品定位于礼品，旗帜鲜明地打出"今年过节不收礼，收礼只收脑白金"，就是希望颠覆消费者对保健品惯常的功用性理解方式，将注意力由产品功效转移到附加价值上来。

（3）竞争定位方法。如果说前面两种方法基本上属于静态的定位，那么竞争定位更接近于一种动态的定位。各种静态定位大都需要根据竞争情况加以优化和整合，然后根据竞争需要形成一种综合性的全面定位策略。里斯和特劳特将竞争定位策略归纳为三种类型。

①领导者定位。率先成为市场领导者，可以获取更多的利润，掌握更大的市场主动权。企业一旦拥有领导者的地位后，面临的考验是如何长久保持这种优势，可以采用以下几种策略：不断强化产品概念，发展自身优势，如海尔一直坚持"真诚到永远"的承诺，并通过不断推陈出新的服务方式，为顾客提供

更大的附加利益；实施竞争压制，不给挑战者夺去领导地位的机会，可以采用品牌延伸等策略，扩大品牌的包容性，如宝洁在这方面做得最为成功，几乎通过不同的子品牌与差异化产品区分，占领了柔顺、去屑、焗油亮发、草本护发等洗发水细分市场，为竞争对手设置了难以逾越的障碍。

②跟进者定位。一般而言，跟进者在市场竞争中不具有领导者的优势，它只是一个模仿者，需要寻找市场空隙以填补这个空白点。可以通过比附定位、高级俱乐部策略、市场空缺定位等方式发现新的消费者心理空间。"农夫果园"推出时市场上已经有不少果汁饮料，它的独特之处就在于提供了三种水果混合的产品，满足了消费者对更多营养物质的需要，从而后来居上获取成功。

③为竞争对手重新定位。这种方式往往代表了一种短兵相接的竞争形态。在一个饱和的市场中，后来者往往采取出其不意的战术，通过对已获取成功的某种产品的重新定位，给自己创造生存空间。这需要找到竞争对手隐蔽的弱点，然后将其放大，从而在攻击中赢得胜利。前几年国内市场由后至的"矿泉水"向先获取立足之地的"纯净水"叫板的那场"水战"，就是通过夸大纯净水营养物质缺乏的劣势，而展示了自己矿物质丰富的独特优势。运用这种策略时，需要突出出其不意、否定性和强制性三个特点，以在竞争对手尚无应对之策时牢牢赢得市场认同，不给对方以还手之机，需要注意的是要掌握好一个度，以免违反《广告法》中对比较广告的规定。

2. 品牌定位方法

除上面介绍的产品定位方法外，品牌定位还有一些特定的方法，有些是对产品定位方法的细化表述，有些是根据品牌含义引申出的方法。

（1）地域或文化定位。由于品牌包含原产国或者特有历史文化等方面的内涵，不少品牌正是采用地域或文化的定位方式，突出其特有优势。如"耐克"在原产国美国并没有工厂，而是在全球很多国家进行贴牌生产，但品牌宣传中却突出是美国品牌，彰显美国自由、冒险、积极进取等精神，寻找美国优秀体育明星做品牌形象代言人，这样消费者明明知道自己买的鞋是中国福建加工生产的，却在内心认可这是十足地道的美国时尚产品。

（2）象征性定位。品牌具有象征作用，可以暗示消费者购买了品牌产品，同时也享有了附加的象征性利益。如消费"万宝路"的顾客，会具有美国西部牛仔们粗犷、豪放的男子汉气质；购买"非常可乐"的消费者支持中国人自己的品牌，有民族气节；使用"2008北京奥运会赞助商"的产品，可以显示消费者与该品牌一样支持奥运活动。

（3）价值定位。品牌不同于产品的一个重要特征，就是其具有无形资产价值，使得产品具有价值增值功能。每年 Interbrand 等品牌研究机构对全球知名品牌资产的价值评估数据，不仅会影响到该品牌的股市表现，还会影响消费者对品牌价值认知的心理。因此，重视品牌价值十分必要。品牌的价值定位也是一种品牌定位的方法，即通过价值差异确定在消费者心中不同的位置。如"LV"手提包，单从原料看不过是一个真皮的小包，但却在目标受众心中具有远远超出价格本身的价值，附加了全球顶尖设计师、流行时尚、限量发售珍藏等增值元素，从而成为拥趸者争先抢购、炫耀的资本，甚至连貌似中国农民工不离手的"蛇皮袋"新品，也掀起抢购风潮。

（4）情感定位。品牌因为具有形象和个性，很容易与消费者建立起情感，因此，情感定位也是一种重要的品牌定位方式。养生堂擅长使用这种方法：推出的"母亲"牌牛肉棒，借助母亲关爱、温柔的形象，表达出对受众的亲和感情；"龟鳖丸"则是真诚回报父爱的品牌。这种定位方式具有明显的优势，因为消费者一旦认可了品牌传播的情感，就会建立一种比较牢固、稳定的关系，形成品牌忠诚。

案例分析

红罐王老吉的品牌定位

凉茶是广东、广西地区的一种由中草药熬制，具有清热祛湿等功效的"药茶"。在众多老字号凉茶中，又以王老吉最为著名。王老吉凉茶发明于清道光年间，至今已有175年，被公认为凉茶始祖，有"药茶王"之称。20世纪50年代初由于政治原因，王老吉凉茶铺分成两支：一支完成公有化改造，发展为今天的王老吉药业股份有限公司，生产王老吉凉茶颗粒（国药准字）；另一支由王氏家族的后人带到香港。加多宝是位于东莞的一家港资公司，经王老吉药业特许，由香港王氏后人提供配方，该公司在中国内地独家生产、经营王老吉牌罐装凉茶（食字号）。

一、发展困境

2002年以前，从表面看，红色罐装王老吉（以下简称"红罐王老吉"）是一个活得很不错的品牌，在广东、浙南地区销量稳定，盈利状况良好，有比较固定的消费群，红罐王老吉饮料的销售业绩连续几年维持在1亿多元。但发展到这个规模后，加多宝的管理层发现，要把企业做大，要走向全国，就必须克服一连串的问题，甚至原本的一些优势也成为困扰企业继续成长的障碍。

而所有困扰中，最核心的问题是企业不得不面临一个现实难题——红罐王老吉当"凉茶"卖，还是当"饮料"卖？现实难题主要表现为以下三个方面：①广东、浙南消费者对红罐王老吉认知混乱，拥有凉茶始祖王老吉的品牌，却长着一副饮料化的面孔。②红罐王老吉无法走出广东、浙南。在两广以外，人们并没有凉茶的概念，内地的消费者"降火"大多是通过服用牛黄解毒片之类的药物来解决。做饮料同样危机四伏，碳酸饮料与茶饮料、果汁饮料早已有市场领先的企业。③推广概念模糊。如果用"凉茶"概念来推广，加多宝公司担心其销量将受到限制，但作为"饮料"推广又没有找到合适的区隔，因此，在广告宣传上不得不模棱两可。

二、重新定位

2002 年底，加多宝找到成美营销顾问公司，初衷是想为红罐王老吉拍一条以赞助奥运会为主题的广告片，要以"体育、健康"的口号来进行宣传，以期推动销售。成美经初步研究后发现，红罐王老吉的销售问题不是通过简单的拍广告可以解决的。虽然销售了 7 年，其品牌却从未经过系统、严谨的定位，企业都无法回答红罐王老吉究竟是什么，消费者就更不用说了，完全不清楚为什么要买它——这是红罐王老吉缺乏品牌定位所致。经一轮深入沟通后，加多宝公司最后接受了建议，决定暂停拍广告片，委托成美先对红罐王老吉进行品牌定位。

为了了解消费者的认知，一方面研究红罐王老吉竞争者传播的信息；另一方面与加多宝内部、经销商、零售商进行大量访谈，完成上述工作后，聘请市场调查公司对王老吉现有用户进行调查。以此基础进行综合分析，厘清红罐王老吉在消费者心中的位置——在哪个细分市场中参与竞争。

在研究中发现，广东的消费者饮用红罐王老吉主要在烧烤、登山等场合。其原因不外乎"吃烧烤容易上火，喝一罐先预防一下"、"可能会上火，但这时候没有必要吃牛黄解毒片"。而在浙南，饮用场合主要集中在"外出就餐、聚会、家庭"。在对当地饮食文化的了解过程中，研究人员发现，该地区消费者对于"上火"的担忧比广东有过之而无不及，如消费者座谈会桌上的话梅蜜饯、可口可乐都被说成了"会上火"的危险品而无人问津。而他们对红罐王老吉的评价是"不会上火"，"健康，小孩老人都能喝，不会引起上火"。

消费者的这些认知和购买消费行为均表明，消费者对红罐王老吉并无"治疗"要求，而是作为一个功能饮料购买，购买红罐王老吉的真实动机是用于"预防上火"，如希望在品尝烧烤时减少上火情况发生等，真正上火以后可能会采用药物，如牛黄解毒片、传统凉茶类来治疗。

再进一步研究消费者对竞争对手的看法，则发现红罐王老吉的直接竞争对手，如菊花茶、清凉茶等由于缺乏品牌推广，仅仅是低价渗透市场，并未占据"预防上火的饮料"的定位。而可乐、茶饮料、果汁饮料、水等明显不具备"预防上火"的功能，仅仅是间接的竞争。

同时，任何一个品牌定位的成立，都必须是该品牌最有能力占据的，即有据可依。如可口可乐说"正宗的可乐"，是因为它就是可乐的发明者。研究人员对于企业、产品自身在消费者心中的认知进行了研究，结果表明，红罐王老吉的"凉茶始祖"身份、神秘中草药配方、175年的历史等，显然是有能力占据"预防上火的饮料"这一定位。

由于"预防上火"是消费者购买红罐王老吉的真实动机，自然有利于巩固加强原有市场。而能否满足企业对于新定位"进军全国市场"的期望，则成为研究的下一步工作。通过二手资料、专家访谈等研究表明，中国几千年的中医概念"清热祛火"在全国广为普及，"上火"的概念也在各地深入人心，这就使红罐王老吉突破了凉茶概念的地域局限。研究人员认为："做好了这个宣传概念的转移，只要有中国人的地方，红罐王老吉就能活下去。"

至此，品牌定位的研究基本完成。在研究一个多月后，成美向加多宝提交了品牌定位研究报告，首先明确红罐王老吉是在"饮料"行业中竞争者，竞争对手应是其他饮料。其次红罐王老吉的品牌定位——"预防上火的饮料"，独特的价值在于——喝红罐王老吉能预防上火，让消费者无忧地尽情享受生活：吃煎炸、香辣美食，烧烤，通宵达旦看足球……这样定位红罐王老吉，是从现实格局通盘考虑，主要益处有四个方面：

1. 利于红罐王老吉走出广东、浙南

由于"上火"是一个全国普遍性的中医概念，而不再像"凉茶"那样局限于两广地区，这就为红罐王老吉走向全国彻底扫除了障碍。

2. 避免红罐王老吉与国内外饮料巨头直接竞争，形成独特区隔

3. 成功地将红罐王老吉产品的劣势转化为优势

淡淡的中药味，成功转变为"预防上火"的有力支撑；3.5元的零售价格，因为"预防上火"的功能，不再"高不可攀"；"王老吉"的品牌名和悠久的历史，成为预防上火"正宗"的有力支撑。

4. 利于加多宝企业与国内王老吉药业合作

正由于加多宝的红罐王老吉定位在功能饮料，区别于王老吉药业的"药品"，因此能更好促成两家合作共建"王老吉"品牌。两家企业共同出资拍摄一部讲述王老吉凉茶创始人行医的电视连续剧《岭南药侠》。

成美在提交的报告中还提出，由于在消费者的认知中，饮食是上火的一个重要原因，特别是"辛辣"、"煎炸"饮食。因此建议在维护原有的销售渠道的基础上，加大力度开拓餐饮渠道，在一批酒楼打造旗舰店的形象，重点选择在湘菜馆、川菜馆、火锅店、烧烤场等。

凭借在饮料市场丰富经验和敏锐的市场直觉，加多宝董事长陈鸿道当场拍

板，全部接受该报告的建议，决定立即根据品牌定位对红罐王老吉展开全面推广。

"开创新品类"永远是品牌定位的首选。一个品牌若能够将自己定位为与强势对手所不同的选择，其广告只要传达出新品类信息就行了，而效果往往是惊人的。红罐王老吉作为第一个预防上火的饮料推向市场，使人们通过它知道和接受了这种新饮料，最终红罐王老吉就会成为预防上火的饮料的代表，随着品类的成长，自然拥有最大的收益。

确立了红罐王老吉的品牌定位，就明确了营销推广的方向，也确立了广告的标准，所有的传播活动就都有了评估的标准，所有的营销努力都将遵循这一标准，从而确保每一次的推广。

三、推广效果

红罐王老吉成功的品牌定位和传播，给这个有 175 年历史的、带有浓厚岭南特色的产品带来了巨大的效益：2003 年红罐王老吉的销售额比 2002 年同期增长了近 4 倍，由 2002 年的 1 亿多元猛增至 6 亿元，并以迅雷不及掩耳之势冲出广东、浙南；2004 年尽管企业不断扩大产能，但仍供不应求，订单如雪片般纷至沓来，全年销量突破 10 亿元；2005 年再接再厉，全年销量稳过 20 亿元；2006 年加上盒装，销量近 40 亿元；2007 年销量则高达 90 亿元。

案例改编自："红罐王老吉品牌定位战略"，亿禧网，2008 年 5 月 26 日。

第七章

品牌渠道策略

学习目标

知识要求 通过本章的学习，掌握：

- ● 渠道营销的基本含义
- ● 渠道对品牌的传播价值
- ● 渠道的功能及其辐射能力
- ● 品牌延伸与渠道的扩张
- ● 品牌延伸中对渠道的把控

139

技能要求 通过本章的学习，能够：

- ● 了解渠道营销的基本内涵
- ● 认识渠道对品牌的传播能力
- ● 从实际出发把握渠道与品牌关系

学习指导

1. 本章内容：渠道营销与渠道传播的基本概念与内涵；营销渠道具有的特别品牌传播功能；在品牌营销中渠道的辐射与扩张能力；品牌延伸的概念、方式，以及品牌延伸中对渠道的把控等。

2. 学习方法：结合案例，厘清思路；注意观察现实中品牌与渠道之间的营销互动现象，能够独立分析案例并总结其特点。

3. 建议学时：6 学时。

引导案例

屈臣氏的品牌营销与渠道建设相得益彰

　　屈臣氏一个于1828年成立在广州的小药房，一百年多的沉淀后于1981年被华人首富李嘉诚名下的和记黄埔收购。屈臣氏如今已是现阶段亚洲地区最具规模的个人护理用品连锁店，也是目前全球最大的保健及美容产品零售商和香水及化妆品零售商之一。屈臣氏在"个人立体养护和护理用品"领域，不仅聚集了众多世界顶级品牌，而且还自己开发生产了600余种自有品牌。屈臣氏目前在亚洲以及欧洲的36个市场、1800个城市共拥有18个零售品牌，超过7300间零售店铺，每星期为全球超过2500万人提供着个人护理用品服务。作为目前亚洲零售业的巨人，从中国内地、中国香港、新加坡、马来西亚、印尼、泰国再到韩国，都可以看得到屈臣氏醒目的店招，那么屈臣氏的经营制胜之法到底是什么呢？其实，说到底"屈臣氏"不过是一家超市。假若按照目前国内的超市模式来衡量的话，"屈臣氏"甚至连一家社区24小时中小型商场超市都不及。论面积，数百平方米，论货品，多不过千，然而屈臣氏却在广州、上海以及北京等大城市创造了一个个的店铺销售业绩神话。归根结底屈臣氏的制胜法宝就在于它在渠道方面所具有的优势。

140

　　首先，屈臣氏在渠道终端的营销手法，可以说是非常细致和有特色的。为了更方便顾客，以女性为目标客户的屈臣氏将货架的高度从1.65米降低到1.40米。屈臣氏更将走廊的宽度适当增大，增加顾客选择的时间和舒适度。同时店面颜色更多使用浅色，让顾客更容易兴奋起来。每家屈臣氏个人护理店均清楚地划分为不同的售货区，商品分门别类，摆放整齐，便于顾客挑选。在商品的陈列方面，屈臣氏注重其内在的联系和逻辑性，按化妆品—护肤品—美容用品—护发用品—时尚用品—药品的分类顺序摆放。屈臣氏还在不同的分类区域推出不同的新产品和促销商品，让顾客在店内不时有新发现，从而激发顾客的兴趣。

　　其次，屈臣氏拥有一支强大的健康顾问队伍，包括全职药剂师和供应商驻店促销代表。他们均受过专业的培训，为顾客免费提供保持健康生活的咨询和建议。屈臣氏在店内陈列信息快递《护肤易》等各种个人护理资料手册，免费提供各种皮肤护理咨询；药品柜台的"健康知己"资料展架提供各种保健营养分配和疾病预防治疗方法；积极推行电脑化计划，采用先进的零售业管理系统，提高了订货与发货的效率。如此种种，可以让客户看到，屈臣氏关心的不仅是商品的销售，更注重对顾客体贴细致的关怀，充分展现了其"个人护理"

的特色服务。

再次，值得一提的是屈臣氏独具特色的自主品牌营销，屈臣氏店内有 25% 的空间留给自有品牌，包括所有一般品类以及特殊品类，摆放在屈臣氏自有品牌区域比较显眼的位置。同时，屈臣氏还为自有品牌产品特制了小册子，详述各品类的不同产品。除了促销，还有一般试用品的店内派发和使用活动。试用品的及时派发，可以使消费者随时感受产品的质量，同时对屈臣氏自有品牌的性价比有一个理性的认识。此外，屈臣氏会对销售人员进行特殊培训，使其掌握最详尽的产品信息和有效的促销技巧。自有品牌成为零售业发展过程中不可缺少的一个重要组成部分。而亚洲最大的保健及美容产品零售连锁集团——屈臣氏个人护理店用行动表达了自己的态度：自有品牌不仅是"重要"的，而且是"必不可少"的。

最后，由于掌握了雄厚的上游生产资源，"屈臣氏"就可以将终端消费市场的信息第一时间反馈给上游生产企业，进而不断调整商品。从商品的原料选择到包装、容量直至定价，每个环节几乎都是从消费者的需求出发，因而所提供的货品就像是为目标顾客量身定制一般。哪怕是一瓶蒸馏水，不论是造型还是颜色，都可以看出"屈臣氏"与其他产品的不同。正是从消费者的角度出发，屈臣氏似乎总走在别人前面。根据目标客户群的定位，屈臣氏提出了"个人护理"的概念。凭借其准确的市场定位，屈臣氏"个人护理专家"的身份深入人心，以至于人们一提到屈臣氏便想到"个人护理专家"，其品牌影响力由此可见一斑。

141

案例来源：卫军英：《整合营销传播典例》，杭州：浙江大学出版社，2008 年版。

➡️ **思考题：**

1. 渠道建设与品牌营销有哪些互为依存关系？
2. 屈臣氏在渠道营销中做了哪些品牌传播工作？

第一节　营销渠道与渠道传播

在传统营销构架中，渠道是营销组合的四个基本要素之一，当然也可以说属于营销战略性配置。过去相对于其他几个基本要素如产品、价格、促销而言，无论是企业还是理论界对于营销渠道的认识和研究都不充分，甚至是在其他几项要素之后才会关注渠道。现在随着营销的日趋复杂和营销观念的转变，渠道越来越受到关注，从品牌营销的角度审视，渠道甚至具有某种独立营销属性，在品牌营销中担负着渠道营销和渠道传播的功能。

一、营销渠道的基本定义

营销渠道（Marketing Channel）也被称作是贸易渠道或者分销渠道。营销学家伯特·罗森布罗姆（Bert Rosenbloom）在其著作《营销渠道》中，讲到营销渠道的概念混乱时这样说："有时它被认为是一种把商品从生产者转移到消费者或其他最终用户的通道；有时它被认为是商品通过各种代理环节的过程。此外也有观点认为，渠道是一种商业企业之间为共同实现某种交易而形成的一种松散联盟。"①这种不同的看法实际上是基于对渠道属性和渠道作用的不同认识，或者是从不同视角对渠道作用的观察。

事实上渠道不仅是一种商业服务和营销手段，也是一系列的商业和营销组织。通常情况下，大多数生产者并不是将其产品直接出售给最终用户的，而在生产者和最终用户之间还有一系列的中间机构担负着不同的功能，这些中间商就构成了营销渠道。一般来说营销渠道是促使产品或服务顺利地被使用或被消费的一整套相互依存的组织，它们组成一个产品或服务在生产出来以后的一系列途径，经过销售到达最终用户手中。②

由于渠道在整个营销链条中所担负的是一种传递作用，所以可以简单地说，营销渠道就是产品从制作者手中转至消费者手中所经过的各个中间商连接起来的通道，它由位于起点的生产者和位于终点的消费者，以及位于两者之间的各类中间商组成。而不同企业、品牌由于属性不同，其与消费者联系、并将产品送达消费终端的形式也有所不同，这就导致了营销渠道的多样化。如在营销渠道中，很多中间机构自己本身也不接触消费终端，它们只是买进商品或者取得商品所有权，然后再将其出售给其他中间商，这些中间机构就叫做买卖中间商，如一些大型的批发贸易公司、各式各样的进出口公司，大多都属于这一类型。还有一些中间机构，则直接和消费终端联系，它们从生产商或者批发商那里获得产品，由自己直接寻找顾客并将产品最终出售给顾客。除此之外，还有一些中间机构同样也承担着分销支持活动，这些中间机构大多是一些服务机构，它们既不取得商品所有权，也不直接参与销售和各种买卖谈判，只是在整个销售中起到相应的服务支持，这些机构称作营销渠道的辅助机构，如物流公司、独立仓库、银行和广告代理商等。

---

① ［美］伯特·罗森布罗姆：《营销渠道》，北京：中国人民大学出版社，2007年版，第7页。
② ［美］菲利普·科特勒等：《营销管理》（第12版），上海：上海人民出版社，2006年版，第526页。

二、渠道的变化及其价值

事实上自从 20 世纪 90 年代以来，在市场营销领域发生了一个很大的变化，这就是营销力量的转型。总的来说这种转型是一种权力转化的过程，即市场的主导力量在制造商——中间商——消费者间不断发生转化。在早期的市场上，生产商对市场具有绝对的发言权，其不仅可以控制商品，甚至也可以控制渠道。随着市场规模的日益扩大和日趋复杂化，生产商对市场的控制越来越力不从心，于是主导市场的驱动力开始转向中间商，这一时期中间商的力量发展得格外快，许多著名的中间商成为耀眼的市场角色，如零售领域的沃尔玛、中国家电连锁的苏宁电器、国美电器等，都是一些零售商。在 2005 年后沃尔玛甚至取代半个世纪以来稳居世界 500 强之首的制造业和资源类企业，一举拿下500 强头把交椅并且蝉联数年，这些都标志了中间商的崛起以及其所形成的强大的市场控制力量。

当然随着信息化时代的到来以及市场格局的变化，这种主导市场的力量在逐步下移中，也在逐渐向消费终端倾斜。尤其是电子商务的发展，增加了消费者在营销中的角色控制力和话语权。电子商务所引导的营销革命甚至被描述成为是一种"非中间化"的营销模式，然而实际上这种认识并不确切，中间商并没有消失，它只是以另一种形式而存在。如雅虎（Yahoo）、阿里巴巴（Alibaba）、易趣（eBay）、亚马逊（Amazon）等，都代表了电子商务时代新型中间商的崛起。就市场驱动力量而言，总的来说市场营销就是一种多方博弈，最终必须达成权力平衡才能真正保证营销的持续发展。但是不论怎么说，中间商在这个营销体系中的作用将更加重要，因为它永远承担着与消费终端的联系，而且随着市场越来越庞大和复杂，这种联系也越来越重要。只是这种联系形式会发生很多变化，如在过去我们购买书籍要去书店，现在通过亚马逊或者当当网，则可以更快、更便捷甚至更省钱地买到想要的书籍；过去要逛店或者买一件商品，要去一家大型商场，往往要花很多时间，现在足不出户就可以很方便地在淘宝网上流连，不仅节省了时间成本，而且还有了更多的比较和选择机会。

在新的营销背景下，必须关注的是随着市场权力和话语权的转移，以及营销中间对话的增加，品牌观念将越来越深入，而这种品牌观念的核心也将不再是传统的如同宝洁帝国那样的品牌方式——建立在强大的广告与促销对形象的塑造和对消费者的拉动上。换句话说消费者对品牌由顶礼膜拜甚至盲从，将走向更深层次的对话沟通与共享的关系层面，因此在过去渠道可能主要把自己的任务界定在分销层面上，但是在新的环境下单纯的渠道分销已经无法保证营销价值实现，所以渠道不仅是分销同时还是品牌建构的一种新方式。比如，在新的信息环境和营销背景下，传统的书店如果还是坚持以往那种分销和零售方式，其运营成本就会远大于网上销售，没有竞争优势。在此背景下书店作为中间商就应该转变自己的定位，不单纯是一个分销渠道，还是一个顾客交流互动、分享文化活动的体验场所。从这点来看渠道本身不但不会消失甚至弱化，渠道的功能反而会加强。当然它同样要求渠道改变固有的观念，从简单的分销走向品牌营销。

三、渠道在品牌营销中的传播功能

在以往市场营销的理论体系中，各种营销元素往往被独立看待。如营销传播只是营销组合中的一个元素，其主要任务就是向消费者传递有关的营销信息；营销渠道则主要承担分销功能。这种割裂各种要素关联的思想，使得营销沟通和营销渠道成为附属于整个营销体系之下的互不相关的从动因素。但是在品牌营销的视野中，营销已经不是简单的交易同时也是沟通和传播过程，没有沟通就无法实现营销价值。从品牌营销角度看，在营销过程中品牌和相关利益者之间的关系愈发复杂，在此我们有必要引入一个整合营销传播概念：接触。所谓接触是指品牌与相关利益群体趋向某个具体接触点上的行为体验的过程。要想达到合理的营销传播效果，必须从客户与相关利益者的现实出发，分析各种传播接触，并在此基础上有效地实施接触点管理。而在这份接触点清单内，自然也包括营销渠道。渠道不仅在营销过程中起到了引导物流的作用，同时也传播了公司和品牌的信息。

品牌关系是一种超越简单销售各方的多层面关系，作为营销渠道的主要构成中间商，在品牌和整合传播中都可视为企业的相关利益群体。一般来说维持与其他相关利益群体并不属于营销中的任务，但由于在品牌营销过程中，营销与传播已经紧密地联系到了一起，这些利益相关群体或多或少会从不同方面对公司或者品牌发生影响，所以品牌必须要考虑与这一群体的沟通。对于大多数公司和品牌而言，渠道分销商代表了公司以及品牌流转的下游，直接关联到公司或者品牌存在的可能性。近些年来分销商的地位越来越重要，这是因为分销商不仅是单纯的销售渠道，更重要的是它直接联系着销售终端，是品牌和消费者实现接触的关键链条。其本身就是品牌传播沟通的主要管道，所以必须保证这个管道的流畅。

对渠道传播进行良好的控制和管理可以以其特有的形式传播品牌信息。企业在渠道中发生的业务关系主要包括合同签订、订单处理、货物发送和货款回收等。传统的渠道管理方式一般以依靠销售人员自行管理和维护为主，因此经常发生与渠道商关系处理不当的状况，而由于渠道商直接面对终端市场，它可以清晰地把有关企业的负面消息传递给消费者。在导致客户流失对企业经济利益造成损害的同时也对企业和品牌的形象造成了恶劣的影响。而在营销过程中重视渠道的传播作用，对渠道链条进行管理控制，可以有效地保证营销链中各个环节的利益平衡，并以此与相关利益者建立了良好的品牌关系。与此同时，消费者也可从渠道商那里获得有关企业或者品牌的相关信息，而且这些信息的传播力度远远大于有意识的媒体传播。

之所以会出现这种情况，一个很重要的原因是，消费者大多已经厌倦了公司或者品牌有意识的广告宣传，他们更加相信公司或者品牌在无意识状态下所表露的信息。而经渠道商所传播出的信息，不论企业是否意识到，都将与其他传播活动或者品牌联系在消费者心目中产生一个产品的整合印象。也就是说，消费者会自动地把企业或者是其他信息源发出的与品牌有关的不同信息整合到一起，而良好的渠道传播信息则可起到一种叠加的效果，从而影响消费者对企业和品牌的感觉。

案例延伸分析

屈臣氏渠道建设中的品牌传播

渠道对品牌的贡献在于营销与传播的统一。从这个角度理解，屈臣氏的营销渠道也可以被视为公司或品牌与消费者进行沟通的一个接触点，它不仅是物流的传输通道，也是企业信息传递的途径之一。在对传统意义上的广告投入不多的情况之下，屈臣氏正是通过最大限度地发挥渠道传播的作用，逐步奠定了国内护理用品业"老大"的地位。具体来说，渠道传播的作用可体现在以下四个方面。

1. 在渠道终端营造购物氛围

屈臣氏把自己成功的秘诀归结为：独特的产品组合（日用品、美容及保健品、特色商品）+保证优质+保证低价+每周新品不断+惊喜不断的购物环境。我们尤其应该注意的是屈臣氏在最后一点"购物环境"上的独到之处。作为一家连锁超市企业，屈臣氏在终端市场可谓下足了功夫。从细致的产品陈列布局到舒服的购物氛围，乃至店面颜色的选用，屈臣氏无不从最大限度方便消费者选购、促成销售角度出发来设计。屈臣氏商品陈设的策略，能充分利用固定不变的商场空间来展示变动的商品组合，既方便消费者，又带动销售。而在优雅的购物环境中，消费者不仅可以轻易见证高质低价的承诺，更能从其独一无二的产品组合中，体验屈臣氏独家提供的与世界同步的购物惊喜。

2. 树立企业的良好形象

根据目标客户群的定位，屈臣氏提出了"个人护理"的概念。而现如今，屈臣氏"个人护理专家"的身份深入人心，以至于人们一提到屈臣氏便想到"个人护理专家"，其品牌影响力由此可见一斑。值得注意的是，屈臣氏的品牌形象并不是依靠在大众媒体上铺天盖地地做广告，而更多的是通过销售终端的渠道得以建立起来的。屈臣氏强大的健康顾问队伍，在引导消费者选购商品的同时，更多地充当了消费者健康顾问的角色，这很好地体现了屈臣氏关心的不仅是商品的销售，更注重对顾客体贴细致的关怀，充分展现了其"个人护理"的特色服务。走进屈臣氏，给人的感觉，不是走进了一家超市，而是一家专业的个人护理店。屈臣氏"健康"、"美态"、"欢乐"的企业形象也由于渠道终端的有力支持而得以建立起来。

3. 有利于与消费者建立关系

整合营销传播对传统市场营销观念的一个重要发展就在于它强调了与相关利益者建立关系的重要性，而在所有的相关利益群体中，消费者作为营销终端，他们对品牌的支持与否直接决定了品牌能否销售并获得利润。因此整合营销传播中首先要建立的就是品牌与顾客之间的关系。要想与消费者建立良好的关系，就必须保证流畅的传播反馈渠道，通过经常性的具有深度的沟通，迅速了解消费者不断变化的需要和需求。而在进入中国市场的17年以来，屈臣氏一直秉承着其"健康"、"美态"、"欢乐"的经营理念，致力于研究并满足消费者的需求。"最幸福的消费者造就最好的零售商家"，这成为屈臣氏作为零售商的成功信条。屈臣氏根据消费者需求所研制出的自主品牌就是很好的佐证。屈臣氏以消费者为本不断推出创新的服务与市场策略，不断深入挖掘目标消费群体广泛喜好且具有价格竞争优势的时尚个人护理系列产品，并在此基础上不断调整低价产品的组合，迎合了更多新、老顾客的广泛需求。以消费者为本的观念很大程度上有利于提高消费者的忠诚度，并进一步与消费者建立起良性的品牌关系。

4. 与渠道上游保持畅通的沟通渠道

作为一家零售企业，供应商代表了公司及其品牌流转的上游，直接关系公司或者品牌存在的可能性。一个品牌如果无法处理好与它的供应商的关系，那么其结果不但是原材料无法得到应有的保证，而且还会受到来自下游或者终端市场的质疑。而屈臣氏凭借其与消费者之间接触的优势，将终端消费市场的信息第一时间反馈给上游生产企业，进而不断调整商品。此举不仅使供应商得以生产出消费者青睐的产品，也有助于与其建立合作关系，同时来自供应商的美誉也会增加屈臣氏的品牌效应，保证了完整沟通渠道的通顺。

案例来源：卫军英：《整合营销传播典例》，杭州：浙江大学出版社，2008年版。

思考题：

1. 屈臣氏在渠道营销中是如何进行品牌传播的？

2. 具体分析渠道与品牌之间是怎样达成互动的？

第二节　渠道辐射与品牌驱动

在品牌营销中，渠道与品牌的关系是相辅相成、互相促进的。从品牌传播角度看，营销渠道本身具有品牌传播功能，而且由于渠道本身也属于品牌相关利益群体，所以毫无例外地处于品牌关系范畴中；从渠道营销角度看，品牌本身对营销驱动有促进作用，品牌的影响力和驱动力有利于渠道的推广和销售。

一、渠道的辐射能力

渠道营销是建立在它所拥有的分销能力和分销网络之上的，渠道可以把生产商制造的产品进一步发送向更为广阔的市场，乃至于产品的销售终端，这种发送能力和覆盖范围，就是渠道的辐射能力。在一般营销实践中，渠道的功能主要体现在物流方面。从物流来看渠道，它的辐射能力与覆盖范围和影响程度相关联。

通常情况下，渠道是分为不同层级的，一般归分为四级：零级渠道、一级渠道、二级渠道和三级渠道。所谓零级渠道也就是直接营销渠道，它是由生产商直接把产品发授给最终消费者渠道。运用零级渠道进行直接营销的方式很多，主要有直接上门推销、产品展示会、电话营销、电视直销、邮购和网络营销等。很多面对组织用户的产品或者是比较大型的工业用品，一般是从生产商到直接用户的，如锅炉、机床等；很多服务型品牌也是零渠道直接营销的，如银行储蓄理财、保险等业务；还有一些普通日用产品会采取直接营销方式，如化妆品行业的雅芳、日化用品安利等。所谓一级渠道是在生产商和最终用户之间，只有一个中间商；二级渠道包括两个中间商，在消费市场上通常是批发商和零售商；三级渠道则有三个中间商，如批发商、中转商、零售商等。从这个层级来看，渠道在和最终用户沟通中也要受到渠道层级的限制，渠道层级越多则与最终用户沟通越困难，获得信息的障碍也越多。当然越是上级的渠道，对消费终端的影响也越低。

渠道的中心任务是物流，但是物流并不是其唯一任务，在现实中还有很多营销需求是伴随着物流而存在的。科特勒认为渠道的功能主要有以下几个

方面:①

- 收集市场中潜在的和现有顾客,以及竞争者和其他相关团体的信息
- 开展极具说服力的沟通交流来刺激购买
- 在价格和其他事件上达成协议,以便能够对所有权或所有物的交易产生影响
- 给制造商下订单
- 获得不同水平营销渠道的详细目录经费
- 承担与外包渠道合作的风险
- 提供连续的存货和实际流动的产品
- 为购买者的付款提供银行或者其他金融机构服务
- 监督从一个组织或人到另一个组织或人的所有权转移

从以上功能可以看出,渠道实际上不仅是一个产品传送的销售和物流机构,还是一个涉及很多沟通任务的信息传播机构。这种信息传播能力实际上就是对品牌的营销能力。

二、渠道的传播功能

品牌营销是多维的营销传播,可以说市场营销的每一个环节都涉及品牌问题,而每一个环节也都是在与消费者沟通。众所周知的广告、公关、促销、直效行销等,都是不同形式的沟通传播;商品设计、包装、店堂陈列、店头促销及零售店广告也是沟通传播。与此同时,承担物流的渠道同样也是一个品牌传播的环节,在商品与服务得以流通和转移的同时,有关企业或品牌的信息和形象也借助物流渠道传播开来。

渠道为王的时代,很多企业只是看到渠道对销售的贡献,而忽视了渠道对品牌传播的强大力量,殊不知终端的品牌形象对消费者的购买行为有极大的影响。因为消费者可从渠道商那里获得有关企业或者品牌的相关信息,而且消费者认为这些信息的可信度远大于有意识的媒体传播。即对于消费品而言,传播品牌、建立品牌的主要途径将逐渐由广告转向渠道。因此很多企业也将资源首先投入创意性的渠道建设,而不是大众传媒;换而言之,要对销售部门的渠道费用进行品牌化规划,尤其是越来越增长的渠道促销费用。

近年来传统的大众媒体广告投入越来越多,但是其影响效果却越来越差。很多企业鉴于传统广告收视成本的增加,越来越多地将品牌的传播转向渠道,

---

① [美]菲利普·科特勒等:《营销管理》(第12版),上海:上海人民出版社,2006年版,第531页。

从品牌成长的轨迹看，渠道将成为产品实现价值的第一步。在早期的电视广告"标王"时代，单纯运用大众媒体广告即可实现营销价值，如今受产品同质化、渠道复杂化、消费行为的理性化等因素影响，运用过去行之有效的会展、广告等招商手段已不能达成建立销售渠道的目标。如在国内比较成熟的家电行业，现在已很少出现大规模的品牌广告，而主要是新产品广告，海尔、TCL、长虹、海信等家电后头，其目前市场费用的主体主要集中在维护店中店、导购、专卖店等项目上，大众媒体广告已不是拉动销售的主要力量。越来越多的企业已经开始重视进行渠道的品牌化，即致力于通过渠道而不是大众媒体传播品牌，这势必会使企业或品牌的信息得以更有效的传播，进而树立品牌形象。

与此同时，如果能够更好地使用处于渠道链条末端的市场终端传播，无疑可以使整个营销传播过程更加便捷。这是因为终端市场可以直接与消费者进行沟通，可以获得即时的传播效果并进一步形成购买。因此，像商品展示和店内设计这样的促销手段也就成为能够引导消费者购买的重要沟通工具。作为一种以视觉传播为主的顾客接触空间，以大型百货商店、超级市场、公众专卖店、连锁店为代表的商业购物场所，为了在激烈的商业竞争中取胜，都不惜把巨大的财力和物力花在广告和展示上，各种购物环境设计、橱窗陈列、POP 设计等，每每标新立异、推陈出新。成功的商业环境设计既体现了人性化的环境需求，传递了企业及品牌的信息，也表达了相应的商业推广意义。对渠道的品牌传播功能可以从以下五个方面了解：

（1）一个良好的沟通渠道本身具有相应的顾客联系，并对顾客信息具有比较充分的掌握。它能帮助品牌与最终顾客达成相互联系。比如，在超市内产品可以直接展示给消费者。

（2）一个良好的渠道具有对顾客的影响力，能够适当地说服顾客并与顾客进行良好的沟通。比如，渠道管理人员会向顾客解释产品或者品牌的功能与价值。

（3）一个良好的渠道在一定程度上是品牌的安全背书，可以增加顾客对品牌的信心，并受理顾客的售后要求。比如，电脑销售商不仅销售电脑也负责电脑的维保修服务。

（4）一个良好的渠道在信息和品牌传播上也担负着双重任务：一方面向顾客传递品牌信息；另一方面又把顾客信息回馈给生产商。比如，汽车 4S 店建立顾客档案并向厂商反馈。

（5）一个良好的渠道在一定程度上可以增加品牌的美誉度，从而提升品牌形象。

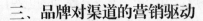

三、品牌对渠道的营销驱动

品牌对渠道的营销驱动主要是讲良好的品牌有利于提升渠道的营销能力，甚至在一定程度上可以帮助渠道进行推广和销售。简而言之，就是一个具有影响力的品牌，在一定程度上可以提升渠道本身的影响力，增加渠道的分销能力和消费者对渠道的认可。这也就是为什么一些著名品牌会得到很多中间商追捧的原因所在。这种来自品牌对渠道营销的驱动力量可以从以下五个方面看：

（1）任何渠道与消费者的关系都是建立在渠道所代理的品牌之上的，而中间商在市场中的位置实际上取决于上下游的认可。正是由于品牌的存在才保证了渠道的存在价值，并有效维护了渠道的运转。如果没有品牌，作为中间商的渠道本身也就失去了存在意义。

（2）因为品牌自身的推广，使得消费者在接近品牌时也接近了品牌的销售渠道。由于消费者在大多数情况下都是先认识品牌然后再认识渠道的，这使得当市场受到品牌的拉动时，消费者往往会主动寻找该品牌的销售渠道。

（3）品牌本身的价值会增进消费者对品牌经销渠道的信任。具有良好知名度和美誉度的品牌，不但有利于品牌销售，而且可以帮渠道树立良好的形象。一般消费者都有一个普遍心理，这个渠道在销售某一著名品牌，那么渠道本身也值得信赖。

（4）对品牌的高度认可可以带动渠道中其他产品的销售。一般情况下中间商并不单纯只经销某一个品牌，它还要销售其他品牌。知名品牌的加入在实现自身销售的同时，还可以带动中间商的整体销售。

（5）良好的品牌形象有利于帮助渠道获得来自各个不同层面的支持和营销帮助。中间商在开展营销过程中，需要来自周边各种相关群体的支持，由于著名品牌的加入，这种支持往往更容易获得。比如，来自金融机构的资金支持、来自媒体的宣传等。

正因为品牌对渠道具有上面所说的这些营销驱动力量，所以很多中间商都热衷于寻找著名品牌来代理。很多品牌也因此与中间商建立了良好的合作关系，并授予中间商"特约经销"、"总经销"、"总代理"、"专卖"等称号。从品牌自身来说，作为渠道的中间商是品牌关系中至关重要的一个链条，只有保持相互之间的合作和利益平衡，才能够保证品牌营销的价值。

沃尔玛创造连锁奇迹

沃尔玛是现今全世界最大的零售企业。《财富》杂志 1955 年开始评选世界 500 强企业的时候，沃尔玛还不存在。然而仅半个世纪后，沃尔玛已经成为雄踞世界 500 强榜首的零售业巨头。如今在全球有 5000 多个零售店、超级购物中心、山姆会员店的沃尔玛公司，雇员超过 150 万人，组成了一个威力无比的"沃尔玛帝国"。在过去的 20 多年中，沃尔玛以每年 10% 的增长速度膨胀，业务范围更是扩张到亚洲、欧洲和南美洲。人们不禁要问是什么成就了一个如此成功的企业？一个很重要的原因就在于它所拥有的渠道。

首先让我们看看沃尔玛在终端市场是怎么做的。"顾客第一"是沃尔玛公司的精髓。沃尔玛的营业场所总是醒目地写着其经营信条："第一条：顾客永远是对的；第二条：如有疑问，请参照第一条。"沃尔玛力图让顾客在每一家连锁店都感到"这是我们的商店"，都会得到殷勤、诚恳的招待，以确保"不折不扣地满足顾客需要。"例如，当任何一位顾客距营业员 3 米的时候，营业员都必须面向顾客、面带微笑，主动打招呼，并问"有什么需要我效劳的吗？"收银员则一律站立工作以示对顾客的尊重。此外，沃尔玛还从顾客需求的角度出发，提供多种特殊的服务类型以方便顾客购物，如沃尔玛将糕点房搬进了商场，更设有"山姆休闲廊"，所有的风味美食、新鲜糕点都给顾客在购物劳顿之余以休闲的享受。店内聘有专业人士为顾客免费咨询电脑、照相机、录像机及其相关用品的有关情况，有助于减少盲目购买带来的风险。店内设有各种文件处理商务中心，可为顾客提供包括彩色文件制作与复印、工程图纸放大缩小、高速文印在内的多项服务。这些"事事以顾客为先"的点点滴滴为沃尔玛赢得了顾客的好感和信赖。

在沃尔玛，员工并不被当作"雇员"看待，而称作"合伙人"。公司要求经理对下属一律称"同事"而不称"雇员"。山姆·沃顿认为"关心自己的同事，他们就会关心你"。公司对员工的利益的关心落实在一套详细而具体的实施方案中，包括利润分享计划等薪酬福利方案。在企业决策上，沃尔玛也发扬民主参与的精神。此外，沃尔玛 60% 以上的经理（店面经理以上）是从内部员工提升上来的，这极大地促进了员工积极进取的敬业精神，所以各个业务价值链的流程不断得到优化，员工素质不断提升。

对上流链条，沃尔玛能够做到及时地将消费者的意见反馈给厂商，并帮助厂商对产品进行改进和完善。过去，商业零售企业只是作为中间人，将商品从生产厂商传递到消费者手中，反过来再将消费者的意见通过电话或书面形式反馈到厂商那里。看起来沃尔玛并没有独到之处，但是结果却差异很大。原因在于，沃尔玛能够参与到上游厂商的生产计划和控制中，因此能够将消费者的意见迅速反馈到生产中，而不是简单地充当"二传手"或者"电话话筒"。

多年来沃尔玛始终通过"强制供应商实现最低总成本"提高收益率。沃尔玛并不因为企业规模大、实力强便肆意损害供应商来增加自身的利润，而是重视与供应商建立友好融洽的协作关系，保护供应商的利益。沃尔玛给予供应商的优惠远超过同行，美国第三大零售商凯马特对供应的商品平均 45 天付款，而沃尔玛平均付款期仅为 29 天，这极大地激发了供应商与沃尔玛建立业务的积极性，从而保证了沃尔玛商品的最优进价。此外，沃尔玛还通过各种方式与供应商共享业务信息，使其可以很方便地观察销售趋势、存货水平和订购信息等，这些使得沃尔玛能和供应商一起增进业务的发展，也能帮助供应商在业务的不断扩张和成长中掌握更多的主动权。

从品牌营销的角度看，渠道必然地承担起了与消费者沟通的职责，沃尔玛显然是一个典范。沃尔玛在终端市场通过对消费者的尊重和为消费者提供全方位的服务树立了企业的良好的形象；与供应商良好协作关系的建立同样使沃尔玛得到良好的口碑；而对员工的激励和培训使得员工可以以饱满的热情服务于消费者，这在很大程度上使沃尔玛品牌获得消费者认可。

1. 渠道终端传达了沃尔玛的工作理念，树立了企业良好形象

渠道是营销链的终端，消费者对品牌支持与否直接决定了品牌能否渠道销售并盈利，因此渠道在品牌营销中要建立的首先就是品牌与消费者之间的关系。而沟通则是与消费者建立关系的最重要手段，一个品牌越是能够和消费者形成良好的沟通，就越能够得到消费者的认同。零售企业要在顾客心目中树立品牌形象，仅靠质优价廉的商品是不够的，顾客还希望在购物的同时享受到细致盛情的服务。沃尔玛正是考虑到这一点，从顾客的角度出发，以其超一流的服务吸引着大批顾客。其"顾客永远是对的"的工作理念更被奉为经典。而沃尔玛对顾客周到细致的服务更让消费者有一种"沃尔玛是我们的店"的感觉。可以说，沃尔玛的形象以及工作理念就是在终端市场通过对消费者的服务树立以及传播开来的。

2. 与供应商形成良好合作关系，获得良好口碑

消费者和相关利益者最终决定了品牌的价值。其中消费者的重要性自然不必多言，但供应商在营销过程中的作用也是十分重要的。它代表了公司及其品牌流转的上游，直接关系到公司或者品牌存在的可能性。一个品牌如果无法处理好与供应商的关系，那么其结果不但是原材料无法得到应有的保证，而且还

会受到来自下游或者终端市场的质疑。沃尔玛清楚地认识到供应商的重要性，在合作过程中注重维护供应商的利益，并与他们建立起合作的伙伴关系。这不仅可以保证沃尔玛供应链的顺畅，而且来自供应商的美誉也会增加沃尔玛的品牌效应。此外，与供应商的融洽关系和共享业务信息也使得沃尔玛可以参与到供应商的管理中，在促使供应商业务发展的同时，也保证了沃尔玛完整沟通渠道的通顺。

3. 对内部员工的激励和尊重保证了员工可传达沃尔玛的正面信息

从品牌的视角看，员工是公司的重要相关利益人，也是公司及其品牌信息的重要来源，他们与公司及品牌的特殊关系决定了其所传达的信息往往比较真实可信，对于消费者和其他相关利益人影响力极大。任何公司及其管理阶层，都不可能阻止员工的言论也不能限制其行动，而这些员工的一言一行又直接关联着外在接触层面，不仅能传达正面信息同时也能传达负面信息。所以对员工的激励和尊重就格外重要。如本案例中所描述的，沃尔玛对员工的态度可以被其他企业视为范本。沃尔玛对员工利益的关心和完善的激励制度必然会增强员工的使命感和积极乐观精神，而将员工利益与公司利益有机地结合在一起，更造就了员工的献身精神和团队精神。这些保证了沃尔玛在员工这一接触点上能够做到传达企业的正面的信息，也有利于沃尔玛企业文化的传播和良好形象的树立。

案例来源：卫军英：《整合营销传播典例》，杭州：浙江大学出版社，2008 年版。

➡ **思考题：**

1. 沃尔玛的成功主要来自哪些方面？
2. 对于沃尔玛这样的公司，渠道和品牌哪个更为重要？

第三节　品牌延伸与渠道把控

在品牌营销中还有一种值得关注的现象，这就是品牌延伸和渠道扩张。品牌延伸是品牌建构和品牌营销的一个基本方式。而当品牌延伸与渠道相结合时，就会涉及渠道的延展和扩张。

一、品牌延伸的内涵与原因

在品牌营销中，品牌延伸是一个备受关注却又被"爱恨交加"的行为，不少企业曾经通过品牌延伸获得了极大的成功，但是也有部分企业因为品牌延伸而步入了"陷阱"甚至导致全盘皆输。自从 1979 年 Tauber 发表重要论文"品牌授权延伸，新产品得益于老品牌"之后，作为现代品牌经营的一个重要领域，品牌延伸日益成为学者们关注的焦点，成为企业管理者们开拓市场的常选之策。菲利普·科特勒对品牌延伸（Brand Extensions）的理解是："把一个现有的品牌名称使用到一个新类别的产品上"，这是比较狭隘的定义，如果对品牌延伸做广义的理解，也包括产品线延伸（Line Extension），即把现有的品牌名称使用到相同类别的新产品上，以推出新口味、新色彩、新配方、新包装等产品。[①] 品牌延伸其实就是在推出新产品、进入新领域时借用现有品牌的知名度与号召力，便于受众熟悉消费，以争取低成本入市。

如果更加严谨地界定品牌延伸的内涵，可以这样描述，它是指一个品牌从原有的业务或产品延伸到新业务或产品上，多项业务或产品共享原有的品牌资源；也就是说，它是利用已经取得成功的品牌来推出新产品、新业务、新项目，使新产品、新业务、新项目开始市场运作，获得原来品牌力量的支持。

品牌延伸是企业推出新产品、快速占有并扩大市场的有力手段，是企业对品牌无形资产的充分发掘和战略性运用；也是一些企业自救的方法，帮助企业由濒临倒闭到起死回生。企业管理者与决策者采取任何一种策略都是有原因的，青睐品牌延伸策略一般主要出于以下六点考虑：

1. 品牌延伸有助于减少新产品的入市风险

新产品推向市场首先必须获得消费者的认识、认同、接受和信任，这一过程就是新产品品牌化。而开发和创立一个新品需要巨额费用，不仅新产品的设计、测试、鉴别、注册、包装设计等需要较大投资，而且新产品和包装的保护更需用较大投资。此外，还必须有持续的广告宣传和系列的促销活动。这种产品品牌化的活动旷日持久且耗资巨大，往往超过直接生产成本的数倍、数十倍。如在美国消费品市场，开创一个新品需要 5 千万美元至 1 亿美元，这显然不是一种新产品能承受的，没有巨大财力支撑就只能被扼杀。品牌延伸，是新产品一问世就已经品牌化，甚至获得了知名品牌赋予的勃勃生机，这可以极大地缩短被消费者认知、认同、接受和信任的过程，有效地防范新产品的市场风险，并且可以为企业节省巨额开支，有效地降低了新产品的成本费用。

2. 品牌延伸有益于降低新产品的市场导入费用

在市场经济高度发达的今天，消费者对商标的选择，体现在"认牌购物"上。这是因为很多商品带有容器和包装，商品质量不是肉眼可以看透的，品牌

---

① 何佳讯：《品牌形象策划：透视品牌经营》，上海：复旦大学出版社，2000 年版，第 369 页。

延伸使得消费者对品牌原产品的高度信任感，有意或无意地传递到延伸的新产品上，达到"爱屋及乌"的效果。即消费者学习理论中所谓的"刺激泛化"（Stimulus Generalization）效应，促进消费者与延伸的新产品之间建立起信任关系，极大地缩短了市场接受时间，降低了广告宣传费用。例如，喜爱"娃哈哈"纯净水的消费者，会比较容易接受娃哈哈绿茶、八宝粥，甚至童装等产品。

3. 品牌延伸可以满足消费者的需求变化，促使企业推陈出新

产品的极大丰富，刺激了消费者的需求不断增多，品牌只有经常不断地超越自我，满足消费者的需求才能确立自身价值，确保对消费者的持久吸引力。品牌延伸保证了企业新产品投资决策迅速、准确，尤其是开发与本品牌原产品关联性和互补性极强的新产品时，它的消费与原产品几乎完全一致，对它的需求量则可参照原产品等比例增减，因此它不需要较长时间的市场论证和调研，原产品逐年销售增长幅度就是其最实际、最准确和最科学的佐证。例如，为满足消费者的健康需要，可口可乐公司推出以男性市场为主的无糖型"零度可乐"，全新的概念与炫酷的包装，深受年轻人的喜爱。

4. 品牌延伸有助于增加品牌的无形资产价值，提高企业的综合实力

品牌原产品起初都是单一产品，品牌延伸效应可以使品牌从单一产品向多种领域辐射，就会使部分消费者认知、接受、信任本品牌，强化品牌自身的美誉度、知名度，这样品牌这一无形资产也就不断增值。同时，由于增加了产品线，企业的规模得以扩大，在一定条件下可以降低成本，提高产品质量，形成综合实力，体现规模优势。例如，养生堂通过在保健品与食品两大类产品上的延伸，相继推出龟鳖丸、朵儿、成长快乐、天然维生素、农夫山泉、农夫果园、尖叫饮料、母亲牌牛肉棒等产品，对细分市场的有效覆盖，扩大了产品的销量，极大增加了养生堂品牌的号召力与品牌资产价值。

5. 品牌延伸能够提升核心品牌的形象，增加品牌积累

品牌延伸提高了整体品牌组合的投资效益，即整体的营销投资达到理想的经济规模。此外，一定程度上品牌延伸恰可以达到品牌积累的效果。例如，雀巢咖啡成名之后，又推出雀巢奶粉、雀巢巧克力、瓶装水、糖果、冰淇淋等延伸产品，丰富的产品种类强化了雀巢营养健康的品牌形象识别，增强了雀巢在食品市场的竞争力与企业实力。

6. 品牌延伸可以延长品牌的生命周期

品牌延伸可以使品牌摆脱单一产品的窠臼，任何经历过产品生命周期成长、繁荣和衰退过程的产品的品牌要维持持久的生命力，延伸战略都是唯一的出路。品牌延伸避免了单一产品走到衰退期品牌也将丧失活力的弊端，将"鸡

蛋分散放在不同的篮子里"，通过推陈出新，使得后继产品源源不断地增加品牌生命力。例如，健力宝集团在"健力宝"产品走到衰退期之际，推出神秘独特的"爆果汽"与活力飞扬的"第五季"，新产品的出现立刻将健力宝品牌由"年迈期"拉回到"青春期"，生命周期得以延长。

二、品牌延伸与产品线延伸

里斯与特劳特在《定位》一书中，有关于"品牌延伸陷阱"的论述，几年前我国许多专家都很推崇这种说法，但是偏偏很多企业却都跌入了延伸的陷阱。其实这里对"品牌延伸"和"产品线延伸"两个概念的认识不清晰，有时候也许品牌延伸有困难，但是产品线延伸却是必然。海尔从冰箱延伸到洗衣机、电视机、空调、电脑等，都是产品线延伸，因为在这家品牌之下本身就包容了这些。而当年"老板"油烟机这家企业后来延伸自己的产品，要生产"老板龟鳖丸"这就难免出问题，因为"老板"品牌已经定位为油烟机了，人家吃你的龟鳖丸会联想到吃了满嘴油烟。

产品线延伸行业跨度小，产品相关度高，有利于借用原来产品的生产技术、原材料、人力等资源，因为是在行业大类中的延展扩张，方便消费者认识与接受；而品牌延伸范围则广得多，除了包括产品线的延伸外，还可能横跨很多产品大类，开发与原产品毫不相关的新品，部分甚至完全推翻消费者对本品牌所代表产品的认知。概括而言品牌延伸充满了种种可能，靠的是品牌核心价值这个纽带将所有产品联系在一起；产品线延伸就单纯很多，有一根清晰的主线连贯延伸的产品，这根主线就是产品在技术、材料、功能等方面的相关性。

产品线延伸策略有较多模式，一般分为以下三种：

第一种是向上延伸策略，企业以中低档产品的品牌向高档产品延伸，进入高档产品市场。一般来讲，向上延伸可以有效地提升品牌资产价值，改善品牌形象，一些国际著名品牌，特别是一些原来定位于中档的大众名牌，为了达到上述目的，不惜花费巨资，以向上延伸策略拓展市场。

然而国内很多企业，这条路似乎走得不是那么顺利。比较典型的例子是熊猫手机。熊猫手机一直定位在中低档国产手机，在获得一定的品牌认可度之后，熊猫集团不惜花费巨资，推出高档手机，企图打入高档市场，虽然其技术与质量并不逊于同类竞争品牌，却始终卖不出好价钱，似乎怎么都改变不了消费者对熊猫手机"低档手机"的印象。

第二种是向下延伸策略，企业以高档品牌推出中低档产品，通过品牌向下延伸策略扩大市场占有率。一般来讲，采用向下延伸策略的企业可能是因为中低档产品市场存在空隙，销售和利润空间较为可观，也可能是在高档产品市场

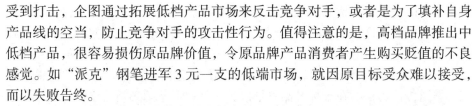

受到打击，企图通过拓展低档产品市场来反击竞争对手，或者是为了填补自身产品线的空当，防止竞争对手的攻击性行为。值得注意的是，高档品牌推出中低档产品，很容易损伤原品牌价值，令原品牌产品消费者产生购买贬值的不良感觉。如"派克"钢笔进军3元一支的低端市场，就因原目标受众难以接受，而以失败告终。

但也有成功案例，如将此策略运用得炉火纯青的宝洁集团。在经过多年的中国市场培育和品牌形象打造之后，宝洁已经在中国市场深入人心，飘柔、潘婷、海飞丝等品牌分别以区隔精准的功能定位和"高档"的品牌形象赢得良好的知名度和美誉度。随着中国洗涤日化行业竞争的不断加剧，当越来越多的国产品牌以更占优势的价位和强力的广告宣传纷纷抢占市场时，宝洁不得不改变策略，推出一系列"平民价位"的产品，给竞争对手以有力的打击。虽然一些聪明的消费者发现降价后的飘柔产品浓度发生了改变，洗护二合一的产品拆分后变成了洗发与护发两种产品分别销售，价格不降反升，但市场调查发现，更多的消费者乐于接受这种改变。

第三种是同时向上、下延伸，也称为品牌双向延伸，即品牌原来定位于中档品牌，随着市场的发展，企业对品牌做向上和向下两个方向的延伸。例如，SWATCH 原本是经济时尚的手表品牌，随着产品不断推陈出新，既开发多功能、珍藏限量版以及多种极具纪念意义的价格偏高的手表，也开发低端卡通手表，产品高低价格会相差几千元钱，以满足不同消费者的产品与价格需求。

157

三、品牌延伸有利于渠道把控

在大多数情况下，品牌延伸需要渠道的支持。品牌延伸意味着产品链的延长和品牌家族成员的增加，为了保证品牌延伸的营销成功，就必须适当地对渠道进行延伸和扩张。从品牌营销角度看这种延伸和扩张，一方面需要渠道的支持，另一方面也有利于品牌对渠道的把控，并进而与终端建立更为紧密的品牌关系。在品牌营销中，渠道不仅担负分销任务，更担负着品牌传播和品牌关系的维护任务，因此在运用渠道进行品牌营销传播时，必须注意要处理好两个方面的关系：一是把渠道看作是参与营销和营销传播各方的共同资源；二是要保证在渠道传播中使得参与各方利益共赢。归结起来就是在渠道传播中要细心掌控并把握好渠道传播的节奏。

渠道传播中由于参与渠道的各方角色和出发点不一样，有可能导致对渠道传播的节奏产生不一致的要求。比如，生产商往往希望自己的产品和品牌能够得到最大限度的渠道推广，而中间商则会根据自己的利益安排渠道流量；消费者对终端的要求也可能和渠道建设者们的初衷有所不一等；这些都提出了渠道节奏平衡的问题。所谓掌控渠道节奏，说到底就是要保证渠道能够保持一种相应的平衡状态，这种平衡状态体现在以下三个方面：其一，要使得产品或品牌信息通过渠道资源能够得到比较充分的展示；其二，尽量保证产品或者品牌信息处在渠道传播的优化状态，从而使得享用渠道的各方都有一种愉悦感；其三，渠道传播的目的在于提升品牌形象，而品牌形象则必须建立在有利于渠道参与各方的基础上。从这个角度看，在进行渠道设计时所要考虑的就不仅是物流问题，还有信息流的问题，而这一切归根结底就是渠道传播的节奏管理和掌控。

由于渠道传播中存在多方面的传播媒介，进行渠道传播首先要做的工作就是对渠道传播中各种可能的信息媒介加以清醒的认识。首先，地理区位、卖场环境、物流设备、人员礼仪、销售电话、订购网络、售后服务等，都存在于渠道的每个环节，每一个信息渠道都应该传达一致性的信息，这样才能保证消费者对渠道信息传播的认识统一；其次，进行渠道传播还必须区分信息的轻重缓急和优先次序，在很多情况下渠道并不是一个无限的存量资源，渠道本身具有一定的稀缺性，渠道传播中信息设计得不当有可能导致渠道资源的重复浪费，而消费者在接受渠道信息时也会因此对渠道传播进行评价；最后，渠道虽然是物流和传播的支持系统，但是必须注意在实施这种支持时，渠道成员的合作关系并不能想当然地被看作是自然而然的，而应该建立良好的持续的激励机制来激励渠道成员以保证团队合作。

掌控渠道节奏涉及渠道传播的管理问题。其核心是在实现物流需要的同时，必须保证产品和品牌信息的优化。现在渠道管理者们已经开发出了非常完善的管理系统，这个系统不仅能够保证渠道的开发和运用，而且通过这个系统还可以保证渠道成员的需求问题，可以以各种方式支持渠道成员。从渠道传播的角度看有两个必须注意的原则：一是必须要注意渠道选择。渠道传播首要环节是渠道选择，任何产品或品牌如果想在营销中保持良好的形象，就必须考虑它所运用的渠道是否也同样具有这样的支持能力，良好的渠道有利于为渠道传播创造叠加效应。二是要保持渠道传播的密度和维度，所谓密度和维度就是要让各种不同渠道形态疏密相间，不能过于重叠，要对其所承载的品牌传播任务有一个明确的界定。

案例分析 7-2

娃哈哈打造出非常渠道

娃哈哈是中国最大的食品饮料生产企业，在全国 23 个省、自治区、直辖市建有 60 余家合资、控股、参股公司，在全国除台湾地区外的其他省、自治区、直辖市均建立了销售分支机构，拥有员工近 2 万名，总资产达 66 亿元，至今尚没有银行贷款。公司主要生产含乳饮料、瓶装水、碳酸饮料、茶饮料、果汁饮料、罐头食品、医药保健品七大类 100 多个品种的产品，其中瓶装水、含乳饮料、八宝粥罐头多年来产销量一直位居全国第一。

娃哈哈的营销网络被认为是适应于中国市场的成功典范。对于销售渠道模式成功的关键，娃哈哈总裁宗庆后谈了两点，第一个关键点是合理分配了厂商之间的利益关系，要让中间商卖你的产品能够赚钱，而且卖你的产品比卖人家的产品更赚钱，中间商就会希望卖你的产品。中国企业的市场营销一直没有得到有效解决的一个基本问题是厂商矛盾，而厂商矛盾的核心是利益的冲突与均衡。娃哈哈营销模式的创新关键在于以利益机制建立了新型的厂商关系，协调了厂商矛盾。娃哈哈的"联销体"模式，"以利为基础，以义为纽带"，义利结合，建立了有共同利益基础的厂商关系。这种共同利益基础以价差系统均衡厂商利益关系，严格控制价差，形成了厂商利益的均衡，保证分销商跟着娃哈哈能赚钱。同时与别的企业往往把促销措施直接针对终端消费者不同，娃哈哈的促销重点是经销商，公司会根据一定阶段内的市场变动、竞争对手的异动以及自身产品的配备，而推出各种各样的促销政策，常年循环，月月如是。

而宗庆后强调的渠道模式成功的第二个关键点是要讲诚信。宗庆后说，使娃哈哈在这个世界上得以安身立命的第一个价值观就是诚信，在激烈变幻的转型时期，一切营销理念或模式都会被改变，但有一条不会，那就是我们对承诺的遵守。"不能让人家吃亏，冒风险。一旦卖给人家产品，我们就得负责，人家卖不掉要能够退给我们，不能因为拿了我们的货，卖不掉给人家造成损失。"

近年来，凡是经常在市场行走的营销人士均发现，目前在广袤的城镇和农村市场，对经销商和终端点的争夺已经到了白热化的地步，跨国品牌、国内品牌均在这一点上不敢稍有松懈。在沿海的很多乡镇，食品营销商的理货员平均 7 天便会巡回到一个零售点，这已经成为一个指标性的天数，若达不到这个巡回能力，便几乎意味着弃权了。因此，娃哈哈对市场始终保持着一种兔子般的警觉。宗庆后常言：娃哈哈必须巩固已有的城镇市场和客户群，如果做得不好，可能今天所有的导入和努力，都是为明天跨国品牌的进入打前站和付学费。

为此，娃哈哈在"联销体"的基础上通过建立特约二批商营销网络，逐步编织了封闭式蜘蛛网态的营销体系，不仅加强了娃哈哈产品的快速渗透力，同时也提高了经销商对市场的控制力，从而达到了布局合理、深度分销、送货能力强、服务质量高、顺价销售等。现在娃哈哈的营销网络可以保证新产品在出厂后一周内迅速铺进全国各地60万家零售店，同时与大江南北、沿海内陆广大消费者见面。今天的娃哈哈，在网络建设和农村市场取得胜利后，随着饮料市场城市争夺战的加剧、市场重心的前移、终端竞争日益激烈，及时采取了加强终端建设的有力措施，以经销商当月销售量返点部分招聘跑单员，由娃哈哈的销售主管统一管理，加强了终端控制力。现如今，在全国各地的城市终端网点，你会不禁对娃哈哈纯净水、茶饮料、果汁饮料等系列产品的见货率、陈列面、终端销售热情发出惊叹！

在激烈的市场竞争中，与娃哈哈交过手的品牌有无数个，其一一溃败的原因并非因为娃哈哈有多强大，而正是因为娃哈哈这遍布全国城乡、无以匹敌的强势销售网络。可以说对渠道的强力把控，通过紧致而又有序的渠道为消费者提供便利是娃哈哈品牌竞争制胜的关键所在。从娃哈哈的渠道建设中，可以看到其品牌营销的真谛。娃哈哈通过渠道链条所传达出的信息，主要来自渠道商和产品本身，属于计划外和产品服务信息。可以说正是这些信息有效地传达了娃哈哈的积极信息，产生了良好的品牌宣传效果。

1. 保证渠道商的利益，与之建立起良好的合作伙伴关系

与渠道商保持良好的合作伙伴关系一直是优秀厂商所共有的特征。来自渠道商的信息是排除了物质和技术媒体中介之后，在人们之间所发生的传播活动，可以归为口碑传播。其中不可忽视的问题是，这种小众形态的传播由于具有某种一对一的倾向，其影响力和杀伤力远大于大众形态的媒体传播，与此同时，人际传播还具有某种加速扩散效应，在不同的口碑之间不断转述，转述过程中又不断改变甚至放大。因此只有用合理的制度来确保渠道商的利益，才能有效地减少来自渠道商的消极信息，而扩大其积极信息。娃哈哈的"联销体"模式是以利益机制建立新型的厂商关系，协调了厂商矛盾。而其针对渠道商所设定的优惠制度更是保证了渠道商的工作积极性，同时娃哈哈的"卖不掉的货我负责"的原则，也解决了经销商的后顾之忧。如此一来，来自渠道商的"计划外信息"就可最大限度上传达娃哈哈的正面信息，对消费者产生积极影响。

2. 秉承诚信原则，在有效维护老顾客的同时，树立企业良好形象

一家企业要想获得长远的利益，就必须以诚信来赢得合作伙伴及消费者的长期信任。娃哈哈对诚信的理解以及对协议的重视不仅能带给企业优良的长远利益回报，更重要的是可以在维护企业老顾客的同时，传达企业的"讲诚信"的正面信息，最终美化娃哈哈的品牌形象。广告学家威廉·阿伦斯认为，生产商的利润90%来自于回头客，只有10%来自零散顾客。顾客与公司关系越长久，也就越愿意付出高价或向朋友推荐，同时也越不需要商家关怀备至，而且每年的购买量还会增加。因此对包括娃哈哈在内的大部分企业而言，首要的市

场任务就是其目前现有的顾客。娃哈哈讲诚信的工作态度必然能够与下游渠道商建立起稳定长久的合作关系，并获得这些忠实渠道商所带来的良好口碑传达效果，最终树立起娃哈哈的正面企业形象。

3. 对终端市场的占有，传递了娃哈哈的品牌信息

按照整合营销传播理论，对消费者和相关利益者形成传播影响的接触点几乎是无处不在的，一切可能的接触状态都能使产品或品牌的延续。处于渠道链条末端的终端展示由于直接面对消费者，无疑是各种接触点中最为重要的一部分。娃哈哈遍布全国城乡、无以匹敌的强势销售网络使顾客无论是在城镇还是乡村，无论是在商场还是超市，都能看到娃哈哈整齐而有气势的柜台陈列、醒目的 POP 广告海报，对娃哈哈的品牌塑造起到了重要的作用。品牌的终端形象是无处不在的，娃哈哈通过千变万化的终端传播手段，使得其品牌的外观形象得以良好传达与塑造，这些手段在潜移默化中影响着人们的认知。娃哈哈通过对终端建设加强管理，在提高经销商对市场的控制力的同时，有效地传达了娃哈哈品牌的积极信息，产生了良好的宣传效果。

案例来源：卫军英：《整合营销传播典例》，杭州：浙江大学出版社，2008 年版。

➡ **思考题：**

1. 如何看待渠道营销中的立意平衡？
2. 娃哈哈渠道营销中有什么特别之处？

第八章

品牌广告策略

学习目标

知识要求 通过本章的学习，掌握：

● 广告在品牌营销中的作用

● 运用广告进行品牌传播的策略

● 促销广告与品牌广告的区别

● 传统广告在品牌传播中的局限

● 广告在新媒体环境下的发展

163

技能要求 通过本章的学习，能够：

● 认识广告对品牌传播的价值

● 运用广告实施品牌传播

● 掌握新媒体环境下的品牌传播策略

学习指导

　　1. 本章内容：广告在品牌营销中的作用，以及运用广告进行品牌传播的基本策略；促销广告与品牌广告的区别；传统广告在品牌传播中的局限性；新媒体环境下广告的多种表现形态以及品牌传播的方式等。

　　2. 学习方法：结合案例，综合分析；注重结合现实加以思考，实际观察各种广告，从品牌营销的角度加以具体思考，从而理解如何运用广告进行品牌营销。

　　3. 建议学时：6 学时。

引导案例

乐百氏的"27层净化"纯净水广告

乐百氏曾经是中国饮料行业举足轻重的一个品牌，除了各种含乳饮料外它还生产纯净水。1996年国内的纯净水市场才刚刚开始上升，五花八门品牌就纷至沓来，其中乐百乐和娃哈哈两家具有影响力企业的进入更是受人关注。但是在进入市场之初，它们的"招数"也比较杂乱。形形色色的生产厂家各显身手在市场上割据一方。当时娃哈哈的广告是遵循着它一贯的路子，宣传有功能感，强调水来自地下多少米深处，含有哪些矿物质等。但乐百氏广告以纯净水这一核心理念作为主要推广对象，取得了成功。据说那是一条投资200多万元制作的广告片：

宁静蓝色的基调，万籁俱寂。一滴晶莹的水珠顺势而下，流畅而又透明地穿过一层层过滤，最终净化成乐百氏纯净水，至纯至净。一个强有力的利益承诺随之推出——乐百氏纯净水，27层净化！

这真是一个堪称经典的伟大创意。它的成功不仅在于对纯净水概念的强调和突出，而且以其高雅的基调，吻合了消费者内心对纯净的感性理解。尤其是在当时，各种水五花八门的情况下，别出心裁地为纯净水作了一个很好的定位。也许今天在瓶装水市场，纯净水能够占据绝对优势的市场空间，很大意义上要归功于这个广告。那个时候水的市场还没有像后来那么分明，各种各样的水和各种各样的品牌，令人眼花缭乱，真正意义上的市场领袖还没有出现。当所有纯净水品牌的广告都在说自己的纯净水纯净时，消费者并不知道哪个品牌的水是真的纯净或者更纯净时，乐百氏纯净水在各种媒介推出这种诉求点十分统一的广告，以理性的冷静突出乐百氏纯净水经过27层净化，毫无疑问是对其纯净水的纯净提出了一个有力的支持点，或者说是对其纯净的程度做出了一个具体的说明。千万不要小看这个简单的数字，还有那个寂静无比的过滤过程，消费者的心弦就是被这种微妙的组合给拨动了。这个广告在众多同类产品的广告中迅速脱颖而出，乐百氏纯净水的纯净给受众留下了深刻印象，"乐百氏纯净水经过27层净化"很快家喻户晓。纯净水本来是一种很难说明的低参与度产品，消费者对它的认识并没有那么理性，当时之所以能够有很多品牌"烽烟四起"，一个很重要的原因是没有一家是站在制高点上的。所以"27层净化"广告一推出，用理性说明给消费者很强的安全感，不仅塑造了一种"很纯净可以信赖"的印象，而且它的冷静和优雅、高水准的制作也极大地拔高了乐百氏的品牌形象。

案例来源：卫军英：《现代广告策划》，北京：首都经济贸易大学出版社，2006年版。

思考题：

    1. 广告在品牌传播中有什么作用？

    2. 乐百氏纯净水广告对品牌价值提升表现在哪里？

第一节　广告的品牌传播策略

广告可以称得上是当今世界最有威力的大众传播工具之一，其触角已经深入到现代人生活的角角落落，人们始终生活在广告所构成的环境包围之中。所谓广告，指的是品牌拥有者借助一定的传播技巧，通过大众传播媒介，以有偿、付费的方式委托广告代理机构，向特定的目标受众传播经过编码的品牌信息，以劝服受众购买商品和品牌的信息传播活动。现代广告业越来越趋向规范化、科学化，形成了以市场调研为基础和前提，以广告策划为主体，以创意为中心，涉及品牌战略制定、品牌推广策略以及设计与执行等多方面的整合传播活动。

一个品牌的成功取决于多种因素的合力，但无疑广告对品牌的贡献是无可取代的。消费者对品牌的接触、感受和认知，大多数情况下是通过广告获得的。广告帮助品牌向目标受众传达定位、形象、性格等方面的信息，广告使品牌与特定的受众紧密联系在一起，一旦失去广告的支持，品牌就会失去消费者的信任，也无法维持一个较高的忠诚度。

一、广告在品牌建设中的重要作用

对于品牌的定义有很多种说法，但归根结底，品牌是其所能带给消费者的全部情感、情绪、体验的集合，是其在消费者心智中留下的符号、形象、图式的统一，由此我们可以看到信息传播对品牌建设的重大意义。而广告就是信息传播最强而有力的工具，品牌能否被消费者所认同，一定程度上取决于广告运作是否切实有效。广告在品牌成长的最初阶段可以使其在消费者中快速建立知名度；在品牌的成长期和成熟期能够使品牌形成差异化，培养并维持顾客的对品牌的忠诚。

1. 广告帮助品牌在短时间内获得较高的知名度

知名度是品牌资产的第一个层级，没有知名度就无所谓品牌，知名度是品牌的基础。通常来讲，消费者是不会去购买那些连名字都没有听说过的品牌的，因为对消费者来说，购买一个不熟悉的品牌将会冒很大的心理风险，如对质量、安全性的担心，对假冒伪劣产品的警惕心理等，尤其是对于那些价格稍高，消费者投入很多关注度的产品，他们轻易不会选择陌生的品牌。在消费者看来，品牌既是一种识别和象征，也是一种承诺和保证，品牌没有知名度这些都将失去意义。

知名度对于处于导入期和成长期的品牌来讲十分重要，如果能够在较短时间内以较低成本快速建立比较理想的知名度，品牌成功的可能性就增加了。广告在帮助品牌建立知名度方面，作用十分强大。广告的传播方式在传播速度和成本方面，远优于其他传播方式，它借助大众传播媒介，实现信息传输的广泛覆盖，可以瞬间将信息传达至消费者。广告可以通过有计划、有目的的强调和重复，使品牌的关键信息如品牌名称、品牌标识、品牌口号等被消费者所识别、记忆，品牌知名度的提高正是在广告中慢慢积累的。

2. 广告有助于建立品牌认知度

消费者对品牌的认知包括其对商品的功能、特点、材质、款式、可靠性、耐用度等属性的了解，还包括其对品牌所体现的文化及情感的认同。广告从消费者的需求出发，通过创意和表现手法向消费者展示商品和品牌的各种属性，传达品牌所凝聚的情感、情绪和体验，增进消费者对品牌的认知。

3. 广告有助于建立品牌忠诚度

培养顾客对品牌的忠诚消费是品牌建设的终极目标，忠诚顾客对一个品牌的发展至关重要，他们对某个品牌十分偏爱，有着特殊的感情依赖，会经常性地重复消费该品牌的商品；忠诚顾客对品牌满意度较高，会主动向身边的消费者传播其对品牌的好感，有利于形成品牌的良好口碑效应，能够带动其他消费者的购买、试用等行为；品牌忠诚者是最为稳定的消费群，他们通常不会更换品牌和产品，对同类竞争者具有很强的免疫力。

成功的广告能够极大地增强顾客的品牌忠诚度，广告倾向于使已经存在的消费者与品牌的关系更加亲密。有研究表明，广告引起的销售量增加中，有30%来自于新的消费者，而70%来自于现有的消费者，这说明广告的作用在于使消费者变得更加忠诚。广告促进品牌忠诚的模式可以概括为：认知—试用—态度—强化—信任—忠诚。广告虽然不能改变产品本身，但是却能够使消费体验更加愉快，能够带来更多的心理价值的满足，从而增强消费者对品牌的信任感。

4. 品牌形象、品牌性格、品牌定位等策略的执行有赖于广告作用的实现

品牌的成功离不开独特的品牌形象、鲜明的品牌性格、准确的品牌定位，这对于每个品牌来讲都是十分重要的。但是，消费者对品牌的感触和理解并不是直接的，品牌的形象、性格以及定位不能够直接被消费者所感知，品牌内涵

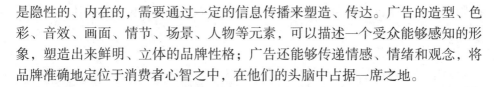

是隐性的、内在的，需要通过一定的信息传播来塑造、传达。广告的造型、色彩、音效、画面、情节、场景、人物等元素，可以描述一个受众能够感知的形象，塑造出来鲜明、立体的品牌性格；广告还能够传递情感、情绪和观念，将品牌准确地定位于消费者心智之中，在他们的头脑中占据一席之地。

二、广告的品牌传播策略

成功的品牌依赖于精确、有效的广告传播，好的广告传播能够使品牌塑造达到事半功倍的效果。品牌经营者越来越注意到广告传播策略的两个趋势：首先是广告运作越来越规范化、程序化、系统化，广告决策摆脱了以往过度依赖品牌领导人意志的状况，决策过程更加合理、科学；其次是广告运作逐渐向上游延伸，在产品生产之前、品牌建立之初就介入了广告传播活动。如企业利用广告调查手段来发现、检验市场需求，推测市场潜量；企业设计的品牌名称、标识利用广告传播原理使其更加个性、易识别和易传播等。

1. 广告调查

了解市场情况是广告传播策略的第一步，通过广告调查来了解产品、认识消费者、确定竞争对手、搜集市场竞争情况等。在这一阶段主要完成的任务包括确定调查目标、调查范围、调查对象、调查方法和抽样方法，拟订调查计划，实施调查行为，分析、整理调查结果，撰写提交调查报告。广告调查的目的在于帮助营销人员熟悉市场状况，搜集基本的市场信息，做到知己知彼，为广告策略的制定提供依据。

2. 营销环境分析

营销环境既包括政治、经济、文化、法律等宏观因素，也包括品牌发展所必须面临的各种微观因素。营销环境分析是在市场调查的基础上进一步深化而成的，分析过程是品牌衡量、比较自身优势与劣势、发现机会与威胁的过程，营销环境分析是广告传播决策的基础。营销环境分析的重点内容是产品分析、消费者分析、竞争分析。产品分析帮助企业明确品牌的物质利益优势所在，包括产品的价格、包装、款式、材质、技术、功能、特点、工艺等要素，并与同类竞争者、替代者进行横向比较，发现自身的优势和不足。

不同消费者的年龄、性别、性格特征、文化程度、职业、收入、风俗习惯存在诸多差异，而这些差异将会导致他们产生个性化的品牌需求。消费者分析还可以帮助企业明白消费者对待广告的兴趣和态度，了解其不同的媒体接触习惯、接触时间、接触动机等内容，认识他们的消费行为和消费决策过程。竞争分析通过一系列的定性、定量分析，为企业提供市场份额、竞争对手比较等方面的信息。营销环境分析清晰地勾勒出品牌在制定广告传播策略时所遇到的内外隐私、优劣条件、机会与威胁，可以使广告做到有的放矢，取得比较理想的传播效果。

3. 广告目标策略

确定广告目标是品牌传播的一项重要工作，目标策略为广告活动提供了一个明确的指向，这一指向引导所有的营销因素朝着共同的方向发挥作用。目标策略使广告任务具体化，它为广告传播描述了一个清晰的图景，广告传播由此更加具有可执行性；目标策略还为广告效果的评估提供了依据，帮助企业强化在营销推广中的成本意识。广告目标的描述应该尽量清晰、量化、可评估，制定目标的同时也应该考虑到效果评估的可行性。

广告目标的分类方法有很多，如从时间上可以分为长期目标、中期目标、短期目标，从对品牌的影响上可以分为提高知名度、品牌市场占有率和品牌利润率以及消除品牌误解等。一般来讲，广告目标策略的制定应该围绕两个维度：一是传播目标；二是销售目标。传播目标指广告传播活动所带来的品牌知名度、认知度和受众对品牌的态度、情感、情绪等方面带来的变化；销售目标指广告活动对品牌产品销售额、利润率、市场占有率方面的促进作用。

4. 广告定位策略

广告定位是为品牌在消费者心智中找到一个合适的位置，使它占有一席之地。广告定位需要品牌考虑消费者的实际需求，为他们提供在产品质量、品质、功能、材质、工艺、安全性、耐用性等方面的担保和承诺，还需要审视消费者对品牌形象、品牌个性方面的心理需求。广告定位策略必须能够树立品牌的差异化形象，为品牌建立鲜明、独特的品牌性格，使其能够在市场上独树一帜、不可取代。广告定位策略的制定要有预见性和稳定性，不能够频繁地变动和更换。广告大师大卫·奥格威指出："市场上的广告95%在创作时是缺乏长远打算、仓促推出的。年复一年，始终没有为产品树立具体的形象。"① 稳定的品牌定位、品牌形象和品牌个性有助于消费者建立与品牌的情感联系，培养他们对品牌的好感与偏爱。

5. 广告诉求与表现策略

广告诉求与表现策略是广告的执行层面，是广告创作中需要解决的核心问题。所谓广告诉求（Appeal）是广告进行劝服的方式、方法。广告诉求策略包括诉求内容、诉求对象和诉求方式。诉求内容解决的是说什么的问题，即品牌在哪个方面对消费者最具吸引力，消费者之所以购买品牌和商品所希望获得的是什么。诉求对象指的是广告的传播对象，回答的是"广告做给谁看"这一问

---

① 余明阳等：《品牌传播学》，上海：上海交通大学出版社，2005年版，第102页。

题。诉求方式可以分为理性诉求、感性诉求、情理结合诉求，理性诉求采用理性说服方法的广告形式，如列举事实、引用数据、使用专家和权威人士形象等，通过诉求消费者的理智来传达广告内容，从而达到促进销售的目的；感性诉求借助消费者的感情或情绪来达到宣传商品和促进销售的目的；而情理结合诉求是指感性和理性两种诉求方式的综合。

广告表现策略指广告借助什么样的符号、通过何种形式来表现、传递品牌信息，包括确定广告主题、创意广告形象、广告设计（创作广告画面和广告文案）。广告创意是广告表现策略的核心，创意是广告作品和活动的灵魂，没有创意的广告很难吸引市场上消费者的注意，更谈不上进一步劝服受众来购买商品。广告大师伯恩巴克认为广告创意是"将广告赋予精神和生命"。大卫·奥格威则说："没有好的创意，广告充其量是二流作品"；"若是你的广告的基础不是上乘的创意，它必遭失败。"美国总统富兰克林·罗斯福更是以深切的感情夸赞创意："如果让我重新选择生活，我将考虑以广告创意作为我的终身职业，因为它能把真正的想象力付诸实现。"[①] 毫无疑问，广告创意是广告运作中最富有创造性、艺术性，难度最大、最具挑战性的一个环节。

6. 广告媒介策略

在广告活动发起前，需要在选择广告媒体、确定广告发布时间和时机、决定广告媒体的组合方式、明确广告量在不同媒体的分布、决定媒介载体的到达率和频次、决定媒介发布的连续性以及确定广告信息的传达力度和重复水平等方面，做出全盘的统筹规划，编制具体、科学、可执行的媒体计划，这就是广告的媒介策略。媒介策略是广告活动的重要组成部分，不同的广告媒介具有不同的传播属性，广告创意必须能够有效地利用这些属性，使不同的媒介传递出统一的品牌形象和一致的广告信息。

7. 广告预算管理

广告预算是广告运作得以实施的根本保证，它规定了广告运作实施的可能性，是广告策划的一个重要内容。在大多数情况下，广告被看作是一种支出，由于多种原因的限制，广告支出的收益很难被清晰地测量出来，编制广告预算也是一件十分棘手的事。广告预算编制过大，会造成浪费；而过小，则又无法实现广告传播的效果、实现营销目标。早期的广告运作中，广告费的管理存在很大的随意性和主观性，企业的领导者对广告支出拥有决定性的控制权，广告费的分配和监控方面的工作做得较少。广告界盛传的一句名言表明了这种情况

---

① 王中义等：《广告创新思维》，合肥：合肥工业大学出版社，2005 年版，第 2 页。

的广泛性——"我知道我的广告费有一半是浪费的，但却不知道是哪一半。"

影响广告预算的因素有很多，科学地编制广告预算需要明确以下问题：广告传播的目标战略，广告品牌是新品牌还是既有品牌，广告商品和品牌面对的竞争状况与信息干扰程度，品牌的消费者基础和市场占有率，广告媒介的发布频次，产品的生命周期，产品的风险和可替代性等。

8. 广告计划的执行

将已经确定了的广告策略编制成具体、详细、可操作的广告计划，按照这一计划明确分工、细化任务，系统地展开广告运作，这就是广告执行。广告执行要求所执行的计划和方案明确具体，不能够模棱两可，否则执行的效果就会大打折扣。广告执行既要有充足的广告费用支持，又需要经验丰富执行人员的协同努力。一旦广告传播方案被确定，广告执行就要坚持到底，最忌讳半途而废，同时广告方案要尽量避免大范围的改动。执行力是衡量一个品牌团队、传播团队素质高低的最重要标准，执行力是决定品牌能否成功的一个重要因素。

9. 效果检测与评估

广告传播在实施的同时，应该对广告运作的过程进行实时监控，根据广告的目标体系对效果进行测定，并将实施情况及时反映给相关部门，以采取必要的调整措施。广告效果检测分为事前检测、事中监控和事后测评。在广告传播开始之前要检测广告方案的可执行性，在广告运作过程中需要对广告运作的各环节进行监控，在广告传播结束后要适时对效果进行测定、总结和评价。

 **案例延伸分析**

娃哈哈与乐百氏的纯净水广告战

娃哈哈与乐百氏同是中国饮料行业的两个著名品牌。乐百氏的起家产品是乳酸饮料果奶，这和娃哈哈当年的主力产品一样，而且乐百氏在这个产品的推出时间上略早于娃哈哈。那个时候，这两家企业是中国配置型乳酸奶的"领头羊"，广告做得一样有名气，娃哈哈的广告语是："妈妈我要喝——娃哈哈果奶！"乐百氏则是："今天你喝了吗——乐百氏果奶？"连续几年，两家企业齐头并进，在中国市场上好不热闹。一直到1996年，在市场占有和销售总量上，两家企业都不分上下。后来两家企业所走的路子也大致相同，在果奶这个主导产品之外，又开始生产瓶装纯净水。

乐百氏纯净水广告通过最初的"27层净化"，不但建立了很高的知名度，而且也建立了当时纯净水品牌之中无与伦比的美誉度，所以当娃哈哈在乐百氏之后推出纯净水时，其最初的广告甚至有点模仿。应该说在第一轮的广告策划中，乐百氏拔得了头筹。它的竞争对手娃哈哈调整策略相对要迟一点。娃哈哈在经过一番徘徊后，广告上也另辟蹊径，与乐百氏所不同的是，它一反昔日的功能诉求传统，着力于感情诉求，大搞明星策略："我的眼中只有你!"用一个很养眼的二线明星景岗山作为形象代言人，这是一个很了不起的举动。这是一个很成功的明星与产品的广告组合，正因为是景岗山，产品、品牌、明星三者之间才达到了完整的统一。

在这个广告的背后还有一点不为人知的是，广告运用明星代言人娃哈哈并没有像通常那样支付明星出场费，因为它的大规模播出量同时也给这位二线明星带来了更多的展露机会。"我的眼中只有你"这个创意与乐百氏的"27层净化"相比，一点也不逊色。因为娃哈哈知道，在经过了"27层净化"之后，再多加两层对消费者根本无所谓，所以它要换一种方式提高市场知名率。纯净水所能够道出的信息毕竟不需要很多，明显的情感引导再加上娃哈哈高密度的广告播出，很快便使它成为纯净水市场上的第一品牌。娃哈哈与乐百氏的差距就从这个时候开始，渐渐地扩大了。也许，就是在这时候乐百氏开始乱了阵脚。拿破仑·波拿巴有句名言："当你的敌人在犯错误的时候，千万不要去打搅他。"娃哈哈冷眼注视着乐百氏，它一如既往地大搞明星路线，景岗山用过后是毛宁，毛宁之后又是王力宏，好像没完没了。终于乐百氏沉不住气了，它开始学习娃哈哈，也要搞明星策略。乐百氏请的是香港天王巨星黎明，这一次无论从重量级还是号召力上，抑或是明星出场费上，都极大地"盖过"了娃哈哈。然而这一切并没有给乐百氏纯净水带来新的辉煌，相反却打乱了其原来所确立的品牌认同，黎明的出场标志着乐百氏广告由"27层净化"的理性诉求转向情感诉求，但是广告从创意和信息表达上却没有什么新鲜。从形象推广的角度说，它是换乱了品牌形象。

当初，乐百氏纯净水在各种媒介推出卖点统一的广告，突出乐百氏纯净水经过27层净化，给受众留下了深刻印象，"乐百氏纯净水经过27层净化"几乎成了这个产品的基本特征。现在，乐百氏纯净水让"27层净化"退居二线，代之以天王巨星黎明为形象代表，在电视、海报、包装等媒介的推介中强调的是"现代、时尚"的乐百氏，而不是"很纯净、可以信赖"的乐百氏。这是乐百氏纯净水广告策略的重大改变，这个改变有可能导致消费者对乐百氏纯净水品牌形象的认知混乱，造成已经建立的品牌资产流失。改用黎明做广告，可以说是广告策略上的失误，它是在抛弃自己转而向娃哈哈学习，但是学习中又有所脱节。新的电视广告创意也有失策，整个广告虽富有动感，在视觉上有一定冲击力。但广告内容却显得格外空洞，几乎谈不上有什么主题。在明星表演一番后，末了似乎想用一句广告语来点题，但"纯净你我"与前面的广告内容没有任何关联，显得十分牵强。这个广告的失败之处在于在创意策略上只注意发挥名人的广告效应，却没有使原有的广告主题得到顺理成章的延伸，明星与产品之间也有喧宾夺主的现象。

当然，也有对这个广告倍加赞赏的，认为乐百氏请黎明演绎的情感诉求广告显示了对目标消费者群的精确定位、高超不凡的创意和匠心独具的艺术魅力。瓶装纯净水的主要消费场所是户外，而年轻人是户外活动最多的。黎明的歌迷很大一部分是年轻人，再加上黎明在香港歌坛四大天王中相对比较年轻，有一个较好的国际形象。且黎明当年主打歌曲《自动的爱情》中的"爱像水一样的纯净、情像水一样的透明"能引起渴望纯真情感的青少年的强烈共鸣，并与水有天造地设之合，似乎就是专为纯净水广告而作词谱曲的。镜头中黎明潇洒转水的动作给广告平添了强烈的记忆点，他在街头教一群小朋友转水，友好、亲切、乐融融，此时乐百氏水已不仅是一瓶单纯的水，而是沟通"你我"的情感载体。

然而不论怎么说，对广告的效果衡量，都不能脱离注意、记忆、认同等因素，以及最根本地对市场促动效果。当这些广告都成为过去式，市场以事实做出结论时再回头反思，至少有一点很明白，"27层净化"作为乐百氏纯净水的独特概念，至今仍旧具有相当的魅力。而在它之后所推出的天王巨星黎明版广告，早已被人们忘却，即便是残留着记忆，也不清楚黎明推荐的理由了。任何一个广告，不论是理性诉求还是感性诉求，都必须遵循一定的理由或情感逻辑。也许在这点上，乐百氏恰恰犯了一个错误。

172

案例来源：卫军英：《现代广告策划》，北京：首都经济贸易大学出版社，2006年版。

⇒ **思考题：**
1. 娃哈哈与乐百氏的纯净水广告分别体现了什么特点？
2. 为什么说乐百氏广告在品牌传播上有所失误？

第二节　促销广告与品牌广告

广告的基本目的有两种，一是销售产品，二是贩卖形象，前者称为促销广告，后者称为品牌广告。促销广告，顾名思义，是以销售产品为直接目的的广告，其通过发掘产品对顾客有吸引力的利益点，刺激消费需求，激发购买欲望，短时间内达成销售量的上升。品牌广告不以短期的销售刺激为目标，追求长期的传播积累效果，致力于构建品牌与消费者稳定的品牌关系，塑造、完善适合消费者心理需求的品牌形象，提高品牌美誉度，培育顾客对品牌的忠诚。促销广告与品牌广告虽然着重点不同，但对于品牌的成长同样都是不可或缺的，两者在品牌的不同发展阶段均扮演着重要的角色。

一、促销广告

促销广告对于初创期的品牌有十分重要的意义，它能够使消费者快速知晓品牌和产品，了解产品的功能和特性，鼓励消费者选购本品牌的产品。促销广告中商品被提至核心的地位，商品的各种功能和特性，以及带给消费者的利益和价值被反复地强调，这帮助消费者更好地了解品牌与商品的相关信息。消费者只会购买自己认为熟悉的品牌，陌生的品牌可能潜伏着很多危险与陷阱，促销广告可以建立消费者对品牌和产品的熟悉感。

促销广告使品牌和商品在渠道方面也会获得一定的有利因素。代理商、批发商、零售商希望商品能够尽快流通出去，销售量越大、流通越快意味着可以节约更多的运营成本，带来更多的利润。在超市内，最畅销的产品往往被摆在最显眼、最容易被注意到的位置，越是知名度不高、不畅销的产品在渠道商那里越会受到冷遇。促销广告迎合了渠道商的需要，能够强化渠道商对品牌的信心，帮助企业顺利完成铺货的任务。

促销广告的运作应该注意五个方面：

1. 突出产品利益点

促销广告以推荐产品为重点，关键是为品牌和产品挖掘出有吸引力的卖点。促销广告的卖点设计往往来源于产品的各种属性，如产品的功能、特性、款式、材质、包装、工艺、品质、价格、服务等，从这些基本属性中找到消费者感兴趣的内容，在广告中加以强化传播。按照 USP（独特销售主张）理论的要求，促销广告中的利益点必须是独特的，是其他品牌不能提供的，否则它就没有足够的吸引力。促销广告中的利益点还必须能够令消费者动心，必须是消费者所看重的利益，否则它就不具备很好的诱惑力。

虽然促销广告中会出现品牌的元素，但品牌并不是诉求的重点，产品的核心利益点是广告的重心。如阿迪达斯推出的德怀德·霍华德御用战靴广告，鞋子反复地出现，独创的 Bounce 技术被突出强调，阿迪达斯的品牌元素为战靴提供了识别，但不是广告主要推荐的内容。

2. 刺激消费需求，激发购买欲望

促销广告通过创意表现品牌和产品的功能与性能，展示具体细节，把商品最有价值、最具戏剧性、最富吸引力的一面展现给消费者，借此激发消费者的需求和购买欲望，实现产品销售量的增长。在肯德基"口水鸡汉堡"的电视广

告中，一个青年模样的男子在大街小巷里穿梭寻找"正宗的口水鸡"，每一个被他问到的人听到"口水鸡"三个字，都大咽一口唾液，露出一副垂涎三尺的样子。消费者的食欲也随着"口水鸡"这三个字的频频出现被激发出来，对这一美食充满了期待。随后肯德基展示了"口水鸡汉堡"的制作画面：嫩黄的鸡腿肉从红红的辣椒油中捞出，先蒸后烤，再配上碧绿的生菜，看到这里相信每位观众的味蕾都在拼命分泌唾液，每个人都不免产生去肯德基店里品尝"口水鸡汉堡"的冲动。

消费者的有些需求是模糊的、潜在的，可能消费者自己都意识不到；或者消费者对产品的需求非常微弱，并没有达到切实采取行动的程度；或者消费者虽然意识到了需求，但是并不愿意承认，更不愿意采取相应的措施来加以满足。此时促销广告可以通过描述、展现消费者的某一问题或困境，对其需求进行告知和暗示，从而刺激其产生购买欲望。如补钙产品，早期的中国消费者并没有认识到补钙的必要性，甚至对"补钙"这一概念都不知晓，在此情况下促销广告就要告知消费者补钙的重要性，指出人体缺钙会引发的多种疾病和不适。一旦消费者确认了补钙的需求，他们的购买行为即会随之而来。

促销广告还可以借助企业推出的促销活动的支持来刺激消费者购买产品，如借助赠品、赠券、折扣等让利活动来加强促销广告的效果，通过特定的刺激物和捆绑销售等手段吸引消费者做出购买决策。

促销广告经常会使用恐怖诉求的手法，向消费者传达一定的危机感、紧张感、焦虑感、压迫感，如果消费者没有采取广告中倡导的行为或使用广告中的产品，就会因此产生各种各样的问题。促销广告会向消费者提供解决危机和问题的办法——产品。如清洁用品"威猛先生"的广告中，厨房内的油烟污垢难倒了妈妈，使用了多种方法都没有办法彻底清除。"威猛先生"解决了妈妈的难题——"看我全新威猛先生厨房多用清洁剂，科学配方，轻轻一喷，顽固污垢轻易瓦解"，对付多种油污，有"威猛先生"轻易搞定。

促销广告展示产品使用后的效果，使消费者对自己使用产品的效果产生美好的联想与期待，消费者会将广告中的效果等同于自己所期待的效果，产生晕轮效应。在化妆品、洗发水、保健品等产品的广告中这一策略比较常见，广告中的模特多是俊男美女，产品同这些美好的形象捆绑在了一起，对消费者一起进行心理感召和暗示。

3. 提供"行动导向"

促销广告要为消费者提供解决问题和困难的行动方案，当消费者处于类似的情况下或场景中时，他们会按照广告的提示采取相应的购买行为。如曾志伟代言的"康恩贝肠炎宁"广告中，曾志伟提示消费者使用"康恩贝肠炎宁"的三个场景："吃辣椒拉肚子"、"吃油腻拉肚子"和"喝酒海鲜拉肚子"。很多保健品同样采取了这样的策略，脑白金在广告中传播了"孝敬爸妈脑白金"，黄金搭档的是"春节送礼黄金搭档"、"中秋送礼黄金搭档"，黄金酒则是"黄金酒送长辈"。脑白金、黄金搭档、黄金酒一脉相承，虽然它们的广告轰炸方式不令人欣赏，但它们在短促的广告语中融合了产品使用场景的促销策略确实比较高明。

促销广告暗示、提示、号召消费者采取消费行动，广告中的场景、情节、人物、广告语都在引导消费者做出购买行为。可口可乐2009年春节期间推出了新的促销广告，刘翔在广告中与爸爸分享了新年第一瓶可口可乐，广告向消费者进行暗示："你想与谁分享新年第一瓶可口可乐?"可口可乐直接为消费者提供了一个消费理由——过新年，并且在这个理由上附加了情感利益——与特别的人分享第一瓶可乐，喝可乐这个简单的行为一下子变得有特殊意义了。

4. 选择恰当的投放时机

消费者需要一个令他们满意的理由才会有所行动，促销广告负责提供这一理由，并努力使它显得正当、合适、不可替代。对于一些季节性的产品来说，促销广告要选择合适的投放时机，因为特定的时机就是这类产品的消费理由。如元旦、春节、元宵节、端午节、中秋节、圣诞节、情人节等节假日往往是最"天然"、最完美的消费借口，顾客在假日内倾向于做出平时比较少的消费行为。

促销广告的投放时机通常在消费旺季来临前的一个月左右，此时投放能够增强消费者对品牌和产品的熟悉感，增强其对品牌和产品识别力，同时也能够抵消竞争对手的营销攻势，提高产品被消费者选中的机会。在旺季来临前的促销广告还能够增强渠道商的销售热情，占据比较有利的竞争地位。如春节期间是旺旺系列产品的销售高峰期，每年12月左右旺旺就会加大促销广告的投入，使旺旺品牌保持较高的曝光频次。旺旺除了投放针对消费者的广告外，还同时投放针对渠道商的促销广告，鼓励、提示渠道商加大进货力度。

5. 掌握好投放力度

促销广告的目的是加强对消费者的劝服，让其尽可能多地销售产品，它对构建品牌方面的贡献并不是太大，因此对促销广告的投放要控制在一个合适的度上，避免占去过多的广告费用。

促销广告以推荐产品为目的，强调产品给消费者提供的物质利益，这种策略有一定的适用范围，如在竞争不太激烈的市场状况下非常有效。但在同质化非常严重的阶段，促销广告的效果就会大打折扣。在品牌初创期促销广告能够提高品牌和产品的知名度，加深消费者对产品属性的了解，有利于扩大市场份额。随着品牌的成长和产品技术的成熟，需要更多的品牌广告来提高品牌的美誉度，增强消费者对品牌和产品的好感与偏爱，培育稳定、长期的品牌关系。

二、品牌广告

品牌广告诉求品牌，贩卖形象，它并不以直接的增加销售为目的，这是它与促销广告的最大区别。品牌广告中品牌是广告的主角，产品居于次要地位，很多品牌广告中甚至找不到产品的影子。如对于烟草行业，由于烟草企业被禁止在大众传媒上做硬性的产品广告，因此它们不约而同地采用了品牌广告的方式。在这些广告中找不到任何具体的产品，而品牌的名称却得到反复地强调与突出。但归根到底，品牌不能脱离产品存在，虽然品牌广告可能不涉及具体的产品项目，其根本目的仍然是销售品牌所依附的产品或服务，这一点必须被明确。

品牌广告运作应该注意以下五方面：

1. 品牌广告的独特利益点

品牌广告同样需要向消费者提供一个利益点，这个利益点必须具有吸引力和独特性。不同的是，品牌广告的利益点主要是心理利益，而不是具体的物质利益。品牌带来的是消费者情感和心理的满足，提高品牌的心理附加值是品牌广告的功能之一。品牌广告多诉求与品牌有关的某种情绪、情感和体验，期望在消费者那里得到认同和共鸣。如红蜻蜓皮鞋形象广告将消费者的诸多第一次与红蜻蜓品牌联系在一起：第一次登台、第一次邂逅，"每个第一次都以为拥有了全世界，但继续前行就能发现更美丽的风景。在路上，因你更美"。

2. 品牌广告的传播内容

品牌广告表达了企业和品牌的价值观，传达了企业、品牌所独有的文化、哲学、传统和理念，向消费者阐述着它们对世界的理解和认知。格力在品牌广告描述了这样的哲学和理念："坚持就是格力，过程就是品质；坚持就是格力，过程就是科技；坚持就是格力，过程就是享受。"坚持、过程、品质、科技、享受几个关键词把格力的品牌内涵概括了出来，在此品牌信念的基础上格力提出"好空调，格力造"的概念恰到好处。GE在"绿色创新"系列广告中传达了自己的经营重心和经营哲学：为人类提供清洁、可再生的能源技术。

品牌广告对目标消费群的价值观、生活方式、情感、情绪等进行鼓励和确认，迎合消费者的心理需求，以赢取消费者的信任和好感。每个人都不喜欢被否定，品牌要建立与消费者之间的友好关系就不能悖逆目标群体的价值观，品牌虽然需要有自己的定位和个性，但它的定位和性格塑造必须以目标群体的价值观为基础。如以年轻人为消费群的美特斯邦威服饰形象广告中提出"不走寻

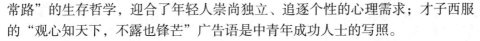

常路"的生存哲学，迎合了年轻人崇尚独立、追逐个性的心理需求；才子西服的"观心知天下，不露也锋芒"广告语是中青年成功人士的写照。

3. 品牌广告与消费者关系

品牌广告致力于使品牌更富亲和力，消除消费者对品牌的陌生感和距离感。品牌广告配合相应的公关、营销活动能够增进消费者对品牌的认知，拉近消费者与品牌的距离，使消费者感受到品牌的关爱，相信品牌就在自己的身边。强生关注中国婴儿的健康成长，它的品牌广告中传达了这一点："强生相信妈妈的手。过去六年，通过强生婴儿付出项目，我们帮助中国 500 万个母亲，用专业的付出手法，让宝宝茁壮成长。因爱而生，强生。"另一则强生的品牌广告将镜头对准生活中的平凡巨人："强生相信，在我们的身边存在一些巨人。他们以巨大的爱做细小的事，让心灵获得慰藉，让创伤得到安抚，让人们得到关爱。强生以医疗卫生和个人护理的经验和智慧，与这些巨人并肩，用爱推动人与人的关爱。"强生品牌广告中所折射的平凡与伟大、智慧与质朴使消费者感受到强生的爱与关怀。

4. 品牌广告的戏剧性

品牌广告能够增加品牌和产品的戏剧性，使品牌和产品更具感染力和号召力。2005 年 8 月可口可乐以"要爽由自己"为主题推出了由刘翔、余文乐、潘玮柏、S.H.E 主演的系列品牌广告，六位当红明星演绎了"缘起篇"、"初吻篇"、"电梯篇"、"冰火暴风城篇"和大结局"智救篇"五则广告短片，使可口可乐在中国更加受到青年人的追捧。2006 年伊利优酸乳推出了由刘亦菲、易建联、道 Taew 主演的系列广告起到了同样的效果，使优酸乳品牌迅速受到青年群体的喜爱，成为乳制品市场的领跑子品牌。

5. 危机公关中的品牌广告

当企业和品牌处于突如其来的危机之中时，品牌广告能够帮助品牌消除误解、降低危害，挽回品牌信誉，重新建立品牌与消费者之间的信任关系。品牌广告在这种情况下被称为公关广告，在危机公关中公关广告发挥着十分重要的作用，此时的广告重点在于突出企业的责任，确认品牌的承诺与保证，争取公众的支持和信任。2008 年 9 月初，三鹿奶粉的三聚氰胺事件引爆了中国奶制品行业的信任危机，伊利、蒙牛等一线品牌也纷纷被检测出不等批次产品含有三聚氰胺。三聚氰胺在公众中引起巨大的恐慌，奶制品的销售量大幅下滑，整个行业遭受严重的质疑与批判。蒙牛在这一危机时刻推出了品牌广告，提出六大举措，努力挽回蒙牛的品牌信誉：

"蒙牛六大举措，确保每一包产品合格。第一，三盯制度——盯奶牛：一次一人，实时监控原奶采集；盯奶站：一站一人，全天跟踪奶站操作；盯奶车：一车一人，铅封保障全程封闭。第二，严把检测关——科学方法检测，确保原奶合格。第三，严把原料关。第四，严把生产关，多项管理体系认证。第五，严把出厂关，产品批批检测。第六，第三方权威机构驻厂，全方位第三方独立检测。新标准，新开始，敬请放心引用。"

"好奶，就要从源头抓起。精选全球高蛋白优质牧草，精挑国际优良奶牛，制定专属健康档案，精心营造优越环境，让奶牛快乐产奶，全封闭运输，GPS定位跟踪，从源头确保高品质牛奶。层层监管，只为这一管。"

案例分析 8-1

酷儿超越传统广告塑造品牌宠儿

1999 年 11 月，在可口可乐日本总部的研发室里诞生了一种全新的果汁饮料。这是可口可乐经过多年的市场调研后，专门针对孩子开发的一种果汁饮料，它别出心裁地被命名为 Qoo 酷儿，其创意的灵感来自日本男人喝酒喝到满足时，会发出 "Qoo" 这样的声音。孩子们虽然不喝酒，却爱模仿大人那种满足的神情和好玩的 "Qoo"，对于他们来说，喝饮料喝到 Qoo 是件神秘而美好的事情。当然他们不能喝酒，所以期待长大之后喝饮料喝到 Qoo 出来。可口可乐敏锐地抓住了孩子们这一心理特征，将新果汁饮料命名为 Qoo 酷儿。

日本可口可乐公司聘请了漫画大师为 Qoo 酷儿设计了卡通形象——一个蓝色的大头娃娃，他会不自觉地摇头晃脑，然后用满足的表情大吸一口果汁，一旦喝下果汁，圆圆的脸上会出现两个红晕，然后嗲声嗲气地发出 "Q—o—o"。Qoo 酷儿的名字和卡通形象一经推出就受到了空前的欢迎。推出不到两年时间，酷儿就成为继可乐和芬达之后可口可乐公司在日本的第三大品牌；2001 年 4 月，Qoo 酷儿进军韩国，迅速跃升为当地果汁饮料第一品牌及饮料第三品牌，销售量超过预计量 6 倍；2001 年 6 月在新加坡上市，蓝色的大头娃娃迅速成为当地第一果汁品牌；2001 年 10 月，Qoo 酷儿在中国台湾上市，更是获得了空前的成功，上市仅 3 个多月，Qoo 酷儿的单人销售量就超过了韩国、日本市场的 2 倍，并且还曾出现渠道供不应求的缺货窘境，成为当地消费者最喜爱的果汁饮料。

2001 年底 Qoo 酷儿登陆中国内地。它首先在西安、郑州、杭州上市，结果仅 3 个月就完成了全年预计销售额，随后又在广州、青岛、上海等城市进行推广，最后辐射到全国，成为目前中国内地市场最受小朋友欢迎的果汁饮料品牌。与 Qoo 酷儿饮料同时获得成功的还有 Qoo 酷儿的蓝色大头娃娃，或者应该说，Qoo 酷儿饮料的成功首先归结于蓝色大头酷儿形象塑造的成功。正是这个具体立体感的卡通代言人让全亚洲的孩子都迷上了 Qoo 酷儿饮料，与其说他们喝 Qoo 酷儿饮料是因为口味，不如说他们是为了 Qoo 酷儿娃娃。可口可乐公司明白，在孩子的眼中，不同品牌果汁饮料之间的差别微乎其微。既然新果汁的目标市场是孩子，则必须让果汁具有孩子喜欢的品牌性格，这是其一。此外，决定购买的是家长，所以新果汁的卡通形象和个性也应该让家长接受。于是，除了可爱的外形，公司又进一步为大头酷儿娃娃设计了以下个性特征：

姓名	酷儿（Qoo）
出身	某日现身森林，后被一对好心夫妇领走，收养为家中独子
身高体重三围	重大机密
今年贵庚	秘密
血型	不详（但行为似 B 型）
特征	只会说"Qoo"，一喝 Qoo 酷儿脸上的红圈会扩大
个性	喜爱打扮；好动，喜欢到处搅乱；想做就去做，所以有时会惹麻烦；外表简单，但其实很有内涵
技能	跳舞、滑板
爱好	洗澡、晒太阳、喝好味道的饮料（最喜欢 Qoo 酷儿）、和孩子玩成一堆、旅游
最喜欢的人	听话的小朋友
最好的朋友	白鸽（除人以外酷儿还可以和其他动物沟通）
最喜欢玩的地方	公园
平时做什么	做家务

从这个形象设计中，我们不难发现，酷儿娃娃具备让孩子喜欢的特征，也具有诸如"听话的小朋友"、"做家务"等令家长满意的个性。此外，酷儿娃娃还有属于自己的 Qoo 歌和 Qoo 舞。这样，抽象的品牌就具象成一个具有外形、有动作、有脾气的大头娃娃，他有名有姓，有自己喜欢的人和事，具备了与小朋友沟通的前提。随之而来的是可口可乐大规模地围绕酷儿娃娃展开的营销攻势——让酷儿娃娃独特的品牌形象——快乐、喜好助人、更爱模仿大人等真性情进入孩子们的世界，成为孩子们的好朋友。为了精准地接触小朋友，让酷儿更加贴近小朋友，可口可乐开展了一系列互动活动。以台湾为例，可口可乐选择深受小朋友喜欢的木栅动物园开展"Qoo 全民运动"。然后，酷儿又策划了"校园走透透"的酷儿面对面接触——酷儿娃娃走进学校与孩子们面对面互动。这些活动瞬间成为孩子们讨论的热门话题。除了让可爱的 Qoo 酷儿在消费者脑中留下深刻印象之外，台湾可口可乐还举办了酷儿赠品活动，增加小朋友对饮料的认同度。从贴纸、文具组，到手提袋、钥匙圈等 26 种印有 Qoo 酷儿图案

只送不卖的赠品，让小朋友从上课到在家写作业，满桌都是心爱的 Qoo 酷儿陪伴着。小朋友会因为喜好 Qoo 酷儿随罐附赠的各种小赠品而不断购买 Qoo 果汁，为收集到 Qoo 酷儿最完整的系列赠品，小朋友会与同学互通有无、彼此通报哪个渠道可以买到附有不一样赠品的 Qoo 果汁。于是，在台湾引爆了更狂热的采购风，平均每人饮用 Qoo 果汁的数量是日本与韩国的 2 倍。可口可乐聪明地运用赠品策略，让 Qoo 酷儿迷为了收集到不同颜色、不同种类的相关产品不断购买 Qoo 果汁，直接提高了销售。

内地的酷儿营销活动也参照了台湾的互动模式：每到一处就开展酷儿大头娃娃见面会，将参观酷儿生产基地列为小学生春游节目、组织"酷儿"主题活动、设计各种诱人的纪念品配合产品销售，以及强大的产品终端陈列攻势。相比而言，酷儿的营销推广中，对传统广告的投放似乎不多，但很定位精准，也很独特——酷儿广告几乎脱离了对产品本身的诉求，而将所有精力都放在了酷儿娃娃的故事上。可口可乐为酷儿编了一个又一个富有童趣的故事，如酷儿娃娃打破了盘子、与大猩猩分享果汁等。这些故事本身与产品没有多大联系，却极大地激发了孩子们的兴趣，增加了他们对酷儿娃娃的好感，自然也将这种好感转移到了产品上。此外，为了让真正掏钱的顾客——父母也喜欢酷儿，可口可乐也没有偏废传统的广告信息运用——强调酷儿富含维生素 C 和钙质，适合孩子饮用。

综观 Qoo 酷儿饮料的营销战略，我们发现传统大众媒体广告已经不再占据支配地位，即便有，也以更加"软性"的方式出现，其方向也由"产品怎么样就怎么说"转化为"消费者喜欢什么样就怎么说"。但是我们又不得不承认，在传统大众媒体广告之外的诸多营销措施，如配套的酷儿娃娃赠品、酷儿见面会、主题游戏等，又无一不具有广义上的广告特征。如何将诸多的促销形式凝聚成强有力的泛广告，进而进行有效的整合营销传播，Qoo 酷儿饮料至少有两点为我们提供了学习和参考的模本。

1. 找准目标市场，运用最佳沟通组合，寻求有目的有互动的营销对话

在果汁饮料市场上，大部分的厂家都将目标市场锁定在了青年一代，为此展开的营销攻势也强调时尚、青春和活力。相对而言，专业的儿童果汁市场还是一个空白，然而较之青年，儿童果汁市场显然更加具有挑战。因为 Qoo 酷儿的沟通对象是一群没有实际购买能力、心智尚不成熟的孩子，以往针对成人的销售手段固然不行，但完全从孩子的心理角度出发进行营销传播设计也不行，因为购买的决定权掌握在他们的父母手中。所以，Qoo 酷儿在明确的儿童目标市场之外还有一个潜在的沟通对象——孩子们的父母，尤其是母亲。任何整合营销传播首先应该确立起明确而精准的沟通对象，Qoo 酷儿显然做到了这一点。

找准了目标市场，下一步 Qoo 酷儿要做的就是寻求与潜在顾客有目的、有互动的对话。上面已经提及，儿童市场具有相当的特殊性，因此传统营销的不二法门——媒体广告的有效性就要受到考验了。事实上，Qoo 酷儿在中国内地的推广过程中的确有过电视广告投放，但是跟踪数据显示电视广告的传播效果并不理想：经过计算，其在北京地方台少儿频道投放的广告只有 25% 的儿童看过 3 次以上。因此单纯的电视广告明显不具备拉动儿童饮料市场的能力，更加难以与儿童建立起良好的互动关系。什么才是儿童乐于接受的营销形式？可口可乐找到了答案：与孩子一起玩，就这么简单。比起电视广告，招人喜欢的产品形象设计、精致的系列赠品、酷儿娃娃主题活动等更加适合成为儿童营销的载体。在这些营销活动中，品牌可以和孩子深度互动，从而同儿童建立起良好的朋友关系。细看这些终端活动，其实并不需要太多的资金投入，至少肯定比电视广告要节约，而且操作起来也不是特别烦琐，大人们穿上酷儿娃娃的衣服，做几个滑稽的动作就能让孩子深深爱上这个形象。即便是不多的电视广告，可口可乐也以儿童所喜欢的内容和形式出现，力争将孩子带到广告的故事中来，形成专属于孩子的共鸣。同时在说服父母的沟通中，Qoo 酷儿又理性地提出酷儿饮料含有丰富的维生素 C 以及钙质，强调产品形象的积极健康和适宜模仿。其实父母的心理防线已经被孩子的喜好打破了一大半，剩下的也仅是需要确定这个产品在品质上也值得孩子饮用。

2. 从视觉形象到感觉形象达到完全一致，以此塑造品牌个性

Qoo 酷儿的整体营销过程中，不得不说其对酷儿娃娃形象塑造的独到之处。从最开始酷儿娃娃的名字、形象、动作、脾气等的设计中，可口可乐就显露出了极佳的整合信息、传播信息的才能。尤其值得一提的是，酷儿的形象塑造开阔了我们建树品牌的视野，因为以往承担品牌特色建造的往往是传统大众媒体广告，但在这个案例中，我们更多地看到了产品视觉设计、终端配合等对品牌形象的促进，而不是大众媒体广告。首先，当其他果汁饮料品牌都采用大明星电视广告代言的时候，可口可乐却选择了简单明了的卡通形象。不管明星的气质与产品吻合程度有多高，总会存在不和谐信息。但是由自己一手打造的酷儿娃娃却可以与产品形象做到 100% 的契合。由酷儿娃娃代言酷儿饮料所传达出来的信息简单明了，正好符合了孩子天真的思维模式。其次，不论是酷儿的哪个特征，都透露出让小朋友喜爱的气息，他顽皮、好动，但又富有爱心、勤劳。这些单纯的品性正是单纯的孩子们所喜欢的。这样的品牌代言人自然极易消除产品与孩子之间的隔阂，建立起朋友关系。最后，可口可乐还为酷儿娃娃推出了能够传达其性格的诸多 flash 和网络游戏以及互动游戏，并吸引孩子们参加。这些游戏都围绕着酷儿娃娃的性格特征展开，绝不增加冗余信息。这使

孩子对酷儿娃娃的认识从单纯的文字描述过渡到图像、视频和现实活动，增加了酷儿娃娃带给孩子们的乐趣，也极大地拓展了孩子们选择酷儿饮料的可能。鲜明品牌特征对销售的促动就是如此巨大。

案例来源：卫军英：《整合营销传播典例》，杭州：浙江大学出版社，2008年版。

思考题：

1. 酷儿是如何运用广告塑造品牌个性的？
2. 在酷儿品牌宣传中体现出哪些广告创新？

第三节　广告的局限性及媒体的延伸

广告的威力是巨大的，品牌的成功离不开有效的广告策略，完全抛弃广告的品牌很难维持长时间的知名度和忠诚度。广告的魔力甚至被"神秘化"了，市场上依靠广告之力挽救濒临危机品牌的例子屡见不鲜，因此广告在整个营销体系中的功能倾向于膨胀，广告的功能有被夸大的成分。但广告不是包治百病的"万能药"，广告的不正当使用同样会给品牌带来伤害。

一、广告的局限性

美国早期知名的广告人阿尔伯特·拉斯克尔认为："广告是一种非常难以驾驭的力量。它有点像放射疗法，用对了，它能治某些看起来是不治之症的病症；用错了，它会灼伤人、留下终身的伤疤。广告的危险性就在于它很有可能使用不当，即便是使用得当，但如果我们不保护自己的话，也经常会被人误解。"[①]

1. 广告不是"万能药"，广告功能的实现受多种营销因素的制约

广告是信息传播的工具，它的优势在于信息的告知功能，品牌不是单纯依靠广告就可以建立起来的，品牌的成功是多种营销工具合力的结果。产品（Product）、价格（Price）、渠道（Place）、促销（Promotion）是影响企业经营运作的四个基本因素，这四个因素相互影响、相互制约，忽视任何一个环节都会造成品牌的失败。以产品策略为例，产品是品牌的物质基础，只有杰出的产品才可能成为杰出的品牌，广告做得再好，如果没有产品质量、品质的保证，广

---

① ［美］阿尔伯特·拉斯克尔："对广告局限性的认识"，《市场观察·广告主》，2008年第9期，第108页。

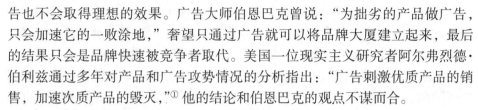

告也不会取得理想的效果。广告大师伯恩巴克曾说："为拙劣的产品做广告，只会加速它的一败涂地，"奢望只通过广告就可以将品牌大厦建立起来，最后的结果只会是品牌快速被竞争者取代。美国一位现实主义研究者阿尔弗烈德·伯利兹通过多年对产品和广告攻势情况的分析指出："广告刺激优质产品的销售，加速次质产品的毁灭，"[①]他的结论和伯恩巴克的观点不谋而合。

2. 广告的成本问题

广告是付费的大众传播，虽然它在信息传播方面威力巨大，但是广告的传播成本同样也是惊人的。电视、广播、报纸、杂志、户外、网络等传媒的价格不菲，对于实力弱小、处于成长期的中小企业，广告费是市场推广成本中最大的一块，一旦广告投入得不到很好的约束，企业和品牌很容易陷入资金短缺的陷阱。以中央电视台广告招标为例，每年一度的央视广告招标会已成为大广告主的烧钱大比拼，尤其是"标王"的争夺最为激烈。从1995年开始，央视已经催生近十多位"标王"，"标王"的广告价格已经从1995年的3100万元飙升到2007年的4.2亿元。2009年的央视黄金资源广告招标会，招标总额更是达到了92.5627亿元，比2008年增长12.3299亿元，增幅达18%左右。"羊毛出在羊身上"，高额的广告费不会由广告主承担，必然会转嫁到消费者身上。

广告费用过大，一方面会拉升产品的价格，将部分消费者拒之门外；另一方面会制约品牌在产品创新、渠道管理、促销等方面的投入。对广告的使用应该是有限度的，不能过度依赖，否则等于将品牌置于悬崖边上，品牌时刻都会面临从高处摔落的危险。"标王"里面虽然有鼎鼎大名、依然很成功的品牌，如宝洁、娃哈哈、蒙牛，但更多的是孔府、秦池、爱多、步步高、熊猫这些曾名噪一时，而现在要么销声匿迹，要么在为生存下来苦苦支撑的品牌，虽然它们的现状是多种原因造成的，但广告的无节制投入无疑要负很大一部分责任。

3. 广告的可信度在降低

企业用于广告的支出越来越多，然而广告效果却越来越难以令人满意，原因是消费者对广告的信任度正在降低。定位理论的提出者之一阿尔·里斯在其著作《广告的衰落与公关的崛起》一书中对广告的可信度进行了探讨，他认为与公关相比广告缺乏可信度："近年来，几乎所有成功建立起来的国际品牌都主要是公共关系的胜利，而不是广告的成功，""广告缺乏创建品牌的关键要素——可信度，只有公共关系才能提供这种可信度。"事实上公共关系更具有隐蔽性，比起纯粹的商业广告，公关活动传递的信息显得更加令人信服。

---

① ［美］罗瑟·瑞夫斯：《实效的广告》，呼和浩特：内蒙古出版社，1999年版，第102页。

　　造成广告可信度下滑的原因：一方面是因为大众传媒本身的公信力在降低，使借助大众传媒传播信息的广告受到了"牵连"。现代社会中的人们享受到了大众传媒技术发达带来的诸多好处，人们有了更多机会接近、使用大众媒介，大众传媒的神秘感和权威感不复存在了，广告也很难再像以往那样起到"一呼百应"的效果。另一方面是低劣的广告手段降低了广告的可信度。电视台大肆增加广告时段，"杀鸡取卵式"地在节目中不停插播广告，将电视节目"肢解"得七零八落，观众对节目失去兴趣；我们还可以看到许多名人在为各式各样的产品代言，不负责任地向消费者推销这些他们自己都没有用过的产品；电视购物广告更是长篇累牍地吹捧根本没有听说过的品牌，严重歪曲、夸大产品的功能、品质，用各种各样的虚假、欺诈信息来误导观众；部分广告用丝毫没有创意的手段对受众进行轰炸，为电视屏幕和报纸版面带来严重的视听污染；还有一些营销人热衷于品牌制造概念，将品牌定位于不切实际的利益点上，煞有介事地向消费者售卖无中生有的"利益"。

　　广告大师奥格威说过："消费者非常有头脑，永远不要以为消费者是傻子，他们比我们要聪明得多，商品摆在商店里买不买是他们的事，如果你说得有道理，他们就会相信你，如果你说得牵强附会、于理不通，他们就会毫不犹豫地把你抛开。"低劣的广告手段侮辱了消费者的智商，结果只能使整个广告行业陷入严重的信任危机，净化广告环境、重塑广告在消费者心目中的形象是广告业的当务之急。

　　4. 不正确的广告策略会损害原来的品牌形象

　　品牌建设不是一朝一夕的事情，需要长期的投入与维护，成功、成熟品牌形象的确立来之不易，更是无数个成功广告不断积累的结果。正确的广告策略能够帮助品牌一夜成名，而错误的广告决策则可能会对品牌造成破坏，并且直接影响到产品的销售。1961 年宝洁公司推出了儿童纸尿裤 Pampers （帮宝适），相比传统的尿片，Pampers 使用起来非常方便，帮妈妈省去了很多的麻烦，并且价格适中，普通家庭能够承受得起，通常来讲这样的产品将会十分畅销。Pampers 在最初的广告传播中强调新型的纸尿片"用后即可丢弃"，极大地方便了妈妈，然而市场的销售情况却并不理想。宝洁公司通过大量的消费者调查发现，由于 Pampers 的方便性导致消费者形成一种偏见，使用 Pampers 的妈妈不是好妈妈，是懒惰的不肯关爱子女的不称职的妈妈。宝洁公司改变了原来的广告策略，重新为 Pampers 进行定位，向消费者诉求 Pampers 是"能使母亲更显爱心的，优于传统尿布的现代化尿布"，"不是对宝宝不好，而是对宝宝更好，使他们更舒适的尿片"。新的广告传播一举改变了 Pampers 的糟糕形象，重新赢得了消费者的认可。

成功的广告策略立足于消费者的需求，根据不同地区、不同民族、不同文化背景以及不同年龄、收入、职业的消费者发展出不同的广告诉求，能够将品牌塑造成消费者心目中理想的形象，不正确的广告策略不仅不能够对品牌有所帮助，而且还会连累品牌建设的其他努力，使品牌形象遭受损害。

二、媒体的延伸

广告的一个先天性"缺陷"在于它对媒体的依赖性太强，特别是大众传媒极度发达之后，这种依赖性就更加明显了。毫不夸张地说，广告能否起到理想的效果，很大程度上取决于所使用的广告媒体，广告媒体制约着广告传播功能的实现，也正是由于这种原因，造成了广告业利益结构分配的不平衡。在广告的总体成本中，用于购买媒体时段或版面的费用占去了多半，而作为广告核心业务的创意、策划、设计环节的费用却被压缩得很小，不平衡的利益分配格局损害了广告业的发展动力。

传统的广告媒体本质上不是为广告而生的，受众购买、消费电视、广播、杂志、报纸、网络等媒体的目的不是接触广告，而是获取媒介所提供的信息内容，广告被作为媒介的一种附加功能。大多数广告媒体都不是"纯"广告媒介，更多地被认为是"内容媒介"，受众对广告的注意和接收是被动的而非主动的。广告固然不可能离开媒体的支持，但广告同样需要通过创意更好地发挥媒体的功效，尽可能地减小媒体对广告的制约，打破对某类媒体的过度依赖。

在广告的推动之下，近年来媒体市场也发上了翻天覆地的变化。媒体技术日新月异，新的媒介形式不断出现，部分传统媒体也将新的媒介技术嫁接到自己身上，媒介的兼容性、整合性得到加强。虽然传统媒体依然在广告市场中占有举足轻重的地位，但网络博客、论坛推广、电子邮件、网游广告、楼宇液晶电视、车载电视、卖场液晶电视、数字互动电视、手机广告、环境媒体等新的广告传播形式已然崛起，以迅猛的发展势头冲击着传统的媒介格局。

1. 传媒技术的进步将会催生更多的传播工具

例如，3G 网络、数字电视、条形码传输、3D 电视等技术的成熟与普及，将会极大丰富广告的创意和表现形式，为广告提供更广阔的生产空间。

2. 传播工具的网络化趋势进一步增强

伴随着媒介数量的急剧增加，受众呈现"碎片化"的现象，受众的媒介接触习惯发生了变化，他们的注意力资源在不同时段、不同场景被不同的媒介所瓜分，没有任何一家媒介可以垄断受众的注意力资源。因此单一的媒介已经无法对受众进行有效的覆盖，对媒介资源的整合十分必要，传播工具必须实现网络化才有广告价值。

185

以楼宇液晶电视为例，占据某个楼宇或社区的液晶电视没有太大的意义，只有形成庞大网络才可能创造出理想的广告到达率，媒介才能真正获得广告主的认可。分众传媒的首席执行官江南春显然意识到了这一点，分众传媒不仅实现了楼宇液晶电视的网络化，还向其他媒介形式进行了延伸，2004年分众传媒进入了卖场广告网络领域，2005年并购中国最大的公寓电梯海报公司框架传媒，2006年进军手机广告、户外LED彩屏和电影院线媒体。江南春认为，受众的生活是有一定规律的：他晚上可能的广告接触点是电视广告；第二天出门会遇见公寓电梯；去写字楼会遇见楼宇电视；办公室打开电脑会遇见英特尔公司广告；晚上去KTV、酒吧、商厦又会遇见分众的娱乐场所联播广告；周六周日去大卖场、超市买东西会遇见分众传媒卖场联播网……[1]

3. 终端媒介的兴起

销售终端包括超市、卖场、商场、便利店、社区服务店、专卖店、专业店等，它是销售渠道的最末梢，直接面对消费者，就产品和品牌向消费者进行展示、介绍、解释、说明、劝服等活动。终端媒介主要指卖场电视、店内广播、卖场海报、卖场墙贴、卖场内宣传单、店内挂旗、横幅、包柱、货架平面广告、卖场地贴广告、卖场易拉宝、灯箱、橱窗、产品堆列等形式的媒介。消费者对终端媒介的注意程度有所差别，其中液晶电视是最容易让人注意到的沟通形式（见图8-1）。[2]

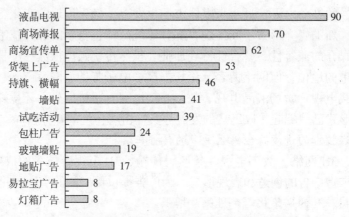

图8-1 被访者在卖场内最留意的沟通手法

---

① 中国传媒大学广告主研究所：《新媒体激变》，北京：中信出版社，2008年版，第96页。
② 同上①，第205页。

　　终端媒介的地位越来越重要，它的受众具有很强的针对性，受众本身有强烈的需求和购买欲望，在终端向消费者展开诱导和劝服能够起到事半功倍的效果。相关统计显示，在北京、上海、广州、深圳、南京、杭州、成都、重庆八个城市，卖场消费者一个月平均进场 6 次，每次平均停留 1 个小时，即每月 6 个小时全面处于"预备消费、积极寻找产品"的身心状态，消费者处在卖场的这 6 个小时无疑是广告的最佳时机。

　　终端媒介上的广告具有即时性的效果，能够感染消费者的情绪，改变其对产品和品牌的态度，影响消费者的购买决策。很多消费者去卖场之前原本并没有计划购买某个产品，但在销售终端看到广告之后决定增加购买。有调查显示，52%的采购是计划外的，6%的消费者会增加某个品牌的消费量，总的来看消费者在卖场中 58%的采购决策是临时决定的。而这 58%非计划购买，终端媒介的广告起到了很大的作用，尤其卖场液晶电视更是计划外购买的主要因素（见图 8-2）。[①]

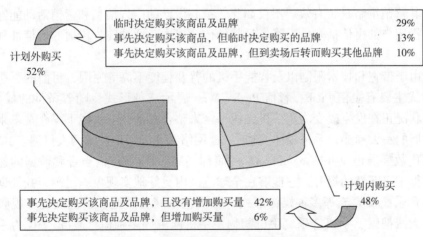

临时决定购买该商品及品牌	29%
事先决定购买该商品，但临时决定购买的品牌	13%
事先决定购买该商品及品牌，但到卖场后转而购买其他品牌	10%

计划外购买
52%

计划内购买
48%

| 事先决定购买该商品及品牌，且没有增加购买量 | 42% |
| 事先决定购买该商品及品牌，但增加购买量 | 6% |

图 8-2　消费者在卖场中的购买行为调查[②]

4. 手机无线平台的媒介整合

　　手机是现代人必备的随身通信工具，一度被誉为电视、广播、报纸、杂志之外的"第五媒体"，手机带来的不仅是一种媒体传播方式，而是人类整体生活方式的变革。虽然目前手机还不是主流的广告媒体，但随着通信政策的放开

---

① 中国传媒大学广告主研究所：《新媒体激变》，北京：中信出版社，2008 年版，第 215 页。
② 数据来源：CTR 关于 2006 年分众传媒卖场媒体第一季度调研，央视索福瑞网站。

和技术的进一步突破，手机本身的巨大优势将得到发挥，手机媒体可能成为未来几年内最值得期待的广告媒体新势力。

手机媒体的受众群体庞大，而且这一群体的数量还处在一个急剧增长的阶段。国际电信联盟发表的报告显示，截至 2007 年底，全球手机用户总量已经超过 33 亿，手机的普及率为 49%，全球手机用户的平均年增长率达到 22%。[①]有资料显示，截至 2006 年 2 月，中国手机用户超过 4 亿，成为世界上最大的移动通信国家。手机用户可能是任何一个商品或品牌的潜在消费群，通过手机发送广告能够达到最大限度的受众覆盖。

除了受众群庞大之外，手机媒体还有很多其他媒体不具备的优势。手机媒体集分众性、交互性、即时性、定向性、移动性、随身性和私密性于一身。在手机用户许可和自主定制的前提下，可以通过用户的基本属性——手机品牌及型号、消费习惯、兴趣爱好、地域、性别、收入水平等条件，对用户进行识别分类，向用户传送量身定制的信息内容，精准到达广告受众；用户可以通过手机对广告内容做出即时的反馈，表达其意向和态度，商家能够快捷、准确地了解到其营销策略是否有效。不仅如此，精心设计的广告信息和营销活动能够激发手机用户的再传播热情，降低品牌的传播成本，增加广告传播的可信性和劝服力。

由于带宽和技术限制以及智能手机的普及程度不高等原因，目前的手机广告形式主要有短信 Push、彩信 Push、Wap 展示三种形式，随着条件的成熟，这种状况正在发生改变。用手机无线平台来整合其他线上、线下媒介是未来媒介发展的一大趋势，手机媒体面临着 3G 网络和蓝牙通信技术两大机遇。3G 是第三代数字通信（3rd Generation）的简称，3G 网络在传输声音和数据的速度上获得了飞跃性的提升，它能够在全球范围内更好地实现无缝漫游，并处理图像、音乐、视频流等多种媒体形式，提供包括网页浏览、手机电视、视频通话、无线搜索、手机音乐、手机购物、手机网游等多种信息服务。3G 为手机广告的应用开辟了巨大的空间，广告的创意和表现形式能够通过手机得到完美的展示和传播，手机将会成为随身携带的无线多媒体终端。

所谓蓝牙（Blue Tooth）技术，实际上是一种短距离无线电技术，利用"蓝牙"技术，能够有效地简化掌上电脑、笔记本电脑和移动电话手机等移动通信终端设备之间的通信，也能够成功地简化以上这些设备与互联网之间的通信，从而使这些现代通信设备与互联网之间的数据传输变得更加迅速高效，为无线通信拓宽道路。据统计，中国市场上已有超过 16000 万个手机配备蓝牙技

---

① "全球手机用户超过 33 亿"，《新闻前哨》，2008 年第 8 期，第 6 页。

术，而且正以每年 38%的市场增长率不停上升，这为蓝牙技术的市场应用提供了比较好的受众基础。

蓝牙能够实现短距离的无成本传输，能够锁定距离范围内的目标用户，并即时获得消费者的信息反馈。如在咖啡馆，所有的咖啡爱好者都可以将手机蓝牙打开进行蓝牙互动，不仅可以下载精美的创意作品，还能够接收促销信息，获得意外的奖品。在人流量集中的地区如会展、影院、会议、庆典等现场，设置蓝牙触摸屏，用户不仅可以通过蓝牙接收或上传图片、视频、文字等信息，还可以对广告品牌屏幕图像或视频进行远程操作，让受众在游戏和娱乐中接受广告内容。

表 8-1　蓝牙传媒互动营销案例

案例 1：绝对伏特加 1879	
背　景	创　意
绝对伏特加邀请 250 名 VIP 会员参加"1879 主题派对"，以古典场景完美展现"偷窥 1879"的主题	通过蓝牙服务器向所有会员发送手机互动地图以及现场精美照片，互动交友，让记忆持久，让品牌永恒

案例 2：新天地	
目　的	解决方案
①宣传新天地新年倒计时晚会 ②用新鲜的体验为新天地吸引更多的游客	在 2006 年 12 月整整一个月内，在新天地摆放了多个 Pose 提醒游人打开蓝牙，通过设在新天地两边入口的蓝牙服务器向路过的人发送电子优惠券，刺激消费，赢取晚会入场券，最终达到吸引人气的目的

案例 3：福特汽车	
目　的	解决方案
在地铁站人群集中的地方，对福特汽车进行品牌宣传和产品推广，让更多的人关注福特品牌	通过成像技术，展示人机合一，将拍照与蓝牙完美结合，用户通过手机蓝牙接收其本人驾驶福特汽车的超酷照片。该活动吸引了地铁附近大批群众，现场人头攒动

案例 4：耐克	
目　的	解决方案
在耐克 AF125 周年活动纪念仪式上，通过创新宣传，扩大耐克品牌效应	运用蓝牙传输技术向游人发送电子邀请卡，并在北京 798 艺术区的耐克博物馆活动现场向耐克 Fans 们提供限量版突破下载服务，通过此项举措，与现场观众进行快乐互动

5. 互联网平台的传播创新

互联网媒体的优势十分突出，一是其覆盖面广非常广泛，不受时间和空间的限制，广告信息可以 24 小时不间断地传播到世界各地，任何具备上网条件的人都可以接触到广告信息；二是网络广告交互性很强，接收者可以对广告信息做出即时反馈，实现广告信息的双向传播；三是互联网广告针对性强，能够根据网站受众实现针对性投放，直接命中潜在顾客；四是互联网广告效果评估十分方便，能够精确核算出广告的传播成本；五是网络广告创意的承载和表现能力强，通过多媒体和超文本格式文件，带给受众强烈的体验感，广告效果显著；六是网络广告成本较低，相比传统媒体的投放费用，互联网广告显得"物超所值"。

互联网广告形式多样，常见的形式包括网幅广告——静态、动态或交互式的 Banner、Button、通栏、竖边、巨幅等，文本链接广告，电子邮件广告，企业网站广告，赞助冠名广告，插播弹出式广告，富媒体（Rich Media）广告，搜索广告，网络口碑广告，网络游戏广告等。随着网络技术的进一步发展，网络进入了更加自由、交互性更强的 Web2.0 时代，新的营销思维与互联网传播工具的结合将会催生出更多的广告传播方式。

富媒体广告（Rich Media）：富媒体不是一种真正的媒体，实际上是指由 2D 及 3D 的 Video、Audio、JAVA、动画等组成的整体效果，它是目前网络上最为常见的一种高频宽技术。富媒体广告是不需要受众安装任何插件就可以播放整合视频、音频、动画形象、双向信息通信和用户交互功能的新一代网络广告解决方案。富媒体技术可将大容量的广告文件投放在大流量的网络媒体上流畅播放，甚至不需要受众点击就可以接触到广告信息；富媒体广告还可以通过程序语言设计实现游戏、调查、竞赛等相对复杂的用户交互功能，可以在广告主与受众之间搭建一个沟通交流的平台。

富媒体技术对其他互联网广告形式进行了优化，扩大了广告文件的容量，丰富了广告创意的表现力，使广告的播放和呈现更加流畅、新颖，广告的交互性也实质性地得到加强，更重要的是富媒体广告的传播效果也令广告主比较满意。权威机构 Market Norms 在 2003 年对北美市场的调研结果显示，富媒体广告在品牌宣传上，比一般简单的 Flash 广告效果高出 67%，比一般的非富媒体广告效果高出 153%；在直接反馈上，富媒体广告平均点击率为 1.57%，而非富媒体广告的点击率为 0.29%；富媒体广告是非富媒体广告客户转化率的 4 倍。

无线广告：无线广告是以手机用户为营销对象，以手机短信、彩信和 Wap 作为信息载体，利用手机的即时性、随身性、个人性和私密性等特点，进行精确、互动广告创传播的营销模式。随着 3G 网络时代的到来，网络无线广告的市场会进一步扩大。2009 年 1 月 13 日中国互联网信息中心发布的报告显示，截至 2008 年底中国网民总数达到 2.98 亿，其中手机上网的用户达到 1.17 亿，比 2007 年翻了一番多，手机上网逐渐成为一种主流的网络接入方式。据艾瑞发布的研究报告，2007年中国无线广告市场规模达到7.8亿元，比上年猛增56%，2010年中国无线营销市场规模将达到创纪录的22亿元。

市场调研公司Marketing Sherpa的一份关于10万美元广告经费投放意向性研究报告显示，在各类网络新兴广告形式中，无线广告的受选率最高，达到9.6%。网络无线营销传播模式将手机和网络平台的优势结合起来，实现了两者之间的无缝连接，手机和网络两大媒体之间的整合显示了这种广告传播方式的美好市场前景。

电子刊物广告：2007年4月16日，新浪名人博客徐静蕾推出双周刊《开啦》电子杂志，网络了王朔、韩寒等人气明星，通过ZCOM电子杂志平台发布，仅创刊号就有包括长虹、AMD、红叶伞等10家广告主投放广告，预计年收入在2000万元以上。电子刊物是利用计算机技术和设计软件如Photoshop、Flash、Aftereffects、Premiere等进行设计、制作，综合数码图片、视频、音频等多媒体电子手段，以杂志的形式或者风格呈现出来，借助电子杂志阅读软件和浏览器，通过互联网进行传播的新型媒体介质。电子杂志等出版物具有很强的时效性，内容编辑、修改、发布十分方便快捷，可读性高、交互性强，电子杂志与电子邮件相比更加贴近受众的兴趣和需要，比纯粹的硬广告更容易被消费者接受，很多电子杂志通过受众定制的方式发行，表明受众对这种新媒介形式的接受和喜爱。

博客与播客广告：博客和播客是Web2.0时代的重要的互联网应用技术。美国著名的互联网调查机构皮尤网络和美国生活项目（Pew Internet & American Life Project）公布的数据表明，8%的美国网民拥有自己的博客，占网民总数的39%；2009年1月公布的《中国互联网发展状况统计报告》显示，中国目前拥有个人博客/个人空间的网民比例达到42.3%，用户规模已经突破1亿人关口，达到1.07亿人。半年内更新过博客/个人空间的网民比例为28%，半年内更新过的用户规模超过7000万人，半年更新用户增长率高达43.7%。有调查表明，截至2008年7月10日，全世界博客数量大约为7000万个，所有博客文章的总数已经达到惊人的13.5亿篇，相当于数百万本书籍的内容。

博客和播客在自己的空间、网页上发布对产品、品牌的看法、观点，讲述自己与品牌之间的接触经验和体验，表明对品牌的态度和情感，这些都能够影响登录、浏览此信息的网民受众，使他们产生关于品牌的正面或负面认知。著名咨询公司益索普—莫里的调查报告指出，约有30%的人在看到网上其他用户发布的产品负面消息时会打消购买念头，52%的人称自己受到了博客上关于产品的正面消息的影响而购买产品。博客和播客的信息传播带有很大的隐蔽性，由于发布者以个人亲身经历或体验的角度发布信息，消费者通常难以辨别信息的真假，这种形式的营销传播更容易让人相信。

网络口碑营销：口碑是消费者之间关于品牌、产品、服务的特性、试用过程、消费体验等信息的交流与传播，网络口碑营销是营销者以网友、使用者、体验者、编辑、版主、专家等身份在博客、论坛、社区、TM 群进行口碑信息传播的营销方式。国内知名网络咨询公司 IResearch 的统计显示，60%的社区网民通过社区寻找问题的解决方案，33.5%的网民消费行为受到社区经验的影响，由此可以看到网络口碑对消费者的巨大影响力。

网络口碑营销传播具有网络传播与人际传播的共性。网络口碑传播是双向的、互动的，传者与接受者之间能够进行及时的互动反馈；网络口碑在"熟人"社区之间进行传播，很多评价者以中立的面目出现，可信度较高；网络口碑借助相关网络工具可以实现病毒式传播，其影响规模和传播速度都是现实口碑传播所不能比的；网络口碑传播具有匿名性，真实与虚假信息混淆在一起，受众很难进行清晰的识别。按照参与程度，网络口碑营销可以分为以下五类（见表 8-2）。

表 8-2 网络口碑营销的种类

类 别	典 型	特 点
垂直类门户网站	太平洋电脑网、IT168、瑞丽女性网、新浪网汽车频道等	参与程度弱，内容权威，融合了专业人士和民间大众的观点，更新速度快，资料翔实丰富
UGC（用户自创内容）	博客、播客，百度空间、腾讯空间等	通过人际关系建立起来的口碑传播，可信度高
点评类网站	口碑网、大众点评网、豆瓣网等	鼓励网民自发评论，分享消费体验和经历
产品测试网站	大旗网	网友、意见领袖、专业人士对产品使用情况进行描述、评价
数据研究网站	奇酷、CIC	提供专业的数据和报告

网游广告（In-Game Advertising）：艾瑞咨询机构的数据显示，2007 年全球网络游戏市场规模约为 86 亿美元，同比增长 32%。自 2003 年以来，网络游戏以每年超过 30%的速度增长，5 年内翻了 2.5 倍，预计 2011 年全球网络游戏市场规模将会达到 191 亿美元。网络游戏的迅猛发展使得广告植入游戏成为可能。网游广告指以网络游戏为平台，将广告信息植入游戏中传播给受众的广告形式。网游广告的特点如下：受众高度集中，针对性强；地域性强，投放灵活；到达率高，隐性传播，广告信息在娱乐、互动中被接受。常见的网游广告的形式有以下四种（见表 8-3）。

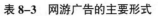

表 8-3　网游广告的主要形式

植入方式	描　述	案　例
产品内置	在游戏场景中直接把产品嵌入到道具、场景、情节、服饰中，给产品充分的曝光机会	韩国"街头篮球"游戏将游戏人物穿着的篮球鞋设置为 Nike 品牌；"QQ 幻想"游戏将"娃哈哈营养快线"作为游戏角色补充能量的道具
场景布置	在虚拟场景中模拟现实，把现实场景中的广告内容还原到虚拟场景中	"实况足球"游戏中的 Nike、Adidas 广告牌；"极品飞车"中的路牌广告；"游戏人生"中的惠普大楼，空中的麦当劳热气球等
高级道具	将产品作为道具植入游戏，或者以品牌、产品命名道具名称等	"大唐风云"中一款可以为玩家增加能量的食物被命名为"绿盛 QQ 能量枣"
线下配合活动	将线上游戏和线下的其他营销活动配合推出	"剑侠世界"植入道具"王老吉"，使用后可以获得江湖防上火积分；打怪时随机获得"王老吉道具卡"，使用后打怪经验将获得一定加成；王老吉与游戏方联手举办"王老吉—江湖防上火行动"，参与该活动的用户可获得"笔记本大奖"、"时尚 MP3"、《剑侠世界》版王老吉"以及极品游戏装备等豪华大奖

6. 事件媒介、娱乐媒介、体验媒介

整合营销传播概念的提出使我们对媒介内涵的认识发生了重大改变，媒介不再被局限于传播技术和物质载体，它可能是任何能够带来信息传播的行为、现象、活动、事件等。广告媒体之所以被称为"广告媒体"，其根本原因在于所谓的媒体凝聚了受众的注意力资源，受众首先会注意、关注"媒体"，"媒体"才能够成为广告媒体。广告媒体的本质是注意力资源，而不是传播技术和物质载体。当今营销发展的一个趋势是"营销活动泛广告化"、"广告媒体非物质化"，我们可以这样认为，一切接触都意味着品牌信息和商品信息的传播，任何能够带来信息传播的手段都是广告媒介。

事件媒介传播指以影响重大、社会广泛关注的热点事件、热点问题、热点现象为媒介进行营销信息的传播。如温家宝总理 2006 年 4 月 23 日在重庆江北区光大奶牛科技园养殖基地考察时表示："我有一个梦，让每个中国人，首先是孩子，每天都能喝上一斤奶。"蒙牛以此为切入点发动了"每天一斤奶，强壮中国人"送奶工程；以奥运会为契机发动了赞助体育项目、运动员的体育营销；以神舟五号飞天为契机发动了广告传播活动等。

娱乐媒介是指以娱乐事件、活动、游戏等为传播载体的媒介。同样是蒙牛借助"超级女声"活动进行的娱乐推广，使蒙牛酸酸乳品牌快速崛起，在年轻群体中迅速占领一席之地。

体验媒介指能够给受众带来体验感、价值感的载体，其通过受众感官和情感体验传递品牌信息。如 Sony Ericsson 推出的一款使用时会发出淡淡清香让人闻了可以平静的手机，韩国 LG "巧克力"手机则散发出巧克力香味；卡夫食品（Kraft Foods）在杂志广告利用了读者的嗅觉，只要对杂志广告中的某几个点进行摩擦，就会散发出广告产品的味道。

7. 环境媒体

环境媒体，英文为 Ambient Media，直译为"周围环境媒体"。所谓环境媒体广告指广告的创意和表现形式以广告作品所处的环境为载体，创意、表现形式与周围的环境融为一体，环境承担着传达广告信息的功能，受众只有以特定的环境为背景才能够获取完整的广告信息。在戛纳、莫比、克里奥等世界各大广告赛事上，环境媒体传统地被归入"户外媒介"（Outdoor），被视为户外媒介的一种创新设计。实际上环境媒体并不仅限于户外的概念，它可以出现在任何地方、任何场景，只要它能够与周围的环境融合为一体，都可以称为环境媒体。

环境媒体广告的创意往往十分巧妙，能够给受众创造不同寻常的接收体验，甚至需要受众的情感、行为参与才能完成信息的传达。如瑜伽馆的广告做在了吸管上，在吸管可弯、可扭曲的部位印上了瑜伽练习者的身体，受众折弯吸管的过程中体验到了瑜伽的功能——强身健体，增强身体柔韧。世界野生动物基金会的招贴与电源开关巧妙结合在一起，提醒受众节约用电——因为每次开灯就意味着电力消耗，而发电厂就会向大气中排放更多的污染。

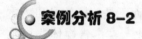

案例分析 8-2

亚马逊让客户点播广告

无论从现实还是虚拟的角度考量，亚马逊网上书店（Amazon.com）都是无可争议的书籍网络直销，甚至是在线交易的第一品牌。从 1995 年创业以来，短短 10 多年间，亚马逊将电子商务革命的种子撒遍了世界的每个角落，成为了电子商务名副其实的代言人。目前，它经营着美国最大的电子商务，有将近 1.3 亿成年人了解它，固定的顾客群人数达 1700 万之巨，占到美国上网人数的 1/5，同时亚马逊品牌在世界品牌排名中名列 57 位，[①]业务遍及 220 多个国家。亚马逊神话的背后是其创新而独特的众多营销手段，它不仅是笼罩着耀眼光环的网络营销第一大师，而且更为可贵的是其网络营销手段具有专属性，竞争对

---

① ［美］丽贝卡·桑德斯：《亚马逊网络书店传奇》，华经译，北京：机械工业出版社，2000 年版，第 26 页。

手很难模仿。

　　亚马逊拥有领先的客户数据库，一旦顾客与亚马逊在网上有了接触，亚马逊便会竭尽全力地以合理地方式获取顾客的个人数据，接着它将这些数据归类分档，根据不同的特质，分割出细致的客户群落。亚马逊也拥有世界一流的客户服务团队。亚马逊客户服务部门熔现代技术、传统工厂方法与旧式手工操作于一炉。亚马逊采用类似于自动车间的"新经济"管理方式：宽广的开放式场地上设有一排排小隔间，客户服务代理人在小隔间内通过电邮回复顾客的问题。当顾客的投诉出现在服务代理人的电脑屏幕上时，备注库迅速调集有关的常规答复，并从网上发送出去，以保证下一个投诉能及时得到处理。

　　而在这些营销手段之外，亚马逊对传统广告的新式运用也折射出其非凡的网络营销天赋。亚马逊的广告预算远没有常人想象中那般庞大，至少与其世界顶尖的品牌资产是不相匹配的。更加奇特的是，它不但不用自己支付大笔的广告费用，还能从书籍提供商那里收取不菲的新书推荐费。尽管亚马逊是个将传统广告看得很淡的企业，它却是无可辩驳的广告专家，广告是其主要的营销手段之一，也为其带来了巨大的利润。亚马逊与顾客建立可获利品牌关系的起始点便是广告，只不过它的广告，已经跳出了传统大众媒体广告注重"推"的信息指向，而变成"拉"，用比较形象的描述，就是让顾客点播它精心设计的广告。它的广告制作成本极其低廉——为一本书撰写一篇短小而精悍的评论，或者为一样玩具设计一个平面广告，这本身就不需要太高的制作成本。而发布的渠道则更是超级省钱——一般只发布在自己的网站上，绝少会把自己产品的信息发布在传统媒体或者其他收费网站上，因此可以说亚马逊的媒体发布费基本为零，再加之其省却了大笔的经销商费用，难怪有人称其为超级省钱的机器。

　　那么亚马逊是如何让失去了传统大众媒体为载体的广告发挥功能的呢？答案似乎很简单——根据数据库，针对顾客不同的兴趣，发送不同的电子邮件，而邮件中链接了为特定顾客挑选的广告的浏览地址。比如，某个顾客是个历史迷，亚马逊就会向其发送关于历史书籍的电子邮件，邮件中会列出一些介绍最新的历史书籍的链接。当然，亚马逊深知现在的网民对垃圾邮件的憎恶，也明白虚拟空间中人们同样不信任广告，因此在发给顾客的私人邮件中，首先会小心翼翼地征求顾客的意见，询问他们是否愿意收到这类邮件；其次也非常注重频率，绝不过多地向顾客发送邮件；最后它会将邮件的推销意味设计得很淡，做得更像是咨询或者购物的指南，而不是广告。由于私人邮件中的促销信息很薄弱，或者说很隐晦，同时信息的针对性又很强，所以大部分顾客都不反感亚马逊的邮件，甚至总是被吊起一探究竟的好奇，于是便点击了链接，亚马逊也就完成了让顾客点播广告的过程。同时邮件和网站广告上明显的客服热线也时刻准备着进行另外一场隐晦的广告宣传。亚马逊这样评价自己的广告策略：我们这样做，让消费者们感到他们在购物时并不孤独。

亚马逊网上书店的营销方式无疑是极其出色的整合营销传播，它的辉煌成功是多方面沟通渠道根据网络特色有效整合的结果，也是其对传统广告的突破。从整合营销传播的角度审视，我们可以发现亚马逊广告价值的奥妙所在。

1. 选择最佳的广告方式和载体

亚马逊广告的成功首先是方式和载体选择的成功。整合营销传播的战略实施过程中，广告渠道需要创新。知识经济时代网络的普及，使企业可运用网络广告与消费者进行交互式营销，也可以抓住知识经济时代消费者关注知识的特点进行广告诉求，还可以用科技手段刷新传统的广告方法，使消费者从手段创新中领略企业创新的风采。在传统思维模式的支配下，营销人员会把广告推向消费者，尽管营销人员殚精竭虑地在广告创意和发布手段上瞄准目标消费群体，但广告出去之后的有效到达率总是和预期相差很多。现在在网络交互时代，广告的"广泛传播"模式可以向"窄播"模式转变。① 亚马逊网上书店就意识到了这一点，与其漫无边际地在传统媒体上投放所有人都看得到的广告，不如向少而精的群体进行专属的诉求。在"窄播"思维的指导下，亚马逊运用直接邮件的方式，以此寻找对特定种类的书籍或其他服务感兴趣的小群体客户，实现了客户主动点播广告。这是一个选择广告方式和载体的过程，也是分析消费群体和市场细分的过程。

2. 广告应该有助于建立长期关系

不可否认，从与顾客建立长期可获利关系的功能看，传统意义上的广告似乎并不擅长此点。对传统广告来说，单向性、大众性，尤其是强促销色彩的诉求方式决定它不可能让顾客产生太多的亲切感，因而也很难维持企业与顾客的长期沟通交流，在保有老顾客方面更是很难奏效。但这并不意味着经过全新理念和技术手段改造的新式广告也会落于此种尴尬。正如亚马逊一直所强调的那样，它力求为顾客创造一种全新的购物体验，将"客户主动点播广告"纳入购物体验的过程。这个新的购物体验是长期的，因此亚马逊的广告也就成了长期可获利关系的纽带之一。在亚马逊的广告传播中，原始的广告更多具有了咨询的角色，而不再是赤裸裸的促销诉求，对于亚马逊的顾客而言，亚马逊为其提供的价值不是多一种产品，而是多一种选择，这是类似来自朋友的关怀。

3. 必须寻求建立互动式的广告

既然技术的发展为传播带来了空前的革命，广告也必须寻求自我的突破，

---

① 李光斗：《卓越品牌七项修炼》，杭州：浙江人民出版社，2003年版，第78页。

追求互动就是其中之一。传统广告的互动功能相对较弱，企业难以确切知道受众阅读广告之后的真实感受，也需要很长的周期才能粗略估算出广告对拉动销售的贡献。这个广告"瓶颈"显然被亚马逊突破了。它所建立的互动广告模式可以说在广告史上迈出了漂亮的一步。它通过邮件发送的广告链接地址可以测量出准确的点击率；阅读广告之后的订单也能与广告的点击率一一对应，从而得出哪些广告具有良好的传播效果，哪些广告在拉动销售方面能力较弱，需要改进或者撤换，这就形成了不断循环的反馈机制。同时又因为一个广告是专门为一本书籍定制的，因此产品与广告之间的关系更加清晰地得到了表达，成了亚马逊十分有价值的参考数据。在整合营销传播时代，广告不能自艾自怨，而是应该积极谋求新的发展，突破原有的诉求方式，成为整合营销传播的有力手段之一。

案例来源：卫军英：《整合营销传播典例》，杭州：浙江大学出版社，2008 年版。

思考题：

1. 新媒体广告与传统媒体广告相比有哪些优势？

2. 亚马逊在广告中突出了品牌广告的什么特点？

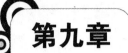

第九章

品牌促销策略

学习目标

知识要求 通过本章的学习，掌握：

- ● 促销的基本概念和方法
- ● 传统促销与品牌促销的区别
- ● 品牌营销与忠诚度促销
- ● 忠诚度促销的主要形态
- ● 品牌促销战略规划

199

技能要求 通过本章的学习，能够：

- ● 认识品牌促销与传统促销的区别
- ● 把握忠诚度促销的本质所在
- ● 为具体品牌制订忠诚促销计划

学习指导

1. 本章内容：传统促销的概念与主要手段；品牌促销与传统促销的区别；品牌促销的目标与出发点；忠诚度促销计划制订以及品牌促销战略的确定等。

2. 学习方法：理清概念，辨析差异，结合实际，明确目标；从实际出发，结合具体案例，从品牌的长远发展和顾客忠诚度出发，思考如何有效地实施忠诚促销计划等。

3. 建议学时：6 学时。

引导案例

宝洁公司运用促销推广品牌

始创于1837年的宝洁公司，是世界最大的日用消费品公司之一，2006年公司全年销售额近682亿美元，在全球"财富五百强"中排名81位。宝洁公司在全球80多个国家设有工厂或分公司，拥有雇员近140000人。其所经营的300多个品牌的产品畅销160多个国家和地区，其中包括帮宝适、佳洁士、汰渍、碧浪、舒肤佳、飘柔、潘婷、海飞丝、威娜、玉兰油、欧乐–B、金霸王、吉列和博朗等。

宝洁的成功，不仅依赖其领先全球的产品品质，在很大程度上更可归结为它每年对广告的巨大投资和创新的促销策略。如果说在同质化时代还未来临之前，富有宝洁特色的三步式（提出问题——→分析问题——→解决问题）专家型和比较型广告塑造了一个令世人瞩目的品牌神话的话，那么在同质化的今天，宝洁公司则用创新促销延续了这个神话。为了适应新的需要，宝洁创新性地提出了促销测试理念。大多数国内日化企业的促销流程还局限于：建立目标——→选择工具——→制定方案——→实施和控制方案——→评估结果；而宝洁在运作一个促销活动时的流程是：建立目标——→选择工具——→制定方案——→预试方案——→改进、完善方案——→实施和控制方案——→评估结果。由此不难发现其中差异：宝洁始终坚持宁愿把更多的成本和时间放在促销方案的测试和改进上，也不愿意花少量的钱做一个失败的促销。为了避免盲目实施一个不合理的促销方案而带来的风险，宝洁在其实践中已形成了一个科学而周密的测试机制，使其能够及时改进促销方案中的缺陷与不足，将最能有效刺激消费者购买的促销呈现在目标消费者面前。宝洁的创新促销需要对四个问题进行严格把关。

1. 进行测试时间和地点的确定

宝洁一般选择在促销活动全面开始前一个月进行测试，以便于测试之后有充分的时间调整和准备。促销活动测试的持续时间则根据具体情况确定，但要求能够恰到好处地接触到尽量多的目标消费者，一般情况下为7~15天。选择促销测试地点时，宝洁公司一般分为大点和小点两个层面进行统筹把握：大点是指促销测试所在的城市，小点则是指促销测试所在的具体地点如超市、电影院等。

2. 促销测试人员的确定

测试人员一般分为执行组、调查组，分别由不同公司担任。为了防止舞弊现象出现，宝洁要求两组人员是素未谋面的，而且事先宝洁不会透露任何消息给任何一方。无论对于执行组还是调查组，宝洁要求所有人员必须按正式方案配齐。虽然是测试，所有人员也必须经过专门、严格的培训才能上岗，以避免由于人员问题而导致工作出现误差，从而保证促销测试的有效进行以及最终结果的准确。

3. 设定促销测试的工作流程

通常情况下，宝洁公司对促销执行组采取的是"确定促销方案——>准备促销用品——>确定促销场地、培训促销人员——>促销活动执行——>促销活动结束——>提交报告"的促销测试工作流程；对促销调查组实行"熟悉促销方案——>培训调查人员——>确认促销场地——>促销活动执行前调查——>促销活动执行中调查——>促销活动结束后调查——>集中数据——>分析数据——>提交报告"的促销测试工作流程。

4. 对促销测试结果进行检验和评估

宝洁公司通常采用对比法、体验法和单位成本法三种方法对促销测试结果进行周密检验。在一个促销活动执行完毕之后，立即对其进行效果的评估，这是宝洁在促销中一直恪守的一个准则，销量浮动评估法、随机抽样评估法、数据综合分析评估法是宝洁常用的三种促销事后评估方法。在实际检验和评估操作中，宝洁通常不会单一的采用某种方法，而会根据实际情况，同时运用几种方法来评估一个促销活动的效果。但不管怎样，宝洁的目的只有一个，那就是为促销的成功抑或失败找到理由，为下一次的促销树立一个可以参照的标杆。

宝洁公司在促销上始终谋求建立与顾客良好的互动关系。多年来宝洁向中国的各项公益事业捐款的总额已超过 5400 万元人民币，用于教育、卫生及救灾等各个方面。例如，宝洁在 1996~2005 年向希望工程累计捐款 2400 万元人民币，在全国 27 个省、自治区兴建了 100 所希望小学，是在中国的跨国公司中建设希望小学数目最多的公司。宝洁公司不仅在赠品促销、价格促销等促销方式上驾轻就熟，同时还将联合促销发挥到了极致。宝洁和小天鹅都是各自行业内的佼佼者，在双方长达 12 年的战略合作过程中，共同创造了联合促销的典范。在促销层面上，小天鹅一年要卖 350 万台洗衣机，每台搭售定量的宝洁洗衣粉，对宝洁洗衣粉的销量是一个促进；宝洁年销售洗衣粉中的 20 万袋，包装上有小天鹅洗衣机的标志，也为小天鹅制造了 20 万次与顾客的沟通机会。

案例来源：卫军英：《整合营销传播典例》，杭州：浙江大学出版社，2008 年版。

➡ **思考题：**

1. 促销在品牌营销中有哪些作用？

2. 为什么宝洁这样的著名品牌也要促销？

第一节 传统促销的基本形态

促销即销售促进（Sales Promotion）。这是一个对于品牌营销者而言颇为警惕的字眼，大多数文献资料和教科书中对于促销的评价都会提到一个观点，即频繁的促销是一种危险的行为，它会降低品牌的价值感，对品牌的长期发展不利。事实上促销是品牌建设中的一个关键因素，长期以来一直在营销传播中扮演着主要角色。美国有关资料显示，在开拓市场的种种招式中，用于销售促进的费用已超过广告，促销是一个投入更大、应用更广的营销工具，其在消费者的现实生活中随处可见。

一、促销的概念

"销售促进"和"促销"这两个词经常相互替代。从学术上的界定看，市场营销中"促销"的概念更为宽泛，它被认为是营销组合的 4P 之一，市场营销的促销（Promotion）包括广告、宣传、公共关系、人员推广、销售促进（Sales Promotion）。在业界的实际操作中，"促销"这个词经常会被用来替代"销售促进"，提到"促销"往往指的是"促销"（Promotion）的一部分——"销售促进"（Sales Promotion）。"促销"一词比"销售促进"传播得更广，更为人们所熟知，在消费者那里"促销"也往往被等同于学术上的"销售促进"（Sales Promotion）概念。因此，我们习惯用"促销"来指代"销售促进"，这里也延续了这一传统的称呼方法。

我们所指的促销（销售促进）又称营业推广（Sales Promotion，SP），是以创造即时销售为目的，对同业（中间商）或消费者提供短程激励，以诱使其购买某一特定产品的活动。[①] 美国市场营销协会（AMA）的定义为："除了人员推销、广告和宣传报道以外的、刺激消费者购买和经销效益的各种企业市场营销活动，例如，陈列、演出、展览会、示范表演以及各种非经常发生的、不规则的销售努力。"这一概念指出促销的目的是为了刺激销售，并对部分促销形式加以概括，AMA 的定义被广泛熟悉和接受。我们可以从以下六点进一步认识促销概念：

---

① 卫军英：《现代广告策划》，北京：首都经贸大学出版社，2004 年版，第 250 页。

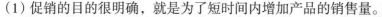

（1）促销的目的很明确，就是为了短时间内增加产品的销售量。

（2）促销的对象不仅包括消费者还包括经销商，甚至促销可以针对企业的销售人员展开。促销可以刺激市场需求，扩大市场份额，增加消费者的购买量；还可以激发中间渠道商的销售热情，激励渠道商做出更多的营销努力。企业内部人员的促销除了激励之外还附带培训的功能。

（3）促销通常在一个较短的周期内完成。促销是为了获取即时反应而设计的，所以常常会有限定的时间和空间。

（4）促销的形式多样，但关键在于激励因素的设计。

（5）促销具有很强的针对性，一般是在特定的营销意图下针对特定的产品、市场区域和消费群，在特定的时间并在特定的销售环境下实施的，执行过程需要有严格的监控和管理。

（6）促销需要其他营销手段如广告、公共关系、宣传报道等的支援配合。

近年来随着促销形式的不断创新，促销的功能不断扩大，特别是整合营销传播观念的出现为我们提供了审视"促销"概念的新视角。品牌理论和整合营销传播理论认为，促销不单纯是一种促进交易完成的工具，其也是一种信息传播的渠道，促销过程伴随着信息传播。促销必须在整合营销传播思维的支配下进行设计，企业的促销行为要能够为品牌资产积累做贡献，而非对品牌形象带来负面的伤害。因此，对促销概念的理解也不应该仅仅局限于单纯的短程激励，也应该上升到品牌形象和品牌关系的价值高度。

整合营销传播专家和学者对促销概念做出了新的解释。特伦斯·辛普认为："这种激励手段是对品牌基本利益的补充，并在短时间内改变了这种产品在消费者心目中的价格或者价值。"虽然他的解释仍旧没有摆脱传统促销观念的认识，但是在这个定义中毕竟已经涉及品牌形象和品牌关系这些价值要素。[1] 而与传统观点迥然有所不同的是，汤姆·邓肯进一步认为："促销作为营销传播的功能使品牌信息增值。当客户或者潜在客户处在购买或者使用阶段，促销信息能够强化品牌接触，尤其是在评价品牌和做出最终选择时起关键作用。"[2] 他认为虽然促销的主要任务仅是对消费者的购买行为施加影响，但它还有助于建立品牌认知和巩固品牌形象。整合营销传播理论和品牌理论视野下的促销功能趋向于更加多样化，促销具有了长期的战略意义而非限于纯粹的短程战术。

---

① ［美］特伦斯·A. 辛普：《整合营销沟通》，北京：中信出版社，2003 年版，第 494 页。

② ［美］汤姆·邓肯：《整合营销传播：利用广告和促销建树品牌》，北京：中国财政经济出版社，2004 年版，第 537 页。

二、促销的方式

促销的实施基本上设计三个环节、五个方面：制造商、渠道商、消费者三个环节，制造商、制造商销售人员、渠道商、渠道商业务人员、消费者五个方面。针对不同的促销对象所采用的促销方式应该有所差异，我们以促销对象为标准对促销的方式来加以划分。

1. 针对大众消费者的促销

消费者是产品流通的最后一环，他们决定了市场的实际需求量，同时也影响到渠道对产品的保有量。直接面对消费者的促销是品牌信息传播的一个接触点，促销刺激了市场需求，缩短了流通环节，使产品在极短时间内流向消费者。针对消费者的促销设计通常有十种形式。

（1）折价券。折价券是一种消费凭证，它使持有者在购买某些特定商品时享受到折扣优惠，或者直接替代一部分款项。折价券实际上是一种变相的降价工具，它可以使消费者享受到价格降低的实惠，作为一种强力的推销策略对抗竞争对手的推广活动。折价券还可以用于日常促销，鼓励消费者再次购买或扩展购买，如商场发行"满400送150"折价券，并规定折价券必须用于特定的商品，这使得消费者为了实现折价券的价值而购买商场的其他许多商品。

折价券的劣势在于必须进行其他扩展消费，容易引发消费者的抵触心理，因此折价券的发行逐渐在减少。折价券的制作和发行花样繁多，如肯德基、麦当劳施行过很多的免费派送，其他形式的还有"定量返券"、"售点赠券"，通过媒体发行的广告刊出折价券，通过邮递渠道发行的折价券，通过网络发行或消费者自行打印的电子折价券，以及以手机为载体的手机折价券和彩信折价券。

（2）样品赠送。样品赠送的最大诱惑就是可以免费获取。样品赠送的优点有：第一，非常适合新产品推广，能够消除消费者的抵触心理，鼓励其试用新品，进而形成经常性购买；第二，在赠送样品的同时可以向消费者进行介绍、解释和展示，赠送样品与广告传播同时进行；第三，样品赠送能够与市场调查手段相配合，及时获得消费者的信息反馈；第四，样品赠送能够吸引潜在顾客群转变为现实的消费者；第五，样品赠送适合低值品的营销推广。

样品赠送的渠道有四种：①邮送样品——通过邮政和快递系统派送样品。它的优势在于节约了企业的人力成本，但受样品种类、包装的限制。②上门发送——直接送样品到潜在顾客的家门口。它的优势在于适合于任何一种产品，能够获得即时反馈，劣势是人力、财力耗费巨大。③包装附赠——在产品包装上附赠另一种产品，如在牙膏包装上附赠小包装的新口味产品。它的优势是成本较低，劣势是赠送对象只能是那些原来的顾客。④售点赠送——在销售现场设置派送点向光顾的消费者提供样品，如食品柜台的免费品尝、化妆品柜台的免费试用等。它的优点在于能够吸引情绪性、冲动型购买者，同时可以进行产品的展示和宣传。

（3）包装变化。利用产品包装来酬谢消费者，或者通过包装规格的变化来激发购买。包装促销常见方式有如下四种：①酬谢包装。采用比原标准包装更大的包装，或在原标准包装之外附送其他产品，而包装售价维持不变，一定要注明价格不变。②赠品包装。在包装上或包装内附加赠品。③造型容器包装。将包装制作成引人注意的非常规形状，如饭盒、茶杯、卡通造型等。这种包装融合了广告的元素，美观、实用，广告效果持久。④礼品包、纪念包、节庆包。礼品包装满足了送礼型购买者的需求，包装高档、美观；纪念包和节庆包也是针对不同消费者的心理在包装上做出的改进。

（4）减价销售。减价销售指消费者在约定时间内购买某些商品享受的价格优惠措施，如现金返还、节日减价、季节性减价、最后销售减价、旧款折价、数量折价、每日特定产品减价等。减价促销策略是一种极具杀伤力、极为短促的突击手段，能够在较短的时间内快速增加销售量、回笼资金，提高市场占有份额。减价销售劣势在于使消费者对品牌丧失信任，造成品牌价值感降低，损害到品牌形象和信誉；应用不当的减价销售还可能引发行业的价格战，摊薄行业利润，造成不良竞争、恶性循环。

（5）抽奖活动。抽奖利用了消费者的博彩心理，以奖品、奖金为促销诱因，是一项颇具刺激性、能引起消费者参与兴趣的促销方式。抽奖的形式可以加深消费者对品牌的认知和记忆，增强消费者对品牌的体验感，在游戏和娱乐中传播了品牌信息。

（6）商业贴花和集卡兑换。消费者购买一定单位的商品可以获赠或在包装中获取商业贴花和兑换卡片、兑换点数券，当商业贴花和兑换卡片达到一定数量或系列的要求时便可以兑换相应的奖项，或者达到相应的兑换点数就可以领取不同等级的奖品。

这一促销形式的优点是：经济性，制作和发行成本较低；便利性，无论是消费者获取还是厂家发放都很简便；合理性，以顾客购买商品的贡献率来赠送兑券，按兑券发送用包装进行促销，也是一种比较持久的广告方式；机会均等，每个消费者都有相同的几率。

（7）竞赛和游戏。竞赛和游戏促销是通过顾客知识、技术或能力的竞争来获得奖品的促销形式。它的优势有：参与性和体验性，消费者参与到竞赛和游戏的环节中；广告传播效果好，竞赛和游戏可以围绕企业、品牌、商品的知识进行。

(8) 参观展示。企业为了更好地让消费者认识产品，通常运用参观、展示等方法，以此贴近与消费者之间的距离。展示有四种类型：一是作为样品宣传的展示，仅陈列样品，提供消费者有关的咨询和服务，并接受消费者的建议；二是在常规的销售现场进行销售活动，把产品宣传、示范和直接销售结合起来；三是参加各种展销会、展览会、博览会、订货会、洽谈会进行展示；四是邀请公众、媒体、相关团体直接进入企业内部进行参观。

(9) 讲习推广。有组织、有计划地集中讲解，以期使消费者进一步地增加商品知识，并向其他消费者进行推荐。如美容护肤讲习班，向学员灌输有关美容和护肤的知识，在讲解中宣传产品独到的美容护肤效果，顺利地实现产品的销售。曾经流行一时的传销，在操作技术上，也是利用讲习推广形式，帮助其组织销售。

(10) 会员俱乐部。以某产品或品牌的爱好者、忠诚消费者为对象，设立消费者俱乐部或联谊会，定期或不定期组织会员进行活动。会员制的最大功能在于拥有了一批稳定的、高端的消费群，能够通过俱乐部、联谊会的活动进行产品推广、品牌忠诚度维护。

2. 针对渠道商的促销

渠道商即中间商，产品实现规模化的销售离不开渠道商的合作，针对渠道商开展促销活动的目的在于激发经销商、代理商、零售商、其他分销机构的营销热情，具体实施目标不外乎以下五项：

(1) 获得中间商的支持，增进其积极性、主动性。渠道承担着将产品输送到消费者手中的重大任务，渠道不畅将会拖垮企业的整体销售业绩，严重的渠道危机能够直接导致企业的破产。通过对中间商的让利活动，平衡利润的分配格局，可以充分调动中间商的经营热情，保证渠道的通畅和稳定。

(2) 实现顺利铺货，扩展销售网络。中间商通常选择那些对自己能提供最大利润和周转率最快的产品，所以用于扩张销售网络的促销，往往具有对中间商折让品、对消费者推广的包装、作为号召的产品项目等内容，因为这些通常可以直接增大中间商的获利，这点对于新产品尤为重要。

(3) 分担风险，建立中间商库存。规模较大、实力较强的中间商具有储存商品的能力，以促销鼓励中间商增加进货量，可以减轻企业库存压力，降低经营成本，分摊经营风险。一旦中间商手中有大量存货，这在客观上就迫使其不得不努力推销该产品。

(4) 补偿中间商的追加投入，稳定、改善与中间商的关系。中间商还负担着存储、运输、包装、分销、提供咨询、维修等服务，通过促销对其进行补偿

可以改善双方关系。

（5）建立战略联盟，保持渠道稳定，抵御竞争对手营销压力。大多数情况下企业没有办法独占渠道，这时稳定、友好的中间商关系将会压缩竞争对手的生存空间，增加了竞争对手的经营成本。

针对渠道商的促销通常有以下七种形式：

（1）优惠折扣。优惠折扣是指在中间商正常的批发折扣之外的进一步折让。这种折扣一般只用于短期行为，中间商可能要因此受到某种特定的约束，如要求比平常多进货、在销售淡季仍保持一定的销售量、对新规格产品试销等。优惠折扣通常有减价、津贴、返利、赠货、数量折扣等形式。优惠折扣一方面可以密切与中间商的关系，调动他们的积极性；另一方面也有可能造成中间商的依赖，以消极行为为要挟期望获得更多的折扣。

（2）合作广告。这种方法基于这样一种考虑，生产商所运作的广告一般在较大的区域进行，中间商则需要依据当地市场开展一些小规模的广告活动，因此对中间商的广告投入进行一定的补偿是必要的。但实际操作中有可能会滋生出许多复杂的纠葛，如中间商可能会将广告资助挪作他用，中间商的广告活动也可能会与整体的广告运动不相融。

（3）店头宣传。店头宣传是生产商利用各经销网点所进行的一种产品宣传活动，包括 POP 与陈列用具、店面装潢布置、店内示范表演等。

（4）销售竞赛。生产商提供价值昂贵的奖励品以刺激参与销售的中间商和零售商展开销售上的比拼。公司制定出各种目的竞赛框架，鼓励中间商和零售商参加竞赛，在竞赛框架中，根据不同序列设定获奖比例，借以激发其销售热情。

（5）订货会。订货会是制造商常用的一种促销方式。这种会议由生产商主办，或由生产商与当地主要批发商联办，参加者除了生产商方面代表外，也有中间商和零售商人员，还可能邀请有关管理部门和媒介方面人士。会议一般介绍企业及产品情况，说明公司营销及宣传计划，并进行一定的产品示范或专业展示。生产商为照顾大家，时常在会议中伴随着一些旅游、娱乐等活动。会议最后目的是同与会的中间商签订订货意向。

（6）业务会议。邀请中间商参加定期举办的行业年会、技术交流会、产品展销会等，对中间商进行业务培训。

（7）发行企业内刊。内刊又叫内部通信，是联系中间商、传播企业文化的重要工具。

3. 针对内部营销人员的促销

对推销人员的促销是公司内部行为，其目的是使销售活动可以顺利进行，

207

明确销售重点所在，制定出最佳的销售促进方案，妥善协调销售各方的关系。其主要工作是对推销人员做好关于商品特性的培训，使其明了整个销售促进计划，并能有效地展开销售活动，给销售活动以有力的支援。一般采取以下三种形式：

（1）销售会议。销售会议与推广会有相近似的内容，主要是向推销人员介绍公司及产品的营销计划，详细解释公司有关广告运作的一些基本策略，以求达到统一认识，密切配合。

（2）人员培训。对推销人员的教育和培训，基本内容不外乎培养其敬业奉献精神，强化其推销意识，增进有关商品与服务的知识三方面。常见的形式有课堂讲授、集体讨论、个案研究、角色扮演和素质拓展五种。

（3）宣传资料。销售宣传资料是专为销售人员进行推销而设计的，如产品手册、广告招贴、价目资讯等。推销人员通过这些资料，一方面自己熟悉和掌握有关产品、企业和营销方面的知识；另一方面也可以向推销对象进行推介和宣传。

案例延伸分析

宝洁以促销达成品牌营销

宝洁的成功有目共睹，然而对于它的成功，绝大多数人将功劳归结于富有宝洁特色的三步式（提出问题—分析问题—解决问题）专家型和比较型广告，但却忽略了宝洁市场营销活动中最关键的一步：促销。菲利普·科特勒曾经说过："如果广告提供了购买的理由，那么促销则提供了购买的刺激。"其实，对于宝洁来说，三步式专家型和对比型广告的投放就有如踢足球时球被传到门框边，而此时最关键的临门一脚还得靠促销来完成。因此，宝洁的三步式专家型和对比型广告只是制造了氛围和条件，而实际意义上，真正令宝洁成功的是高效的促销。毫无疑问创新的促销推广，是宝洁公司成功的另一秘笈。

1. 基于对消费者需求确认基础上的创新促销

宝洁公司将促销方案正式付诸实施之前进行不厌其烦的测试，并根据测试结果进行适当的改进和完善，其战略核心就在于使每次促销都能够在对消费者需求进行确认的基础上展开，从而保证促销内容和形式都是消费者能够并且乐意接受的，进而保证促销结果达到企业的预期。促销活动如果不经测试和评估，盲目地将一个效果不理想的促销活动全面实施就会事倍功半。因为2/3的促销费用在活动前期就基本投完，到企业发现它效果不理想打算刹车时就为时已晚了。通过促销测试，找出促销方案中的不足和疏漏之处，并对方案中的促销方法和方式进行适当的修改和调整，提前与消费者就促销的内容和形式达成一致，企业就可以进行全面控制，用合理的费用达到最佳的促销效果，从而制定真正能有效刺激消费者的最佳方案。

2. 促销中着力强化消费者对品牌的偏好

促销与品牌传播是否能做到良性互动，关键在于确定促销手段的标准时要考虑品牌资产因素，并且不允许采用可能会损害品牌关系建立的促销手段。整合营销传播要求企业开展有利于建立消费者品牌偏好的促销，通过富于创新的促销沟通建立有利的品牌形象。随着社会的发展，宝洁公司认识到如果只追求企业的经济效益，把对社会公众的义务和责任只限于有偿地提供一些可以满足他们需要的产品，那么企业在社会公众心目中的形象就会是残缺不全的，从而导致经济效益上的负效应。社会赞助是宝洁公司担负社会责任的具体表现。18年来，宝洁在教育、卫生及救灾等各个方面的中国公益事业捐款总额已超过5400万元人民币，取得了良好的社会效应。通过赞助促销的方式，宝洁公司获得了较高的品牌美誉度。在进行联合促销的时候，宝洁公司同样没有忘记对消费者品牌偏好的强化。通过与本土一线品牌在高度相关的产品领域内进行合作，使消费者在品牌情感、品牌品质上产生有利于宝洁公司的迁移，培养消费者的品牌忠诚。

3. 形式多样的促销方法和娴熟的促销技巧

赞助促销、价格促销、赠品促销、联合促销等不一而论，宝洁使用了形式最为多样的促销组合方案，与此同时，宝洁还掌握了一整套行之有效的促销技巧。如赞助促销，在促销过程中，宝洁公司就能充分平衡社会效益和经济效益的关系，根据不同的情况，采取不同的策略，既有直接捐助，也有以物代资等各种方法。2001年4月28日到6月30日，河北、福建、贵州、陕西、甘肃等15个省的邮政邮购公司与宝洁公司联手，共同开发了以宝洁商品为主的促销活动，在促销期间，消费者在邮政邮购网点购买任何一件宝洁产品即可获得一张精美的奥运书签，附刮刮卡，作为"支持北京申奥捐赠0.5元"的纪念（宝洁公司让利0.5元，用于支持北京申办奥运），这次活动使邮政邮购宝洁产品的销售额超过1000万元，取得良好的社会效益和经济效益。

在整合营销传播视角下，促销所立足的并不是简单的交易关系完成，而是把品牌关系建立所创造的品牌资产作为自己的终极目标追求。这样就要求我们在促销的每一步都需要与消费者进行沟通和确认，以维持良好的品牌互动关系。宝洁公司通过促销测试的方式，对这一动态关系不断进行确认和修正，从而保证了促销效果，同时也为品牌增值。相反地，如果企业在促销中无视消费者的需要，那么对于品牌来说，极有可能演变成一场灾难。2002年康师傅在全国实施的"再来一瓶"促销活动，由于兑奖具体操作中的种种问题，致使许多消费者在兑奖过程中满腹怨言，严重削弱了促销效果及品牌影响力。如果说20世纪90年代初宝洁依赖其广告在日化领域占据了一席之地，那么，在如今这个连广告也同质化的时代，宝洁则用创新的促销策略进一步阐释了其"亲近生活，美化生活"的品牌内涵，努力向消费者提供更多、更好的品牌产品及服务，使他们的生活日臻完美，从而延续了日化领域内不朽品牌的童话。

案例来源：卫军英：《整合营销传播典例》，杭州：浙江大学出版社，2008年版。

➡ **思考题：**

1. 品牌促销与一般促销有什么不同？
2. 宝洁如何创新促销达成品牌营销的？

第二节　忠诚度促销的运用

面对越来越激烈的市场竞争，促销活动的短程刺激可以带来立竿见影的效果，销售量迅速上升是企业拒绝不了的诱惑。消费者也很难以拒绝促销，因为它可以带给其比平时更多的优惠。虽然促销不单是一种促进交易达成的工具，对它的运用还可以有更深层次的战略意图，但我们的印象还是更多地停留在赠品、降价、打折等最简单的认知层面。促销的价值究竟有多大？这个问题值得我们深入思考。

一、促销对品牌忠诚度的"副作用"

促销的好处是显而易见的。促销能够鼓励消费者尝试新产品，以微小的代价建立消费者对新产品的熟悉感；促销诱使潜在顾客向现实顾客转换，在促销激励因素的刺激下，原本需求不是太强烈或者没有需求的顾客，可能会强化消费需求，采取购买行为；促销通过让渡给中间商一些利益或权益，能够让品牌和产品在中间商那里获得更多的优势地位，激发他们的营销热情，这对产品销售是十分有好处的；促销活动在短期内形成的强大销售攻势，可以排挤竞争产品的生存空间，给竞争对手带来巨大的压力。

近年来市场的促销活动实在太频繁了，即便是不常逛街的消费者每天也会"遭遇"到五花八门的促销活动，促销已经成为一种常态了。与之相对应的是促销的效果正在减弱，促销之后的长时间销售颓势也抵消了促销的部分成果。更加危险的是，运用不当的促销还会给品牌带来伤害——促销是一剂猛药，起效快、药性烈，但副作用也比较明显。

从 20 世纪 80~90 年代，企业界和学术界开始反思促销活动对企业长期利益的消极影响，有学者提出了"品牌权益"（Brand Equity）的概念并用以研究促销对品牌资产的负面影响。1993 年 Keller 提出了基于消费者的品牌权益概念，认为品牌之所以对企业有价值，根本原因在于品牌对消费者有价值。品牌权益是消费者对不同品牌的差别化反应，是由消费者头脑中已有的品牌知识产生的。品牌权益可以看作是过去营销活动实施的结果，其可以提高销售费用的成本效益，改善销售效果。2000 年，Booghee Yoo、Naveen Donthu 和 Sungho Lee 提出，品牌权益由感知质量、品牌忠诚度、品牌认知/联想三大维度构成，营销活动影响品牌权益维度，进而影响品牌权益。Yoo 等人选取六大品牌的运动鞋、四大品牌的胶卷、两大品牌的彩电，作为被研究品牌，在某公立大学进行抽样调查，结果表明，长期看来，频繁使用降价促销活动会损害品牌权益。此外有研究表明，频繁的降价促销对感知质量、购买意向和品牌忠诚度均有负面影响，从而会损害品牌资产；深度折扣的降价促销对消费者的购买意向有正面影响，但对感知质量和品牌忠诚度有负面影响，最终对品牌资产的影响仍然是负面的。[①]

概括来说，不恰当的促销对品牌的负面影响主要集中在以下六个方面：

1. 促销使品牌贬值

名牌之所以是名牌，是因为其能给消费者带来价值感，这种价值不是产品本身所能赋予的，是超出产品本身之外的心理附加利益。如果品牌的价格不能够稳定，那么品牌在消费者心目中的价值就不能"坚挺"，品牌就会失去价值感，丧失对消费者的溢价能力。

2. 促销会引起消费者对品牌的质疑

在普通消费者的思维中，正常的产品和品牌不会促销，而促销让消费者的第一反应往往是产品会不会有瑕疵，还可能联想到品牌会不会有什么经营问题。在这种心理下购买的产品很可能会令消费者不满意。

3. 促销可能使品牌失去信任，打击品牌忠诚者的热情

我们可以假设这样的情况，一个消费者以正常的价格购买了某商品，几天之后他发现自己购买的品牌正在搞促销活动，这对他来讲是一种打击，随之而来的是对品牌的不信任。

4. 促销不能提供一个持续购买的理由

忠诚的消费者购买某一商品是因为他们对该商品的满意，而不是因为促销

---

① 张小雨、赵平："浅谈促销对品牌权益的影响"，《商场现代化》，2005 年第 7 期，第 63~64 页。

活动的诱惑。而在促销活动的激励下购买产品的消费者，往往不是品牌的目标消费群。因此很难相信促销带动的那部分销售热潮会持续下去，一旦促销停止经常会出现销售回落的情况。

5. 促销加剧了持币观望的态势

促销有可能会导致这样的恶性循环：商家期望用促销刺激消费，而顾客期望促销力度更大一点，这样反而抑制了正常的购买行为。"就像消费者抗拒广告一样，促销使用率的增加造成了消费者开始抗拒促销。这使得促销能带来的立刻购买的效果越来越不明显"。[①]

6. 促销造成品牌认知的混乱

我们知道促销带来的消费者多半不是品牌的目标消费群，如一些中年消费者购买了定位于年轻人的品牌，这样会造成品牌认知的混乱。品牌的原有定位会因促销而变得不清晰、失去个性，很可能使品牌既丧失原有的消费者，又没有讨好到新加入的消费者。

大多数关于促销的批评都是针对降价性促销行为而言的，回顾上面所谈到的促销各种优势我们也可知道，促销并非一无是处，相反却是不可或缺。关键在于对促销的运用应该从有助于品牌发展的层面上来进行，在现实的操作中尽量避免促销的各种负面影响，品牌经营者必须充分认识到这一点。

二、忠诚度促销计划

菲利普·科特勒认为，促销应该成为一种建立与消费者关系的手段。它应该有助于巩固产品的地位，并建立与消费者的长期关系，而不能仅是创造短期的销售量或是暂时改变品牌。促销作为整合营销传播的一个组成部分，出于建立品牌关系要求，很重要的一个任务就是保留现有客户。为不流失现有客户而专门设计的促销活动，被称为忠诚度营销或频繁营销，其目的是降低客户损失并增加品牌市场份额。过去一般的忠诚计划都是建立在折扣和礼品之上的，但是随着消费者消费观念的转变，很多消费者所看重的已经不再是更多的物质，而是个人体验的满足。所以能够恰当地运用顾客参与，增加其在消费过程中的个人体验和美好记忆，对保留现有顾客意义重大。

忠诚度促销最能够发生作用的，是在品牌商品具有高固定成本和低可变成本的时候。如娱乐场所、信用卡公司、电话公司等都是一些高固定成本和低变动成本的公司，当这些公司具有多余空间或者过剩生产能力时，如果将其自己

---

① [美] 加里·阿姆斯特朗、菲利普·科特勒：《科特勒的市场营销教程》，北京：华夏出版社，2004年版，第554页。

的产品作为对顾客的一种奖励，如移动电话公司对高端客户实施话费奖励，这对品牌几乎没有任何不利影响，且其费用支出也小到可以忽略不计。但是它对客户的意义却非同小可，客户会将其当作是具有很高价值的奖励，所产生的激励作用也非比寻常。事实上这种促销方式，只是把那些未被使用的或者浪费的商品或服务转化为"促销费用"，将其支付给客户以换取客户对品牌的忠诚度。这种促销形式每当客户在竞争品牌之间抉择时，往往发挥重要作用。比如，一家宾馆其通常客房入住率只是 70%，这就是说有 30% 的客房实际上是处于闲置状态。但是这些闲置客房即使不出租同样也需要维护和管理，事实上这就是资源的浪费。但是如果把这些闲置客房奖励给经常性的客户，那么就可以大幅度提高促销活动的影响，而且有利于保持客户的忠诚度。

促销中的忠诚计划是一个战略性的整合营销传播方案，在策划中要为其设定一定的目标，并进行精心的技术设计，制定具体的可实施性方案。在策划中首要的任务就是要弄清楚客户为什么会放弃选择企业的产品，从这点出发找到维持客户的办法。所以确切的忠诚度营销目标必须能够明确的界定，如可以这样表述，"将客户平均生命周期从 3 年提升到 5 年"或者是"将客户的流失率减少到 10% 以下"。只有目标明确才可能发展出有效的计划。

由于忠诚度计划可以提高客户保有水平，这意味着可以分摊销售成本。而且忠诚度计划要求客户填写一系列表格，这也有利于建立客户数据库。此外，忠诚度计划对于实现品牌差异化非常重要，因为同类产品在功能和价格上的差别已经很少，通过对忠诚顾客的奖励可以使该品牌从竞争品牌中明显凸显。进一步说，忠诚度计划主要向老顾客销售产品，这比向新顾客销售的营销成本要低很多，与此同时它还向这些顾客提供了愉快的品牌体验经历，具有更多的感染力。这种影响和优势心态经过演变，可以促成这些老顾客成为品牌的形象大使，通过二级传播再影响其他消费者。当然，忠诚度计划也有局限，这就是它有可能使品牌传播陷入误区，从而导致比其他品牌传播方式在管理和执行中更加占用资源。此外，在竞争品牌也实行同样计划时，很难保证其是否真的会节约促销成本。

因此在策划和管理忠诚度计划时，有必要尊重顾客的意愿，让其选择成为忠诚顾客的方式。对于那些现有的忠诚顾客要建立完整的档案，及时与其保持交流和反馈。在计划执行中，必须合理控制向忠诚顾客发布信息的数量，以免产生不必要的负面影响。同时公司要注意计划成本的控制，要注意发放的奖励要有一个设定期限，以免造成财务上的负债。在计划中还需要考虑相应的"退出机制"，以保证公司在无利可图或者是计划与整个营销战略不相匹配或者发生冲突时，可以终止计划。

213

 **案例分析 9-1**

惠普的品牌忠诚度计划

惠普（Hewlett-Packard）公司是世界上最大的电脑公司之一，成立于 1939 年。早在 1997 年，其计算机产品的营业收入就占其总收入的 80% 以上，仅次于蓝色巨人 IBM，无可争议地位居电脑行业第二名。作为一家全球领先的计算、成像解决方案与服务的供应商，通过 2002 年与康柏的成功合并，惠普实现了规模效应，令业界期待。惠普公司也是全球著名的电子测试测量仪器公司，拥有超过 29000 种各类电子产品，此外，该公司还经营网络产品、医疗电子设备、化学分析系统、袖珍计算器和电子元件，工厂和销售部门分布于美国 28 座城市，以及欧洲、加拿大、拉丁美洲和亚太地区。2006 年惠普以 867 亿美元的营业收入位居财富五百强第 33 名。

惠普虽然也在追求富有竞争力的产品价格，但是与其他的 IT 企业不同，惠普促销的重点并不放在直接的降价促销，而是在惠普之道的经营理念下，采用了忠诚度营销策略，创新性开展了一系列的促销活动，以最大限度维护老顾客的利益，获取品牌忠诚利润。IT 产品作为科技含量密集的复杂商品，消费者购买疑虑最大的两个问题：一是产品质量，或者说是一旦发生故障后售后服务的质量；二是产品的升级抑或是更新如何得到保障。惠普深入把握消费者的心理，展开富有针对性的促销活动。惠普针对主产品的促销策略主要从两个方面展开：

（1）赠送惠普金牌服务（质保促销）。对于一个品牌而言，其过人之处不仅体现在产品优良的品质上，高效、专业的售后服务无疑也是更为重要的内涵之一。而惠普赫赫有名的金牌服务几乎成为 IT 企业服务的一个标杆。惠普提供送修金牌服务、第二个工作日现场服务、5×9×4 现场金牌服务、7×24×4 现场金牌服务、X 小时修复服务等不同级别的金牌服务。此外，惠普还提供 800 免费电话技术支持和网络聊天室与即时技术支持。惠普将金牌服务分为保内金牌服务和保外金牌服务两种，对于惠普产品的用户，均可以受赠超过普通三包待遇的保内金牌服务；针对不同顾客的需求，惠普还会在产品销售的同时以促销价格赠送保外金牌服务，可以获得长达三年的惠普金牌服务。惠普金牌服务的赠送促销，构建了惠普产品的市场声誉，极大地提高了惠普老顾客的消费安全感和再次消费的信心。

（2）以旧换新震撼市场（折价促销）。惠普从针对惠普打印机老顾客为开端，将以旧换新的促销全面展开。如今惠普的折旧换新活动，已经拓展到可以用任何品牌、任何型号的旧打印机以折价的方式购得惠普最新款的产品。由于没有任何限制，可以说惠普的折价促销的"打击"面异常广泛。以旧换新活动的开展，使得惠普产品的老顾客忠诚度大大增加，同时也吸引了大量新顾客。

除了主产品之外，值得一说的是惠普在打印耗材上的促销。惠普打印机如今成为世界第一品牌，与其耗材的成功营销离不开。打印机购买是一次性投入，耗材的投入则是持续不断的，这对惠普来说是一个巨大的利润源，而对消费者来说因为事关使用成本，所以也格外关注。可以说，促销是否到位，不仅影响着耗材的销量，而且反过来也会影响主产品的销售。惠普在耗材采用了会员俱乐部、积分换奖等几种促销方式。

（1）会员俱乐部促销。为了吸引更多的惠普产品用户成为惠普耗材的会员，惠普通常采用上网注册会员就可以获得耗材赠品的方式，以此加强与惠普产品用户的联系。每一位惠普积分换奖计划正式会员都有机会享受不同级别的独享奖励计划。

（2）积分换奖促销。惠普积分换奖计划是惠普公司为答谢用户对惠普打印耗材产品的支持而特别设立的一项长期活动，凡购买和使用惠普指定原装耗材的用户均可参加。每一位惠普积分换奖计划正式会员都有机会享受不同级别的独享奖励计划，惠普为用户设计了形式多样的活动和优惠，以耗材的优越品质以及超值奖励双重礼遇留住老顾客。

惠普公司自 1939 年创立迄今保持着基业长青，主要在于著名的"惠普之道"（HP Way）。在惠普打印机成为世界领袖品牌的过程中，这一点在公司的每一个事业领域都得到了印证，其中惠普独特的忠诚度促销传播更是取得了前所未有的成功。惠普之道的五个核心价值观就是：一是相信、尊重个人，尊重员工；二是追求最高的成就，追求最好；三是做事情一定要非常正直，不可以欺骗用户，也不可以欺骗员工，不能做不道德的事；四是公司的成功是靠大家的力量完成，并不是靠某个个人的力量完成；五是相信不断的创新，做事情要有一定的灵活性。从惠普在促销上的策略看，其高效的经营策略和管理方式已然成为惠普参与全球竞争的制胜法宝。

1. 通过卓越品质塑造品牌忠诚

自 1939 年惠普成立以来，市场环境的不断变化，促使惠普不断追求更高的境界，日益完善他们的产品和服务，以此牢牢抓住客户的心。无论是主产品还是耗材，惠普都坚持精益求精的品质追求，在售后服务上，不断强化这种品质保证。之后，惠普在其营销活动中将这些卓越品质进行"打包贩卖"，无论是折价换新活动的展开还是惠普金牌服务的赠送，无一不给新顾客以强烈的品牌印象。更为重要的是，在产品和服务上的优异表现，构建了消费者与惠普品

牌之间的深度关系并激发了消费者深刻的独特的品牌联想，从而大大增强了老顾客的消费信心，培养了其对品牌的初步忠诚。

2. 基于忠诚度培养的品牌接触

在惠普所有的促销活动中，无一不闪现着惠普对消费者忠诚度培养的良苦用心。IT业产品因为产品相对复杂、技术含量高、更新速度快，因此售后维修服务和产品升级换代服务一直是消费者最关心的两个问题。针对消费者的担心和顾虑，公司果断将惠普金牌服务全面推广，并大胆开展"以旧换新"促销。就打印机产品促销这块，在市场上打印机质量趋于同质同量的时候，惠普就充分认识到比服务才是取胜的重要途径。如果客户被您殷勤的服务所吸引，他们终其一生在更新打印机的优先选择上，都会忠于你一手所打造的品牌，也会延伸对你的需求时间表。惠普"以旧换新"活动正是惠普主动与客户建立保持良好关系的表现，不但牢牢抓住了老客户，还吸引了不少的新客户，让他们成为惠普永远的老客户。

惠普新颖而又实惠的品牌接触方式，一方面回馈了广大消费者长期以来对惠普产品的信赖；另一方面使那些以前没有使用过惠普产品的用户也能体会到惠普产品所承诺的卓越产品品质；同时，也再次印证了惠普专业、优质、全面的服务承诺。在这些品牌接触过程中，惠普始终能够想消费者之所想，急消费者之所急，通过换位思考来确定最佳的接触方案，从而获得消费者的高度响应与支持。惠普对消费者切身需要的灵敏关注和量体裁衣式的贴心服务，都极大地促进了与惠普新老顾客的品牌情感交流，在建立消费者的品牌忠诚上起到关键作用。

3. 精细科学的顾客管理关系

惠普的消费者因为对产品、品牌的信任共同走到了一起，并与品牌建立了良好的情感关系。那么，对这种关系的维护将是惠普面临的重要问题。在建立关系阶段需要惠普处于主动地位，而在发展关系阶段要让消费者成为关系管理的主动者，这样才能让消费者真正说出自己的真实想法和意愿，而惠普则应该为此提供大量的机会和条件。惠普网上会员俱乐部的成立可谓惠普老顾客聚会和交流的大好平台。通过会员积分换奖的方式，让老顾客充分享受惠普的"特别关照"：惠普为不同级别的正式会员准备了各级别专享的优质奖品，或精致时尚或轻巧实用，会员只要在丰富的奖品目录中选中心仪的产品，轻点鼠标，惠普就会将它送至消费者手中。惠普与消费者的关系对于惠普而言是一笔潜力巨大的顾客资产。IT行业较为特殊，产品连带消费明显，更新换代更是常事，企业如拥有一批稳定的忠实老顾客，将会给企业带来丰厚的回报。惠普需要时刻注意维护好消费者与品牌之间的关系，不断争取把潜在消费者和尝试消费者

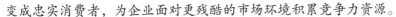
变成忠实消费者，为企业面对更残酷的市场环境积累竞争力资源。

通过卓越品质塑造品牌忠诚，基于忠诚度培养的品牌接触，精细科学的顾客管理关系等，通过这些基于消费者建立品牌个性的手段，惠普获得了较高的品牌情感忠诚度，增加了顾客品牌资产。在建立品牌忠诚度的过程中，惠普能够始终站在消费者的立场展开营销传播，与目标群体进行深层次的情感沟通，从而建立了品牌良好的忠诚度。

案例来源：卫军英：《整合营销传播典例》，杭州：浙江大学出版社，2008年版。

思考题：

1. 忠诚度计划的着眼点主要放在哪些方面？
2. 惠普的品牌忠诚度计划是如何运用于促销的？

第三节　品牌促销的战略规划

现代营销传播中，促销不再是一种简单孤立的营销推广方法，当整合营销传播上升为一种综合性营销战略时，促销已经成为整合营销传播的一个组成部分。从营销传播的角度，站在企业长期发展战略和品牌建设工程的高度对企业的每次促销活动进行战略规划是非常必要的，促销需要与其他营销传播工具整合起来协同作战，促销不仅要达成交易量的上升，还要承担信息传播、品牌建设方面的重要任务。

现代促销活动需要从"围绕产品为中心进行设计"转变为"以品牌为中心进行设计"。产品依然是促销活动的重要元素，不过产品应该被视为是品牌信息的载体，产品成为接触传播的一个界面。品牌促销战略规划需要遵循一定的程序和原则，一般可以分为六个步骤。

一、促销调查和研究

在促销活动发起之前进行充分、详细的市场调查是必需的。市场调查和研究围绕将要开展的促销活动展开，对营销企业促销活动的有关资料收集、整理和分析，了解企业促销的历史和现状，认识企业促销活动所面临的市场状况和竞争形式的变化，为促销决策提供依据。企业可以从以下五个方面入手实施促销调查和研究：

1. 客户资料调查

对品牌战略合作伙伴的业务情况进行调查，了解渠道商、供应商、其他合作客户营销状况、发展动态，了解客户的营销能力、盈利能力、发展能力、经营理念、经营策略以及客户的形象、声誉、资信等状况。

2. 消费者调查

这主要包括消费者的购买动机、购买行为；现实需求、潜在需求的内容、需求特点，市场需求潜量、需求时机；消费者对本品牌和产品的满意度、信任度；消费者对促销活动的期待，如促销时机、促销产品、促销奖励、促销形式等。

3. 竞争对手调查

竞争对手的界定、竞争品牌的市场占有情况、竞争品牌的消费者满意度；竞争品牌的供货情况、渠道占有情况、渠道合作情况；竞争品牌的促销情况、促销方式、促销内容、促销时间、促销效果等。

4. 促销环境和条件调查

促销活动所面临的机会和威胁，包括经济、政治、法律、人口、技术和文化环境；促销活动条件的成熟度如何，如促销人员的数量、素质、努力程度，渠道商的配合愿望，促销工具和奖励品的筹备能力以及企业的促销投入愿望和企业的促销传统等。

5. 广告传播环境的调查

促销决策者还必须明确品牌的总体战略目标、近期的广告传播目标、区域市场的广告目标以及可资利用的促销媒介情况。

二、确定促销目标

在市场调查和研究的基础上，结合品牌的战略发展规划，进而确定促销目标。促销目标通常可以分为市场目标和财务目标。

1. 市场目标

这一目标用于明确促销活动对品牌市场发展的贡献，涉及销售业绩、销售增长、市场规模、市场相对规模、市场地位、消费者购买情况、市场网络普及度以及品牌价值、品牌形象、品牌文化、品牌观念、品牌定位、品牌个性被消费者的认知度、理解度、接受度。

品牌在不同的发展阶段、不同的市场区域会面临不同的问题，促销的市场目标都应该有相应的体现。制定市场目标需要注意以下四个问题：

其一，促销的市场目标与品牌战略目标的一致性。其二，促销的市场目标必须具有高度的针对性。促销活动不能盲目展开，它需要针对特定的市场问题，提出相应的解决方案，促销活动的销售效果和传播效果应该同时得到重视。例如针对新产品上市进行的促销活动，针对某区域市场遭遇的竞争进行的促销，针对渠道铺货不畅进行的促销，针对危机公关进行的促销活动等。其三，促销的市场目标制定必须明确。为了后续的促销活动效果评估顺利，需要对促销目标量化，如销量增长、网络普及率、市场占有率、知名度目标等；不能量化的目标也要尽力做到描述清晰、明确，避免含糊、模棱两可。其四，促销市场目标与产品生命周期、特定的产品类别、特定的市场区域相对应，市场目标要具有一定的竞争性和挑战性。

2. 财务目标

财务目标主要包括销售额、销售利润额、利润率、销售费用额、销售费用率、投资收益率以及按照不同时段、不同产品、不同区域、不同细分市场确定的分类核算指标。财务目标的制定一方面要保证财务目标与市场目标的一致性；另一方面要考虑各种目标的相互制约，目标设定维持在一个合适的度，既要具有一定的挑战性，又要能够顺利完成，以免挫伤销售人员和渠道商的积极性。

三、制定促销策略

企业需要根据不同的促销目标和销售环境、销售动态来制定促销策略，包括确定产品范围、市场范围、促销周期、促销形式、刺激力度等，只有对这些问题进行了科学决策后才会有成功的促销活动。

1. 产品范围

促销活动不可能针对所有的产品类别，企业往往会选择特定的子品牌、特定的产品进行促销，这一点取决于企业的战略规划和营销目标。产品范围涉及产品的规格、型号、系列相关产品等方面。当下消费者对价格的比较越来越频繁，同一品牌下的延伸产品也种类繁多，因此对产品范围的促销决策越来越重要了。产品范围的确定需要考虑企业产品组合中不同产品的销售状况，考虑企业产品组合中不同产品的影响力状况，往往选择具有带动力的龙头产品和主打产品进行促销。

产品范围的确定还需要考虑企业产品组合中产品发展目标的要求，如在特定阶段为了使某项产品达到预定的销售目标，或者使新产品达到一定的销售预期，就需要对这些产品进行促销。除此之外为了防范和对抗竞争，还需要考虑不同的产品面临的竞争形势。如在企业预计竞争对手会推出同类的产品上市，企业可以选择在其上市之前进行同类产品的促销活动，以巩固已有的市场地位，压缩竞争产品的市场空间，使竞争对手在上市之初就面临着严峻的市场形势。

2. 市场范围

促销活动可能会在一个较大的市场范围开展，但不同的区域市场有其特殊性，各市场面临的竞争形势、市场份额、渠道状况、零售环境、消费需求模式不同，这就需要对促销的市场范围进行一个合理的决策，不同的市场区别对待。需要考虑以下四个方面的问题：

其一，企业的市场范围。对于企业而言，市场范围指产品的销售区域；对于中间商而言，市场范围指批发环节的市场覆盖范围，以及零售环节的零售终端辐射区域。其二，企业的主要目标市场和次要目标市场。这决定了企业的促销密度。企业往往根据市场的重要程度来决定促销的频次，考虑到促销的费用问题，需要对不同重要程度的市场加以区分。其三，市场成熟程度。对于处于开拓阶段的市场，企业需要加大营销投入，促销的机会就会多一点，投入也会大一些。相对成熟稳定的市场，企业只需要进行维护层面的促销，除非发生较大的市场变化，否则力度自然会弱一点。其四，市场竞争状况。竞争形势严峻的地区，服从于竞争的需要，促销的力度需要加大，以不断给竞争对手以冲击，保持一个较高的市场份额。

3. 促销周期

促销时间的设定包括何时促销、何时宣布、何时结束、维持的频率等问题。

促销的时机选择受产品的存货水平、消费者需求的季节性以及节庆日、企业公共活动的影响，一些具有特殊意义的事件也会影响促销的时机。如中国移动每年在高校学生春季、秋季入学时都会针对学生开展一些优惠活动。特别是秋季高校新生入学更是十分重要的一个时间，新生往往在这个阶段决定选择哪个通信服务商，此时进行针对性的促销活动意义重大。

促销必须有一个既定的截止日期，促销活动不可能无限制进行下去。这一方面便于企业考核评估的需要，另一方面更为重要的是截止日期给消费者以紧迫感，促使他们在既定的时间内购买产品。促销周期主要依据促销目标确定，对于难度加大的促销目标需要加大促销力度、延长促销时间。

4. 促销形式

促销形式是促销策略中至关重要的一环，直接决定了促销效果好坏。我们在第一节所列举的促销形式很多，从消费者所获得的价值角度来分类可以划分为四种价值形式：

即时价值（Immediate Value）——消费者在购买时马上就可以获得利益，如赠品附送、数量折扣等。

延时价值（Delayed Value）——消费者在第二次甚至多次购买行为之后才会获利，如赠券、点数兑换、积分兑换、抽奖等。

降低价格（Price Cut）——消费者直接在价格上享受到优惠，如折扣价、买就减等。

附加价值（Added Value）——如会员制带来的各种优惠，提供相关的拆洗、维修服务等。

短程的价值诱惑最具威力，能够马上刺激消费量上升，但缺乏持久信息传播效果。选择何种促销形式需要充分考虑促销目标和消费者的需求，达到既能实现对销售量的拉升，又能满足消费者的需要，维持一个较长的品牌信息传播。

5. 刺激力度

对消费者的让利大小决定了促销活动的刺激力度，每项促销计划无论是直接的减价、间接的增值，都涉及商品相对价格的折扣率，如何确定一个合理的折扣率需要考虑以下六个问题：

其一，最低百分率的确定应该以吸引中间商和目标消费者为主要目的，促使其潜在的需求转换为实际的购买行为。其二，依据以一般价格向中间商出售商品的比率，这一数据越小，折扣率相应越高。简单地说即畅销的商品没有必要进行大的促销，滞销的商品需要进行一定力度的促销。其三，考虑同一价格档次的竞争产品的促销情况。其四，考虑到新旧产品、新旧款式的替代情况确定刺激力度。其五，考虑消费者的需求强度确定刺激力度，当需求较为刚性时，促销刺激较小，反而则大。其六，考虑消费者对促销的心理预期情况决定促销刺激力度。如消费者对特定节日的促销力度期盼是不同的，元旦、圣诞、春节、中秋、情人节等节日依据产品的类别施行不同比率的折扣进行刺激。

四、设计促销方案

促销方案是促销活动实施的详细步骤及具体规则，制定方案的原则是可行性、可操作性、调适性、灵活性。促销方案要尽可能的具体详细，充分考虑促销活动可能出现的各种情况，还有设计好预备方案以应付突发出现的各种问题。为此要做出以下决策：

1. 确定要提供的激励规模

通过研究过去各种促销活动的成本与收益，考察销售和成本增加的相对比率，科学计算激励规模，制定最佳的激励模式。

2. 确定激励对象及参与条件

需要明确以下问题：促销的激励是针对单独个人目标受众还是有选择的部分人？激励的范围有多大？激励的主要人群是谁？激励对象是忠诚客户还是随机客户？激励是否有应对竞争方面的意图？激励对象的选择对销售效果会产生

怎样的影响？如何过滤非激励对象？如何制定可行的激励参与条件？如何制定参与促销的规则……此类问题需要促销方案设计者加以明确。

3. 选择送达方式

送达方式意味着消费者如何获得激励，送达方式十分合适、送达成本是否控制得当也决定着促销活动的参与者多寡、促销活动的成功与否。促销方案制定者需要尽可能地调动消费者的参与热情，最大限度地控制送达成本，在送达方式上进行创新以获得理想的促销效果。如优惠渠道的发行就可以有很多种：售点派发、街道随机派发、邮递派发、入户派发、媒体派发、随商品派发、互联网派发、手机彩信派发等。

4. 决定促销的持续时间

具体的促销活动时间需要考虑商品的特点、消费者购买习惯、促销目标、竞争者策略及其他因素，按照实际需求来制定合理的持续时间。

5. 促销预算的分配

6. 营销工具的配合

现在企业的促销活动往往不是孤立的，很多的促销是配合以公关活动进行的。为了取得理想的促销效果，促销活动还要有广告的支持，通过媒介工具将促销活动的信息投放出去，以被更多的消费者知晓。促销还需要渠道的配合，渠道商对人力、物力、财力的支持是促销成功的保证。同时促销活动还需要企业在产品的规格、价格、包装做出一些相应的变化。

五、实施与控制促销活动

在大规模的促销活动启动之前，可以选择相对小的区域市场对促销方案进行测试。通过测试及时了解促销方案中存在的问题，做出相应的调整，同时可以就测试结果对接下来的大规模促销进行结果预测。方案测试适合于那些实力强、规模大的企业所做的大范围促销活动，对于小型的促销活动没必要进行测试，在实施的过程中加强监控就可以了。

促销活动的实施需要有一个长期的筹备过程，具体工作包括制订计划、设计广告、包装的修改及批准、资料的邮寄和分送；准备相关广告和销售现场材料；销售人员的培训；分销商的配额；购买或印刷具体的赠品和包装材料；相关产品的预先生产、存放、配送等。在促销实施的过程中需要有监控机制作保障，应有专人负责控制事态的发展，一旦出现偏差和意外情况及时给予纠正和解决。

六、评估促销效果

在促销活动的尾声，应着手促销效果的评估工作，以发现此次促销活动的缺陷和不足，对经验教训进行及时总结。促销效果可以通过销售绩效分析来评估，这是最普通、最普遍的一种评估方法。对促销活动前、活动期间、活动后的销售额或市场占有率进行比较，在其他条件不变的情况下根据销售数据的变动来判别促销效果，这就是销售绩效分析的评估方法。

企业还可以通过对消费者进行调查来评估促销效果，这种方法主要用于对促销的品牌传播效果进行评估。通过调查我们可以获知大约参与的消费者数量、消费者对促销活动的参与情况、消费者对促销的评价，还可以了解到消费者对品牌的认知是否获得提高等情况。

案例分析 9-2

三星实施赞助重塑品牌

在电子行业发展中，提及在近几年品牌价值提升最快的公司，无疑人们想到的是韩国三星。这家公司成立于 1969 年，早期业务主要以生产廉价产品为主，在西方人心目中三星曾经是代表着"低价位，低质量、仿制品"的二三流公司。1993 年三星宣布"新经营"，这是一场旨在通过员工到整个企业的积极变化来实现从"数量经营"到"品质经营"的转变，并由此实现世界一流的企业经营革新运动。在"新经营"开始 10 年后的 2003 年，三星旗下 3 家企业进入世界 500 强行列，有近 20 种产品市场占有率居世界首位。2005 年三星集团品牌价值高达 150 亿美元，在世界百大品牌中排名第 20 位，连续 5 年被评为"成长最快的五个品牌"之一。三星是如何摆脱低价劣质的困境，迅速提升其品牌价值的？它成功的秘诀非常具有启示意义。

以"新经营"为契机，三星开始了全方位品质经营和世界顶级战略，并实施了"选择和集中"的业务发展策略，对发展不顺利或前景不看好的业务及时进行清理，对前景乐观的业务进行集中的投资，加强研发的力度。在强化品质方面，三星电子、三星电机等实行了"停线"机制：在生产流程中发现不合格产品，整个生产线会被停下来，直到问题被解决。为了提高三星服务的质量，三星人力开发院为所有的三星客户服务人员提供客户服务讲座；三星旗下的新罗饭店还为三星生命、三星证券和三星信用卡等的雇员提供礼仪培训课程。在业务结构、人才培养、产品设计生产、流程控制等多方面成功变革的基础上，为了全面塑造世界一流的企业品牌形象，提升三星的知名度，使全球更多的人知道三星、了解三星，三星集团坚执行以奥运会 TOP 计划为中心的多种体育赞助活动，增加三星品牌的曝光率。

从 1986 年开始，三星展开了持续不断的体育赞助活动：1986 年赞助汉城亚运会、1988 年首次赞助冬奥会并成为冬季奥运会在无线通信设备领域的世界级伙伴、1990 年赞助北京亚运会、1994 年赞助广岛亚运会、1996 年赞助亚特兰大奥运会期间的展示会、1998 年赞助曼谷亚运会和长野冬季奥运会、2000 年三星成为悉尼夏季奥运会的顶级赞助商、2002 年赞助盐城冬季奥运会和釜山亚运会、2003 年赞助第 22 届世界大学生运动会、2004 年赞助雅典奥运会、2006 年赞助都灵冬奥会，到了 2008 年，三星也将赞助北京奥运会。三星用最简单的方式将自己融入了奥运。WOW（Wirless Olympic Works）是无线奥林匹克工程的简称，也是三星在奥运会的展示平台。三星将其数字通信技术与手机移动装置结合，专门为这届奥运会研发了专用的无线信息系统，并向参加奥运会的运动员、官员、媒体、组织人员和志愿者提供了 22000 台这种设备，它可以查找距离某一比赛场所最近的洗手间、宾馆、饭店等设施；显示比赛场地地图、帮助组委会总部向工作人员传送信息；随时通报比赛结果甚至获取正在进行的赛事信息，为奥运会庞大机器的运作提供了润滑剂。

三星以奥运会 TOP 计划为中心的多种体育赞助活动的成功，还在于三星电子的体育营销并不仅局限于体育赞助这一形式，其还结合广告、公关活动等多种手段进行整合营销。如在 2000 年悉尼奥运会上，三星推出了与三星的奥林匹克之约计划——在奥林匹克公园内建造了一座名为"相约奥林匹克"的运动员活动中心，利用三星尖端的通信产品和互联网、卫星及无线技术为运动员提供与家人和朋友交流的场所。此外，三星还推出了"共享三星快乐时刻"的特别服务，即三星为运动员和观众提供最新的三星手机，他们可以给他们在世界各地的家人和朋友打 3 分钟的免费电话来分享他们的奥运经历和感受。三星成功地利用这一高科技的公共展台展示三星电子今天和未来的产品。该项目吸引了许多人的注意，并因其广泛的影响力在盐湖城再次推出。正是这种简单直接的工作，将三星塑造成一个"奥运品牌"。

在亚运会上，三星为组委会免费独家提供影音设备、家用电器及手机产品，其中包括电视机、摄像机、DVD 和录像一体机等影音设备，手机以及冰箱、洗衣机、微波炉等家用电器。这些设备将被应用在亚运会的各个场馆，确保亚运会的顺利进行。三星将承办"亚运会最有价值运动员"（Most Valuable Player）评选活动，并将为获奖运动员颁发"三星最有价值运动员奖"。活动具体为由著名人士组成的委员会将提供一个推荐名单，权威媒体将通过投票评选出一名最有价值运动员和除此之外的四名运动员。同时，三星在赞助亚运会中也筹备了其他一些互动式的赞助活动，包括开设数字体验馆和在主媒体中心开辟三星专区。三星数字体验馆将展示世界上一些最尖端的科技产品。展区将包括数字媒体、生活和移动通信等三星专长的领域。展品包括三星的高新视频液晶电视冰箱和全球手机市场上领先的新款手机。此外，三星还将举办多种趣味推广活动使参观者充分体验三星的创意产品。三星专区是一个媒体中心，为记者提供信息共享，并协调专访。三星专区内有一个餐饮区和产品展示区，提供免费上网，三星最新款手机将在此为参观者提供免费打电话服务。在此参观者还可以通过液晶电视观看比赛，欣赏展厅的背景音乐，放松一下。在进行体育赞助的时候三星还会充分利用新型媒体进行大规模的户外广告宣传，同时也不遗漏比赛场馆内可用的广告媒体以及赛事期间举办国的电视媒体和主要出版物等。

三星抓住时尚人士热爱体育赛事的心理，通过赞助重大的体育赛事，成功地增强了三星品牌的曝光率，增加了三星品牌的知名度，吸引了大量新消费者的尝试购买，与此同时，顶级赛事的品牌联想也使三星品牌的价值迅速上升。作为韩国电子企业的代表，三星在中国的市场上一直保持高端的形象，很少进行这个行业常用的降价促销方式。但是，这并没有影响时尚的年轻人对三星这个品牌的青睐有加，更不能阻挡三星电子在动态存储器、静态存储器、CDMA手机、电脑显示器、液晶电视、彩色电视机等近20种产品中占据世界市场占有率第一位置的趋势。三星"新经营"给市场带来的启示无疑是全方位的，以奥运会 TOP 计划为中心的多种体育赞助促销活动毫无疑问是三星赢得新顾客，塑造新品牌的重要砝码。

225

1. 力求卓越的产品品质与品牌定位

三星的目标是成为世界超一流企业、全世界最受尊敬的企业，勤恳、上进、胸怀全球、永远追求第一是企业的行动指南。"新经营"计划给三星带来全新品质的产品和引领全球的研发能力，卓越的产品品质为三星不断赢得新的消费者奠定了坚实的物质基础。而在新的品牌定位上，三星不断强调"个性"、"与众不同"，一贯坚守"拷贝别人、模仿别人永远不可能做到第一"的经营理念，体育赞助特别是以赞助奥运会为中心的营销传播活动为三星的品牌赋予了独特的个性，使其成功树立了领先全球的品牌定位。

2. 赞助赛事带来的品牌知名度和品牌美誉度

正如三星电子副会长兼 CEO 尹钟龙所说："三星热衷于支持体育赛事，因为体育如同科技和产品一样，在民族和文化融合过程中扮演着至关重要的角色。"通过赞助奥运会，三星品牌知名度在全球范围内得到迅速提高。奥运会是人类四年一度的最高盛会，全球人们的高度关注毫无疑问是一笔巨大的注意力资源。在注意力不断被干扰和分散的信息环境下，奥运会的注意力资源显得尤为宝贵。体育赞助的效果突出、易于受众接受，其沟通对象针对性强，数量庞大，非常有利于企业与目标群体的有效沟通。通过免费提供场馆设备、赞助官员、组织人员、教练、运动员、记者以及志愿者等人员和信息设备，三星有效地俘获了奥运会这种独特资源。免费赠送的产品，在奥运会结束后随着运动员、教练回到本国，在一定范围内进一步扩大品牌知名度。

与此同时，通过持久赞助奥运会和亚运会，无形当中自然而然地使得人们把奥运会以及各种体育项目的特征转化到三星身上，从而极大地提高和巩固了三星在人们心目中的形象和地位。就是通过赞助顶级赛事使人们产生联想，三星把赞助对象独特的、美好的形象特征转移到品牌和产品的形象上来，获得了高附加值的品牌联想，促进了三星品牌美誉度的提高。

3. 全方位的促销活动丰富了品牌体验

通过向场馆提供影音设备、通信设备和家电设备，通过向教练、运动员、志愿者等免费提供各种三星电子产品，通过为运动员提供与家人和朋友交流的场所，通过开设数字体验馆，通过在主媒体中心开辟三星专区，等等，三星提供了一个全方位的深度品牌接触和品牌体验，使得运动员、教练等相关人群对三星的产品品质和科技实力有了切身感受。众多的促销活动，使得体验参与者得到了极大的便利，加上赛事期间的品牌接触几乎都是免费的，这些毫无疑问会极大地提高消费者的品牌偏好，而这正是面向新顾客促销中最为核心的地方。只有建立在消费者品牌偏好基础上的促销行为，在短暂的促销之后才能获得长久的品牌收益。三星不断攀升的营销业绩表明，其奥运赞助计划取得了空前的成功。

4. 基于多样化接触的整合营销传播

体育赞助与广告、促销和公关等其他营销沟通手段相比，虽然有许多优势，如观众多、影响大、见效快、价廉物美等，但是毋庸讳言也拥有一个致命弱点。那就是它能直接提供的信息太少。绝大多数赞助能够直接展现在公众面前的回报只能是企业、商品或品牌的名称和标志。这些信息虽然至关重要，但是仅凭借这些一鳞半爪的信息，还不足以令人们对企业、商品和品牌产生全面、完整、详细的印象和认识。故而应以体育赞助为龙头，其他各种沟通手段密切配合，优势互补。

如果说面向参赛相关人员进行营销传播主要是免费赠送、样品赠送、参观展示、讲习推广这些促销活动的话，那么面向全球消费者，三星则采取了整合的方式展开营销传播攻势。在赛事举办地的各种户外广告，在举办国以及全球主要媒体上的全面广告投放，大量围绕赛事开展的公关宣传和配合奥运会、亚

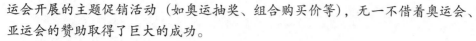

运会开展的主题促销活动（如奥运抽奖、组合购买价等），无一不借着奥运会、亚运会的赞助取得了巨大的成功。

营销沟通是品牌的"声音"，是与消费者对话和联系的手段。在以消费者为中心的市场环境下，营销沟通可以通过建立品牌意识使消费者在头脑中产生强大、有力和独特的品牌联想，从而积累品牌资产。正如三星重塑品牌中所做的一样，设计全面综合的营销沟通方案，并使各种沟通手段"匹配"起来，使它们彼此加强，达到使消费者通过营销沟通形成强大、良好、独特的品牌联想，产生较强购买动机，营销沟通对积累品牌资产，提升品牌价值是非常重要的。三星在执行品牌重塑计划时，把体育赞助作为提高品牌知名度和建立优秀企业公民声誉的一个重要平台。三星秉持推动和平、鼓励友好竞赛、促进所有文化种族团结的企业价值观和用真爱促销的经营理念，将体育融入事业，以事业促进体育。

案例来源：卫军英：《整合营销传播典例》，杭州：浙江大学出版社，2008 年版。

➡ **思考题：**

1. 谈谈如何在促销中培育品牌的忠诚？
2. 三星品牌重塑计划是如何展开的？

第十章

品牌公关运用

学习目标

知识要求 通过本章的学习，掌握：

● 公共关系以及营销公关概念
● 公共关系与品牌建设的关系
● 公共关系的传播特点
● 品牌公共关系的基本要素
● 品牌公共关系的活动策划过程

技能要求 通过本章的学习，能够：

● 了解公共关系与品牌建设的关系
● 把握公共关系宣传的特点
● 具体实施品牌公关活动的策划

学习指导

1. 本章内容：公共关系的基本概念、对象和特点；公共关系与品牌建设之间的关系；公共关系本身所具有的传播特性和运作流程；如何通过公共关系进行品牌传播并实施品牌营销等。

2. 学习方法：寻找共性，强化基本观念理解；注重从现实出发，灵活掌握基本知识和具体操作细节；观察现实中的品牌公共关系现象，掌握品牌公共关系的策划方法。

3. 建议学时：6学时。

引导案例

《财富》杂志借助公关创造品牌神话

《财富》、《商业周刊》和《福布斯》被认为是当今世界最有影响力的三大财经杂志。第一本《财富》杂志诞生于1930年2月，在那个金棕色封面上印着标价："单期1美元，1年10美元"。在此后的80余年中，这本杂志始终保持了作为商业社会精英读物的地位，当然，它早已突破了平面印刷媒体的传统盈利模式，今天的《财富》在北美地区零售价也仅为每本1.43美元。作为《财富》杂志唯一的"外语"版本，《财富》中文版引进中国已有10个年头，虽然杂志目前在中国发行量只有14万份，且绝大多数采用免费赠阅的方式，但它对广告主的吸引力远比很多国内知名财经杂志大。来自慧聪国际的资料显示，在所有针对中国市场的商业和财经杂志中，2004年《财富》（中文版）的广告收入名列首位，在所有种类的9000种杂志期刊中位居第五位。《财富》杂志之所以能够在商业上取得巨大成功，很大程度上归功于其对杂志品牌的成功运作，尤其是长期以来依托"财富500强"和"财富全球论坛"制造的公关效应。

1954年，《财富》杂志开始以严谨的评估推出全球最大500家企业的名单，"全球500强排行榜"从此产生了巨大影响，以至于超越了国家、民族、文化而成为全球经济的一个标准。迄今为止，就影响力而言，没有任何一种媒体的"排行榜"能望其项背。这一排名已成世界知名企业用来判断自身实力、规模和国际竞争力的重要指标，也是世界经济状况极具权威性的"晴雨表"。列入世界经济500强，对企业来说不仅是一种莫大的荣耀，同时也意味着企业的无形资产在一夜之间得到了数以亿计的增长。可以说，"500强"奠定了《财富》在同行中的特殊地位，从"世界500强"到"中国500强"，它们一直随着环境的变化和外界受众的需求在不断地调整和完善，从而奠定自己的权威地位。财富500强排行榜对于《财富》杂志来说的最大意义在于其品牌象征作用。作为杂志品牌营销最关键的一点就是可信度，《财富》杂志通过500强排行榜成功地建立其品牌可靠权威的形象，并且在杂志的运作中坚持每年推选500强，同时根据企业工商界的要求，陆续推出"卓越雇主排行榜"、"最受赞赏的公司"、"美国十大最受尊敬公司"等形形色色的排行榜，丰富了对企业综合实力和能力的评估标准，也进一步巩固自己专业权威的财经杂志品牌形象。各种排行榜之所以能够吸引人们的注意力，一方面由于选题把握市场脉搏；另一方面是由于排名方法科学公开，具有相对的独立性。

翔实的资料与科学的方法树立了排行榜的权威，也带来了滚滚财源。此外，借助排行榜的深入人心，《财富》又推出了另一个强势品牌——"财富全球论坛"，再次吸引了众多的眼球和美元。"财富全球论坛"自1995年举办以来，已经在新加坡、布达佩斯、曼谷、巴黎、华盛顿、上海、香港、北京等多个城市举行过。它凭借《财富》杂志的多元影响力，通过邀请方式组织，参会者只限各大跨国企业的董事长、总裁、首席执行官和高级管理人士。它以召开地首要政要打头阵，以来自政界、学界、商界的显赫名流为招牌，以国际重大焦点问题为核心，组成一个超豪华的阵容。论坛不仅受到商业人士的一致追捧，也得到了举办地政府的关注。这是因为财经杂志虽然没有权力决定经理人们的投资意向，但是将论坛设在某地举行意味着将全球金融大亨的目光聚焦于该地，重视该地的经济环境及其变化，关注投资动向以及与该地相关的政治、经济话题。世界各地政府都把在本地举办论坛当作是了解国际趋势、展示本国经济环境、捕捉商机的重要营销机会。可以说，从开幕到闭幕，从开会到散会，政府的支持、媒体的热捧和知名企业的参与成就了"财富全球论坛"的公关神话。

以"1999上海财富论坛"为例，200多位国内企业家首获良机与全球商界巨子交流，吸引了500多位中外记者参与报道，据悉包括基辛格、李光耀以及通用电气的杰克·韦尔奇、时代华纳的李文等在内300多位国际政界商界名流参与了该次论坛。对于《财富》杂志来说，姑且不说论坛期间所收获的可观经济效应，单是论坛制造的眼球效应就已经是一笔巨大的无形财富。虽然论坛只进行短短的几天，但是在论坛结束后的很长一段时间内，关于财富论坛的话题始终是各大媒介关注的焦点。各大报纸、杂志、电视台挖空心思，多角度、全方位地对论坛进行报道，成就了《财富》的品牌效应。此外利用杂志的影响力，《财富》还举办了其他一系列的论坛，如《财富》500强论坛、《财富》首席金融官论坛等，成为《财富》论坛风景线的重要组成部分。

案例来源：卫军英：《整合营销传播典例》，杭州：浙江大学出版社，2008年版。

思考题：

1. 公共关系与品牌营销有什么共性追求？
2. 《财富》杂志的公关特性表现在哪里？

第一节　公共关系与品牌建设

公共关系是品牌建设过程中最常用的工具之一。在现代社会中，随着广告、促销等传播方式的可信度日益受到公众怀疑，它们的传播效果也大打折扣。在此情况下，公共关系作为一种可信度较高的传播方式，其对品牌建设的功能正在日益突出。企业面临的情况复杂多变，品牌的发展也始终处于一个难以预料的环境中，稍有不慎，企业和品牌即会步入低谷，甚至就此崩溃。公共关系可以帮助企业建立危机的日常监测、警示、处理系统，为品牌的成长保驾护航。

一、公共关系的概念

公共关系（公关），英文为 Public Relations（PR），通俗地说即是一种机构与各种公众之间培育好感的活动。公共关系作为一种客观的社会存在由来已久，从人类社会诞生的那一刻起就有了公共关系。人类早期的公关活动大多是无意识的、自发的，现代意义上的公共关系是 20 世纪初期发展起来的，商品经济的发达和传媒技术的革新为现代公共关系的兴起提供了条件。

现代公共关系的概念是在美国诞生的。1882 年美国律师多尔曼·伊顿在耶鲁大学法学院发表了题目为"公共关系与法律职业的责任"的演讲，首次使用了"公共关系"一词。此后公共关系逐渐被认为是一种管理的方法和艺术，专业的公共关系组织开始出现，公共关系实现了职业化。在公共关系发展的历史中，美国人艾维·李（1867~1937 年）做出了极为突出的贡献。1903 年艾维·李创办的"新闻宣传事务所"是当时最有影响力的公关组织，他也被认为是公共关系第一个从业者。1906 年在解决美国无烟煤矿业罢工问题期间，艾维·李发表了"共同原则宣言"，现代公共关系即以此为标志宣告诞生。艾维·李通过自己的公共关系实践，使公共关系工作在社会上产生了巨大的影响并获得了承认，他被后人誉为"现代公共关系之父"。

公共关系所容纳的范围非常广泛，它的定义也是五花八门、包罗万象。美国的公共关系学者雷克思·哈罗（Rex F.Harlow）曾对公共关系的定义进行了总结，他翻阅了大量的书籍资料，访问了 83 位公共关系组织的领导人，列举出的公共关系定义达 472 条之多，[①] 可见公共关系的概念是非常宽泛的。甚至有人戏称，有多少公共关系学者就有多少公共关系的定义。对公共关系定义的表述大致上可以分为以下三类：

第一，管理职能角度的定义。此类定义认为，公共关系是社会组织对社会公众一种有目的、有意识的调整和控制行为，强调了公共关系是一种社会组织的管理功能。如美国《公共关系新闻》杂志的定义是："公共关系是一门管理职

---

① 单东、王政栋：《公共关系通论》，北京：人民出版社，1992 年版，第 12 页。

能，它评估公众的态度，检验个人或组织的政策、活动是否与公众的利益相一致，并负责设计与执行旨在争取公众理解与认可的行动计划。"国际公关协会的定义是："公共关系是一种管理职能，它具有连续性和计划性。通过公共关系，公立的和私人的组织、机构试图赢得同他们有关的人们的理解、同情和支持——借助对舆论的估价，以尽可能地协调它们自己的政策和做法，依据计划的、广泛的信息传播赢得更有效的合作，更好地实现它们的共同利益。"

第二，传播沟通角度的定义。此类定义主要从公共关系的运作特点和作用机制方面来考察公共关系概念，认为公共关系是一种有意识、有目的的传播沟通行为，强调了公共关系的手段是传播。如《大英百科全书》认为："公共关系是在传递关于个人、公司、政府或者其他组织的信息，以改善公众对他们的态度的政策和活动。"

第三，社会关系角度的定义。这种定义强调了公共关系的社会属性，认为公共关系是社会关系的一种。如美国普林斯顿大学希尔兹教授认为："公共关系是我们所从事的各种活动、所发生的各种关系的统称。这些活动与关系都是公众性的，并且都有其社会意义。"

相对来讲我们认为美国《公共关系新闻》杂志的定义较为全面、准确。这一定义将公共关系界定为一项管理职能，也就是说它并不限于商业机构，还包括了其他非营利组织。按照这个定义，公共关系包含了三层含义：判断与评估公众态度；制定符合公众利益的组织策略与程序；推出与实施旨在获得公众理解和接受的沟通活动。我们可以借助公共关系的三个要素，即公共关系的主体、客体和中介，来进一步认识公共关系的内涵。

1. 公共关系的主体——社会组织

社会组织是公共关系活动的发起者、组织者、调控者、承担者，它在公共关系过程中起主导作用。公共关系的主体包括四类：公共性组织，如政府机构、公用事业部门、公共安全机关、军事机构、科研机构等；非公益性互利组织，如政党、工会、协会、俱乐部和其他群众团体；营利性组织，如工矿企业、商业贸易企业、金融机构、旅游服务等；服务性组织，如学校、公立医院、社会福利机构、慈善机构等。

2. 公共关系的客体——公众

公众是具有"合群意识"的社会群体，是在共同利益、共同文化心理驱使下结合而成的社会群体。公众是公关活动的对象，不同公共关系主体所面对的公众是不同的，公众不仅包括与社会组织相关的一般大众，还包括与社会组织相关的组织、团体等社会群体。也就是说，公众不仅是人，还可以是一定的组织、机关、机构和团体。公关活动不仅要考虑它所直接面对的社会大众，同时还要正确处理与之相关的各种组织和群体之间的关系，公关活动能否取得成功与它们有很大的关系。

公众在公关活动中不是被动的，公众随时有可能表达自己的意志和要求，它们会对公关主体的政策和行为做出积极的反应，以各种渠道和手段向主体传达自己的意愿，对主体形成强大的舆论压力和外部动力。因此每一项公关活动都需要对其公众进行仔细的研究，认识他们的特点、满足他们的需求，充分考虑公关活动所引发的公众反应，依据公众态度和意愿调整公关部署和行动。

3. 公共关系的中介——传播

传播沟通是公共关系活动的过程和手段。公关活动的实质就是运用现代信息社会的各种传播媒介和沟通手段，以传播为中介在社会组织和公众之间建立起有效的对话和沟通，使双方在某些问题上消除误会和分歧，达成一致的共识和态度。

公共关系是一种普遍的社会存在，在任何领域、任何方面都可以看到它的影子，小到对一个人、一件商品，大到对一个国家、一个地区、一个民族，公共关系都能够找到用武之地。社会个体可以利用公共关系和语言、礼仪技巧来协调与他人的关系，培养与他人友好的人际关系；社会组织和机构可以利用公共关系帮助自己谋取更多的发展条件，为组织目标的实现争取更多的积极因素；国家和地区可以借助公共关系树立良好的形象，提高国际地位和声誉，营造对自身发展有利的周边环境。在商业领域公共关系同样受到重视，它是营销推广和品牌建设的工具，不仅能够帮助提高产品的销售业绩，而且在加强品牌信息传播、塑造品牌形象、培育品牌关系方面也都具有强大的功能。

二、公共关系与品牌建设

1. 品牌公共关系

品牌建设是一项重大工程，涉及的关系层面也很复杂，公共关系是品牌发展过程中必不可少的工具之一。品牌公共关系传播的主体是企业，也可以说是品牌的拥有者、经营者和管理者，这是一种营利性组织的公共关系。企业进行品牌公共关系的目的虽然不是为了直接的销售效果，但从长远来看仍然是为了产品的最终销售。对企业内部来讲，品牌公共关系活动是为了统一员工思想，达成一致的共识，调动一切积极因素，为实现组织的品牌战略而努力；对企业外部来讲，品牌公共关系活动是为了树立良好的品牌形象，建立并维护与公众之间的稳定、友好的品牌关系。

品牌公共关系所面对的公众范围很广，既包括内部的员工公众，又包括外部的社会公众，两类公众对企业和品牌的意义各自不同。品牌公共关系可以细分成六种类型。

第一，员工公众关系。员工是企业组织内部的公众，是品牌生存的组织细胞。品牌内涵、品牌价值、品牌形象、品牌定位首先要在员工内部达成普遍的共识，虽然员工并不是品牌决策者，但他们的态度和意见对品牌发展有很重要的影响。面向员工公众的品牌公共关系需要与企业的管理文化结合起来，将品牌思想融入每个员工的思想和行动中。

第二，政府公众关系。政府公众是企业组织的外部公众，包括各级政府机构和公务员，具体有工商、税务、财政、市政、环保、卫检、治安、消防、法院、海关、人事等政府职能部门和公务员。品牌的健康发展离不开政府公众的支持，他们为品牌创造了良好的政治、经济、文化和市场环境。任何一家企业都需要和政府公众保持融洽的关系，企业和品牌的发展战略要符合政府公众所代表的民众利益，要及时向政府部门通报信息，保持沟通和接触，不断加深政府公众对组织的了解、理解和支持。

第三，媒介公众关系。媒介公众指新闻出版机构及其从业人员。媒介被称为"无冕之王"，在西方新闻媒介被视为行政、立法、司法之外的第四种权力，他们是品牌公共关系中最敏感、最重要的一部分。媒介的威力主要通过舆论监督功能来实现。媒介对品牌和企业的报道、评价、批评、监督能够在社会公众中产生巨大的影响，公众对品牌的印象很大程度上是从媒体那里获得的。特别在品牌处于突发性危机的关键时刻，利用大众媒介澄清事实、消除误解，争取媒介公众的理解和支持是十分重要的。

第四，顾客公众关系。顾客就是消费者，品牌价值的实现最终需要通过他们来实现，顾客关系对于品牌的重要性是不言而喻的。品牌需要向顾客传播它的理念，塑造鲜明的品牌形象，在消费者心智中确立与众不同的定位；品牌需要和顾客建立稳定、稳固、经常性的消费关系，通过各种各样的营销努力培育与顾客的情感，讨好、迎合顾客的现实和心理需求。顾客关系是品牌公共关系最核心的部分，企业的一切营销行为都是为了建设并维持良好的顾客关系。顾客关系的基础是信任，赢得顾客的信任品牌才可能有附加价值。

第五，社区公众关系。社区公众指企业组织所处的地理区域的关系对象，包括与企业组织所处环境相关的政府机关、社会团体及工厂、商店、银行、宾馆、银行、学校等企事业单位。企业组织与社区公众必然会发生种种联系，一些公众直接与企业组织发生业务、经济、文化往来，一些公众可能与组织发生间接的物质、能量和信息交换。企业组织需要为品牌的发展创造一个良好的社区环境，尽可能地获得所在社区的支持与配合。这要求企业能够遵守社区的行为规范，充分尊重社区公众的利益和要求。

第六，国际公众关系。走向国际化的品牌将会受到国际公众的影响与制约，国外消费者、国外经销商、国外供应商、国外新闻媒介、国外公共关系机构、国外政府部门等公众集合而成国际公众。品牌的国际公众关系具有跨国性、跨文化性，除了遵守一般的公共关系准则之外，还需要考虑到各地区、各国家的特殊性以及不同文化、民族背景的特殊性，既要遵守相关的法律规定，又要尊重具体的文化和民族风俗。

2. 公共关系对品牌的意义

在今天即便是一些比较小的企业也都认识到了公共关系对品牌的重要性。一些企业设立了自己的公关部门，专门筹划公共活动或解决品牌发展中的形象问题，定期推出公关活动以增强公众对品牌的接触和认知。一些企业还聘请专业的公共关系机构，以获得专业的公关服务，更好地塑造本企业的品牌形象。大部分营销策划咨询公司、媒介公司、广告公司都提供相应的公关服务，在它们制定的营销策划推广计划中也都经常会有具体的公关执行方案。特别是遇到突发性品牌危机时，公关手段更是能够大显身手，挽救企业和品牌于千钧一发之中。

定位理论的提出者艾尔·里斯在其著作中指出，与广告相比公共关系更加适合于做品牌维护，具有塑造品牌的优势，并有利于打造一个新的品牌。[①]在某种意义上，他所说的是事实。仔细观察世界上的著名品牌，在公关宣传上运用最充分的也许是微软，根据美国 Carmr 媒体公司调查，微软是全世界受到媒体报道最多的公司，而 20 多年来微软的广告却很少在大众媒体上出现，但是这并不妨碍它成为仅次于可口可乐的世界第二位最有价值的品牌。根据英国国际品牌集团的评估，微软的品牌价值为 650 亿美元。许多人都关注微软的事迹和比尔·盖茨的动向，对微软的各种产品如数家珍，诸如 Windows、XP、Word、Powerpoint 等，但是所有这些信息几乎没有一个是从广告中得来的，没有人记得微软的广告。可以说正是大量的公共关系塑造了微软这个品牌，而这个品牌的声誉以及公众对它的认同也证明了公共关系在品牌塑造方面所独有的优势。

具体来说，公共关系至少能够在以下四个方面为品牌建设做出贡献：

第一，增强企业组织内部的凝聚力。将企业员工视为企业的公众是公共关系的一项创举。品牌概念首先要在内部员工公众意识里达成一致，品牌公关活动可以协调各部门之间的关系，统一思想、统一行动，增强员工对企业、对品牌的忠诚感。

---

① [美] 艾尔·里斯、劳拉·里斯：《公关第一，广告第二》，上海：上海人民出版社，2004 年版，第 253、262 页。

第二，为品牌的发展创造了良好、和谐的外部环境。品牌不是处于真空环境之中的，它需要面对的环境庞大而复杂，稍有不慎，环境中的任何力量都会减缓品牌发展的步伐，甚至将其拖入毁灭的深渊。公共关系是企业和品牌与外部环境打交道的一个工具，简单地说，它能够优化企业外部的各种发展条件，减少企业和品牌发展的成本与阻力。

第三，有助于品牌资产的增加。现在公关活动往往与广告活动合二为一，整合营销传播时代任何营销行为都是一种传播行为。一些公关活动使用到了大众传媒，甚至还获得了免费报道的机会，在事实上提高了品牌暴露的机会，有利于品牌知名度的传播。很多的公关活动具有公益性质，如围绕奥运、体育、教育、环保、节约、慈善、社会伦理、灾难性事件等设计的公关活动，本身有很高的社会关注点，同时也具有公益性质，品牌参与到其中能够提高自身的美誉度。公关活动在培育顾客的忠诚度方面也有独特优势。公关行为因为没有明确销售指向，所以它的可信度较高，消费者也愿意参与到其中。一些公关活动会专门围绕品牌的经常性消费者来设计，使消费者在活动中体验到更多品牌乐趣，获得一些其他品牌消费者难以获得的利益和体验，这对消费者的忠诚度是有利的。

第四，危机公关对品牌的特殊贡献。由于企业的管理不善、同行竞争甚至遭遇恶意破坏或者外界特殊事件的影响，而给企业或品牌带来危机，企业针对危机所采取的一系列自救行动，包括消除影响、恢复形象，就是危机公关。品牌所遭遇的危机通常有意外性、聚焦性、破坏性和紧迫性，其他营销工具在危机关头往往会失去效力，企业不得不求助于危机公关来挽救品牌。危机公关本着承担责任、坦诚沟通的原则，可以消除危机对品牌造成的不利影响，重塑品牌在公众心目中的形象，挽救品牌于危机边缘。

案例延伸分析

《财富》杂志公关的品牌营销特色

在信息技术的发展和新媒体的不断涌现背景下，杂志可以说是目前生存状态最为险恶的媒体形态之一。杂志的存在形态短暂、受众尚未养成杂志阅读习惯、杂志广告市场开发不足，以及杂志运营环境的良莠不齐造成了杂志在夹缝中生存的窘境。面对这样的现状，花费更多的时间和精力进行品牌策划几乎成为杂志界的共识。"杂志的诞生之路确实是：一生下来，就开始策划。杂志人从来不只是 reporter（报道者），还应该是 maker（设计者）和懂得 mastermind

（策划）的高手。"①《财富》的成功来源于典型意义上的公关策划：正是通过精彩纷呈的品牌公关活动，在公众心中创造了一次次的高潮，从而使杂志的品牌内涵和品牌价值得到强化和提升。

1. 出色的目标定位

对于成功的公共关系运作来说，主要抓住两个环节：一个是目标受众；另一个是落实手段。前者主要要求找准公共关系的对象，清楚需要解决的问题；后者则是提出具体的活动执行手段，着重于具体的策划内容。只有找准目标，公关运作才能有的放矢，取得圆满的结果。公共关系的总体战略目标是立足于建立企业和社会各个层面的正面关系，而企业的一切公关活动只有服务于品牌建设，从产品定位和品牌的核心价值出发，才有可能真正抓住目标受众的注意力，赢得他们的好感和认同。《财富》杂志自创刊以来，一直对这个问题有所思考。1929年，《财富》创刊人亨利·卢斯在一次公开演讲中说："基本上，商业就是我们的文化，因为它就是我们时代的特征，控制我们的生活……简而言之就是现代企业，企业就是我们的生命，它是艺术家、牧师、哲学家、医生的生活必要条件……普通人更是随时都必须与企业发生关系。"卢斯的话很好地揭示了商业在社会生活中的核心作用。事实上，《财富》在全球定位上强调企业对社会、对经济的影响力，侧重对大企业和大新闻的报道，其推出的"财富500强排行榜"和"财富全球论坛"等都着眼于企业全球范围内的影响力和知名度，关注世界经济热点。可以说从一开始，《财富》就把自己和"资本主义的商业成功联系在一起"，因此在见证美国经济生产巨大变迁的同时，它也凭着自己准确的办刊定位和对商业价值的独特理解，创造着属于自己的财富王国。依托于实力雄厚的时代集团，《财富》的价值通过一系列的公关策划得到了有效延伸，而所有的公关活动都牢牢抓住杂志的定位和特色，不随领导人的变更而改变或丧失固有的风格，由此成就了《财富》在财经杂志界傲视群雄的领先地位。

2. 持续有力的公关运作

《财富》认识到，吸引消费者的注意力并不是公关的最终目的，与目标受众和相关利益者达成长期共赢的关系以提升公司的组织形象才是《财富》的终极公关追求。因此，短时的关注只利于受众对品牌引起注意，如果不对获得的注意力进行有效管理，受众终究会在越来越多的信息冲击中遗忘你。对于《财富》而言，通过一时一刻耸人听闻的报道来吸引受众的注意力并不是难事，难的是要使自己的新闻报道以及开展的公关活动都能够和杂志的总体定位相吻合，并

---

① 令狐磊："杂志策划——一种原罪抑或一场创新"，《新周刊》，2004年第4期。

且使受众在对杂志的长久关注中逐渐培养品牌忠诚度。要做到这一点，离不开对公关营销的长期、整体、系统的战略把握。

《财富》作为财经杂志本身是重要的传播阵地，公关活动配合版面内容，可以直指品牌要影响的核心受众，形成更加立体综合的传播效果。如每年的"世界500强排行榜"专题策划，为《财富》创造了绝好的公关新闻题材，每次评选都能引起世界媒体的争相报道和关注，弥补了杂志因出版周期造成的内容上的滞后性，形成一环套一环的长效公关宣传期。以中国为例，每次财富一公布500强评选结果，一些更新速度快的报纸和网络就预先发表文章和进行相关评论。随后，针对中国入选企业的文章以及对评选结果进行深入分析的报道在各大报纸、杂志、网站上成为炙手可热的话题。与此同时，《财富》杂志的专家和编辑们适时发表的评论和演讲推波助澜，使《财富》的知名度、曝光度和关注度达到顶峰。可以说，每年《财富》形形色色的排行榜策划利用媒介各层面进行传播，是对业内资源的有效聚合和强化。如果说排行榜是《财富》杂志具有标志性的一项创举的话，那么每年根据世界经济热点举办"财富全球论坛"则超越杂志的"单向度"信息传播，利用社会各界的关注将杂志的媒介公关运作推向极致。《财富》深知，公共关系的成功依靠的不是一时一刻的波澜壮阔，而是对品牌价值长久一致的追求。因此，不管是财富排行榜，还是财富全球论坛，《财富》杂志始终围绕着杂志的目标读者群——中高级经理人和其全球定位的核心——大新闻、大企业、大人物，进行杂志关于排行榜以及论坛的一系列公关营销运作。

可以说，《财富》的成功不仅在于它记录了美国以及全球财经变迁与发展的历程，报道了一个又一个的商业奇迹，更重要的是它持之以恒地利用公关活动作为媒介传播利益点，塑造自身良好的品牌形象，使自己成为期刊品牌运作的典范。

案例来源：卫军英：《整合营销传播典例》，杭州：浙江大学出版社，2008年版。

思考题：

1.从《财富》的公关看品牌营销中公关有什么特别价值？
2.《财富》的公关特点哪些方面适合于普遍应用？

第二节 公共关系的传播特性

品牌的公共关系既是管理手段，更是传播工具。品牌要与内外部公众进行交流与沟通，获取他们的支持和理解，必须通过传播来实现。公关活动是品牌信息传播活动，它需要借助一定的媒介，特别是大众传播媒介，还需要一定的传播技巧来塑造品牌形象，对受众进行形象诉求。公共关系与其他品牌传播工具如广告、促销、推销等相比，有一些自己的独特之处，在需要解决一些特定的问题、完成特定的沟通任务时，公共关系更具有优势。

公共关系的传播有以下六个方面的特点：

1. 效果的间接性

公共关系通常不能够带来直接的产品销售，而更多地被用来塑造品牌形象，建立品牌与消费者之间的好感和信任。虽然最终的结果仍然是帮助产品销售，但公共关系一般不被当作直接的促销工具，而被当作一个品牌建设和品牌管理的工具。

许多知名企业每年在公共关系方面投入了大量的人力、物力、财力，这些公关活动并不能使公司的产品销量马上得到提升，但却为品牌的成长营造了良好的环境，使品牌形象更加深入人心，公众对品牌的满意度和忠诚度得到提高，这比提高销量更加难以办到。美国参议院公共档案办公室网站的资料显示，微软美国花费了 900 万美元用于政府公关。微软投入 420 万美元用来游说联邦政府，游说内容主要是政府采购计划，涵盖了电子健康产品、网络安全和关键技术构架、高速互联网议题、网络广告和自由贸易协定等。比尔·盖茨多次敦促国会加大对数学和科学教育方面的预算开支，并呼吁放松对外国高素质人员的签证控制，还呼吁政府对核心科研领域的税收减免政策能够延续。除国会以外，微软游说的对象还包括联邦通信委员会、联邦贸易委员会、国防部、商务部及其他联邦机构。[①] 微软政府公关使其获得了政策、财政、贸易等方面的支持，甚至还帮助其增加了销售——政府的采购计划。

一些公司的公关活动展示了其品牌文化、经营理念、企业精神、价值观念，增进了消费者对品牌的认知，这些同样间接地有助于消费者选购该品牌的商品。企业还可以通过公关活动展现自己在本行业相关领域的优势，如科研优势、创新能力、新产品开发、服务等，这些优势也可能会促使消费者青睐于该品牌。

IBM 两次异想天开"人机大战"就是一个绝佳的公关案例。1996 年 2 月 10~17 日在美国费城，连续 12 年保持国际象棋世界冠军头衔的棋王卡斯帕罗夫（Anatoly Karpov）与一台名为"深蓝"（Deep Blue）的机器人展开了一场史无

---

① 品牌中国网站：http://www.brandcn.com/ppgg/gongguananli/200804/127277.html。

前例的对弈。虽然"深蓝"最终以一胜两平三负的战绩败北，但却成功地使"深蓝"和 IBM 的名字传遍了全世界。1997 年 5 月 3~11 日卡斯帕罗夫与"深蓝"二代在纽约曼哈顿再次对阵，结果卡斯帕罗夫以两胜一平三负的成绩败给每秒钟可计算 200 万步棋的"深蓝"。一时间"深蓝"与其设计者 IBM 成为世界媒体的焦点，IBM 在全球的知名度和美誉度空前高涨。比赛结束第二天，纽约证券交易所 IBM 公司的股票价格上扬了 3.6 个百分点，按照当时价格计算，仅股票价格的上涨，就为 IBM 带来多达 2 亿美元的收益。

2. 受众的广泛性

公共关系的传播对象是公众，公众的概念非常广泛，基本上包括了所有的人群。一般来说，广告、促销、推销等品牌传播形式，都是针对特定的人群设计的，通常是品牌和产品的目标消费群、潜在消费群或者实际购买者，并且考虑到营销成本的限制，要求这些传播工具尽可能地聚焦于目标消费群，以追求销售效果的最大化。如在儿童用品广告中出现的形象往往是儿童，保健品广告中的形象最多的是老人，化妆品广告中的形象是漂亮的女模特。之所以会是这样的情况，就是因为这些产品的现实消费者就是这样的人，广告看起来才会真实可信。

公共关系活动的对象是公众，包括政府公正、媒介公众、顾客公众、社区公众，甚至还包括企业内部的员工公众，我们可以看到，消费者只是公共关系活动对象的一部分。这与公共关系的目的有关。公共关系不以直接的产品销售为目的，而是着眼于长期的品牌建设，为品牌的发展创造一个良好的内外部环境，这就决定了公共关系涉及的层面会更广。

2007 年 3 月 28 日广州《新快报》曝出了洋快餐企业涉嫌非法用工的爆炸性消息，该报的 1 名记者和 3 名实习生通过卧底麦当劳、肯德基、必胜客，发现这些快餐企业发给他们的时薪低于广州市规定的非全日制用工的最低标准。由于这则新闻将"非法用工"的关注点与当时国人高涨的民族情绪结合在了一起，迅速获得了社会各界的广泛关注，不仅各大电视台、主流报纸、门户网站、热门的网络论坛与社区跟进报道、关注了此事，广州劳动保障部门和监察部门等政府部门也介入了事件的调查。麦当劳、肯德基在这次危机中面对的不只是它们的目标消费者，还包括政府和媒介，那些不是麦当劳、肯德基的目标消费者的其他公众所形成的舆论压力也对其经营产生了极其不利的影响。

需要注意，公共关系对象的广泛性并不是说公共关系活动是没有一个明确的指向的，具体到每一个公共关系活动，都应该有一些具体的传播受众，公共关系的公众应该依据具体活动的目标来使公关受众具体化、明确化。

3. 传播的双向性

公共关系鼓励社会公众尽可能多地注意、参与到公关活动中来，品牌是以一个比较开放的姿态与公众发生接触的，公共关系的信息传播不是单向的，而是双向的、互动的。公共关系需要及时了解社会公众的情感、情绪、需求以及观念、态度、意见和看法，在这些信息的基础上制定可行的公关传播方案，公共关系活动的执行中也需要依据这些信息不断做出调整和变化。

大众传播媒介在公共关系中仍然十分重要，公共关系需要使用大众传播媒介为其造势，利用大众传媒引导舆论，将公众的注意力引向指定的公关目标上。企业的一些市场营销行为有时会与社会公众的部分利益相冲突，这个时候社会公众会产生比较抵触的情绪，企业不能允许公众的情绪进一步蔓延，应当及时采取公关措施，调整自己的营销行为，对公众的态度和意见做出必要的反应。

2008年10月微软在中国发起了一场旨在打击盗版Windows XP的公共关系活动。微软的公关部证实了一个消息，微软将在10月20日针对中国用户启动Windows XP专业版及Office的正版验证计划，对于安装了盗版Windows XP专业版的电脑将被强行每小时"黑屏"（桌面背景变为纯黑色）一次，Office的菜单栏将被添加"不是正版"标记。"黑屏"的消息立即引起了轩然大波，特别是在网络上关于微软"黑屏"讨论成了各大论坛、社区的热门话题。许多网民认为虽然微软打击盗版的行为无可非议，但强制黑屏的做法却损害了中国消费者的利益。甚至有网友认为微软的"黑屏"计划是最大规模的黑客行为，10月20日，北京中银律师事务所律师董正伟向公安部举报微软"黑屏"计划侵犯用户隐私、危害信息安全，要求公安部展开侦查并追究微软公司的刑事责任。

社会公众的反应如此强烈可能是微软始料未及的，大量媒体报道和博客的讨论将微软"黑屏"计划的争议推向顶峰。网络上甚至传来了"抵制微软，自觉黑屏"带有强烈的民族意识的反微软呼声，竞争对手金山软件CEO求伯君借机发表致用户的一封公开信，呼吁用户使用国产软件WPS，而奇虎360则顺势推出了相关保护下载。10月27日，国家版权局副局长阎晓宏就微软"黑屏"事件作出公开表态：理解并支持各类权利人机构的正当维权行为，但同时也表示"黑屏"做法是否得当有待商榷。微软品牌在中国遭遇了空前严重的形象危机。公众和媒体的强大舆论压力迫使微软对"黑屏"计划做出了重新解释，微软公关部推出了紧急的公关活动，希望缓解公众的抵触情绪，挽回微软受损的声誉。10月23日微软发表了致用户的公开信，承诺不会收集用户的隐私，用户可以自由选择是否参加验证计划，并表示"黑屏"计划不会影响计算机的正常使用。公开信还特别强调了反盗版验证是微软的全球性计划，并非只针对中国市场。10月27日，微软公关部召集相关媒体紧急沟通，再次就"黑屏"事件听取用户的意见。有资料显示微软通过网络博客做出了公关努力。业界一名博客透露了一份"微软 WGA & OGA 计划博文写作"计划书，该计划书邀请博客参与对微软"黑屏"事件进行点评，请求博客写手为微软"说好话"。"黑屏"事件的影响不可能马上消除，微软为其仓促、草率的公关计划付出了一定的代价。透过"黑屏"事件我们可以认识到及时倾听公众的意见是多么的重要，品牌公关传播的双向性得到了展示。

4. 互利性

公共关系活动的策划者、合作者、参与者、执行者都应该能够从公共关系活动中受益，公共关系活动不能损害任何一方的利益，实现多方共赢是其目标和职能。公共关系活动首先应该能够满足消费者的需求，保证消费者的利益得到实现，在条件允许的情况下尽可能地为消费者提供更多的价值感。尤其是在消费者的利益受损时，公共关系活动应该对消费者进行相应的补偿，以抵消他们因不愉快经历产生的不满情绪。

英国航空公司曾经为一名客人动用了一架波音747，这成为至今仍令人津津乐道的一次著名的公关活动。1998年10月25日，英国航空公司波音747客机008号班机准备从英国伦敦飞往日本东京，因机械故障飞机被迫推迟了20小时。为了不使乘客耽误行程，航空公司帮助乘客换乘了其他公司的飞机，除了一位名叫大竹秀子的日本老太太之外其他的190名乘客欣然接受了这一安排。大竹秀子不肯乘换其他班机，坚持要乘008号班机。英国航空公司并没有拒绝这一看似无理的要求，而是让008号班机搭载大竹秀子一个人从伦敦飞往东京。大竹秀子一个人独享了拥有353个席位的波音747，6位机组人员和15位服务人员为大竹秀子提供了周到的服务。这趟航程13000公里的飞行至少让英国航空公司损失了10万美元，但却为英航品牌创造了一次绝佳的公关传播机会，英航借此赢得了无数乘客的赞许和青睐。

公关活动还应该使合作者、参与者受益。一些公关活动是以赞助的形式出现的，如奥运会的赞助、运动员赞助、节目和栏目的赞助、公益事件的赞助等，此类公关活动需要多方实现共赢。品牌借助赞助获得了公众的关注，增加了品牌信息传播的机会，品牌在公众心目中的形象得到了提高。而被赞助者也从企业的商业活动中获得了实际的利益，相关的合作组织和参与组织的活动得到了企业的支持。

品牌的公关活动还帮助合作者、参与者实现了它们的职能。一些政府部门、公益组织、非政府组织、社会团体在品牌的公关活动中部分地实现了自己的价值，履行了部分职责，完成了相关的任务。例如，联通对可可西里科学考察的赞助、红塔集团对珠峰重测的赞助等。2006年6月，蒙牛乳业联合中国奶业协会、中国教育发展基金会、国家学生饮用奶计划部际协调小组办公室、国家发改委公众营养与发展中心、中央电视台、《人民日报》联合发起了"每天一斤奶，强壮中国人"——蒙牛为全国500所小学送奶大型公益行动，蒙牛负责为这项计划提供全部的产品和物流服务。蒙牛的送奶计划之所以能够顺利实施，得益于它联合了多个政府职能部门和公益性团体、组织，送奶计划也使这些部门和组织的美誉度得到了提升。

5. 公益性

从品牌公共关系传播的社会效果看，许多公关活动带有明显的公益性。企业热衷于支持公益性事业，是因为公益活动的社会关注度较高，能够带来很好的传播效益。赞助、支持公益性事业是增加品牌美誉度、传播品牌形象最有效的一个办法，除了直接赞助一些公益性组织、团体，企业还可以发起以自己为主导的公益活动。例如，农夫山泉的"一分钱"赞助奥运、失学儿童、运动员公益活动，东芝集团发起的认养大熊猫公益活动等。

一些突发性的灾难事件也为品牌公益性公关传播提供了机会。重大的突发性灾难涉及的范围较广、影响大、关注度高，企业若对灾难性事件的救援、重建工作进行赞助、援助，以自己的行动履行企业的社会责任，会增加公众对品牌的好感。2008年5月12日，中国四川汶川地区发生8.0级的特大地震，史无前例的大地震造成了8451亿元人民币的直接损失和数万个生命的消失，一时间全世界的目光聚焦到了汶川。许多企业向灾区伸出了援助之手，纷纷捐钱、捐物帮助灾区人民渡过难关。5月18日晚，在多个部委和中央电视台联合举办的赈灾募捐晚会上，加多宝集团（罐装王老吉品牌的拥有者）捐出了1亿元人民币，成为国内单笔捐款最高的企业。1亿元的天价捐款取得了轰动效应，媒体争相报道，王老吉品牌成了国人心目中的英雄。1亿元天价捐款并不是王老吉地震公关活动的结束，而是开始，王老吉以亿元捐款的举动赚足了公众的眼球，品牌的声誉一夜之间达到顶峰，随后王老吉将公关活动在网络上进行扩展。5月19日，一篇名为"封杀王老吉"的帖子在网络上迅速"蹿红"，该帖正话反说，号召国人购买王老吉饮料来回馈王老吉的慷慨捐款："王老吉，你够狠！捐一个亿，胆敢比王石捐得还多！为了整治这个嚣张的企业，买光超市的王老吉！上一罐买一罐！"王老吉在百度的搜索排名迅速上升，各地也传来王老吉断销的消息，不少网友开始在MSN、QQ签名上号召大家购买王老吉。王老吉在地震的特殊时刻，借助高涨的民族情绪和爱国热情，通过公关活动在极短的时间内提高了品牌的美誉度，在公众心目中树立起了负责、爱国、有爱心、关键时刻挺身而出的品牌形象。这一切都得益于王老吉亿元捐款的公益性举措。

6. 真实性

品牌公关传播的信息必须是真实的，这既是公共关系的传播特性，也是公共关系活动的实施原则之一。品牌公关传播应该建立在真实信息的基础上，向公众传播真实、可信的信息，只有这样才能与公众进行真诚的沟通，取得公众的信任。弄虚作假、夸张失实、欺诈性的信息只会使公共关系活动归于失败，一旦事实与真相被公布、揭晓，品牌形象就会一落千丈。

品牌在遭遇突发性危机事件时尤其应该注意公关传播的真实性原则。许多企业并不是不明白这个道理，但是往往在进行危机公关时出于种种担忧和其他考虑，会不同程度地对事件的真相进行掩盖。危机公关中控制信息的传播以避免影响范围的扩大是必要的，但通过不正当渠道封锁信息，或者向公众传播不完全真实、刻意歪曲的信息来误导公众和舆论，这种做法是极其危险的。因为在传媒技术如此发达的今天，信息不可能被完全封锁，或早或晚真相都会被公众知晓。

品牌公关传播应该尽可能地公开事情的真相，向公众展示事实，争取获得公众的理解、支持和信任。2008 年 9 月爆发的三鹿"三聚氰胺"事件将一批知名的奶业品牌推到了悬崖的边缘，各品牌都在尝试用危机公关消除"三聚氰胺"对自己的不利影响。始作俑者三鹿受到公众批评最激烈之处，即是它在"三聚氰胺"事件初期试图封锁消息、掩盖真相。有资料显示三鹿的公关代理公司致电百度大客户部希望能协助屏蔽最近三鹿的负面新闻，愿意以 300 万元的广告投入换取百度删除、屏蔽对三鹿的负面新闻。这一举措不仅加剧了公众的愤怒情绪，使三鹿彻底失去了挽回品牌重生的机会，还连累了百度深陷"竞价门"的品牌危机之中，由此可见品牌公关传播中信息真实的重要性。

案例分析 10-1

蓝色巨人精心策划人机大战

从 20 世纪 50 年代到 80 年代初期，世界计算机发展的历史经历了大型电脑阶段和小型电脑阶段。IBM 在这段时期一直毫无争议地雄踞"龙头老大"的宝座。可是，20 世纪 80 年代初期到 90 年代中期，随着个人电脑时代和网络时代的来临，尽管 IBM 公司率先推出了个人电脑，不过由于外部的激烈竞争与内部的管理机制问题，IBM 逐渐褪去了从前的光环。IBM 主要产品的市场占有率和公司的股票价格也出现下跌趋势。痛定思痛，从 1992 年开始，IBM 开始大动手术。1994 年，IBM 与奥美合作进行蓝色巨人的全新打造。1996 年，作为

IBM 的公关代理公司，纽约的 Technology Solutions 专门策划了"深蓝"（Deeper Blue）和"棋王"卡斯帕罗夫的象棋比赛，而到 1997 年再度进行比赛时，这场比赛成了全球各种媒介关注的焦点。

"深蓝"是谁？深蓝是 IBM 公司生产的世界上第一台超级国际象棋电脑。这是一台 RS6000SP2 超级并行处理计算机，计算能力惊人，每秒可计算棋局变化 200 万步。而卡斯帕罗夫从 6 岁就开始下国际象棋，22 岁时就成为历史上最年轻的"棋王"，在长达 12 年的比赛生涯中，他从未输过任何一场正式比赛。"这是一部像人的机器和一个像机器的人之间的决斗"，印度人阿南德这样评价自己的同行——被誉为"有史以来最伟大的国际象棋棋手"的卡斯帕罗夫——与一台超级计算机之间的较量。

对于这场比赛，IBM 对外宣称只是希望通过"深蓝"与卡斯帕罗夫这样的国际象棋顶级高手的对弈来取得人工智能方面的发展。如果事实真是如此，IBM 大可不必如此大费周章，只需聘请卡斯帕罗夫为企业的技术顾问即可。关键在于他们意在策动这样一场轰动全世界的人机大战，来达成公司的广告宣传效应。无论这场比赛的结果如何，IBM 都是最后的大赢家，都可达成推广"深蓝"电脑，为公司品牌造势的目的。因为即便你是不太明白国际象棋交战法则的门外汉，你也会对 20 世纪结束之前，电脑能否打败人脑这样一个话题非常感兴趣。

1997 年 5 月 11 日凌晨 4 时 50 分，当"深蓝"将棋盘上的一个兵走到了 C4 的位置时，人类最伟大的象棋大师以 2.5∶3.5 的比分，在超级电脑面前俯首称臣。这场举世瞩目比赛以一个令人大跌眼镜的结果而告终。胜负判定的那一刻，新华社、美联社、路透社、共同社……几乎所有的传媒机构都把同一则消息发往世界各地。这场比赛的策划取得了空前的成功，仅在互联网上就有 2700 万人骆绎不绝地前往有关站点探究，全球有超过 30 亿人了解了这场赛事。随之而来的是人们对电脑智能发展的各种推测和担忧，纷纷探讨"人和机器谁更聪明"、"机器会否产生思维"、"深蓝战胜的是一个人还是全人类"。至于传媒对此事件的报道、分析更是连篇累牍，经年不绝。此后只要有类似的人机大战，传媒总是不期然地拿"深蓝"战胜"棋王"的典故对比说事。"深蓝"从此名声大震。当时，由于 IBM 深蓝电脑名气太响亮，以至于有些家长打电话给 IBM 想购买深蓝电脑给小孩。但 IBM 深蓝电脑只是商用电脑并不适合家庭使用。在 9 天的比赛过程中，IBM 深蓝网站的点击率超过了 7400 万次；由于《今日美国》、《华尔街日报》这些媒介的报道，IBM 的股票在比赛期间大幅度上涨。

对于 IBM 来说，其已经成功了。这场比赛完全切合人们的兴趣关注点，配合完美的公关宣传，让 IBM 又重新回到了大众的视野，更重要的是，深蓝的成功给他们带来了崭新的企业形象。一个可以制造战胜"棋王"的电脑的企业，又有谁会去怀疑他的电脑制造、软件研发和综合解决问题的能力呢？在全世界的瞩目之下，IBM 选择了国际象棋这样一个大众通晓的领域作为展现舞台，体现了自己领先的研发和技术能力。通过这样一次精心策划的公关活动的操作，极大地提升了 IBM 深蓝电脑的美誉度和信赖度，深刻地展示了产品的性能和特点，红火的销售也是水到渠成。此后，"深蓝"又成功地预测了 1998 年世界杯的结果，进一步巩固了 IBM 的高科技公司的形象定位。一场比赛，轻松成就了 IBM 造名造势的目的。

IBM 策划的"深蓝"电脑与世界棋王的人机大战是一种典型的借媒体造势的公关宣传手段。很明显，如果只是运用传统的广告营销传播手法，就算投入了大量的金钱和人力，也未必能造成如此全球轰动的关注度和美誉度。IBM 利用自身高科技公司的独特形象定位，将"深蓝"和象棋大师对弈这样绝好的创意制造成了一件典型的新闻事件，并且将之变成了一次全球传媒界的盛典。利用各种不同的媒体组合，吸引公众的好奇心和注意力，最大限度地达到了提高知名度、扩大社会影响力的目的。一次成功的新闻策划固然能用最经济实惠的方式达成为企业和品牌宣传推广的目的，但是并非所有的传媒炒作都能真正实现公关追求的知名度和美誉度的目标。从 IBM 公司的成功案例中，我们可以发现一次成功的公关新闻策划必须考虑的因素和实施的基本技巧。

1. 新闻事件主题新颖，能突出公关活动的新闻价值

IBM 的聪明之处在于选择了人机大战这样一个具有新闻轰动效应的话题。一方面，国际象棋对于大多数人来说，并不像电子高科技领域有那么多的深奥术语，是大众普及率较高的体育项目；另一方面，不管你是否通晓国际象棋的游戏规则，你恐怕都会愿意花点时间去了解电脑和人脑究竟谁更厉害。再也没有比人机大战更具有新闻价值的话题了。关键是对于 IBM 来说，这场比赛无论输赢自己都是最后的大赢家：如果输了，得到的结论是电脑终究无法战胜人脑，对公司品牌并无大的影响，而"深蓝"仍然能通过这场比赛获得的关注度扬名世界；如果赢了，则不仅有效推广了"深蓝"这个电脑品牌，而且还能一扫公司之前在外界表现颓靡不振的状态，重塑公司科技领先、服务周到，能为客户提供解决方案并解决问题的品牌形象。

2. 策划的新闻事件必须符合本公司的组织形象

从整合营销传播的立场上看，其实无论是新闻事件的策划还是公关或广告的直接传播都围绕一个共同的目标，即与顾客和相关利益者建立可获利的良性品牌关系，塑造组织独特的品牌形象。因此，新闻事件的公关宣传应该能让观

众感受到组织形象的一种延续性。在策划人机大战之前，IBM公司已经着力改善多年来的品牌与公司整体形象，通过与奥美广告公司合作，以"IBM已经卷土重来"作为信息主题，在消费者心中重塑IBM"以客为尊、科技至上"的形象。1996年作为亚特兰大奥运会的唯一供货商且提供信息服务，也着力表现公司的完美服务和高科技水准。而1997年"深蓝"在全世界的瞩目下打败棋王卡斯帕罗夫，无疑宣告着科技巨人的重新崛起。整个新闻事件无论是表现的思想、主题，还是网络传播手段的运用，都与自身电脑公司的品牌形象配合得非常密切。

3. 善于借力借势，建立全方位的媒介信息渠道

借助于媒体的公共关系运作，通常要考虑到媒体的独立性比较强，很少受到公司或者品牌的影响，尤其是有关品牌信息的报道，需要经过媒体的"把关人"的过滤，有时不可避免地会遇到品牌信息被删去或者是不能采用的情况。这就需要公司有足够的新闻嗅觉，能够把目前的选题与公司的传播重点结合起来，从而创造更多的传播机会。IBM公司将市场营销的重点放在为"深蓝"建立独特个性上，基础来源于系统的设计者和IBM聘请的来自象棋界的顾问。各种媒体的热炒都把"深蓝"和"棋王"作为关键字眼，"深蓝"的曝光率自然是一路攀高。IBM的媒体传播手段具有两大特点：一是有的放矢，适应不同媒体的需求。IBM为比赛创建了一个专门的媒体中心，用不同的颜色来表明媒体对自己的不同兴趣，同时不断地根据需要来修改新闻稿件。二是善于利用最先进的传播手段。IBM巧妙地利用了网络平台，使媒介报道、门票出售等都在网上进行，同时建立了专门的"深蓝"网站，关于比赛的相关信息都在网上进行跟踪报道。如果这一事件发生在今天，对互联网的利用似乎已经成为顺理成章的事情，但在1997年就能如此纯熟地运用网络传播，不能不说是一种传播手段的创新。可以说，良好的媒介信息渠道是在营销公关中新闻策划成功与否的关键。

当然，仅通过以上三点并不能保证一次传媒炒作的成功。作为整合营销传播的重要组成部分，任何公关活动的推出都必须经过周密的计划和综合性的战略考虑，IBM的人机大战新闻炒作大获成功也不例外。综观这场精心策划的人机大战，新闻主题的新颖、组织形象的一致性追求、社会舆论的介入和媒介信息渠道的畅通可谓成功的要诀。

案例来源：卫军英：《整合营销传播典例》，杭州：浙江大学出版社，2008年版。

➡️ 思考题：

1. 结合实际说明公关传播主要有哪些特点？
2. 蓝色巨人IBM是如何策划公关宣传实现其目标的？

第三节　品牌公共关系活动的策划

制定一份切实可行的品牌公关传播方案需要认真研究品牌对于社会公众的核心价值，即品牌究竟能满足社会公众什么样的需求、提供什么样的利益。品牌公关活动应该能够赋予品牌更多的价值感，在社会公众那里得到更多的支持和信任。品牌既要有长期的公共关系战略规划，也要有中短期的公共关系活动，在特定的市场环境和竞争形势下，针对特定的市场问题和事件，还可以制定独立的公关活动方案。

公共关系在品牌营销战略中的地位比较独特，它的活动范围比较广泛，经常渗透到其他品牌营销策略中。公共关系和广告、促销等营销工具融合的趋势在加强，成功的公共关系本身即是成功的广告行为，而公共关系对产品销售方面的贡献也在增加。公共关系的执行中不仅包含了所有的品牌沟通技术，而且有时候还可能更广阔。

品牌的公共关系规划重在建设，公共关系需要被当作一项常规的工作来计划、实施。虽然公共关系可以解决一些临时性的问题，如知名度不高、某项产品销售情况不好、品牌形象危机等，但不要把公共关系仅当作品牌的"急救药"。只在不得已的情况下才求助于公共关系，虽然可能暂时帮助品牌渡过难关，不过此时公共关系对品牌起到的也只是部分的修复作用，不能避免下一次危机的出现，也不能保证下一次危机时同样还会有效。因此企业需要把公共关系的意识融入到日常的工作中，日常化的公共关系是品牌信息传播工具和企业经营管理工具的合体。品牌公关活动策划通常有以下四个环节：

一、确定并评估公众的态度

公共关系面对的是公众，不是单纯的消费者，它不以产品销售为直接目的，而以与公众进行沟通、建立融洽的品牌关系为目标。因此尽可能搞清楚公众对品牌的态度很重要，这是公关策划的必要环节，通常由市场部门、公关部、咨询机构提供关于公众品牌态度的报告。

公共关系所关心的主要是人们对公司或者一个特定事件的态度，而不是像广告或者其他促销形式那样，注重于人们对具体产品、品牌或者服务的态度。之所以这样，一个很重要的原因是这些态度可能会影响到企业形象或者产品的销售。很明显当消费者具有某种抵触情绪时，就会导致销售额下降，许多公司都有过这种经历，但并不是所有公司都能够有效地对这种压力做出反应。

企业重视公众态度的原因还包括谁都希望被看作是一个良好社会公民。企业与社会具有密切的关联，如果社会对其持否定态度，必然要通过各种渠道传递给企业的员工，并影响员工士气，进而对建立企业内部以及社区最佳工作环境产生不利影响。因此出于对公众感受的关心，许多公司都很重视公众态度调查研究，通过这种研究实现四方面目的：

1. 为公关策划提供信息

一旦组织确定了公众态度，就可以此为依据着手制订计划来维持满意地位或者改变不满意地位。

2. 发挥早期预警的作用

公关问题一旦出现就有一定的处理难度，并要花费相当的时间和财力，如果通过调查评估可以辨别潜在问题，就有可能在事态恶化之前进行有效处理。

3. 可以保证内部支持力度

如果研究表明存在问题或者潜在问题，公关或者相关部门就可以更加容易地获得解决问题所需要的支持。

4. 便于改善沟通效果

对问题理解越透彻，就越能够找准问题的关节点所在，并由此获得解决问题的途径和方法。

二、制订公共关系计划

相对于营销计划和广告计划，公共关系计划所受到的关注程度显然要小很多。这不是因为公共关系并不重要，而是因为公共关系在很多企业管理层看来并非一项持续性工作，而是以完成阶段性任务为主。同时对于公共关系的工作内容，很多企业也没有明确的界定，在对美国传播领域 100 名高层和中层管理人员的有关调查中，60%以上的人认为他们的公共关系计划只包括新闻报道、与商业展览有关的信息和新产品宣传等。[①] 而且这些工具本身也不是为公共关系的目的而正式设计的，大多是出于一种势不得已的临时需要。也就是说，绝大部分公共关系活动在企业中并没有得到相应的制度保障。

但事实上公共关系活动对于企业而言，是一项持之以恒的过程，需要一系列完整的政策和程序，才能够对各种问题和机会应付自如。这就涉及一个对公

---

① ［美］乔治·E.贝尔齐、麦克尔·A.贝尔齐：《广告与促销：整合营销传播展望》，大连：东北财经大学出版社，2000年版，第751页。这个数据来自美国，中国企业虽然还没有一个确切数据，但是基本状况并不乐观，很多方面的表现甚至更加欠缺。

共关系工作目标的认识问题，即什么是公共关系活动追求的目标。回答这个问题必须着眼于战略和战术两个层面：在战略上公共关系与其他营销传播形式一样，是企业营销战略的一个组成部分，它担负着实现企业整个营销沟通战略任务，而且由于公共关系本身的沟通特征，它对于塑造公司或者品牌形象，为公司创造良好运营环境，保持公司与顾客以及相关利益者的良性沟通具有十分重要意义。可以说公共关系的战略目的就体现在这里，这个战略目的就是公共关系持之以恒的长期追求。在战术层面上公共关系是一个有效的营销传播手段，尤其是在整合营销传播视野中，公共关系所承担的角色一点不比广告和其他营销沟通手段逊色。所以每一次具体的公共关系活动，也都承担了相应的营销传播目标，这种目标也就是公关策划和实施中所要解决的具体问题。正是从这个意义上说，任何公共关系活动的推出，都必须经过周密的计划和综合性考虑，换言之就是说公共关系活动必须要有严格的计划。表10-1列举的是在确定营销公共关系计划是否可行时所要考虑的一些主要问题。

表 10-1　评价公共关系计划的十个问题

1. 公共关系计划是否建立在对公司经营态势的全面理解基础之上？
2. 公共关系计划是否充分利用了市场调研结果和其他背景资料？
3. 公共关系计划建立时是否对近期的新闻报道做了全方位的深入分析？
4. 公共关系人员对产品的优缺点是否有充分的了解？
5. 公共关系计划是否描述了相关研究所得的中肯结论？
6. 公共关系计划的目标是否非常明确而且可以具体衡量？
7. 公共关系计划是否清楚地描述了将进行哪些公关工作并给公司带来什么帮助？
8. 公共关系计划是否确定了活动效果的测量方法？
9. 研究、目标、活动及评价是否能联系在一起？
10. 在公共关系计划的制订过程中公关部门是否时刻与营销部门保持沟通？

　　显然在这个计划评价框架中，涉及的问题主要有三个大的方面：其一，资料和背景分析，只有明确地洞察现实，才可能清醒地找到问题症结所在；其二，公共关系的工作目标，这是所要进行的公关工作的具体任务，它代表了公关活动的发展方向；其三，计划执行的可行性分析，即衡量计划是否切实可行，它与整个营销活动必须形成有机联系，只有在公关计划切实可行的基础上，公关活动的展开和实施才具有必然的意义。

三、实施公共关系活动

　　公共关系活动的运作主要抓住两个环节，一个是目标对象；另一个是落实手段。前者要求找准公关的对象，并清楚所要解决的问题；后者则是提出解决问题的具体手段，着重于落实方法。对象明确、方法正确，公共关系活动就可能取得圆满结果。

1. 确定相关的目标公众

公共关系活动面对的公众非常广泛，任何人都可能是其对象，具体到某一特定的公共关系活动的公关对象，公众应该具体化。目标公众指的是具体的公共关系活动所面对的公众，不同的公关目的决定了目标公众应该有所不同。我们可以大致将公众划分为组织内部公众和组织外部公众，两者都可以再加以详细的再次细分。

第一，内部公众。内部公众一般是指与社会组织有着直接的归属关系，与社会组织关系最为密切的一类公众，包括员工、股东以及员工家属。员工是社会组织直接面对而又最接近的公众，是社会组织赖以生存和发展的细胞，是社会组织内部公众的主体；股东是股份制经济组织的投资人和财产拥有者，是股份制经济组织活动最积极的赞助者；员工家属本来与社会组织没有直接的归属关系，但通过他们的亲属与社会组织发生关系，成为社会组织的"后院"，可以起到稳定或涣散员工军心、强化或损坏社会组织向心力的作用。

内部公众的公关手段不外乎两个，一是物质奖励，二是精神激励，两者都是必需的，最好的内部公关需要将两者结合起来。日本松下电器公司的内部公众公关工作非常值得称道。松下十分强调"人情味"管理，重视对员工的"感情投资"和"感情激励"。松下建立了"提案奖金制度"，由员工选举成立了一个推动提供建议的委员会，鼓励员工随时向公司提出建议。公司对每一项提案都认真对待，视其价值大小、可行与否给予不同形式的奖励。松下公司还设计了身体语言增强员工之间的亲近感。当一个员工兢兢业业、一丝不苟进行作业时，前来巡视的经理、领班们会拿起零件仔细瞧瞧，除了说上几句"不错"、"干得好"之类的赞扬话以外，还会拍拍员工的肩膀进行鼓励。当员工完成一项重大技术革新或其建议为企业带来重大效益时，老板会送上"红包"，不惜代价进行奖励。凡是逢年过节或厂庆、员工婚嫁，厂长经理们都会请员工赴宴或上门贺喜、慰问。松下经过多年的观察发现，按时计酬的员工仅能发挥工作效能的 20%~30%，而如果受到充分激励后则可发挥 80%~90%的效能。

第二，外部公众。公众包括媒体、教育部门、政府及其他组织和商业团体等。

媒体。在外部受众中媒体堪称是最重要的外部受众，这是因为媒体作为大众沟通工具，可以决定更加广泛的受众将看到或听到什么，而且这种信息以新闻报道的形式呈现出来，对受众具有显著的影响力。鉴于此，企业的公关工作中，对媒体的工作是重中之重。一般情况下，企业除了与新闻机构保持良好的关系之外，还经常举行新闻发布会和记者招待会，并利用会议、采访以及特别事件与之形成各种交流，以便新闻机构能够及时了解企业的相关活动。通常这些活动只要操作得体，一般都会受到媒体的欢迎，只要是具有价值的新闻素材媒体也很感兴趣。

教育部门。许多企业都对教育部门提供其活动信息，尤其是一些有关技术革新、科研发展以及其他相关信息。教育部门之所以成为目标受众，是因为它们也像媒体一样，控制着对特定群体的信息指向，而这些群体往往又把教育部门发布的信息作为最具有信任价值的信息，并进一步传播开来。

政府。对政府的公关也是一项十分重要的任务。有时候一些来自政府的管制很可能使企业受到极大的牵制，利用相应的沟通和游说可能在举手之间便改变某种不利形势。比如，企业产品受到假冒伪劣的侵犯时借助于工商管理和质量监督部门的协同努力，其效果比之于企业自己单枪匹马要显著得多。一项企业成果如果能够得到政府的肯定和推广，那么市场扩展的速度也是一般商业行为所无法比拟的。

其他组织和商业团体。各种社会组织和商业团体，有时候虽然与企业没有直接关系，但是它们在信息传递中却拥有自己的优势，如青年联合会、足球协会等；而且其中有一些也可能是企业的潜在利益者，如金融机构等。保持与这些组织的良好关系，可以帮助企业在相关环境中获得优势。

253

2. 采取适当的公共关系措施

按照公共关系策划程序，在调研工作完成、目标受众确定之后，接下来就是如何实施公共关系活动，并将其传播给相应的接受者。所以公共关系实施主要是采取什么方法，可以运用的公关工具很多，关键是要找到合适的。所谓合适的就是指可以如期向目标对象传达公关内容并解决公关问题，同时又在公司公关能力允许范围之内，具有切实可行的操作价值。通常主要的公关工具不外乎以下三个方面：

第一，媒介公关宣传。新闻是最重要的公关手段，在对公众的影响力和辐射范围上堪称是首屈一指，所以在公关措施中，如何处理好媒介公关意义重大。运用新闻媒介发布信息进行公关宣传通常有新闻报道、记者招待会、独家新闻以及采访等方面。在操作中要注意三个方面的问题：①处理好与新闻媒介的关系，通过媒体广泛传播；②努力将具有新闻价值的信息提供给新闻机构，信息必须具有社会意义才可能引起公众的关注；③在新闻报道设计中要有针对性地瞄准受众，这样才可以效果更佳。

第二，社会参与。社会参与帮助企业迅速获得社会认可，增进其公众形象。社会参与内容表现得十分广泛，已经不仅是社区事务和社区建设，而是更广泛意义上的企业与社会联系，赞助是企业社会参与的一种主要途径。在社会参与中，企业可以根据自己的性质选择适当的项目，既要对社会和公众形成明显的帮助，又要产生一定的影响，对企业形象提升力度较大。比如，一家民营企业在2000年长江抗洪中，带头向灾区捐献就赢得了社会的一致好评。而有些企业在选择社会参与时，由于选择不当也可能效果适得其反，如一家医药企业以著名影星巩俐名义向贫困地区儿童捐赠保健品，但是由于捐赠只是出于宣传和作秀需要，最后闹得沸沸扬扬，使企业备受责难。

第三，公司广告。公司广告是一种延伸的公关职能，与一般商业广告所不同的是，它并不直接推销任何产品或品牌，而是通过改善公司形象，对某一社会事件或者公益事业表明立场或直接参与来宣传整个公司。公司广告包括三种形式：①形象广告。形象广告是促销公司整体形象的广告形式，通常注重于宣传企业理念和企业定位。如海尔"真诚到永远"、诺基亚"科技以人为本"等。②倡导广告。倡导广告以社会热点、商业动态或环境问题为主题，通过宣传一种社会理想来达到宣传公司目的。倡导型广告本质上仍旧是在描述企业形象，只是并不那么直接而已。如宝洁公司广告"今天你洗头了吗"。③公益广告。这类广告中通常公司以社会代言人的形式出现，或者与有关慈善和公益组织合作，通过宣传和赞助社会公益事业获得形象支持。比如，有企业在城市社区建立了许多公众免费阅报栏，以便于人们阅读各种报纸。

必须指出的是，公共关系在实施过程中可以运用的手法和工具非常广泛，相对于其他营销形式而言，公共关系可能在资金投入上相对较小而效果却更大。但是公关活动并不能代替其他营销传播形式，而且其实际操作难度和对公关人员的要求，也许比一般营销传播形式要高，目前在企业中擅长于公关操作的人员，较之于一般广告和营销专家更加难寻。公关专家不仅必须熟悉营销策略，了解公司的整体面貌，而且必须善于和雇员、官员、媒体人员、社会公众等各方面公众打交道。更重要的是必须具有一种职业敏感，能够有技巧地从一些事件中发现有价值的材料，并将其策划成具有社会效应的信息。与此同时，还要具有处理各种突发事件的能力。

四、对公共关系活动效果进行评价

公共关系执行与其他促销活动一样，必须要考虑到执行效果。对公共关系进行效果评估，一方面是评价这一沟通要素对实现营销传播目标的贡献；另一方面也是对公共关系和营销传播整合的一种管理需要。就管理而言，它的好处可以体现在三个方面：

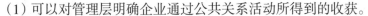

（1）可以对管理层明确企业通过公共关系活动所得到的收获。

（2）可以向管理层提供衡量公共关系效果的方法。

（3）可以为管理层提供一种判断公共关系成果和公关活动本身质量的方法。

具体衡量公共关系活动效果的标准有很多，既有指标性的要素测量也有其他方向性评价。表 10-2 是一种由美国公共关系研究专家 Raymond Simon 提出的公共关系衡量标准，[①] 这个标准主要是针对公关宣传中媒体报道设计的。

表 10-2　公共关系效果衡量标准

1. 整个活动期间形成印象的数量

2. 在目标受众中形成印象的数量

3. 在特定的目标受众中形成印象的数量

4. 整个活动期间正面报道文章的百分比

5. 整个活动期间负面报道文章的百分比

6. 正面报道文章对负面报道文章的比率

7. 正面/负面文章的比率（按主题划分）

8. 正面/负面文章的比率（按出版物或作者划分）

9. 正面/负面文章的比率（按目标受众划分）

为了真正确认公共关系活动效果，在评价中还要注意把认知评价与数据调查相结合，提出一系列的评价依据。其扼要如下：

第一，个人评价和反应。这是上级领导对公共关系操作部门的评价。就是说在公关操作中，整个机构的每一个层次都应该有上级领导的个人判断和评价。

第二，目标与结果评价。为实现整体沟通目标，公关活动中的每个具体措施都应该设定相应的细分目标。比如，在某些特定媒体刊发一定数量的正面报道，这就是一个可以具体测量的量化目标。

第三，有关民意调查。将收集的公共关系活动期间公众态度变化的资料，作为对活动实施效果的评价依据，这些资料最好采取数据形式加以量化。

公共关系效果评价的方法很多，不论采取什么方法，根本的目的都是确认公共关系在实施中有没有如期达到自己所设定的目标。由于公共关系在营销传播中的角色不断变化，尤其是在整合营销传播中公共关系也成为一种整合导向性追求，因此对其评价标准也在不断变化和日趋深化。

---

① Raymond Simon, *Public Relations*, *Concepts and Practices*, 3rd ed. New York: John Wiley & Son's 1984, p.291.

案例分析 10-2

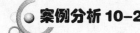

百事世界杯演绎精彩公关策划

2006 年是足球世界杯年，各大品牌纷纷开展各式各样的推广活动，争抢这次难得的体育营销盛宴。一向以足球和音乐作为品牌沟通方式的百事可乐自然不会放过这个难得的机会。百事可乐虽然不是世界杯的主要赞助商，但它通过巧妙地利用足球巨星对年轻人的强大感召力，运用包含足球选秀、足球巨星、网络传播等元素的创新策略，通过足球挑战赛的方式，燃起了全世界少年的热情，进行了一场别开生面的世界杯公关营销。

"如果你热爱足球，渴望挑战，那么一个广阔的舞台即将呈现在你的眼前。参加 2006 百事世界足球挑战赛，不但可以和同龄人切磋球技，还能够与足球巨星小罗纳尔多、贝克汉姆等零距离接触，冠军还将赢得 10 万美金巨奖。"对于全世界的足球少年来说，这其中的每一条都拥有足够的诱惑力。"2006 百事世界足球挑战赛"是由百事可乐组织的全球性足球挑战赛，在中国，选择了在青年群体中最具号召力的网易，作为独家网络合作伙伴。借助网易庞大的用户群体和媒体影响力优势（当时日均页面浏览量超过 7.19 亿人次），吸引了全国成千上万的球迷的参与。除了中国，巴西、英国、阿根廷、意大利等世界足球强国的足球少年也都踊跃报名参加，同样也有巴林、泰国这样的足球水平相对较弱的国家。而在每个国家中，会从众多候选人中，选出两位 16~20 岁的选手代表自己的国家参赛。整个选秀活动长达一年，遍及全球 5 个大洲 11 个国家。每个国家海选出的两名球员，会一起在巴西、英国、西班牙、意大利进行不同阶段的分站赛，最后在米兰的圣西罗球场决出冠军。

网络已经成为电视广告的有力延伸和高效互补性媒介，网络营销可以实现电视广告价值的最大化，并弥补其在时间、空间和互动性上的不足。百事可乐一直非常重视和善于利用新媒体，这次活动持续时间长，分为海选和 6 个分站比赛，百事可乐采用了电视与网络循环传播的方式，使整个活动从一开始便成为社会关注的焦点。在活动进行的每个阶段，首先由电视报道比赛，并告知观众可以到网络查看活动详细信息；其次由网络进行延伸报道，覆盖下次电视报道之前的间隙；最后网络预告下次电视报道的时间和主要内容，吸引网络用户去收看电视报道。如此循环往复，使电视与网络形成有效的循环和联动，最大化地实现了媒体的营销价值。此次活动，百事可乐安排了由 30 人组成的摄制组全程跟踪拍摄，选手们在比赛中所经历的喜怒哀乐都被记录下来，并且编制成多集电视节目在全球十几个国家同时播放。在国内，"2006 百事世界足球挑战赛"的海选及分站赛，均由中央电视台体育频道（CCTV-5）提供全程的电视报道，在广大中国球迷中掀起了一股蓝色足球风暴。网易娱乐频道为此次活动建立专题网站（http：//pepsi.163.com/football/)，对整个活动进行实时追踪报道，开辟了图片、视频、新闻专题页等资讯渠道。还为深度关注此活动的网友开辟了赛事论坛，使球迷在分享比赛激情体验的同时，还能够参与互动交流。从海选到每一阶段分站赛，用户只要登录专题站点，比赛最新动态、选手资料、赛时赛况以及活动花絮，尽可一览无余。就球迷而言，活动的每一站比赛都牵引着他们的目光；而对于普通消费者，由于世界杯的临近和明星的娱乐效应，也使他们对整个活动的关注程度与日俱增。

"2006百事世界足球挑战赛"的举办和进展情况，中央电视台体育频道、《体坛周报》、《南方都市报》、《体育周报》、《足球》等电视和报纸媒体都给予了大量的追踪报道。在强大的新闻攻势之下，活动受到了社会各阶层的广泛关注，尤其是那些对于足球运动痴迷的年轻人。随着2006年德国世界杯的临近，"百事挑战赛"的关键词成为搜索热门，年轻球迷们纷纷以各种方式在网络上分享着最前沿时尚的活动资讯和赛事动态。

作为"2006百事世界足球挑战赛"的合作伙伴，网易成了世界杯开战前夕的网络舆论中心和娱乐中心。一方面，网易不放过任何一个热点事件的曝光机会。网易新闻频道、娱乐频道对整个百事足球挑战赛的文字、图片、视频给予全力报道。只要有中国选手参加的比赛，都要发布数十条相关的最新资讯，满足球迷对于热点新闻的需求。与此同时，更多的用户可以通过网易在不同频道所做的"2006百事足球挑战赛"广告，轻松登录专题站点，了解赛事进程。网络发挥了新闻信息更密集、覆盖面更广、辐射力更强有力的公关宣传作用。另一方面，网易通过博客平台，促成网友与参赛选手的深度沟通。两个参赛选手以及活动的领队兼教练，原山东泰山队著名球员刘越，在网易分别开辟了博客空间。比赛到每一站，选手的现场表现、心路历程，都写成博客日志传到网上，供球迷分享。此外，网易还开设了专门的赛事论坛，让网友可以自由发表评论和感受，表达对中国选手的关注和支持。由于"TOP计划"（市场占有率第一的品牌成为大型体育赛事首选官方赞助商）的存在，可口可乐与FIFA（国际足协）的合约已经延至2022年，因此百事可乐只能打打"擦边球"，通过创新传播方式在世界杯中分得一杯羹。百事世界杯营销公关的巧妙之处主要体现在以下三个方面：

1. 巧选时机扩大影响

足球一直是百事可乐全球品牌战略中非常重要的一部分，"百事球王争霸赛"是百事公司为消费者提供的一个互动体验的足球平台，至今在中国已成功举办了6届。2006年利用德国世界杯足球赛的有利契机，成功地将历届仅在各区进行的比赛升级为全国性的比赛，冠军队还能获得前往西班牙挑战百事巨星小罗、贝克汉姆等的宝贵机会。这个活动时机的选择非常的巧妙，在可口可乐大力神杯巡演之后，世界杯开赛之前，名为世界杯预热，实则为百事可乐的市场营销助威。世界杯营销链条上有很多元素，球员、球队、现场、合作媒体等都有发挥的空间，而赞助商往往只能专注其中的某一方面，这样就为其他非赞助商提供了很多推陈出新的机会。百事可乐围绕自己的足球概念，借助系列活动成功地引起了社会和新闻界的持续兴趣，抢占世界杯唯一指定饮料赞助商可口可乐的风头。中国互联网信息中心（CNNIC）的调查显示，在无提示的条件下，被访问的"世界杯网民"中有42.6%的人提到了百事可乐。这个提及率仅低于阿迪达斯，位列与世界杯相关联的众多品牌的第二名。

2. 网络公关促进互动

品牌营销是一种整合营销传播，而整合营销传播作为一种从外向内的实施方法，其所谓整合既包括对各种媒体的综合利用和发挥集合影响，也不排除在营销沟通中选择最适合自己的传播沟通方式。从这个意义上说，传统大众媒体未必是最适合企业的传播沟通方式。因此整合营销传播在保持各种沟通渠道协调一致性时，都在选择最适合于自己的最佳传播沟通手段。百事可乐显然深知这一点。一直以来，百事可乐都非常热衷于利用新媒体传播，尤其是网络传播来进行产品和品牌的推广。如果说传统媒体的作用在于能提高活动的社会知名度，那么网络媒体则为百事品牌的网络公关，以及与球迷的深度沟通和互动提供了自由广阔的平台。百事有效利用"电视+网络"的媒体组合，是这次活动成功的基础。电视媒体对活动的报道和大众告知，为网络媒体的深度沟通和互动营造了良好的舆论大环境；网络媒体的支持与配合，则弥补了电视报道即时性、互动性差的缺点；两者的结合让整个活动显得更为丰富与立体，也能够激起网友持续、长期的关注与互动。

3. 系统传播制造热点

从整合营销传播的角度考虑，百事可乐的这次世界杯足球挑战赛只是整个营销传播系统中的一部分，从根本上还是服务于公司的整体品牌战略的。为了迎接世界杯的到来，百事很早就开始策划一系列的活动，大张旗鼓地请贝克汉姆等足球明星代言拍摄广告片，同时利用自己的球星资源和音乐明星资源，推出DADADA大狂欢主题活动。而此次的"2006年百事足球挑战赛"可谓百事世界杯公关战中的重点和热点。整个选秀活动持续六个多星期，在这一个多月中，来自中国的两位少年和来自全世界各地的孩子的一举一动以及成长过程，一直到最后和贝克汉姆见面的环节，都通过电视台、手机、3G门户网站等方式，传递给了观众或者潜在消费者。年轻消费者在用不同介质看比赛的同时，无疑也潜移默化地记住了百事可乐这一品牌。这些人将很可能成为未来百事可乐的忠实客户。当一个品牌在世界杯开赛前就展开一些系统的营销公关活动，到世界杯开赛之后进行强有力的促销配合，世界杯结束之后还继续利用这些运动的元素进行持续传播，并将其营销行动整合到一个大的营销战略下，保证一定的密度加以分步实施，无疑能提高品牌的整体影响力。百事可乐的智慧在于其将公关策划当作一项动态变化的事业来看待，放到整合营销传播系统的整体视野之下，运用手中的球星资源和音乐资源，有层次地进行创新传播。

案例来源：卫军英：《整合营销传播典例》，杭州：浙江大学出版社，2008 年版。

➡ **思考题：**

1. 为什么说运用公关进行品牌传播是一种整合营销传播？

2. 从百事可乐世界杯策划可看出品牌公关传播策划有哪些主要环节？

第十一章

品牌网络传播

学习目标

知识要求 通过本章的学习，掌握：

● 网络营销及网络传播概念

● 网络广告及其网络公关

● 网络对品牌营销的影响

● 数据库及其客户关系管理

● 新媒体和数据库的应用

技能要求 通过本章的学习，能够：

● 了解网络营销与网络传播特点

● 把握新媒体状态下的品牌营销

● 运用数据库实施品牌营销计划

261

学习指导

　　1. 本章内容：网络营销及网络传播概念、网络营销和网络传播的特征；以及网络广告和网络公关的基本形态，网络传播环境对品牌营销的影响，以及数据库和数据库营销背景下客户管理与品牌营销等。

　　2. 学习方法：实践创新，注重从现实出发，灵活掌握基本知识和具体操作细节。观察现实中的网络营销与品牌传播现象，以及数据库运用的多种方式，学习新媒体环境的品牌营销创新。

　　3. 建议学时：6 学时。

蒙牛酸酸乳借"超级女声"网络营销

2005年蒙牛乳业集团借助与湖南卫视合作，共同打造"2005快乐中国蒙牛酸乳超级女声"年度赛事，随着"超级女声"节目轰轰烈烈席卷全国。这是近年来商业运营和媒体炒作结合比较完美的一次，其间蒙牛强力推行的网络互动营销功不可没。

蒙牛乳业集团为了突破在纯牛奶市场的价格竞争，推出"蒙牛酸酸乳"系列新品时，不遗余力地打造"蒙牛酸酸乳"品牌，这一品牌定位于青少年消费群，塑造年轻而又充满活力的品牌形象。而青少年消费价格因素并非是第一位的，且潜在市场也非常庞大，这也是蒙牛花巨资打造"蒙牛酸酸乳"品牌的原因。"超级女声"是湖南卫视和上海天娱文化联合推出的一档"大型无门槛音乐选秀活动"。该活动以一种不分唱法、不论外形、不问地域的互动性、参与性超强的"海选"为主要特征，只要喜爱唱歌并年满16周岁的女性，均可报名参加。通过层层淘汰选拔，征选出真正具备培养前途与明星潜质的歌手。曾被《新周刊》评选为"年度创意TV秀"，在观众特别是青少年观众中收视率和参与度都非常高。

在互联网普及的时代，网络毫无疑问成为最大而且最有效的互动平台。蒙牛也是在这种情况下选择了利用网络进行酸酸乳和"超级女声"的互动营销。为此，蒙牛专门建立了"蒙牛超级女声"网站，进行互动宣传。但是，互联网营销不像在传统媒体做广告。在传统媒体上做广告，受众是被动接受，很容易就达到广泛的覆盖率（并非有效传播率）。而在互联网，需要受众点击才能够达到理想的传播效果。新建一个网站，在没有强大的平台支撑的情况下，仅宣传网站就需要一笔不菲的费用，若是不宣传则几乎是形同虚设，因为面对互联网的海量信息，一般的用户都不会为了一个节目费尽心机百转千回地去寻找某个特定的网站。

根据对网络资源的考察蒙牛决定，在中国第一门户网站新浪网大规模投放广告并进行内容合作，以更好地进行网络互动行销。对于新浪网的影响，一个流行的说法是：中国城镇人口50%上网，中国上网人群50%上新浪。作为中国门户网站的第一品牌，新浪网访问量已在全球排名第三位。网站每天独立访问量达3000多万人，浏览网页近3亿次。如此强大的网络平台，数以千万计的独立用户，蒙牛当然不用再为传播效果担心。"超级女声"是一个参与性很强的节目，提倡"想唱就唱"。通过整合超级女声，蒙牛酸酸乳推出了多种互动性很强大宣传手段。而在联姻新浪之后，借助互联网这一全球最强大的互动平台，蒙牛酸酸乳和消费者的互动相当于在用乘法计算，传播效果得到了质的飞升。

案例来源：卫军英：《整合营销传播典例》，杭州：浙江大学出版社，2008 年版。

➡ **思考题：**

1. 网络在品牌营销中表现出什么样的新趋势？
2. 为什么说蒙牛选择网络营销是一次全面整合？

第一节　网络营销与网络品牌传播

网络已经成为信息化社会的一种基本生存形态，网络营销也随着网络的发展，正在逐步的普及和延伸。网络不仅只是作为一个新型媒体存在，还是一个具有极大的包容性和无限延伸空间的新型集聚社区。网络不仅被用来实现相应的营销目标，而且也被用来作为建立品牌的一个有效途径。

一、网络营销的基本概念

互联网从 1994 年开始商用到现在，已经走过十几年的历程。现代商务的核心是营销，网络经济时代的商务核心便在于网络营销。作为以网络和 IT 为核心的产业形态——硅谷起源于美国的斯坦福大学，互联网技术也起源于斯坦福大学，因此他们对网络营销的认识是最早的，也对我们更好地把握网络营销具有启迪式的指引作用。斯坦福大学教授沃德·汉森（Ward Manson）早在 1996 年就开设网上营销课程，他所著的《网络营销原理》一书也是全球最早的网络教材之一。

汉森认为，在网络时代，网络技术正在创造新的营销手段。事实正是如此，在网络商业化发展的十几年间，网络营销的形式和内容已经发生很大的变化，各种营销模式、营销理论层出不穷。网络营销的不断发展，也推动了网络经济的不断成熟和深化，因此有关网络营销概念的认识也在不断发展。在现行教科书上，常见的网络营销定义有如下几种：[①]

杨坚争（2002）：网络营销是借助于互联网完成一系列营销环节以达到营销目标的过程。

---

① 刘向晖：《网络营销导论》，北京：清华大学出版社，2005 年版，第 26 页。

孔伟成（2002）：网络营销是企业整体营销战略的一个组成部分，是建立在互联网基础之上，借助于互联网特性来实现一定营销目标的一种营销手段。

冯英健（2003）：网络营销是企业整体营销战略的一个组成部分，是为实现企业总体经营目标所进行的，以互联网为基本手段营造网上经营环境的各种活动。

刘向晖（2005）：网络营销是依托网络工具和网上资源开展的市场营销活动，是将传统的营销原理和互联网特有的互动能力相结合的营销方式。它既包括在网上针对网络虚拟市场开展的营销活动，也包括在网上开展的服务于传统有形市场的营销活动，还包括在网下以传统手段开展的服务于网络虚拟市场的营销活动。

从概念的理解上可以看出，各种认识也是随着网络营销的发展而发展的。事实上随着网络的发展，新的网络模式已经在不断介入，如手机作为一种终端形态也在融入网络。这些都对网络营销提出了新的理解，因此网络营销实际上是在网络技术的发展之上所形成的一种营销类型。它既包括传统商业利用网络实现盈利目的，也包括网络自身特有的一些营销模式。通过网络营销，既可以实现实体经济的资本流动，也能够实现虚拟经济向实体经济的资本转变。[①] 从营销观念上讲，网络营销在带来新技术变革的同时，也带来了营销思想的转化，比如，长尾理论就对传统营销思想具有一种颠覆意义。沃德·汉森在他的著作中提出了一种网络营销方法论（图11-1），对我们认识网络营销有着极大的帮助。网络营销在某种意义上，是新的经济形态与网络技术和营销模式的一种叠合与共生，随着网络技术的发展，互联网具备的数字化、网络化和个人化特质也在不断地发展变化，因此网络营销也会随之而发生变革。这一认识既体现了对网络营销作为一种经济形态的理解，也指出了其依赖技术发展的背景，对营销手段和营销观念的创新，在这种创新中作为核心营销要素的人（主要是营销者与营销对象），其重要性得到了前所未有的凸显。因为网络营销的本质趋向也就是数字化、网络化和个人化。

二、网络营销的发展阶段

微软创始人比尔·盖茨认为，互联网将有三个发展阶段：第一阶段是公司设立网站；第二阶段是开展电子商务；第三阶段是信息量身定做。他认为，从公司角度来看，第一阶段最关心是否设立了网站，网站浏览人数多不多，点击率如何等。第二阶段公司觉得必须进行电子商务，经营者开始重视来自网上交

---

① 黄琛："趋向 Web3.0：网络营销的变革及可能"，浙江大学学位论文，2009年。

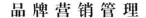

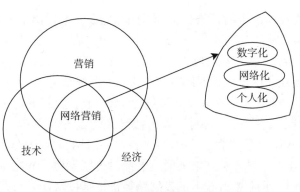

图 11-1　汉森的网络营销方法论

易的营业额。从个人角度看，第一阶段用户只上网浏览及阅读，从网上获得信息。第二阶段用户开始使用网上信息，互联网成了理想的资料库。在第三阶段的互联网时代，从技术上说，来自各方面的信息都是个人化的，不是杂乱无章的，而是为用户量身定做的，呈现方式更是完全根据个人需要。[①]此时，我们已经初步可见网络经济发展将经历的几个阶段及每个阶段的特征。从以往的历程来看，网络营销的发展演变大致可以分为三个阶段：①早期萌芽：1994~2000年；②逐渐发展：2001~2004年；③新的变革：2005~2008年。当然，网络技术的革新过程与网络营销的发展基本同步（见图11-2），因此我们对网络营销发展的论述主要是对应于网络的技术变革。同样，网络技术和网络经济的发展也在不断地把网络营销推向新的高度。

265

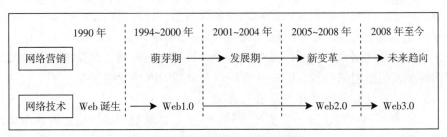

图 11-2　网络技术和发展趋势

1. 第一阶段：网络成为新的营销领域

网络经济发展的初期是网络投入商用一直到20世纪末，这一时期网络成为一种新的营销领域。在网络经济的发源地美国，网络自投入商业应用之后为

---

① 盛晓白：《网络经济通论》，南京：东南大学出版社，2003年版，第5页。

20 世纪 90 年代美国经济的高增长、低通胀和低失业率做出很大贡献。至 1999 年底，美国网络经济增长 68%，达 5070 亿美元，成为美国第一大产业。在这期间中国的网络经济也在不断成长。根据中国互联网信息中心（CNNIC）第一次进行的《中国互联网发展状况调查统计报告》调查结果，至 1997 年 10 月底，我国上网人数为 62 万人，Web 站点数约为 1500 个。然而不到三年时间，截至 2000 年 6 月 30 日，我国的上网计算机数已经达到 650 万台，上网用户人数 1690 万人，Web 站点数约为 27289 个。[①] 在这一时期，人们已经开始认识到网络经济的无限可能，并且对其未来的发展前景做了预测。Web 是 Internet 上最广泛的应用架构，而且 Web 技术的发展路径也正是技术发展与人类需求不断接近、不断融合的过程。因此，Web 的发展之路可以代表网络技术的发展演变的过程。从 Web 的发展历程来说，网络技术在这个时期表现为 Web 诞生至 Web1.0 时期。

这是网络营销诞生的萌芽期，随着网络技术的发展，一种新的营销平台正在逐步搭建起来，它预示着传统的营销模式和营销观念正在面临着创新和突破。Web 技术为网络营销搭建起了广阔的虚拟空间，企业可以利用信息自由联通的 Web 网络发布信息，获取反馈。而电子邮件、网站建设等应用技术则给网络营销带来多样化的实现形式，让网络营销这种新型的营销类型逐步展现它的经济价值，并开始孕育出属于网络时代的网络经济。网络营销在此时主要体现为：利用网络这种新型的传播途径，为企业传递商业信息，发布广告，并借此获得经济效益。换言之，在网络营销的萌芽期，网络属于营销界人士眼中一个新开发的营销空间，具有一定的商业价值，网络营销实质上是传统营销在崭新领域的实现。在这一阶段，网络对企业来说属于一种跨越时空、高效率的竞争手段。企业通过互联网加强与其他企业及客户的联系，提供更有针对性的服务，而且借助网络开展电子商务也给企业提供了新的机遇。此阶段突出的网络营销的模式包括网络广告、E-mail 营销以及早期的网站营销。

2. 第二阶段：网络成为重要盈利渠道

2000 年是网络经济发生重要转折的一年。一方面随着纳斯达克股票市场的震荡导致网络经济泡沫的破灭；另一方面网络泡沫的破裂也使得网络经济开始表现出稳健而理性的发展态势。网络营销服务市场的初步形成正是网络经济从疲软走向复兴的重要转折。这个阶段通过与传统企业相结合，为传统企业提供网络服务，使互联网找到了实现自身功能的盈利模式。以静态网页为主要呈现形态的 Web1.0 网络在这个阶段开始朝着更具交互性、更符合用户需求的

---

① 中国互联网发展状况统计报告（2000~2007）：http://it.sohu.com/58/25/article205072558.shtml。

Web2.0 方向演化。其中最明显的一个趋势是从单一的互联网络演变成了以互联网为基础的综合网络环境。[①] 在这一阶段，网络营销开始跳脱出可以神话般致富的不实名号，逐步展现出连接实体经济和虚拟经济的渠道性功能。此阶段突出的网络营销模式主要包括以下两个：

（1）网络游戏。网络游戏不仅是一种单纯的线上游戏，它集合了网络技术的应用、人们娱乐需求的满足以及互联网企业盈利模式的实现。网络游戏盈利主要通过两种模式：其一是搭建起游戏平台，吸引大量网络用户参与到联网游戏中来，如"联众"就是其中一个典型代表。其二是构建大型网游产业链。比如，2000 年 6 月，华彩公司正式发行中国内地第一款大型多人在线 RPG《万王之王》；2001 年 2 月，由亚联游戏代理的《千年》开始测试，4 月开始正式收费；2002 年，一款叫《传奇》的游戏更是把陈天桥推上了中国首富的宝座，让网络游戏的狂热淘金潮达到巅峰。

（2）网络销售平台。中国传统企业运用互联网和电子商务的不断深化和发展，表明了互联网商业的渐趋成熟。电子商务实质上是网络作为销售渠道功能的具体实现，经过几年的发展、创新和淘汰，主要形成了 B2C、B2B 等类型。

B2C（Business to Customer）是电子商务按交易对象分类中的一种，即表示商业机构对消费者的电子商务。这种形式的电子商务一般以网络零售业为主，主要借助于 Internet 开展在线销售活动。B2C 模式是我国最早产生的电子商务模式，以 8848 网上商城正式运营为标志。B2C 实际上就是打造"网上商店"，是企业通过互联网为消费者提供一个新型的购物环境，消费者只要通过网络就可以实现购物和支付。

B2B（Business to Business）就是企业对企业的电子商务。除了在线交易和产品展示，B2B 的业务更重要的意义在于，将企业内部网，通过 B2B 网站与客户紧密结合起来，通过网络的快速反应，为客户提供更好的服务，从而促进企业的业务发展。[②] B2B 为国内中小企业提供了一个低费用参与全球商务活动、分享全球大市场的机会。阿里巴巴是目前国内 B2B 电子商务市场中最具实力的企业。在 2001 年初期，阿里巴巴就已经拥有来自 202 个国家的 42 万个商人会员。

3. 第三阶段：网络可以生产价值

网络经济逐步走向成熟。一方面，之前出现的网络营销方式如网络广告、电子商务、网络游戏等继续为网络经济的发展贡献力量；另一方面，伴随

---

① 姜旭平：《网络整合营销传播》（第二版），北京：清华大学出版社，2007 年版，第 15 页。

② 百度百科 "B2B" 词条 ［EB/OL］：http://baike.baidu.com/view/672.htm。

Web2.0营销思想被逐渐认识，博客营销、RSS营销等一些为网络所特有的新型营销模式产生盈利，网络开始真正转变为可以生产价值的主体。

所谓Web2.0技术主要包括：博客（BLOG）、RSS、百科全书（Wiki）、网摘、社会网络（SNS）、P2P、即时信息（IM）等。在这一时期，无论是之前的电子商务还是最新的Web2.0都有着良好的盈利表现。由于Web2.0的出现，用户可以参与到网站设计、网络内容制造中，网络开始体现出用户作为创造者的生产性功能。此外，各种网络圈子、博客等网络应用功能也使得网络的交互性变得更为人性化，从"人—机"交互向"人—机—人"交互方向发展，这些全新的网络技术发展趋势也给网络营销带来全新的理念。与此同时，传统的网络营销平台也在Web2.0潮流的驱动之下重新洗牌，C2C开始展现出强劲的发展势头。

和B2C、B2B以企业为销售方的营销模式不同，C2C（Customer to Customer）为消费者实现了个人进行网络销售的可能。在网络技术平台的支持下，私人经营者能够从线下转移至线上进行货品销售，网络成为实力较弱的经销商接触消费者的有效途径。因此，C2C充分实现了个体利用网络实现盈利的目的，帮助普通人参与到网络经济的生产过程中来，也让人们享受到全新的消费方式，促进了网络营销的快速发展。比如，阿里巴巴旗下的淘宝网是目前我国最著名的C2C购物网站。《2007年一季度淘宝网上购物报告》显示，淘宝网2007年第一季度的总成交额突破70亿元，比2006年同期增长一倍。

博客营销自2002年博客的概念被引入中国后得到快速发展。在中国互联网中心第十六次网上调查问卷中，首次将博客列入用户"常使用的网络服务"项目之一。至2006年8月底，中国博客作者规模已达到1750万人，注册的博客空间数接近3400万个，博客读者达到7500万人以上。伴随着注册数量的增多，博客以极快的速度融入到社会生活中，逐步大众化，成为基于互联网的基础服务，也带来一系列新的营销应用。如博客广告、博客搜索、企业博客、移动博客、博客出版、独立域名博客等创新商业模式，日益形成一条以博客为核心的价值链条。博客营销实质上表现为以下两种途径：一是企业利用博客进行营销；二是网站利用博客衍生经济价值。

近年来随着网络技术的发展，一种新的网络营销趋势正在形成。可以说，Web3.0正在引导网络营销走向新的时代。Web3.0是近两年来出现的新概念，并迅速为人们所关注。在网络的变革期中，网络经济已经开始朝着两种方向发展：一是将网络作为盈利的渠道，实现实体经济的增长；二是将网络作为生产的空间，实现虚拟经济向实体经济的转变。在互联网未来的发展中，更值得我们期待的是第二种网络经济的构成。因为和Web2.0相比，Web3.0将会更加充分地展现网络自身的生产功能，满足人们追求自我劳动价值的需要。2007 年 9 月，国内互联网企业中推出了新一代个人门户产品 IG3.0；2008 年元旦，搜狐推出搜狐 3.1；这些"个人门户"以满足用户个性化的信息需求为契机，将概念中的 Web3.0 变为现实。在 2007 年美国圣何塞举办的语义技术大会上，微软、IBM、Oracle、Sun、Google、雅虎等巨头几乎倾巢出动，甚至波音、福特、沃尔玛这样的非 IT 企业也兴致盎然地前来参会，足见各界对 Web3.0 的重视，这一切都显示着人们对 Web3.0 这一全新互联网时代的到来充满希望。

从技术发展的特点来看，Web1.0 是精英文化，开创了聚众时代，只有部分具备相关技术和知识，并有一定经济实力的人才能够使用网络；Web2.0 是草根文化，开创了分众时代，人人都可以平等地使用网络，享受网络带来的乐趣；而 Web3.0 则是个性文化，开创的是一个全新的个性时代。Web3.0 时代的网络是每个人根据自己的兴趣、爱好、需求、性格、知识等组合单元，构建出的个性化的信息平台。

三、网络品牌传播

网络营销成为一个新的营销途径，这无疑也为品牌传播开创了新的领域。所谓品牌传播是指企业为了获取更多的品牌利益，运用如公关、广告、促销、人际传播等各种有效的传播手段，增加品牌识别和品牌认同并进而实现品牌忠诚的营销模式。而网络品牌传播是指企业依靠网络平台和网络沟通手段，实施品牌传播和营销。品牌传播在网络营销中占有十分重要的地位，这是因为在网络营销中，不论营销的对象是产品或者服务，还是人物、组织、理念等，具体对象可以不同，但是其中心任务却只有一个，这就是建立品牌。

网络品牌可以有两种理解：一是网络品牌指网络资源自身的品牌，如一个著名的网站、一个网络营运空间或者是一个著名的网络社区。比如，淘宝网是阿里巴巴旗下的一个著名 C2C 网站，也是一个著名的网络运营空间，淘宝网本身就是一个具有很高附加值的网络品牌。二是网络品牌又指营销传播者运用网络资源所达成的品牌营销和品牌传播影响。这大多是实体品牌以网络作为营销传播途径，以便形成更大和更多的品牌辐射。比如，蒙牛为了更好地实现品牌传播，充分挖掘各种网络资源，通过网站建设、网络广告以及网络公关等多种形式，多元化、立体性地传播蒙牛品牌。

在网络营销中虽然也有不少企业把网络销售作为一个重要指标，但是更多的企业已经认识到网络营销传播的核心已经不在于销售，而在于如何更加有效地建立品牌。因为对于任何从事电子商务或者网络营销的品牌而言，建设并完成一个网络营销平台并不是一个艰难的任务，而如何让顾客和消费者认可这个网络品牌却是最为严峻的工作。顾客和消费者对网络品牌的认识，通常除了来自于其网络营销传播的技术途径，更多的是来自于对这个品牌的网上印象，如它的网络视觉信息、网络交流方式、网络口碑效应、网络服务手段等，所有这些都可归之于网络传播范畴之中。因此对于网络品牌传播而言，建设并提升品牌价值，其主要工作就在于以下四个方面：

1. 建立明确易于识别和信息集中的网络认同体系

不论是企业网站还是有关的网络宣传，都要展示明确简捷的网络品牌认知，既能凸显网络品牌特征易于顾客和消费者辨别，又具有一定的黏性和亲和力，不仅让消费者容易识别它、记住它，而且吸引顾客和消费者去浏览它、光顾它。这点不仅涉及视觉传达，而且也涉及品牌信息的基本整合。

2. 建立方便顾客交流的简捷可靠的网络操作体系

顾客和消费者对网络品牌的进一步认识和深化，往往来自于品牌的初次使用和重复使用。一个网络品牌如果在使用和交流中过多过于复杂，则在一定意义上会降低顾客的使用频率。比如，很多服务品牌虽然都有相应的网络服务系统，但是在使用中却设置了重重认可层级，顾客在消费过程中必须经过一次次验证，这实际上已经成为某种交流障碍，也不利于网络品牌建设。

3. 通过有价值的网络传播提升品牌的正向影响

很多品牌在运用网络营销传播时，大都借助于传统营销传播手段，如广告、公关、促销等，仅把网络看作一种新的媒体形态。事实上这些传统的营销传播方式，在进入网络传播之后都发生了很大的变化。如广告在传统媒体中具有强制性特点，但是在网络媒体中则随时可以被潜在消费者所屏蔽。而传统广告和公关大多是品牌的自我宣传，但是在网络中这种宣传却有可能带来消费者的否定。此外在网络传播中，口碑传播往往具有病毒营销特点，就像是一个品牌在某个网络社区中受到高度关注后，很可能就会形成巨大的雪球效应。

4. 强化网络服务以增加顾客和消费者的忠诚度

网络营销传播使得顾客与消费者能够更全面地认识品牌信息，并且使品牌与消费者具有更多的交流可能，这些都促使了顾客对品牌的认同和理解。但是如果没有建立良好的品牌服务体系，这种网络品牌效应则很可能无法持续。只有良好的网络服务，才能保持顾客与消费者对网络品牌的重复联系，并且在建立忠诚度的同时，也形成一定的网络口碑。

案例延伸分析

蒙牛酸酸乳的网络营销特点

蒙牛酸酸乳借助网络营销获得了极大成功，这次活动是网络媒体与传统媒体、公关策划与事件营销、产品推广与品牌传播的全面融合，因此在蒙牛内部被称为"完美的互动整合"。从网络营销角度看有以下三点值得重视：

1. 选择良好的网络平台，直达目标消费者终端

互联网的互动性是其他媒体无可比拟的优势。无论电视还是报纸，主要都是一种"我说你看（听）"的传播形式，即使实行了反馈机制和问卷调查的形式，滞后也相当明显。但是互联网一开始就是以互动的形式出现的，网络平台更是绝佳的互动广告平台。

网络广告的互动性体现在两方面：其一是给消费者发言的机会；其二是为特定的目标消费者量身定做个性化的信息。通过聆听消费者的回应，从而获得大量关于消费者的个人信息，连同网络广告的网上监测机制所提供的数据、网络浏览路径、点击后行为等分析，可勾勒出较清晰的个别消费者图像，并可将这些宝贵的关于目标消费者的个人信息集成资料库，这使得个性化的"一对一"的传播成为可能。

作为中国第一网络门户和互联网发展的领导者，新浪的网络平台优势更是明显。除了每天近3亿人次的访问量，在新浪网全球一亿多注册用户中，各种付费常用用户超过1200万，通过和国内外1000多家内容供应商达成合作关系，新浪提供了40多个在线频道和100多个子频道，在门户网站中内容最为丰富，而且各个频道已经渗透到大众生活中。AC尼尔森2004年11月的调查数据显示，新浪从整体到新闻、体育、娱乐、生活及时尚等频道的竞争力和忠诚度都占有明显的优势。

权威机构调查显示，新浪网民的学历结构、平均收入及上网首选率都明显高于中国网民的整体水平。由于具备丰富的频道内容和优势，新浪几乎囊括了中国网民各个结构中的精英，对于蒙牛而言，在新浪进行互动行销，就相当于是直接面对目标消费群，从而直达终端。

2. 科学地进行效果评估，合理地选择广告形式

根据详细的调查和新浪的建议，蒙牛为"超级女声"在新浪投放的广告主要包括首页、新闻中心、娱乐频道、娱乐新闻内页、聊天首页、视频频道、短信频道、星座频道等。投放的内容，主要采用通栏和视频广告的形式，辅助以浮标、对联和全屏广告等。显然，这是经过深思熟虑的投放方式。

在广告形式中，蒙牛超级女声广告几乎全部采用图片广告的形式，根据艾瑞市场咨询公司的调查，图片广告是网络广告中最受欢迎的形式，支持率达到64%。而在图片广告中，最吸引人的是视频广告，支持率超过30%；通栏广告页也非常受欢迎，而且由于被浏览量大，传播效果明显。蒙牛在新浪投放的网络广告中，新闻中心和娱乐频道都采用了视频广告的形式，在娱乐频道甚至投放了三种不同的视频广告。在首页、聊天、短信、视频等频道都采用了不同的通栏广告形式。此外，娱乐频道的画中画、首页的全屏广告和对联广告以及适当的浮动广告，起到了抢夺眼球和吸引人气的作用。科学的广告形式搭配，自然达到了理想的传播效果。

3. 精心选择投放频道，进行有效互动营销

首先，借助新浪的优势进行广泛性传播。新浪首页每天数以千万计的访问量，对于蒙牛来说无疑是一个巨大的诱惑，是蒙牛超级女声的最佳推广平台。新浪新闻中心则是在国内门户网站中流量最大、用户最多、独立访问数量最多的新闻网页，"看新闻上新浪"已经成为网民和媒体从业者的共识。通过首页和新闻中心的全屏广告、浮标广告和通栏等形式结合，蒙牛超级女声很容易就让自己进入了无数政府官员、专家学者、企业家、白领、普通网民的生活中，传播效果可以说是事半功倍。

其次，找准目标消费群，进行直达终端的互动营销。经过分析，蒙牛发现，娱乐、星座、聊天、视频、短信等网络页面是蒙牛酸酸乳目标消费群最感兴趣的，而新浪的相关频道在门户网站中占据的优势十分明显。AC 尼尔森2004 年 12 月的统计表明，新浪娱乐频道日独立访问量达到 250 万人次，是第二名的 1.6 倍，覆盖率是第二名的 1.8 倍；新浪宽频是中国第一个获得互联网络视听节目传播许可授权的商业网站；新浪聊天频道的日流量近 3000 万人次，是新浪流量最大的频道，也是用户停留时间最长的频道；新浪星座频道更是无数少男少女的精神家园，每天必来的网页；新浪短信频道的覆盖率已经是中国全部 SP 的第一名，仅短信收入就接近 5000 万美元。而这几个频道除了覆盖率优势之外，其用户也是互动性和参与性最强的。

案例来源：卫军英《整合营销传播典例》，杭州：浙江大学出版社，2008 年版。

思考题：

1. 网络营销所体现的新特点对品牌营销有什么帮助？

2. 蒙牛酸酸乳运用网络营销在哪些方面表现了创新特性？

第二节　网络广告与网络公关

虽然实现网络品牌传播的方式很多，但是作为一种基本的品牌营销传播方式，网络广告和网络公关仍旧受到了相应的重视。当然作为一种新型的媒体形态和传播平台，网络广告和网络公关也发生了一些根本性的变化，这些变化不仅体现在形式上，而且体现在观念上，它们在给品牌带来机遇的同时也带来了挑战。

一、网络广告形态的发展

传统广告应用于网络媒体时，主要表现为企业单纯投放的网络广告，如旗帜、按钮、浮标、对联等。这类广告与传统的大众传媒广告一样，仅是通过单向的信息传递以引起受众注意，并没有与消费者形成互动沟通，因此只是网络广告的初级形式。这些广告的基本形式无非是传统广告在网络上的呈现，主要有这样一些形态：旗帜广告、按钮广告、浮动图标广告、对联广告、全屏广告、插入式广告、背投广告等。但是由于网络是一种区别于传统媒体的新兴媒体，受众在媒体接触中具有更多的自主权和选择权，因此这些广告形式所取得的效果并不显著。

于是越来越多的企业开始认识到，在网络时代仅靠传统的广告和促销手段来塑造品牌和企业形象是很难成功的，必须重新定义品牌价值并寻找品牌塑造的新途径。西方学者提出了网络经济中体现顾客价值和利益的4C理论：内容（Content）、社区（Community）、商务（Commerce）和定制（Customization）。该理论认为只有当一个新事物至少满足以上四个标准之一时（理想情况是同时满足四个标准），它才能为顾客创造真正的价值。[1] 与此相对应的是，体现网络传播优势的新型网络广告形态也因此有了进一步的发展。

1. 电子邮件广告

我们一般把电子邮件式的广告分成两类：一类是新闻或信息等内容网站所发出的以新闻咨询为主的新闻信件（News Letter），这类邮件往往是由收件人主动加入邮件列表（Mail List）而收到的，以新闻咨询类信息为主，附带有广告

---

① ［美］Stephen P.Bradley、Richard L.Nolan：《感测与响应：网络营销战略革命》，成栋译，新华出版社，2000年版，第256页。

内容。另一类则是只含有商业广告的电子邮件。由于所谓"垃圾邮件"的不断增加，在逐渐受到社会各方尤其是互联网管理部门的重视之后，电子邮件广告的未来发展必须走整合之路。

随着各国政府反垃圾电子邮件活动的开展，电子邮件广告的未来整合将以第一类"信息附加型"的电子邮件广告为主，纯粹的商业电子邮件广告将越来越少。而且在整合过程中必须了解受众的真实需求，一旦顾客不再需要信息提供服务，那么电子邮件广告的终止必须更加简便、迅速。

2. 搜索引擎广告

搜索引擎在广告营销领域已经成为发展最快的一种方式，代替原有的传统广告业，成为新型的付费排名推广方式，为商家带来大量客户。搜索引擎广告业涉及多种方式，但基本原则都是广告商付费换取搜索结果页面上的优先排名和/或显示位置。搜索引擎广告通常有三种方式：付费排名、付费收录以及最近新增加的一种上下文广告。

搜索引擎广告发展迅速，一方面归因于搜索引擎范围的广泛及普遍的应用；另一方面归因于搜索引擎广告比传统的媒体广告更具针对性。任何广泛销售的产品都及不上网络搜索的范围，搜索引擎广告立时可见。同时搜索引擎广告帮助大众分清良莠，直接向正在搜索的购物者实现营销，使商家能够向正在搜索相应产品或服务的人们销售。与传统广告最大的不同在于，搜索广告不是让客户知道他们要什么或应该要什么，而是用户在提问能够从哪里买到产品。由于一些著名品牌的参与，搜索引擎广告正变得越来越明朗化，相信仍有很多广告商会看到这一系统的效果，参与进来，因为他们会越来越发现，采用搜索引擎广告就无须做树立品牌的工作了。

3. 博客（Blog）广告

Blog 作为近年来势头最猛的新兴媒体，不仅吸引了众多风险投资商的目光，也让许多企业纷纷把博客当作营销的工具。目前博客上主要有四种营销推广的手段：第一种是直接在博客网上做广告，这种形式固然简单，但要注意的是在做广告设计时要把博客考虑进去，让博客成为广告对话的一部分。第二种是在博客上发表专业文章，以自己的产品作为文章的主角，用来和公众沟通，并树立权威感。如耐克就曾经在一个叫做 Gawker Media 的博客网站（运营关于文化和政治方面内容）上做了个专题，主题是"速度的艺术"。耐克对专题具体内容细节的干涉不多，所有版面设计、注释、链接和其他功能都是由这个博客网站来完成的，目的是树立自己的品牌形象——是追求速度艺术的专家。第三种是通过公关公司发布博客日记，来影响主流媒体的报道。第四种是通过监测博客网站，及时发现当前谈论最多的公司或时下民众最关注的话题，为潜在

的公关危机做好准备。

4. 窄告与及时通信窗口广告

"窄告"是一种新型的网络广告形式，指客户将广告直接投放到与之内容相关的网络媒体上的文章周围，同时广告还会根据浏览者的偏好、使用习性、地理位置、访问历史等信息进行有针对性调整。相比广告传播覆盖面的广泛性，窄告更强调传播的精准性，也就是在合适的时间和地点，把合适的信息传递给合适的人。尽管目前窄告还处于起步阶段，但从其发布特点来看，虚拟社区无疑是其投放平台的最佳选择。在广阔的互联网上只有虚拟社区才能真正地做到"物以类聚，人以群分"，不同名目和主题的虚拟社区可以为网民提供不同的选择，使其获得恣意伸展个性的地方。

在即时通讯窗口上做广告也可谓是一种新型方法，以目前国内经营最好的即时通讯软件——QQ 和 MSN 为例，它们就各自在自己的聊天窗口推出了广告服务。由于网络媒体的交互性、及时性，网民可以通过即时通讯（IM）迅速便捷地对感兴趣的资讯、交易及时进行交流，且进行交流的网民一般都是熟知的或是通过网络建立起某种关系的人群，因此企业在聊天窗口提供广告服务，容易引起网民的对企业或产品的讨论。

二、网络公关传播

相对于网络广告而言，网络公关对于品牌传播具有更大的创新价值。所谓网络公关就是运用网络实现品牌与顾客以及消费者的良好互动，借以建立和维护品牌形象的品牌传播行为。通常情况下网络公关的主要任务就是，运用网络资源进行品牌宣传和新闻发布、帮助品牌实现与客户的互动与沟通、运用网络参加实施事件营销、在网络上赢得客户的信任与尊重，从而为品牌建立良好的声誉与价值等。网络公关的传播形态虽然与广告有很多不同，但是在把网络作为一种媒体传播途径上，两者还是显示了很大的共性，在新的品牌传播环境下，网络公关与网络广告甚至很难加以区分。比如，网络上常见的一些品牌传播方式，就是既有广告性质又有公关特点。

1. 网络新闻与品牌宣传

企业通过网络媒体平台发布相应的品牌消息，并进行一定的品牌宣传，是网络公关的重要内容。网络新闻宣传通常运用一些门户网站和专业网站，或者在相应的网络频道上进行，这样既可以保证品牌信息的广泛覆盖，也可以有针对性地对目标受众实施品牌传播。

与传统公关中品牌新闻的一个很大不同是，网络品牌新闻的宣传具有更多的纵深度和信息全面性。任何一个品牌信息在网络传播中，除了其本身的新闻网页外，还有可能得到详尽的挖掘。其中最简单的形式就是相关信息的链接或超链接，它使得一个即时的品牌新闻有可能超越目前所陈述的事实，而走向更加广阔的背景。所谓超链接，按照"百度百科"的解释："它是一种允许我们同其他网页或站点之间进行链接的元素。各个网页链接在一起后，才能真正构成一个网站。"

这种网络所特有的传播形式，打破了传统品牌传播中消费者与品牌之间的信息不对称状态，使得品牌信息有可能更加全面地被消费者所认识。因此，网络公关对新闻和品牌宣传提出了进一步要求。它要求网络新闻和品牌宣传，首先必须要尽可能地激发顾客与消费者的关注热情，吸引客户关注品牌；其次在相关新闻和品牌信息的策划中，必须尊重消费者的思考判断和保持诚恳态度，减少品牌自我宣传中的夸大和不实之词；最后要尽量保证信息的一致性，因为客户可以通过相应的链接很方便地寻找到各种相关信息。只有这样品牌宣传才会受到消费者的认可，在提升品牌知名度的同时为品牌赢得尊重和信任。

2. 网络群体与虚拟社区

网络使得以往相互分离的三大传播方式，即人际传播、组织传播和大众传播正在向兼容方向发展，网络使得人们可以在虚拟的空间里与人和信息做自由的交流，在这些交流的过程中，具有共同需求和兴趣的人就很容易主动建立或寻找到一个属于他们的"领土"，即一种新型的"公共领域"——虚拟社区（Virtual Community），或称网络社区。虚拟社区有着鲜明的人际传播特征，其社区传播的强大力量也逐渐显现出来。

美国学者 W.J.马丁认为，构成社区的要素是一定的空间（地域）、一定的人群，以及相应的组织或团体，公众的参与和某些共同的意识与文化。这些在虚拟社区中都得到了相应的表现。[①] 由于"虚拟社区"常常用来指代因特网上某一类人群的集合以及其所表现出来的总体特征，因此从品牌传播的角度看它正好构成了一个很有特征性的网络消费群体。在品牌传播中，网络虚拟社区具有巨大且潜在的商业意义。与其他传统媒体相比，网络虚拟社区不仅具备了网络媒体的传播优势，而且避免了网络传媒的一些不足之处。由于虚拟社区消费者集中度较高，在以消费者为主导的营销背景下，企业运用虚拟社区实现营销传播具有某种必然意义，虚拟社区的营销传播价值至少体现在以下三个方面：

第一，虚拟社区内信息开发的透明度高，成员之间容易产生信任机制，便于品牌公关传播公信力的导入。虚拟社区成员之间通常具有共同兴趣爱好或者目的，在日常交流中逐渐熟悉并产生一种信任机制，他们在虚拟社区内信息的

---

① ［美］W.J.马丁：《信息社会》，武汉：武汉大学出版社，1992年版，第179页。

交流相当透明，这一优势在传统广告公信力日益丧失的今天显得格外珍贵。因此，企业选择虚拟社区这个平台进行品牌传播，可以说是一种极具公关效果的营销传播，便于让消费者产生信服感。

第二，虚拟社区强大的说服场效应使得它具有广泛的影响力，便于企业培养忠实消费群。虚拟社区里兴旺的人气能使其对成员产生高度的黏性，这种"高黏性"使得虚拟社区具有一种强大的说服场效应，这不仅反映在成员与成员之间的互相影响上，还表现在虚拟社区能够为成员提供这样一种"场"效应，使其在一种特定的交流环境中产生与平时不同的消费观或文化认同观。

第三，虚拟社区的共同性特点使得企业在实施品牌宣传时，能有效地锁定目标对象，还可以利用虚拟社区积累顾客资料，有效地进行数据库营销，提高顾客定制水平。虚拟社区成员在加入社区时留下的个人资料，几乎可以成为企业建立消费者数据库的天然来源，企业可将这些信息全部输入顾客数据库中，对其进行汇总、分类、综合和分析，得出企业目标顾客的一些基本属性，从而精确地实现和自己目标消费者的接触与沟通。

3. 网站共建和冠名赞助

网站共建和冠名赞助，也是一种具有公关性质的品牌传播形式，很多时候这种公关形式具有一定的事件营销特点。如可口可乐与方正电脑联手进行的"动感互联你我他"活动就选择了以搜狐体育频道作为活动阵地。李宁公司甚至与网易合作，将网易体育频道冠以"李宁网易体育频道"，通过网络这个平台实现无限制的交流，让品牌传播更具推广力度。

与此同时，开办专栏则是另一种品牌推广模式，也可称为"品牌专区"。其操作方式是把社区内容与商业信息巧妙融合在一起，网民可以借由社区提供的信息，直接链接到相关商品的网站查看具体的更为详细的信息，也可以登录到第三方网站，如在线期刊，在相关的文章中获得更多关于此类商品的信息或通过第三方消息来判断此商品的性价比情况等。如国际知名护肤品牌妮维雅就在网易女性频道开设了一个"女性护肤栏目"，通过这个专栏，妮维雅品牌能够与女性用户长期沟通，栏目直接链接妮维雅独立站点，招徕爱美之人驻足。同时，妮维雅还开办了"NIVEA护肤信箱"，并通过网易女性频道的"婀娜俱乐部"与用户进行深度交流。除此之外，妮维雅还在专栏内进行每月一款新产品的"月度推广活动"，介绍妮维雅产品线，强调其"专业护肤解决方案"提供商身份。这些合作，不仅提升了广大消费者对妮维雅的品牌认知与信任度，还提升了妮维雅的国际护肤品牌专家形象。

传统品牌推广中的冠名赞助，在网络品牌传播中也常常得到运用。实际上在虚拟社区内，企业冠名某个虚拟社区或社区内某个活跃的场所，抑或为社区内的一些活动提供奖品赞助都已经是不鲜的事实了。如在联众世界（www.ourgame.com）中，就有许多棋牌室以企业的名称命名，而其中的每一位玩家的位置又用企业的产品命名，这样企业的品牌与产品信息就会进入玩家的交流之中，产生类似于人际传播中口语传播的特点。而游戏结束后，玩家还会对游戏进行进一步的讨论，交流彼此的感受，在这个交流中，企业和产品的名称会被重复提示，在潜移默化中对消费者产生影响。

案例分析 11-1

联想世界杯赛演绎网络推广传奇

2004 年，联想公司正式从"Legend"更名为"Lenovo"。2005 年在经历了收购事件之后，新联想正在成长为一个国际化的公司，它的视角也发生了显著的变化，"创新的生活乐趣，创新的商业价值"成为其首推的宣传主张。为此，联想在 2004 年末成为国际奥委会全球合作伙伴后，正式建立了 www.Lenovo2008.com 网站。Lenovo2008 和联想官方网站（www.lenovo.com.cn）从内容到机制进行了全面整合。这次推广的由头是来自于都灵冬奥会。这也是联想作为 2008 奥运会 TOP 赞助商，第一次正式使用体育营销资源。本次推广在营销策略上将网络广告、网络公关专题、在线商城等网络资源全部打通。有数据显示，在一项消费者调研中表明，能够准确说出此次联想赞助冬奥会 5745 台电脑的被访者占调查总人口的 70%，这是一个令联想非常欣慰的数字。2006 年初第五届艾瑞网民行为调查研究的数据显示：2005 年用户印象最深的网络广告中，联想是最深入人心的网络广告主，在第一提及、第二提及以及第三提及网络广告主中得票率始终领先。尤其是第一提及中联想以 9.14%的百分比，既远高于第二名诺基亚的 5.53%，又远高于 2004 年网民行为调查研究数据显示的第一名三星的 5.5%。

这样优秀的成绩来自于联想对网络广告投放的重视以及网络整合传播策略的运用。2005 年的联想，可以说领跑者的地位已很稳固。但是如何在 2006 年将联想的品牌与已有的联想产品结合起来，如何使联想的品牌更上一层楼，这是摆在联想面前的一个课题。在 2006 年的互联网，新兴媒体增多、媒体多元化趋势发展明显，搜索引擎、网站联盟、行业网站成为新兴媒体的生力军，这些网站具有分众传媒的特性，目标受众针对性强。继续保持网民心中的第一品牌，仍是新联想的网络新征途。选择这样一个时间，面对这样一个市场，坐拥这样一个规模，联想开始考虑如何站在更高的位置上去巩固品牌，加深品牌忠诚度。

　　2006 年世界杯将是一场全球关注的重要体育赛事，如何将联想与这一重点事件密切联系起来，如何将联想新的形象代言人小罗"智慧、快乐、创新"的足球精神与联想品牌内涵相结合起来，联想中国品牌沟通部在其代理公司北京电通网络互动中心的协助下，在网络上采用了整合传播：在前台广告上，综合运用视频、彩铃、动画等富媒体广告形式，及 Blog、IM 等 Web2.0 手段进行传播推广，制造连续性话题，吸引持续关注和反复访问，增加受众黏着度。在后台的 www.lenovomacom.com 上建立世界杯主题活动。例如，以小罗球迷的身份，建立博客、播放视频花絮、发表球迷日记和提供独家彩铃下载、偶像合影大头贴等。球迷可注册参加主题抽奖活动——破译小罗的快乐密码以及联想俱乐部会员参加足球短信竞猜游戏。

　　联想在 2006 年世界杯的网络营销战役中获得圆满成功，这一点通过数据可以看到：本次推广充分保证了曝光，曝光量高达 7.5 亿次，曝光量之大覆盖几乎所有网络门户及 IT 网站。推广总独立用户数达 310 万人，平均日独立用户覆盖数高达 10 万人。推广总点击量为 2995374 次，推广活动参与量为 1005886 次。本次推广在宣传了联想世界杯的同时还对其他产品事业部及 lenovo.com 进行了有效的支持，品牌推广对产品事业部的进阶率平均达到了 25%，品牌推广对 lenovo.com 的进阶率平均达到了 13%。本次世界杯推广一大考核指标为注册人数，执行结果是达到注册用户总数 1053200 人次，突破了历史注册人数纪录，是活动与内容良好配合的有力证明。可以说，联想奥运推广的成功，是综合运用新媒体实施品牌营销传播的尝试，联想的网络推广活动，充分发挥了新媒体作用，表现出了新、全、特三大特点。

　　1. "新"：使用全新的广告技术与全新的媒体

　　联想在采用全新的流媒体广告的同时，还第一次使用了电子杂志、搜索置顶、群博客及 QQ 皮肤进行推广。

　　电子杂志作为新兴媒体越来越被用户所认可，目前电子杂志主要是通过 P2P 平台进行传播，本次推广选择了国内最大的电子杂志平台 KURO 作为合作伙伴进行了推广，本次推广是联想第一次采用电子杂志的方式进行推广，其中杂志发行量为 350 万份，参与"寻找小罗"活动为 780311 人。本次电子杂志的用户行为转化率高达 22%，成为之后吸引网民参与特定活动的有力手段之一。

　　世界杯期间开设了两个相关小罗信息的博客："我爱世界杯"和"漫画小罗"。"我爱世界杯"是针对热爱世界杯的球迷博客开设的，意义在于使善于写博客的人了解，联想与世界杯、与体育营销的紧密关系，借世界杯热点，增长联想品牌的推动力。"漫画小罗"博客，是为喜爱小罗的球迷开设，为联想签约小罗事件，扩大影响力。本次推广是联想第一次采用博客活动的推广方式进行推广，主要采用了群博客和漫画小罗征集活动的方式。其中世界杯群组共获得 5363 个用户。

以往在 QQ 的推广主要以客户端 Rich Button 广告为主，虽然该广告形式点击效果非常理想，但由于是多个广告轮播，同时广告面积较小，所以对于广告的表现张力不够，为了解决这个矛盾，同时达到创新推广的作用，联想选择了 QQ 的皮肤推广，这次为品牌推广提供了新的推广平台。QQ 早已是互联网使用者的必备工具。借助 QQ 的 Co-branding 功能，用户可以通过下载联想主题包将 QQ 软件的外观变成包含联想及小罗元素的主题外观。联想 QQ 软件包最终下载量达到了 293 万人（QQ 以往最成功的主题包推广为可口可乐和 HP，用户分别为 100 万人和 60 万人），最终也使本次推广成为病毒行销的经典案例。

2. "全"：通过多个形式和多种媒体全面覆盖推广

世界杯推广期间，采用了多点配合的广告投放策略，门户、IT 垂直、娱乐、博客、社区、即时通讯投放，覆盖了大众消费者、IT 业界、球迷等几乎全部网民。在此次推广期间，联想的广告投放也采用了前所未有的更替率，以周为单位进行更新，涉及全部投放网站。从网站反馈信息看，此次投放广告更新之快，是前所未有的，使受众不断得到新鲜广告的刺激，有力地吸引了其对网站的持久关注。联想本次常规广告主要以门户的世界杯频道作为推广主要途径。由于这些拥有世界杯报道资源的门户媒体，在推广时期内有着比平时平均高出 30% 的流量增长。所以整体曝光量得到了充分的保证，周覆盖网民达到 28720 万人次，真正做到超大流媒体的聚焦作用。大型流媒体推广采用了悬浮式流媒体广告、视频下拉流媒体、疯狂全屏等形式，是以往推广中广告形式最多的一次。超大流媒体通过互动形式吸引了用户的眼球，而且由于尺寸较大、表现张力较强，吸引了用户的点击，也保证了较高的点击率。

联想在世界杯期间还购买了大量关键字，全面覆盖了推广需求。在品牌、产品、事件公关等方面进行了全方位的推广。本次搜索推广和以往不同。在关键字方面采用了以"事件推广关键字"+"产品推广关键字"+"品牌推广关键字"结合的方式，使得平均每天点击率达到了 2%。此外运用直邮向特定目标用户推广，邮件打开量率接近 50%，远高于平均直邮打开率 20%~30%；其点入率为 8%，也高于平均直邮点击率 3%~5%。所以本次推广整体超额达到了预期效果。

3. "特"：本次推广使用了一些特殊的推广手段

本次推广是联想第一次采用手机的方式进行推广，联想世界杯后台站点总访问量达到 882639 人次，日均访问量达到 31522.8 人，特别是在世界杯比赛密集的初期阶段，访问量最大。世界杯推广期间特别在 sina、sohu、163、电子杂志开设入口，展开"寻找小罗"活动，此类的广告营销手段在网络上第一次使用，得到了很好的反馈和效果。在"寻找小罗"过程中，广告形式采用飘浮式悬念广告，从不同入口进入统一游戏页面；在活动安排中，把需要寻找的小罗图标分别放到广告及后台种子产品页面中，使受众在寻找活动中，能够浏览联想其他产品的页面，为事业部的产品页面带来 269 万人次额外流量。本次"寻找小罗"活动取得了圆满成功。碎片式广告作为活动入口获得了满意的参与人数，而电子杂志也体现了这种新兴媒体对网民的巨大活动黏性。

案例来源：卫军英：《整合营销传播典例》，杭州：浙江大学出版社，2008 年版。

思考题：

1. 结合实际分析网络广告与网络公关有哪些主要形态？
2. Lenovo 推广体现了网络品牌营销的哪些独有特征？

第三节　数据库对品牌的影响

品牌营销的核心问题和终极追求，就在于获取更多的品牌忠诚，而品牌忠诚在本质上取决于品牌与顾客的关系程度。网络营销依赖于现代信息技术，比之于传统营销具有更大的优势，在实现品牌价值过程中，网络营销更加适合于精准营销、关系营销和整合营销等现代营销方式。而所有这些，在很大程度上都与数据库有很大关系。

一、数据库及其价值

所谓数据库（Database）是指"通过计算机收集数据以便迅速寻找和查询"。在营销活动中，资料库一开始只是为实施营销传播而收集的顾客和潜在顾客的姓名和地址；后来发展成为营销活动的研究工具，如收集人口统计资料、竞争资料以及销售趋势资料等，并配合使用适当的软件，对数据资料做出相应的分析、解释与评估。

数据库最大优势就来自其在获取顾客、维护顾客和增加可获利顾客三个方面表现得更加具有效益。它不但提高了营销传播的效率，而且极大地降低了营销传播的成本，对于网络营销和品牌传播而言，其正在引导着一场营销传播的革命。品牌营销传播中对数据库的定义是：实现品牌营销传播活动依赖于企业有关个人消费者的相关信息，包括订单、查询、消费服务接触、研究问卷调查表以及外部清单的信息库。企业利用这些信息分析消费者的购买和查询模式，

281

由数据库提供研究机会，通过不同的媒介来联系、接触个人消费者，使企业可以达到许多不同的研究和营销目的。

数据库对于品牌营销的价值就在于，通过数据库可以更加迅速地进行消费者分析、确定目标市场、跟踪市场领导者以及进行销售管理等。数据库是协助规划整体营销规划和计划、控制和衡量传播活动的有力工具。数据库不仅用来为品牌对应的客户提供帮助、刺激客户需求，而且可以通过记录将现有与潜在消费者，及其所有的通讯联络方式和商务情况，保存在一个电子数据库的存储器里，借以改善所有未来各种联系并确保所有的营销活动计划和整合营销传播计划顺利实施。

二、数据库与客户关系管理

计算机和网络信息系统为数据库建设提供了可能性和方便性，因此运用数据库进行客户管理，就是对现有客户和潜在客户的认识、了解和管理。而所谓数据库实际上就是相关信息的集合，以一种可获取和分析的方式存储和组织信息。一个顾客数据库就像是一个编制了目录索引的卡片箱，其中详细记录了顾客的姓名、地址、联系方式和相关资料。公司营销管理部门根据这些资料，不必花费很大的资金就能够制定相应的客户管理系统。建立数据库的一个突出的优点就在于：过滤过去客户管理中存在的一些模糊和不能区别对待的现象，这一方面是因为对客户情况掌握得不够充分，无法做到有针对性的客户管理；另一方面由于客户数量庞大，简单的人力管理往往力所难及。而数据库管理运用计算机和网络，可以储存和处理大量数据，客户资料在电脑数据库中得到了系统化处理，营销人员可以根据不同的客户条件，很容易就找到相应的目标客户。

以计算机和网络为依托的客户数据库，不仅是一个简单的客户储存系统，而且还是一个高效的客户资料分析系统。客户管理人员通过客户资料排列和分析，可以清楚地了解客户的相关情况，并通过对客户的明确细分，使得客户不再是一个抽象意义上的消费符号，而是一个具体可感的人。每一个人或者每一类型的人都有自己的个性和特定需求，也有与之比较匹配的接触方式，而这种需求个性和接触方式随着环境变化也会有所变化。基于计算机技术建立的客户数据库，可以设置不同的客户参数，根据客户需求的不同侧面使每一个客户呈现出个性化的特征。

创建客户管理系统的基本依据是数据库，这个系统除了对现有客户资料进行系统优化之外，还可以对现有客户进行追踪，以保证对客户各种需求的满足。比如，移动电话公司根据客户的资料为手机用户建立了用户档案，并通过网络系统和客户保持密切的互动联系。很多手机用户都会发现，当他们离开或者返回服务区的时候，都会收到来自移动公司的问候。为了便于有效管理，移动公司还根据用户使用情况对客户进行归类和划分，把客户分为一般客户和高端客户。高端客户是公司最为稳定的服务对象，为此公司对高端客户分别发放贵宾卡，凭卡可以享受一系列的优惠服务，而且每一个高端客户都配备有客户经理，客户经理与客户保持一对一的沟通，可以随时解决客户的有关问题。

客户管理的明晰化和具体化，还体现在数据库可以促成营销传播信息个性化。所谓个性化信息包括了三个层次：第一个层次是必须发现特定的顾客，但是简单的在发给客户的信息上注出对方的名字显然还不够，所以进一步必须上升到与客户的信息互动。第二个层次是与客户的有效互动，包括有关销售、顾客意见和问题咨询等。把这些上升到一个更高层次就是第三个层次，即运用数据库记录客户的具体问题，并根据客户要求提供相应的解决方案。这种具有个性化的信息传播，由于具有很大的针对性，因此也很受客户的欢迎。而当一个公司的数据库服务上升到这个层次之后，它就不只是一个简单的公司用来收集客户信息的工具，而且还成为密切联系客户的积极反馈系统。

三、数据库应用于品牌营销

并不是所有的品牌都认识到数据库的价值，有不少营销机构拥有很好的数据库，但是却没有得到充分合理的利用。事实上数据库可以应用于品牌关系管理从获取阶段、保留阶段、成长阶段到再获取阶段的每一个阶段。可以说在数据库中，几乎包含有品牌发展战略在不同阶段所需要的信息。数据库不仅有利于准确定位顾客和消费者，而且便于与顾客和消费者进行双向沟通交流。尤其是对于品牌建设而言，决定品牌价值的一个重要量度，就是顾客和消费者对于品牌的忠诚度，即品牌对顾客和消费者的保留。

建立双向沟通系统的最佳方法是，利用许多不同形式的资料库或策划资料库营销专案计划。即由不同的管道传达资讯给消费者，并依靠这些个别的管道，积极地寻求消费者回应。这些寻求消费者回应的做法，除了运用传统的广告方式外，也许还有很多促销手段，如寄出直邮信函、电话访问、购物卡以及其他的让消费者回复的方式与做法。计算机的普遍运用极大地简化了信息处理的方法，即便是对于大规模市场的消费品顾客，只需要手指的敲击便可以获得相应的信息。在数据库中，由于顾客资料的完整又使得采取一对一交流成为可能。

更进一步说，要保留顾客就必须真正考虑顾客的利益所在，因此听取顾客反应与交流具有同等重要价值。有关顾客交流的信息被输入到数据库中，从而使一对一交流时可以更加方便运用。存储顾客交流信息表现出对忠实顾客的个人尊重，不仅便于进一步交流也有利于积极的品牌传播。在这种交流中，公司不仅是一个单纯的倾听者，它还必须对顾客进行回应，并随着问题和机会的出现做出适当的调整。比如，顾客在交流中有大量的询问，这就表明需要为顾客提供更多的有效信息，或者重新设计产品以减少问题。又如，当顾客对某一方面的称赞数量超出一般时，公司也需要检查这些称赞是否与产品利益点相关联，这些是否可以用来改变现有的营销传播信息。与此同时，也可以把顾客称赞传递给公司内部各部门，以此激励员工改进工作。

在网络化的品牌营销中，数据库可以承载一切能够数据化的东西，就是说可以把各种资料转化为数字表格，这些经过计算机储存的信息，有文字、图像、数字等，声音也可以从模拟形式转化为数字形式。数据库依靠计算机的程序设计，可以很快地将这些形式恢复为易于识别的形式，也就是说我们在计算机屏幕上所看到的各种信息资料都是已经被数字化的信息。数字化是融合的驱动者，它融合了不同媒介，把文字、图案、声音压缩在一个同名形式之下，让电台、电视和计算机，甚至是移动电话合并成为一个简单的传播设备，实现一种网络化的信息传输。任何一个品牌如果能够比它的竞争对手更加了解顾客和消费者，洞悉其需求和欲望之所在，那么它可能留住的最佳顾客就会更多，就能够创造更大的竞争优势。由于数据库的运用，使得品牌营销摆脱了传统营销传播中的模糊和简单程序，使得品牌与顾客的直接接触变成了一对一式具有针对性的交流对话，而且也极大地降低了不确定促销中的交易成本。

案例分析 11-2

花旗银行的客户关系管理

花旗银行多年来一直稳坐全球银行业头把交椅，是公认的全世界最好的、最成功的银行，也是全球国际化程度最高、综合化程度最高的银行。曾经有人评价花旗银行：凡是有钱可赚的地方，花旗都去了；凡是能够赚的钱，花旗也都赚了。花旗银行在全球 100 个国家为 1 亿客户服务，包括为个人客户提供广泛的金融产品服务。花旗银行建立了一个横跨六大洲的网络，在世界 100 个国家，设有 3400 多个分行或办事处，利用了最先进的科技，针对每个市场的运作进行深入的了解，透过花旗银行的环球网络，运用遍布世界各地分行或办事处的人力、管理及财力资源，从而为各个市场的特殊需求提供最佳的方案。无疑，花旗银行是具有创新意识的银行之一，尤其是在市场拓展方面，它所采用的数据库营销与众不同。创建数据库当然是为了更好地了解客户，以便为客户提供产品设计和金融服务。花旗银行正是借助于具备智能的 CRM 软件系统，使得其与客户的关系更加密切。

CRM 软件系统，首先是一个庞大的信息库。它可以说是花旗银行的"百宝囊"，信息主要包括：客户的基本信息，如姓名、性别、职业、职位、偏好、交易行为、什么时候使用了他们的产品、交易时间有多久等；统计分析资料，包括客户对银行的态度和评价、信用情况、潜在需求特征等；银行投入记录，包括银行与客户联系的方式、地点、时间；客户使用产品的情况等。数据库的基本资料不仅靠人工输入，还在客户使用银行产品的过程中，自动被数据库记录下来，减少了信息调研所付出的人力资源。CRM 软件系统还具有智能挖掘功能，这也是 CRM 最重要的功能，是 CRM 根据所储存的客户信息，综合进行分析，从而发现客户、与客户进行良好沟通。由于实现了数据化，这种分析和沟通相对于人的大脑来说，在速度和准确度上都有很大的提高，这就为花旗银行的营销节省了大量的人力和物力。从你在花旗存第一笔款或者更早的时候，你就是 CRM 系统中的一名客户了，你的一举一动都难逃它犀利的眼睛。你刷卡了、刷了多少次、取钱了、取了多少钱、贷款了、贷款做什么用了，甚至你三个月后想买什么，CRM 都一清二楚。

每个人都有一些消费习惯，这些习惯也会被 CRM 捕捉到，它可以根据一点点蛛丝马迹，分析预测出你将来的消费倾向，以便及时跟进营销活动，选择合适的产品推荐给你。"如果我们看到某个客户在分期付款购买汽车时很快就要付最后一笔款时，我们就可以根据客户的消费模式预测出这位客户很可能在 6 个月之内再购买一辆汽车。于是我们便可以及时准确并且抢先让这位客户知道，我们银行会有特别优惠的汽车贷款利率给他。我们马上便会寄去我们银行购买汽车分期付款的宣传品。"花旗银行 CRM 能透视到你口袋里有多少钱，或者将来会有多少钱，凭此它可以判断你的钱会给银行生出多少利润。根据这个判断，CRM 会帮助银行进行取舍。识别客户是否盈利、盈利多少，由此来区分庞大的客户群，只有 CRM 才能做得到。作为盈利客户你一直忠贞不贰地与花旗保持关系，CRM 同样也会了解到这一情况，它会通知银行给你折扣、奖励等优惠，这会让你感到忠诚对于客户来说也同样是有益的，尤其是在你还没有感到这一点的时候，花旗的做法会带给你一个惊喜。

花旗银行在经营个人金融业务过程中，注重进行客户分层和产品市场定位，向优质客户提供更完善、周全的服务。如在花旗银行上海浦西支行，营业厅分为两层：一层是"一对一"式的理财咨询柜台和贵宾服务间，现金柜台在二层。这种布局显然表明了花旗银行的细分市场与目标市场的不同。现金的存取款不是银行主业，多元化投资理财才是银行着力培养的市场。那些只想存取款的客户只好每次都要"费力"地爬二楼，而那些有足够财力进行投资理财的，就可以接受花旗银行理财顾问共同的面对面服务，存款大户更是可以进入更为私密的单间选择更为细致的服务。香港花旗银行对"百万富翁"级的客户，实行"三对一"服务，即客户经理、基金投资经理和外汇投资顾问为其服务，最近又改为"四对一"，即在原来的基础上再增加一名理财助理，可见其对优质客户的重视程度。

从花旗银行的个人金融业务的特点可以看出，按照营销管理的思想，以差别服务为特色，以先进的计算机设备和软件为依托，由银行专家型人才根据客户需求，对各种个人金融产品进行有针对性的业务组合和创新，产生出满足中高层个人客户增值、保值资产及安全、方便投资需求的一种个人综合金融产品。花旗银行在数据库营销、客户管理方面的优势，是其处于获取竞争优势的一大法宝。

1. 客户服务理论的深度研究

为了实现对客户服务的最佳程度，花旗银行认真研究了客户银行消费心理。顾客活动周期（CAC）这种模式涵盖了顾客购买前、中、后所进行的全部活动。研究顾客活动周期的过程是，描绘出顾客追求他们想要的结果所经历的几个关键增值阶段，然后对每个关键阶段的增值机会进行评估。1990 年初，花旗银行便采用这一方式实现"花旗银行业务"（Citibanking）的使命。研究成果之一表明，顾客在对其财务实行跨边界管理时往往力不从心。花旗银行通过该使命，决心为顾客提供连续的全球服务，使顾客无论在家里还是办公室，在慕尼黑还是东京，都能享受这种服务。正如花旗银行管理层所看到的，顾客在银行开户后，他们便开始接受银行的服务。顾客每天利用银行设施管理他们的财务时，这种经历就会持续下去。

2. 灵活分析客户的需求变化

花旗银行发现，超凡的投资技巧和卓越的投资效果正是顾客对银行不断加码的要求。花旗银行开展网上服务后，便要求其顾客提供所有相关信息，然后立刻输入电脑，建立一个能不断更新的主控文档，通过这个文档，所有花旗银行的网点及时地掌握所有客户的最新动态，根据客户的变化采取不同的措施；每个网点都配有打印机，可以随处打印出客户对账单；标有顾客姓名及号码的花旗银行卡可以当场制作出来；电话服务网络使顾客无论何时都可以管理自己的账户，并可以采用几种外币进行全球交易；为了能够长期保持这种业务关系，银行还能够为顾客的长期投资以及财务决策提供咨询和长期建议。

3. 完善的客户关系管理制度

花旗银行在制度上主要做好几点：第一，与客户保持"连续关系"。选派最好的员工加强与客户的联系。高层管理人员不惜花费大量的时间拜访客户。通过各种活动和客户进行交流。例如，花旗银行为了加强与客户的联系，经常为客户举办招待酒会、宴会、邀请少数大客户周末去郊区活动，观看演出、运动会等。第二，为客户提供全面的服务。花旗银行对个人客户能提供全面的商业银行各类服务，包括资产管理、保险、个人理财、咨询顾问，甚至旅游服务等。第三，为客户提供个性化服务。从出售产品向出售方案转变，客户不再是银行某一产品和服务的接受者，而是银行提供方案的订购者；不仅为客户提供单项产品和服务，而且是客户的长期支持者、伙伴。对客户市场进行细分并分类，在此基础上实施有效的市场定位，针对不同层次的客户提供适合他们需求的金融产品和服务，使银行服务由统一化、大众化向层次化、个性化转变。第四，实行客户经理制。花旗银行分支机构普遍设有公关部，实行客户经理制。公关部是银行专门负责联系客户的部门，每个重要客户在公关部都有专职的客户经理，客户有任何产品和服务需求，只需与客户经理联系，如有必要，再由客户经理与银行有关部门联系处理。客户经理负责与客户的联系，跟踪客户的生产、经营、财务、发展等情况，协调和争取银行的各项资源（产品），及时了解并受理客户的服务需求，负责银行业务拓展、宣传以及信息收集。相当一部分花旗银行分行把原在一层的营业厅改为公关部，以方便客户咨询与联系，更好地为客户服务。

案例来源：卫军英：《整合营销传播典例》，杭州：浙江大学出版社，2008 年版。

287

➡ **思考题：**

    1. 在品牌营销中引入数据库主要着眼于哪些方面？

    2. 从花旗银行案例看数据库对品牌营销有哪些具体贡献？

第十二章

品牌整合传播

学习目标

知识要求 通过本章的学习，掌握：

- 品牌整合传播的基本内涵
- 品牌接触点管理的主要任务
- 什么是可获利的品牌关系
- 品牌关系中的利益平衡法则
- 品牌营销的终极追求是什么

技能要求 通过本章的学习，能够：

- 理解品牌接触点管理要素
- 把握品牌整合传播的基本特征
- 具体规划品牌整合营销传播

学习指导

1. 本章内容：整合营销传播以及品牌整合的基本概念、工作性质；品牌接触点以及接触点管理方法；可获利的品牌关系以及品牌关系中的利益平衡；品牌关系是品牌整合传播的终极价值追求。

2. 学习方法：通过抽象思考，提升理性认识；从企业经营的根本追求上看待品牌，超越简单的品牌观点，理解提升品牌关系是品牌营销的终极价值追求；结合现实从接触点出发处理好各种品牌关系。

3. 建议学时：6 学时。

第十二章　品牌整合传播

招商银行从细节入手管理品牌

相对于中国许多老牌国有银行来说，成立于1987年4月的招商银行只能说是银行业的一个新兵。然而作为中国第一家完全由企业法人持股的股份制商业银行，它在短短20年的经营发展中，取得了辉煌的业绩和令人瞩目的品牌成就。招商银行多年来被评为最受尊敬的中国品牌之一，如今它已经赫然居于中国最有价值品牌的最前列。一个品牌的成功有多方面的因素，在招商银行的品牌建设中，通过创新和服务实现品牌价值提升，具有非常重要的借鉴意义。对此我们观察一些小的细节，就可以有所理解。

一位普通消费者曾经谈到招商银行的一个细节："比如，装钱的信封，工行的一年复一日白色，为了统一CI效果，交通银行的是草纸的牛皮纸信封。而招行，比较个性化。快过年了，送的是红色的跟红包一样的信封。'恭贺新禧'几个字，很喜庆，说明它多为用户着想了。如此小细节，让人喜欢。"招商银行的这种做法与它的经营理念有关，按照招商银行行长马蔚华的解释就是"因您而变"的服务理念："因您而变"，就是以市场为导向，不断地进行产品和服务创新，以满足客户日益增长的金融服务需求。当银行普遍高高在上时，招行却把客户视为上帝，千方百计为客户提供高效、便利、体贴、温馨的服务，用服务打造品牌和差异化优势。实行挂牌服务、接受客户监督、提供上门服务、星期日储蓄全天营业、一句亲切的问候、一杯香浓的咖啡、风雨中一把适时递送的红伞……正是这一连串举措为招商银行赢得了不少赞誉；和其他银行相比，更是形成了营业厅服务差异化的竞争优势。当其他银行的客户在柜台前排起长龙等待办理金融业务的时候，招商银行率先推出叫号机，让客户休闲地坐在椅子上，享受着书报杂志、牛奶茶水咖啡，看着电视等着办理业务，并由此衍生出微笑站立服务、设置低柜服务，改变传统银行冷冰冰的面孔和服务模式。当多数银行的客户频繁往返银行柜台之间办业务时，招商银行又抢先出台了一系列自助银行服务措施：国内银行业第一张多功能借记卡——"一卡通"、国内第一家成熟的网上银行——"一网通"、第一家24小时自助银行、第一家24小时炒汇厅等。随着客户金融服务需求日益多样化，选择性也明显增强。招商银行强调要尽可能地满足客户的金融服务需求，为此又迈向了"个性化服务、专业化管理"的新阶段：分层服务、差异化服务，提供量身定制的"一对一"服务和个性化服务，配套以专业化的客户关系管理，使客户结构进一步优化。在做好传统大众客户服务的同时，招商银行着力全面提升客户价值，客户服务不断细化。率先提出了客户分层服务的概念，并在国内建立了首家财富中心，推出"金葵花"理财品牌及服务体系，全方位为客户提升生活质量。当时国内个人业务的高端服务尚属一片处女地，"金葵花"又一次成为招商银行服务创新的代表。从个性化服务品种的推出、服务品牌的创立，到服务环境的改善、理财品种的创新和多元化等，招商银行一步步把客户引入了大门，并且凭借对高端客户的周到服务在众多银行中脱颖而出。

案例来源：卫军英：《整合营销传播典例》，杭州：浙江大学出版社，2008 年版。

➡ **思考题：**

1. 品牌营销为什么要关注每一个品牌接触细节？
2. 什么是品牌的接触点管理？

第一节　品牌的接触点管理

品牌的建设和维护以及品牌发生影响的过程，无不是与顾客以及相关利益者发生接触的过程，所以品牌营销和品牌管理实际上也是对品牌接触点的管理。接触点本身不仅是一个品牌信息传播问题，而且还是一个品牌管理的基本途径。通过对品牌接触点的管理，可以使品牌营销更加具有针对性和可操作性，而且也更加有利于品牌关系的维护。

一、接触点及其价值

对于许多传统营销人员来说，接触点是一个全新的概念。在传统营销传播中，品牌信息通常是采用大众传媒，如电视、电台、报纸、杂志、邮件、展示以及其他的可以受到广泛关注的传播中介，传达给顾客以及相关利益者的。但是随着品牌和相关利益者之间关系的复杂化，品牌信息的传播途径越来越多，顾客和相关利益人可以从多方面与品牌发生形形色色的接触，而这种接触在不同意义上都影响了其与品牌的关系，因此这就涉及对品牌接触点的管理问题。

所谓品牌接触就是品牌与相关利益群体趋向某个具体关联点上的行为和体验过程。顾客相关利益者所接触的公司或者品牌信息，通常分为计划内信息和计划外信息，以及介于两者之间兼而有之的产品或服务信息。我们把这些信息统称为接触信息，这些信息在传递过程中与顾客以及相关利益者发生关联的界面，就是信息接触点。接触本身可以说是一种固有的信息传播现象。传统营销传播是建立在以大众媒体为基本传播管道基础之上的，营销信息与受众的接触主要是通过大众传媒来完成。随着各种新技术手段的运用，各种交流互动的方式在不断得到应用，一些互动式媒体也受到了重视。但是从接触的角度看，公司及其产品、品牌与客户和相关利益者之间的信息联系，并不完全是通过媒体达成的。在营销传播现实中，从接触意义上看，客户和相关利益者得到的很多关于品牌的信息并不是来自通常意义上的媒体形式，我们称为非媒体接触。非媒体接触是指品牌与客户和相关利益者之间，通过一种非常规的甚至是偶然性的关联实现了信息接触，这种接触的中介形式往往不是固定的管道，也不具备某种普遍性。比如，某一个品牌不经意间被其消费者的亲友提起，也许说者无意，但是听者却十分有心，往往随便一句话就很可能改变后者对品牌的态度。这种传播接触具有极大的偶然性，也不具备固定性和公众性，几乎不包含任何技术性质，但是其影响力却毋庸置疑。

二、信息的可控与不可控

从接触的角度理解品牌信息及其传播渠道，我们发现品牌信息在影响顾客和相关利益者时，很大程度上呈现为一种无序化排列。这种无序化具体表现在三个方面：信息构成的无序化、传播管道的无序化以及传播对象的无序化。信息构成的无序化是指影响品牌关系的信息本身呈现为多因素、多层次，有些是精心设计的品牌信息，有些是未经审查的各种信息，还有些是无法预料的偶然信息；传播管道的无序化，通常表现为媒体形态和非媒体形态相互交错，信息流播的途径甚至难以把控；传播对象的无序化，则表现为品牌关系所涉及的对象不仅是顾客，相关利益群体很可能极大地超越传统的传播影响范围。在这里进一步认识品牌信息非常重要，简单地说这些信息通常可归为三大类型：计划内信息、计划外信息以及最终确认的产品或服务信息。

所谓计划内信息和计划外信息的提法，主要是从公司以及品牌自身的信息传播方向出发所设定的信息类型。公司及其品牌在与顾客和相关利益者接触过程中，为了准确表达自己的产品、品牌和服务价值以及相应的理念和观点，会有意识地设计和采用一些经过精心选择的信息，并通过特定媒介向顾客和相关利益者发出这些信息。通常情况下这些信息基本上都属于传统营销传播信息，如广告、销售推广、人员推销、销售材料、新闻发布、活动赞助等。计划外信息往往来自于公司及其管理部门无法控制的各种传播途径，如闲话流言、小道消息、商界评论、特殊利益群体的活动、对手的评论以及重大灾害引起的各种难以预料的信息等，有时候计划内信息也可能会成为计划外信息的来源。产品信息和服务信息则是由产品、价格、形形色色的服务或者各种流通元素传递出来的信息。和产品密切关联的信息包括了产品设计、功能、定价和分销传递中的所有信息；服务信息则是从公司或者品牌的业务代表、人员接待、秘书、送货人员、售后维护以及其他所有的服务类接触中获得的。作为顾客以及相关利益者对公司或品牌信息的一种感性认证，比之于计划内信息和计划外信息，产品或服务信息的表现力度更为强烈，而且它还兼具计划内信息和计划外信息的双重特点。从信息设计和执行来说，其本身具有可控制性；但是从信息发送和接受过程来说，这些信息所引起的各种反应却往往并不完全依照预期设想。所有的各种信息，从整合营销传播角度看，都可以简单地归结为可控性信息与不可控性信息两大类。

可控性信息主要是指那些以计划内信息为主体的信息元素，这些信息从信息选择、设计到信息通道、发送过程，甚至是接收对象，每一个基本要素都经过严格的筛选，所以信息处在一种可控状态，从信息接触点管理的角度讲，这种信息接触点比较容易管理。通常由专业人员所进行的各种促销、广告、公关策划、产品包装、陈列展示，以及经过专门培训的人员接触、精心设计的事件营销等，这些都有确定的目标、清晰的定位，品牌认识十分明显。所以公司及其管理阶层为之设定了相应的管理部门，如市场营销、广告策划、公共关系、文秘接待、物流配送等专业部门，以保证这些部门的工作有利于整个营销目标达成，这些在整合营销传播视野中都属于接触点管理。应该说这种管理是行之有效的，但同时也不能回避，这种可控性的管理在整个接触点管理中，只是很小的一部分，大量的管理应该属于对不可控因素的管理。通常情况下不可控信息的主要来源是多方面的，既有来自于计划内信息因素，又有来自于计划外信息因素以及产品或服务信息因素。之所以会出现这种情况，是因为即便是计划内信息，虽然由于公司及其管理部门在设定过程中已经给予了充分的考虑，但是由于噪音干扰和换位因素，对于顾客和相关利益人来讲，很可能在接受过程中出现不同的理解。比如，某大众产品在外包装上非常精美，也许对于公司或者品牌来说体现为精品高档象征，但是也许对于注重产品实惠的顾客而言会感觉是把金钱浪费在华而不实产品包装上。

三、有效实施接触点管理

接触点管理为品牌营销带来了新的思路。由于品牌信息的接触点远远超出了传统意义上的媒体，其呈现形态也多元化，因此接触点管理也比通常意义上的媒体传播管理更加复杂。通常情况下，顾客以及利益相关者的品牌接触，即接收到的与企业或品牌相关联的信息可以分为三大类型：计划内信息和计划外信息，以及介于两者之间的产品或服务信息。产品或服务信息既具有计划内信息因素，但是也不排除顾客以及相关利益者在感知过程中，由于自身原因意外生成的计划外信息。所谓接触点管理，主要是对这些信息途径的有效控制。

在接触点管理中，首要的工作便是详细列出公司及品牌相关的接触点，然后再对这些接触点加以评估，根据接触点的特征制定相应的管理措施。通常情况下公司的信息管理部门比较重视计划内信息，公司及其管理部门力图以此表达自己的产品或品牌价值，以及经营理念与社会责任，因此在信息的选择、设计和传播过程中，公司及其管理部门几乎拥有全部的信息主动权，其可以根据自己的需要做出一切有利于产品或者品牌的信息决定。但是必须注意的是，在营销传播过程中，虽然公司及其管理部门对计划内信息投资甚多，但是大多数情况下这些信息的影响力往往却最小。计划内信息通常属于可控性信息管理，很多的公司或品牌习惯于把管理资源投入到可控性接触点的管理之中，而在有意无意地回避那些计划外信息，忽略了不可控性接触点管理。计划外信息因其不可控性往往突破日常工作程序和既定轨迹，具有某种突发性和不可预测性，所以在接触点管理中尤其要引起重视。在管理这些计划外信息接触点时，主要有以下四个方面需要引起注意：

其一，员工信息。员工是公司及其品牌信息的重要来源，他们与公司及其品牌的特殊关系决定了其所传达的信息往往比较真实可信，对顾客和关系利益者影响力极大。员工的一言一行又直接关联着外在接触层面，它不仅传达正面信息而且也会传达负面信息，因为顾客和相关利益者对于来自员工的正面信息往往采取当然的默认，但是对于负面信息却反应极为强烈。其二，人际传播。人际传播指的是传播者以单个人作为主体，通过人与人之间的语言或者行动交流，达成信息交换。在公司或者品牌信息传播过程中，人际传播不仅包括了员工信息以及人员推销、演示介绍、相互推荐等，还包括了小道消息、私下议论和流言飞语等。其三，新闻媒体。媒体作为一种公众信息来源，可以独立报道有关公司或者品牌的各种信息。通常情况下，媒体对负面信息的热情要高于正面信息，这些信息具有接触面大和传播力强的特点，并且由于新闻媒体所特有的公信力，它们往往具有很高的可信度。其四，突发事件。突发事件一般来说都是些有悖于公司及其品牌良性发展的因素，在营销传播和信息管理中也都属于非计划性信息。而危机、灾难以及紧急事件往往是这些突发事件的主体，也是公司及其管理部门最不愿意看到的非计划性信息，这些信息往往会对公司及其品牌造成破坏性冲击。

接触点管理是整合营销传播中的一个重要内容，它所涉及的已经不仅是信息的制作与设计因素，更重要的还是信息关联与信息控制模式。因此在对接触点管理中，一定要了解不同信息之间的影响和相互作用，清楚各种信息的传播通道和交流模式，梳理出不同信息构成的基本因素及其关系脉络，以便于达成有效控制和管理。

 **案例延伸分析**

招商银行的接触点管理

　　服务是一项没有止境的追求，客户需要优质服务，而这种服务的内涵在不断地扩充与演进。在愈加激烈的金融服务竞争大潮中，招商银行选择了更具有挑战的战略，开始对所有可能与客户接触的界面和接触点进行全面优化，全面改善客户体验，来确保每一瞬间的满意，每一服务领域的满意，从而提升对整个招商银行的满意度。他们认为："这是一项庞大的系统工程，不单是针对营业大厅、不光针对高端客户，而是对招商银行所有网点、电话银行、网上银行等客户接触点，都要求提升服务品质，确保客户在任何时间、任何服务点都享受优质服务，通过所有的消费者接触点，用服务打造招商银行核心品牌。"2006年《亚洲银行家》的零售金融服务卓越大奖评选中，招商银行从亚洲17个国家122家银行的竞赛中脱颖而出，一举夺得"中国最佳零售银行"荣誉，显然，这与它注重顾客服务和服务创新理念有极大关系。在银行业经营中，各种金融产品、技术条件往往都很相似甚至毫无区别，可以说这些银行本身在硬实力上很难区分高下，只有服务创新才是"软实力"所在，而这种软实力的创新也最难以复制。分析招商银行通过服务实现接触点管理，可以发现它有自己明显的特征。

　　1. 服务不仅是业务需要也是一种商业目的

　　彼得·德鲁克说过："商业的目的只有一个站得住脚的定义，即创造顾客，""以顾客满意为导向，无疑是在企业的传统经营上掀起了一场革命。"美国著名的智囊公司——兰德公司，曾花费20年的时间跟踪研究了世界500家大公司后发现，百年不衰的成功企业具有一个共同的特征，那就是将客户利益看得高于企业的生产利益，能够根据客户的需求变化及时调整自身的经营策略与经营手段。国际先进银行的经营实践也表明，在竞争日趋激烈的市场环境中，商业银行只有将自己的经营坐标轴永远指向客户，以满足客户的需求为自身的经营准则，才会赢得更多的客户，取得更佳的经营业绩，从而实现更快、更好的发展。银行业是一个服务性行业，所以提倡服务精神似乎并不新鲜。但是在中国银行业是一个垄断性行业，过去由于自身的特殊地位，服务最多只是一个空洞的口号。银行与客户的关系就是服务关系，所以各种客户接触界面实际上都属于服务界面，服务完善就可以赢得客户，而只有从客户需求出发主动为客户着想，才可能达到服务完善。

2. 注重细节服务以保持接触点的持续管理

对于大多数公司和品牌而言，服务的模式并不难模仿，在银行业这点也不例外。招商银行在发展中曾经注重借鉴花旗银行的服务模式，这在国内银行还没有把服务作为重要经营手段的时候，具有全新的开创意义。但是随着服务理念的不断引进，银行业普遍认识到了服务的重要性，在这样的状况下，就要求银行服务向更加深入的细节延伸服务，做到人无我有，人有我新。比如，招商银行一项调查发现"金葵花"客户虽然各有特点，但却有几个共性：一是他们的年龄处在30~45岁，这个年龄段的人是上有老下有小，所以普遍对家庭和子女教育有着强烈的关心。二是对健康的重视，这种重视甚至超越了财富和工作。三是他们对理财非常重视，对金融产品的价格并不敏感。于是，招商银行针对客户对家庭和子女教育重视的特点，形成了一套全新的高端客户服务营销方案。招商银行选择了中秋节这个对中国家庭有着特殊意义的时间展开活动，令客户十分感动取得了非常好的效果。很多客户给招商银行的客户经理打电话表达自己的感动，因为这些人虽然家庭观念较强，但由于工作忙他们较少和家人有这样的机会。家人的欢笑当然带给客户的是满意，同时也能极大地稳定客户，毕竟这种力量对客户是最强大的。

3. 创新来自主动追求顾客变化的服务前瞻

招商银行提出"因您而变"的理念，它所追求的服务目标，本身就是中国银行业经营的一种大胆创新，当然也是提升品牌价值的一个绝佳路径。所谓"因您而变"就是一种动态，不断追随客户需求甚至前瞻客户需求的服务思想，因此它具有一定的主动性。服务不仅是银行业务的需要，同时本身也紧紧联系着顾客的接触。招商银行在服务中把握顾客变化，有效地把业务与接触密切结合为一体。比如，招商银行采用细分市场的方式，针对大学生推出了信用卡产品——Young卡。考虑到大学生群体对互联网的应用程度很高，Young卡的申请、使用介绍、后期服务等均通过互联网与学生进行沟通，除了最初需要签名的申请书之外，基本上没有纸质的文件。招商银行把信用卡寄给用户以后，用户在使用过程中有任何问题，如账单查询等全部在互联网上完成。同时招商银行有任何新举措，如促销信息等，也都是通过电子邮件与用户沟通。在女性产品的推广和应用上，招商银行也同样让互联网扮演了重要的角色。招商银行发行的Hello Kitty粉丝信用卡，目标人群是相对偏重女性时尚年轻人。这类持卡人的观念比较先进，刷卡消费会比较频繁，而互联网是她们沟通的重要渠道。因此，Hello Kitty卡发行的同时，招商银行就单独建立了专题网站，将Hello Kitty卡产品的申请、使用信息等放到了网上，同时也开展了一些线下的推广方式进行配合。从大学生到时尚女性，对于这些互联网使用频率较高的人群，招商银行通过网络与他们建立更为直接、互动性更强的沟通，在完成细分市场开拓的同时，也有效实现了接触创新。

案例来源：卫军英：《整合营销传播典例》，杭州：浙江大学出版社，2008 年版。

➡ 思考题：

1. 为什么说接触点管理是整合营销传播的主要任务？

2. 招商银行在接触点管理中有哪些特点？

第二节　可获利的品牌关系

创建品牌就其实质而言是企业谋求长期发展的营销战略，它超越了以往市场营销的简单交易追求，更加关注于品牌所带来的长远利益。从企业的品牌追求来看，衡量品牌价值的基本前提，就是品牌必须与顾客和相关利益者达成一种稳定的关系，而这种稳定的关系在为企业带来利益的同时也给顾客带来相应的利益，也就是说有效的品牌关系必须是一种能够获利的品牌关系。

一、有效的品牌关系必须是可获利的关系

所谓可获利的品牌关系包含着两个方面的理解：第一，这种品牌关系必须帮助企业更有效地达成经济目标，即保证企业的利润追求；第二，这种可获利的品牌关系不仅考虑到企业利益，与此同时还要考虑到顾客利益。从现实来看，任何品牌不论它如何构建自己的关系，都不可摆脱现实中一个非常重要的前提：品牌的创建和维护需要资金，而且很大意义上创建和维护品牌的成本要大于一般性交易，所以品牌必须要同时能够增加销售或者降低经营成本，我们可以从企业获利的角度对此加以分析。

简单地说，在企业的获利逻辑中价格是唯一的决定因素，与价格密切相联系的是交易成本，它不仅体现在与顾客的交易之中，而且也体现在与供应商、渠道商、企业员工以及各种层级的相关利益群体者的交流之中。对于大多数公司和品牌而言，在生产和经营过程中有两个相关利益群体是不可避免的，这就是供应商和分销商。它们分别代表公司及其品牌流转的上游与下游，直接关联到公司或者品牌存在的可能性，因此近些年来其在利益相关群体中的地位越来越重要。一个品牌如果无法处理好与它供应商的关系，那么其结果不但是原材料方面无法得到应有的保证，而且还会受到来自下游或者终端的质疑。相反，与供应商之间的良好关系不仅可以保证供应链的顺畅，而且来自供应商的美誉

也会增加该品牌的品牌效应。[①] 至于处在下游的分销商则更加显得重要，这是因为分销商不仅是单纯的销售渠道，更重要的是它直接联系着消费终端，是品牌和消费者实现接触的关键链条。良好的品牌关系和畅通的渠道，反过来又减少了品牌交易的难度，相应地也降低了交易成本，这就为品牌获利创造了优势。

从品牌管理角度讲，在保持一定的价格幅度同时，如果能够适当地降低交易难度、减少交易成本，则就能够获得相应的利润回报。所以在这里品牌的意义应该体现在它对交易成本直接影响从而创造利润上。[②] 但是很多企业对此认识并不充分，不少企业创建品牌的目的是为了提高产品价格，他们更看重品牌所带来的溢价。事实上从整合营销传播角度看，一个有价值的品牌所带来的不仅是价格提升，相反它还可以直接导致成本的下降。一个有价值的品牌在生产流程上同样应该具有获得优势的优先权，其内部认同延伸到管理上也必然是简捷高效，各种优势最终必然会反映在它的成本之上，也就是说一个强势品牌所带来的价值，很大程度上来自于它所提供的商品成本低于一般竞争产品。

比如，娃哈哈纯净水，作为一个强势品牌在其营销过程中，由于品牌因素不但有效地降低了供方的砍价成本，而且有效地降低了整个生产和流通成本。其结果是每瓶纯净水的出厂价降到了 0.8 元，这样反过来在营销中不仅使得消费者获得了实惠，而且又有力地保证了经销商的利益。由于在长期营销过程中通过诚信与经销渠道建立了密切的合作关系，直接经销商在一定意义上与娃哈哈形成了利益共同体，每年订货会经销商都是预先付款，而娃哈哈对这些预付款不但保证销售旺季的供货，还承担经销商们预付货款而产生的财务成本。这不仅有效地保证了企业的良好运行，而且在保证经销商利益同时帮助其承担财务风险，正是这种特别的品牌关系使得娃哈哈成了中国同行业中唯一款到发货的品牌。因此我们说，这种品牌关系就是一种有效的品牌关系，因为在这种品牌关系中，参与营销的各方面都获得了相应的利益回报。与此相比，有些品牌虽然在营销中显示出了一定的知名度和影响力，但是由于整个品牌关系的处理欠缺全面，也在一定意义上影响了品牌的获利。

二、构建可获利品牌关系必须保持相应的利益平衡

企业所有的品牌追求，归根结底都可以归结为获得或者保留，前者是就新顾客和新关系的建立而言，后者是就老顾客和老关系的维护而言。按照整合营销传播观点，在获得与保留两者之间，保留比获得具有更为重要的意义，因为

---

① 卫军英：《广告经营与管理》（第2版），杭州：浙江大学出版社，2007年版，第346页。
② 卫军英：《关系创造价值》，北京：中国传媒大学出版社，2006年版，第161页。

保留不仅可以使品牌关系更加提升一步，而且延长了关系周期从而使获得成本也相应地降低，因此在衡量品牌关系的基本指标中，品牌忠诚被看作是其中的最高层级。显然按照这种理解，在当今市场背景下绝大部分企业或品牌的营销传播追求，其侧重点并不是开发市场而是维护市场，即维护好与现有顾客和相关利益者的关系。如何维护好与现有顾客和相关利益者的关系？一个有效的解决办法就是建立互动沟通的整合营销传播机制，在这个机制内必须达成与各种相关利益群体，尤其是与顾客之间的平等对话。在很大意义上，这个平等的重要前提就是相互之间的利益平衡。

遗憾的是在这一点上许多企业做得并不充分，它们在品牌建设中忽略了与顾客之间的利益平衡。它们不仅没有与顾客达成良好的沟通，运用相应的反馈机制保证对话渠道的畅通，而且在根本上忽略了顾客和相关利益者，不适当地把企业利益放在第一位。尤其是忘记了在经营管理中对交易成本的控制，一相情愿地认为只需通过广告等多方面投入，就可以创造出著名品牌，而所有的投入都可以从品牌的超额效益中得到回收。这点在几年前那些广告"标王"身上已经得到了验证。今天用一种科学的眼光看待品牌的溢价现象，由于品牌消费本身不仅体现为使用价值，而且还是一种心理体验，消费者在很大程度上愿意为他们的心理满足付出更多的价格。这种现实导致了不少处于强势状态的品牌的拥有者，往往从自我利益出发，在与消费者关系达成过程中，过于关注品牌溢价和自身的利润获得，长此以往必然会失去忠实顾客的拥戴。这一点不仅很多本土企业如此，一些具有相当品牌价值的跨国企业也曾经因为不适当的利润关注，忽略了品牌关系中与顾客利益之间的平衡，结果导致了品牌关系失衡和整合传播出现障碍。如以品牌著称的宝洁公司，在进入中国市场之初曾经凭借品牌优势，不适当地提高产品价格。而正是这种对品牌与顾客之间利益平衡的忽视，导致其在与本土企业的竞争中受到极大冲击。以洗衣粉而言，曾几何时在宝洁公司和联合利华的夹击之下，中国本土品牌纷纷丢盔弃甲甚至是改换门庭。但是 2000 年以来浙江民营品牌纳爱斯以价格为主导迅速崛起，正面和两大品牌企业形成决战姿态，其新推出的洗衣粉只用了一年时间就登上销量第一的宝座。纳爱斯的成功很重要的一点，就是它认识到对消费者来说洗衣粉并不是一个高技术附加值的产品，而且也不具备明确的社交意义，因此不论如何神话品牌所带给消费者的心理补偿，都不应该使其价格远远背离消费者的需求认同。就品牌与顾客的关系而言，纳爱斯在竞争中所坚持的低价策略，恰好就是保持了与消费者之间的利益平衡。

2006 年以品牌著称的宝洁公司接连遭到市场的冲击，受到了消费者的质疑。尤其是护肤化妆品牌 SK-Ⅱ遭遇到全国性的信任风波，而宝洁在处理这起危机公关过程中的傲慢和对消费者的漠视，在一定意义上暴露出这个用传统手法创造的品牌神话，正面临着新的市场环境考验。从整合营销传播角度看，我们认为如果一个品牌在创立或维持顾客关系过程中，试图把自己的主要追求或者多余成本转嫁到顾客身上，那么最终结果只能是失去顾客。所以必须注意的是，可获利的品牌关系必须要与顾客保持相应的利益平衡，否则便无法持续。

案例分析 12-1

大宝品牌细分市场实现利益平衡

"要想皮肤好，早晚用大宝"，这句熟悉的广告语已成为中国电视观众记忆中的一道风景。在竞争激烈的化妆品市场，多年来大宝的市场占有率一直在攀升，由 1993 年的 8.91%，到 1996 年的 30.21%，再到 1998 年的 34.04%。大宝能够获得如此业绩，有一点大家无可否认的共识是：大宝进行了明确的市场细分，而且将市场定位在蓝领消费者，这在当时是被许多比大宝强大的品牌所忽视的。

实际上如果从价格和渠道上加以考察，在国内市场上与大宝一样定位于蓝领消费者的品牌还有很多，但是从产品的广告和品牌诉求上，却从没有像大宝这样将诉求对象明确确定为蓝领消费者的品牌。大宝品牌传播确定的目标受众是有一定的文化修养，但又属大众消费阶层的各类职业工作者，这些人对品牌的认知能力强，常常会产生品牌偏好，同时对价格又非常敏感，愿意购买质、价相称的产品。在传播诉求重点上，大宝强调的是：好产品，满足大众消费需求。在传播方式上，大宝所走的路子也与其品牌定位保持一致。它的电视广告走的是亲和路线，所有出现的人物都没有西装革履、香车宝马，而是明显的蓝领消费者特征。这与它的竞争对手形成鲜明的对比，一些产品虽然在价格和渠道上一样是针对蓝领消费者，但在广告诉求上，给消费者的感觉是针对白领阶层，形象代言人即便不是形形色色的明星，也是一身职业白领的打扮，这种诉求从形象上便给人一种虚假的感觉。

相对而言大宝是一个诚实的产品，其品牌就像它的产品一样，始终透露出一种真诚。它的目标群体是蓝领和大众阶层，其诉求也从不虚伪掩饰。因为大宝发现其目标消费者追求的购买目标是质价相称，或在心理上对某种满意产品有一个认为合适的价格预期，一旦某一品牌的市场价格超越了原有心理价格的预期值，他们就会放弃这一品牌而选择其他品牌作为替代品。但他们对品牌有着良好的忠诚度，在市场价格差距不是特别悬殊或没有太大波动的情况下，他们会钟情于原来自己所喜欢的品牌。正是由于实实在在地关注了目标消费者心理和利益需求，大宝才可能在满足特定消费群体价值需求的同时，也实现了自身的价值。一个品牌只有首先考虑到顾客如何从品牌关系中获得利益，才可能保证品牌从中获得利益。从某种意义上说，大宝成功的关键就是通过对市场的明确细分，进而实现了品牌利益与顾客利益平衡。

1. 通过细分实现品牌利益与顾客利益最大化

整合营销传播所认同的可获利的品牌关系，其中最重要的就是对可获利的顾客群体进行明确界定，因此通过有效的市场细分与顾客建立密切的品牌关系就成为一个重要任务。大宝的目标人群定位在30~40岁的工薪一族，在我国这个群体的绝大多数处于中等水平。随着化妆品市场竞争的加剧，市场区隔更加细化。国际知名品牌虽然通过不同品牌产品细化了目标人群，但由于在品牌特征的塑造上，都不愿意降低身份，而是把自己品牌塑造成年轻白领或者是时尚青年们的理想品牌。大宝就是利用了这些大品牌不愿"低就"的心态，以工薪阶层为目标人群的独有品牌概念来塑造自己，使自己在品牌利益上比其他的竞争对手品牌有更大的塑造空间和市场机会。通常市场细分的主要手段，就是按消费者的需求形态加以细分，而需求形态又是与消费者的年龄、性别、经济收入、文化程度、职业、所在环境等因素密切相关的。与此同时，由于市场细分是以消费者的需求为基础，那么从产品点来说，创造什么概念才能与之对接就显得尤其重要，同时此阶段也是品牌特征创造与品牌概念形成的过程。因此，这个时间段的市场细分过程已经不仅是为了满足消费者对产品的直接利益的渴求，还包括品牌所能带给消费者的利益。

2. 运用明确的概念传达品牌定位与顾客价值

品牌本身就是一种概念集合，因此大宝遵循了品牌进入市场的规律，以产品概念切入市场。大宝在它的品牌传播中明确定位于工薪一族，从而使得品牌概念得到了普遍确认，不但为自己赢得了市场空间，也准确地体现了品牌利益中的顾客价值。从顾客价值来说，大宝通过概念创造市场需求空间的过程中，似乎已经不是简单的产品概念创造的问题，而是包括品牌在内的综合因素问题。在中国化妆品市场，对于许多国际著名品牌来说，用已经概念成熟的品牌去创造一个新的产品概念，进而区隔市场当然是得不偿失的，或者说他们不愿冒此风险。因此我们可以看到宝洁的洗发水用了许多品牌的产品去区隔人群，目的也是不想用一个品牌去创造两个概念。而大宝却能在这种游离之间用SOD蜜、日霜、晚霜加以区隔，始终把自己的品牌定位在工薪阶层，这本身折射出大宝品牌集中关注的顾客群体以及这个群体的最大利益。虽然采取这种概念，其中也有国际品牌客观上不愿参与这一层面的因素，但更重要的则是大宝有效地利用了中国最大多数消费群体的心理和需求特征、不论从什么角度说这种做法都是对顾客价值的关注，同样品牌也因此从顾客认同中获得了自己的利益。

3. 言行一致的诉求策略赢得顾客对品牌的信赖

中国化妆品市场的广告和营销推广中，有一个非常明显的现象，就是各种品牌往往都把自己包装成为高层次的产品，在概念推广中通常采用一些具有高端倾向的传播策略。但实际上大多数品牌所针对的顾客未必是高端客户，这在一定意义上表现为品牌定位和传播与顾客认同的脱离。从品牌信息传播而言，按照顾客对品牌信息的认同有三个方面：计划内信息、计划外信息和产品或服务信息。品牌本身脱离顾客所传达的高端信息，只能属于一种计划内信息，它还必须与计划外信息和产品或服务信息达成一致，尤其是后者显然属于顾客所进行的信息确认。如果产品或服务信息与计划内信息出现脱节，则顾客就会认为品牌本身言行不一，并因此对品牌失去信任。对此零点调查公司的袁岳评价说，这种产品定位与传播对象分离的做法，会让消费者无所适从，虽然有部分蓝领消费者会向往针对白领阶层的产品，但调查显示，蓝领的中坚人群在消费习惯上，还是比较倾向于购买与自己身份相一致的产品，此外由于市场上针对白领阶层的化妆品品牌繁多，就算部分蓝领消费者会选择消费针对白领阶层的产品，那你的品牌也仅是众多选择中的一个。从这个意义上说，大宝坚持面向工薪阶层的品牌策略，有利于获得顾客的认同和对品牌的信赖，这也是它品牌传播中策略整合的一个成功因素。

案例来源：卫军英：《整合营销传播典例》，杭州：浙江大学出版社，2008年版。

➡ **思考题：**

1. 可获利的品牌关系主要指哪几方面的关系？
2. 大宝在品牌建构中是如何达成可获利的品牌关系的？

第三节　整合传播终极价值

整合营销传播大师汤姆·邓肯在他的著作中，把整合营销传播的终极价值归之于建立品牌资产。它意味着营销和营销传播超越了单纯的交易追求和简单的信息传递，而现代营销的一个重要目标，就是通过维护和顾客以及相关利益者的关系，进一步提升品牌价值。从长远利益看，整合营销传播就是要通过品牌与顾客的沟通交流，强化和提升品牌关系并最终提升品牌资产。

一、以创新营销的价值核心为终极追求

早在 1973 年，现代管理之父彼得·德鲁克就说过："营销的目的就是要使推销成为多余。营销的目的在于深刻地认识和了解顾客，从而使产品和服务完全适合其需要而形成产品的自我销售。理想的营销会产生一个已经来购买的顾客。剩下的事就是如何便于顾客得到这些产品或者服务。"[①]虽然德鲁克所描述的是一种理想的营销前景，但是他在这里涉及了营销的真谛，营销必须从顾客的需求出发，给予其真正意义上的满足。因此长期以来现代营销坚持把开发优良产品，制定有吸引力的价格，并且使其易于被获得作为基本追求。

在竞争多元化和信息多元化背景下，很多公司把营销传播的重心放在了顾客注意力的追求上，然而当公司或品牌花大力气获得了注意力之后，往往又会发现单纯的注意力并没有创造出相应的市场利益。这一切都在提醒着一个事实，随着市场的变化营销传播仅满足于营造注意力还不够，一个品牌要想保持营销，就必须从单纯的信息传达层面上超越，实现与它现有或者潜在的关系方以及公众达成良好的沟通。也就是说，新型的营销传播既不是一个简单的信息传递问题，也不是一种单纯的顾客需求价值的满足问题；而是如何实现营销与传播完整地达成一致，并在一种互动过程中努力与顾客以及相关利益者构建稳定的关系，以此来最终实现品牌价值。相对于传统营销传播而言，这种创新价值可以简单地概括在两个方面：

1.通过强化顾客和相关利益者与品牌之间的关系提升品牌资产

传统营销传播的出发点无一例外的都是促销。不论是广告、公关，还是销售促进以及人员推销或者其他的营销传播手段。这种营销传播的基点在于，把实现销售任务作为直接目标，因此不论如何包装都不能掩盖其赤裸裸的交易追求。整合营销传播观点认为，营销传播的目的是建立并提升品牌价值，并不是简单的交易追求。而建立并提升品牌价值的途径，就是达成与顾客和相关利益者的关系，为了达成这种关系营销传播就意味着品牌与顾客及相关利益者之间的信息沟通和互动交流。因此整合营销传播也就意味着顾客关系管理、一对一营销、整合营销、关系营销以及策略性的品牌信息传播等。这些营销传播模式虽然侧重有所不同，但是归根结底却是出于同一目的：获得、保持或者提升顾客与公司或者品牌的关系。

---

① Peter Drucker, *Management*: *Tasks*, *Responsibilities*, *Practices* New York: Harper and Row 1973, p.63.

2. 运用不同的接触方式实现与顾客和相关利益者的交流和沟通

传统营销传播虽然也认识到需求价值，提出了市场细分概念，并且针对目标市场强调定位策略，但是它在设定营销传播模式时，无一例外的都是从营销者利益出发，站在营销者的角度对顾客或相关利益者进行单向信息诉求。这种营销传播不但无法实现信息的沟通交流，而且也无法保证信息传播的真正效益，这方面最有代表性的就是大众媒体广告的运用。随着营销传播中对品牌关系的考虑，以及对多种形态的传播接触方式的效果评价，在与顾客及相关利益者的沟通过程中，根据实际需要选择性地运用相应的接触方式，以保证最好的传播沟通效果，已经成为营销传播的新趋势。整合营销传播所追求的就是在与顾客和相关利益者的沟通过程中，不仅要保证所传递的信息清晰一致，而且要保证能够形成信息沟通和回馈。它对不同形态的接触方式加以综合管理，尽可能地使其发挥最大的传播收益。

二、品牌传播从形式整合走向本质整合

所谓整合的基本含义就是"完整"和"统一"、"协调"，它意味着在实现营销传播过程中，必须与消费者实现系统的、充分的接触与沟通。早期对整合营销传播的理解，主要是致力于各种促销形式的集合运用，以使传播影响力最大化。而广告和促销处在整合营销传播体系之中，其核心任务是组合成一个声音，用一个声音说话（Speak with one voice）。在整合营销传播（IMC）之前曾经风靡一时的企业形象识别（CIS）战略，在某种意义上也就是用一个声音说话。显然整合营销传播还不止于此，舒尔茨认为：

整合营销传播是发展和实施针对现有和潜在客户的各种劝说性沟通计划的长期过程。整合营销传播的目的是对特定沟通受众的行为实际影响或直接作用。整合营销传播认为现有或潜在客户与产品或服务之间发生的一切有关品牌或公司的接触，都可能是将来信息的传递渠道。进一步说，整合营销传播运用与现有或潜在的客户有关并可能为其接受的一切沟通形式。总之，整合营销传播的过程是从现有或潜在客户出发，反过来选择和界定劝说性沟通计划所采用的形式和方法。[①]

这是一种更成熟、更全面的整合营销传播观念，即把消费者视为现行关系中的伙伴，将其作为参照对象，并接受消费者与品牌保持联系的多种方法。在这里整个营销过程中的每一个环节都在与消费者沟通，众所周知的广告、公关、促销、直效行销等，都是不同形式的沟通传播，商品设计、包装、店堂陈

304

---

① 舒尔茨等：《全球整合营销传播》，北京：中国财政经济出版社，2004年版，第65页。

列、店头促销及零售店头广告，也是沟通传播，是整个流程中的一环。其至当产品售出之后，售后服务也成为一种传播。广告和促销的任务也有所转变，过去广告利用大众传媒实行单向诉求，促销重心放在激发和诱使，现在却要求双向沟通。双向沟通意味着厂商和消费者在进行着某种资讯交换的活动，意味着在双方之间存在着源于资讯交换与分享共同价值的关系。

美国科罗拉多大学的汤姆·邓肯（Tom Duncan）博士认为，随着顾客和关系利益人对公司重要性的日渐显著，一种以顾客为中心的组织结构比之于以公司为核心的组织结构更加富有成效。因此整合营销传播也就意味着顾客关系管理、一对一营销、整合营销、关系营销以及策略性的品牌信息传播等。这些营销传播模式归根结底都出于同一目的：获得、保持或者提升顾客与公司或者品牌的关系：①

简单地说，整合营销传播是一个运用品牌价值管理客户关系的过程。具体而言，整合营销传播是一个交叉作用过程，一方面通过战略性地传递信息、运用数据库操作和有目的的对话来影响顾客和关系利益人；另一方面也创造和培养可获利的关系。

企业和顾客之间是相互依赖、互相满足的关系。对于受市场利益驱动的企业而言，压倒一切的目的就是培养愉快而忠诚的顾客，因为只有顾客（而非产品或其他）才是企业的命脉。这种认识促使企业纷纷从简单的交易性营销转向关系营销——在企业与顾客和其他利益相关者之间建立、保持并稳固一种长远关系，进而实现信息及其他价值的相互交换。

305

案例分析 12-2

美的整合观念赢得终端

自 1993 年以"巩俐千金一笑"形成轰动效应极大地提高美的空调知名度后，1997 年由于种种原因市场占有率严重下滑，由第三名跌落至第七名。为此 1998 年美的调整组织架构、改变营销思路，将整合营销传播的概念引入空调营销，彻底改变传统的单一传播模式，采取以消费者需求为中心的双向沟通整合营销传播模式，配合有效的渠道建设和整体营销策略，经过短短 3 年时间，美的市场影响迅速回升，销量居全国第一名。美的所取得的成功，很大意义上是导入整合营销传播策略的成功。反思 1996~1997 年的营销工作，美的空调由于

---

① Tom Duncan, "IMC: Using Advertising and Promotion to Build Brands", Copyright ⓒ2002 by the McGraw-Hill Companies, Inc, p. 8.

观念落后导致决策失误，市场增长速度缓慢，1998 年市场推广工作面临的是如何成功地将 69 款新产品顺利让市场接受。这的确是一个难题，因为市场基础和网络严重落后于竞争对手，加之空调市场严重供过于求，必须打破原有的传播概念，用全新观念才是成功之本。[①]

通过对消费者购买空调行为的分析，美的发现有 68% 的消费者都会进行品牌转移。消费者的品牌忠诚度很低，而其购买理由也多数是基于新产品和新功能，而这些正是美的空调的强势：69 款新品很多技术指标达到国内顶级水平。很显然以新产品上市广告为龙头是符合美的自身特点的，大的传播方向很快就得到了确定。公司营销总经理方洪波强调：必须建立自己品牌的领导地位，按照自己品牌的独有个性去塑造品牌，美的空调的任务是首先完成销售目标，然后全方位进行品牌提升。为此确定美的空调品牌个性，定位于"消费者最想拥有的空调"，消费者使用美的空调之后发现"原来生活可以更美的"，并将此作为品牌沟通语言。在广告传播中品牌感性代言人利用了生活在寒冷地带的北极熊，利用北极熊的娱乐趣味性表演，打通技术术语的障碍，把广告诉求点植入消费者的心里，传播目标就是"为了今天的销售和明天的品牌"，利用新产品的独特卖点建立品牌的卓越。

然而，美的 69 款新产品再加上原有旧款产品多达 156 款，如何实现消费者的品牌记忆点？当年巩俐的千金一笑曾经为美的赢得了巨大声誉，美的以此为基础推出了副品牌策略：利用"星座"命名。这样既可以同明星保持联系，又可以用"星"代表宇宙、科技，再加上"星"属于冷色调，代表夜晚、安静、凉爽，吻合空调本身的属性。副品牌策略加强了美的空调产品利益点的记忆度，也解决了技术语言的障碍，缩短了与消费者沟通的距离。为了实现销售与品牌共同提升，美的根据市场需求迅速组织生产 32 机。广告创意利用了美的空调代言人北极熊在不同分贝环境噪音下的夸张表演，终于让人明白 32 分贝比乡村野外的夜晚还安静。这样安静的环境，可以让你一觉睡到大天亮。

在整个推广中广告只是作为先锋，紧接着是促销和系列公关活动的支持，整合传播的执行需要五指并拢齐打一处。美的整合推广主要包括广告、促销、公关、软性、现场推广和终端几大部分，怎样合理运用和默契配合及灵活掌握是活动推广成功的关键。市场调查表明每年空调购买者新婚家庭占 11.6%，这些年轻消费群体购买空调首先考虑的不是价格，而是新产品和新功能。美的"冷静星"针对这一消费群需要展开行动，买美的空调赠送美的电饭煲，并优先安装、免费检修，提升服务形象。美的冷气机公司投资 5000 多万元建立亚

---

① 李锦魁：《品牌颠覆》，北京：经济管理出版社，2005 年版。

洲最大柜机制造厂，这是一次提升品牌和鼓舞士气的机会，公司组织人力策划亚洲最大的柜机厂剪彩仪式，邀请全国150多家一级经销商参加和100多家新闻单位同时对外公布这一信息，取得了极大的公关宣传效果。在"冷静星"的推广中，各地还举办了有针对性的"真情你我、美的家庭"促销活动和"美的空调、关心社会、回报社会"等公关活动。

实现营销过程的全方位沟通，终端现场推广同样是很重要的环节。2000年美的在全国设立50个二级城市分公司，直接服务于终端，接受终端电话和邮件投诉，进行专项调查和对处理结果全程跟踪。美的认为，终端现场推广不能理解为商场柜台上摆样品，派一个导购人员或设立柜台奖那么简单。所以"冷静星"现场推广主抓两块：一是现场展示，二是现场接触管理（导购消费）。现场展示根据美的CI标准制定专柜、专卖店标准手册，从用材、标准色、安体等进行规范，同时对样机摆放、POP、海报、不干胶、吊旗、立牌统一规定摆放标准。为了让全国经销单位有统一执行规范，美的空调制定了专柜制作标准手册和宣传资料使用规范手册，要求全国所有经销美的空调的商场必须统一。让消费者进入任何一家美的空调商场，都如进入同一家感觉，提高消费者对美的空调的可信度。同时还在全国各大商场、空调专营店聘请或和商家共同聘请美的专职现场推广人员。并对他们进行专业培训，从企业介绍、产品了解、导购技巧、导购人员的自我管理等全方位进行培训。没有培训不允许上岗，考试不合格不允许上岗，对消费者进行全过程销售服务。现场推广人员对自己负责商场的产品销售后一周之内必须进行电话跟踪回访，若有问题立即联系售后服务人员进行解决。这使得美的空调在市场上建立了良好的口碑宣传，真正做到控制营销推广每个环节，对顾客全程引导和服务。

近年来在美的品牌营销传播中，一个明显的表现是随着美的市场深入，最初为其建立知名度和影响力的广告却变得越来越少了。然而美的本身的销量和品牌价值却在不断提升，如今它已雄踞中国白色家电销售前列，空调销售稳居第一。在这种营销传播的变化和业绩的获得中，导入整合营销传播观念是美的实现飞跃的一个关键。相对于一般的整合营销传播操作手段而言，美的对整合营销传播的导入是一种主动的选择，它不是简单地在营销传播中运用一些整合手段，而是把整合营销传播观念贯穿于整个营销传播过程中。

1. 整合营销传播观念的全面导入

从观念导入角度看，美的着重对营销传播观念进行三个方面的整合：其一是观念整合，所有的传播工作必须以消费者为中心进行。将传统传播概念进行适合于现实营销环境的延伸，美的空调从工作职责、业务流程和组织架构等多方面进行了改造，将营销传播的触角延伸到了企业价值链的各个环节，解决了传播什么、怎么传播、向谁传播、传播效果怎样等问题，广告推广只是其中的一小部分，是真正意义上的企业市场部门。其二是横向整合，将单一广告传播手段变成多种传播手段的综合。社会已从口语传播跨入视觉传播社会，同时面临媒体分散化、近似文盲（指人们越来越依赖符号、象征、图片、声音等传播形式获取信息）人口增加、消费者认知远胜于客观事实的现状，必须使传播的信息转化为概念、影像、图形、声音或经验等易于被消费者接受的形式，并能清晰辨认及分类。其三是纵向整合，将营销传播从单一的推广活动变为整个企业价值链的传播活动。传统的营销传播就是进行广告促销，大多数企业的广告推广人员核心工作是联络广告公司制作电视广告片和报纸广告菲林。然而事实上传播什么产品、怎样传播、传播给哪些人、在什么地方传播等问题不解决，不仅浪费企业资源，更可能贻误市场战机。因此美的设法使企业价值链的各个环节、每位员工都参与到营销传播中来，上至产品策略、下到渠道的推广等，这种将整合传播观念延伸运用于具体操作，充分体现了美的空调整合营销传播的全过程和创新手法。

2. 整合传播决胜终端增强品牌黏合力

特别要强调的是在美的空调实施整合传播过程中，对其品牌提升具有决定意义的是美的所采用的终端战略。美的家电营销平台所提及的终端是范围比较广泛的概念，不仅指一级市场的终端，更是二级乃至三级市场的终端，甚至凡是有产品消费者或是存在潜在购买者的地方，都是美的的终端。如果说广告和促销以及各种公关活动，更多的是帮助市场对品牌产生认知和理解，那么终端战略则真正影响了消费者的品牌偏好和品牌忠诚。抓住终端最大化和优胜化，就抓住了终端制胜的关键。在实际操作中终端业务包括：①直接激励零售商积极性——直接返利到商场；②对导购员队伍进行科学激励和实效管理，加强对导购员产品知识和素质培训，提高每个导购员"临门一脚"和"多进一个球"的能力；③完善对终端基层管理者产品知识、导购技巧、售点陈列维护、沟通技巧等业务培训，规范定期市场巡视制度，确保终端售点始终处于最佳状态；④贴心服务到终端和当地市场，直接与销售终端对话沟通，包括售后服务、电话回访和邮件投诉，以及对消费者问题处理结果的全程跟踪等；⑤推行文化营销，整个销售队伍向共同愿景和统一文化平台奋斗；⑥重视市场研究和消费者需求分析，通过全国大规模市场调研增强市场管理的透明度。

任何一个品牌要想谋求持续发展，就必须注重品牌关系的维护。美的把整合营销传播运用于终端建设，最大的收益就是获得了与经销商、消费者的多赢。在市场营销和营销传播中，单纯的广告、促销甚至公关宣传仅是一次短暂的品牌接触，它虽然具有一定的影响力但是缺少相应的黏合力。一个品牌如果失去了黏合力，那么单纯的广告、促销以及之前所建立的品牌影响很快就会消失，这显然不符合整合营销传播的观念。美的采取终端策略不仅弥补了一般媒体策略的不足，更重要的是通过终端策略，使得品牌沟通更加温馨、更加具有人性化的关怀，它在贴近经销商和消费者心灵的同时，也巧妙地为自己建立了二次传播的意见领袖。家电消费有一个很大的特点，就是几乎100%的消费者买家电前都会咨询亲朋好友，而90%的消费者把家电出问题维修正常置于重要选择。为此美的终端策略加强服务回访，这不只是企业对自己的用户进行促销，更重要的是实现了与用户的直接沟通，而正是这一点在消费者中为美的创造了良好的口碑，建立了人际传播中舆论领袖和口碑传播的良好效应。

案例来源：卫军英：《整合营销传播典例》，杭州：浙江大学出版社，2008年版。

➡ **思考题：**

1. 怎样理解品牌整合传播的基本内涵？

2. 美的为什么在品牌整合中提出决胜终端？

参考文献

[1] [美] 菲利普·科特勒、凯文·莱恩·凯勒:《营销管理》(第 12 版),上海:上海人民出版社,2006 年版。

[2] [美] 唐·舒尔茨、海蒂·舒尔茨:《唐·舒尔茨论品牌》,北京:人民邮电出版社,2005 年版。

[3] [美] 汤姆·邓肯:《整合营销传播:利用广告和促销建树品牌》,北京:中国财政经济出版社,2004 年版。

[4] [美] 大卫·艾克:《品牌领导》,北京:新华出版社,2001 年版。

[5] [美] 迈克尔·波特:《竞争优势》,北京:华夏出版社,1997 年版。

[6] [美] 巴茨等:《广告管理》,北京:清华大学出版社,1999 年版。

[7] [美] 汤姆·邓肯、桑德拉莫里亚蒂:《品牌至尊:利用整合营销创造终极价值》,北京:华夏出版社,2000 年版。

[8] [美] 索斯顿·亨尼格·梭罗等:《关系营销:建立顾客满意和顾客忠诚赢得竞争优势》,广州:广东经济出版社,2003 年版。

[9] [美] J.保罗·彼得等:《消费者行为与营销战略》,大连:东北财经大学出版社,2000 年版。

[10] [美] 艾尔·里斯、杰克·特劳特:《定位》,北京:中国财经出版社,2002 年版。

[11] [美] 艾伦·亚当森:《品牌简单之道:最佳品牌如何保持其简单与成功》,北京:中国人民大学出版社,2007 年版。

[12] [美] 大卫·艾格:《品牌经营法则》,呼和浩特:内蒙古人民出版社,1999 年版。

[13] [美] 加力·阿姆斯特朗、菲利普·科特勒:《科特勒市场营销教程》,北京:华夏出版社,2004 年版。

[14] [美] 埃弗雷特·M.罗杰斯:《创新的扩散》,北京:中央编译出版社,2002 年版。

[15] 王成荣：《品牌价值论：科学评价与有效管理品牌的方法》，北京：中国人民大学出版社，2008 年版。

[16] 余明阳等：《品牌学教程》，上海：复旦大学出版社，2005 年版。

[17] 张红明：《品牌人格化：品牌价值实证研究》，武汉：华中科技大学出版社，2007 年版。

[18] 宋永高：《品牌战略和管理》，杭州：浙江大学出版社，2003 年版。

[19] ［美］伯特·罗森布罗姆：《营销渠道》，北京：中国人民大学出版社，2007 年版。

[20] 何佳讯：《品牌形象策划：透视品牌经营》，上海：复旦大学出版社，2000 年版。

[21] ［美］罗瑟·瑞夫斯：《实效的广告》，呼和浩特：内蒙古出版社，1999 年版。

[22] ［美］艾尔·里斯、劳拉·里斯：《公关第一，广告第二》，上海：上海人民出版社，2004 年版。

[23] 卫军英：《现代广告策划》，北京：首都经贸大学出版社，2006 年版。

[24] 卫军英：《整合营销传播：观念与方法》，杭州：浙江大学出版社，2005 年版。

[25] 卫军英等：《品牌营销》，北京：首都经济贸易大学出版社，2009 年版。

[26] 卫军英：《整合营销传播典例》，杭州：浙江大学出版社，2008 年版。

[27] 卫军英：《关系创造价值》，北京：中国传媒大学出版社，2006 年版。

[28] 盛晓白：《网络经济通论》，南京：东南大学出版社，2003 年版。

[29] 姜旭平：《网络整合营销传播》（第 2 版），北京：清华大学出版社，2007 年版。

[30] 刘向晖：《网络营销导论》，北京：清华大学出版社，2005 年版。

[31] ［美］Stephen P.Bradley，Richard L.Nolan：《感测与响应：网络营销战略革命》，成栋泽，新华出版社，2000 年版。

[32] ［美］W.J.马丁：《信息社会》，武汉：武汉大学出版社，1992 年版。

[33] ［美］舒尔茨等：《全球整合营销传播》，北京：中国财政经济出版社，2004 年版。

[34] 李锦魁：《品牌颠覆》，北京：经济管理出版社，2005 年版。

[35] 李光斗：《卓越品牌七项修炼》，杭州：浙江人民出版社，2003 年版。

[36] 马谋超、陆跃祥：《广告与消费心理学》，北京：人民教育出版社，2000 年版。

后 记

　　品牌营销是现代营销中最具代表意义的一种竞争形态。作为一种立足于企业或者品牌长期发展的战略性营销活动，品牌营销是各种营销模式和竞争形态在更高层面上的集中反映。从某种意义上说，现代营销在本质上就是一种品牌之间的竞争，品牌贯穿于整个营销活动过程，体现在几乎所有的营销环节之中。就竞争优势和消费者选择而言，市场化程度越充分，则消费者的品牌意识就越显著，企业也越能从品牌中获得更多的竞争活力。同样在全球化背景下，市场营销的国际化程度越高，营销中对品牌的依赖度也就越高。

　　本书从品牌营销概念出发，对品牌营销的特征、路径以及策略和方法进行了系统全面介绍。对于品牌营销管理这一专业领域，学习的目的不在于简单地了解知识，而在于培养专业素养和实践操作能力。因此，本书在论述基本理论的同时导入实践性环节，把理性思考与案例分析相结合，力求深入浅出地展示品牌营销的丰富性和多样性，其要旨不仅仅局限于讲述有关品牌营销知识，更在于为品牌营销管理者提供可资借鉴的专业帮助。

　　本书的写作以我和任中峰博士合著的相关品牌营销著作为基础，吸收和引用了本人主编的《整合营销传播典例》中的大量案例，同时也借鉴了有关品牌研究专家、学者的研究成果，此外浙江大学卢小雁博士也参与了考试大纲的讨论，在此一并表示感谢。

　　书稿完成之际，恰巧是春天。2012 年的春天明媚而又温暖，阳光毫不吝啬地穿过明净的窗户照在室内，这个春天令人充满期待，禁不住想到了辛弃疾《汉宫春·立春》词中名句："却笑东风从此，便熏梅染柳，更没些闲。"在春天里播种，春华秋实，注定要有收获。

卫军英

2012 年 4 月于浙江大学城市学院

附：

中国品牌管理岗位水平证书考试
《品牌营销管理》考试大纲

教育部考试中心

目 录

I 考核能力要求

本课程是中国品牌管理岗位水平（初级）证书考试的必修课程，主要考核内容包括：品牌营销的基本内涵及其功能、品牌营销的特征及其基本模式、品牌营销与品牌传播的关系、如何构建品牌与相关利益者的关系、消费者需求与品牌开发、产品定位与品牌定位的不同、如何保持消费者的品牌忠诚、品牌认同的内容与方法、品牌市场策略、品牌渠道策略、品牌广告策略、品牌促销策略、品牌公关策略、品牌网络传播、品牌整合传播等。

通过以上内容的学习，要求考生了解品牌营销的基本知识和基础理论，把握品牌营销的基本方法，尤其是在观念上建立品牌营销思维，以保证品牌营销管理的顺利执行。在此基础上能够根据具体品牌现状和品牌发展需要，进行有关品牌营销规划、品牌营销策略制定、品牌营销方法选择等品牌营销管理工作。

本课程考试要求考核识记、领会、简单应用、综合应用四种能力。

识记：要求考生知道有关的名词、概念、原理、知识的含义，并能正确认识或识别。

领会：要求在识记的基础上，能把握相关的基本概念、基本原理和基本方法，掌握有关概念、原理、方法的区别与联系。

简单应用：要求在领会的基础上，运用所掌握的基本概念、基本原理和基本方法中的少量知识点，分析和解决一般的理论问题或实际问题。

综合应用：要求考生在简单应用的基础上，运用学过的多个知识点，综合分析和解决比较复杂的实际问题。

Ⅱ　考试形式和试卷结构

《品牌营销管理》是中国品牌管理岗位水平（初级）证书考试的必修课程，具体考试规则如下：

1. 必修课程考试采取闭卷、笔试的方式。

2. 必修课程考试时间为 150 分钟。试卷总分为 100 分，60 分为及格。

3. 考核范围包括本大纲考试内容所规定的知识点及知识点下的知识细目。

4. 试卷中对不同能力层次要求的分数比例为：识记占 20%，领会占 20%，简单应用占 25%，综合应用占 35%。

5. 试卷中试题难易程度分为易、较易、较难和难四个等级。每份试卷中不同难度试题的分数比例一般为 2：2：3：3。

6. 试卷中的题型有单项选择题、多项选择题、简答题、论述题、案例分析题。

Ⅲ 考核要求和考核内容

第一章 品牌营销概述

■ **考核要求**

基本考核内容	考核标准		
			内　容
1. 了解品牌营销内涵 2. 认识品牌营销思想 3. 熟悉品牌竞争特点 4. 明确品牌的功能与作用	知识	识记	(1) 营销以及品牌营销的概念
			(2) 品牌营销的特点
		领会	(1) 品牌营销观念的形成
			(2) 品牌竞争的主要特征
			(3) 品牌营销案例的认识与整理
			(4) 案例中的品牌营销价值分析
	技能	简单应用	(1) 能够找到现实中品牌营销现象
			(2) 对具体品牌营销现实进行简单概括
		综合应用	(1) 归纳出具体品牌营销有哪些作用
			(2) 能够系统分析具体的品牌营销价值

第二章 品牌营销特征

■ **考核要求**

基本考核内容	考核标准		
			内　容
1. 品牌与消费者关系 2. 品牌的营销张力 3. 分品牌营销基本路径 4. 品牌资源的营销应用	知识	识记	(1) 品牌营销的消费者效应
			(2) 品牌化的内涵与基本过程
		领会	(1) 品牌营销的基本方式
			(2) 品牌营销对企业的影响
			(3) 品牌营销案例的认识与思考
			(4) 案例中的品牌营销特征分析
	技能	简单应用	(1) 对现实中品牌营销特点简单概括
			(2) 分析现实中品牌资源的应用
		综合应用	(1) 对具体品牌进行品牌化思考
			(2) 尝试规划相应的品牌营销路径

第三章　品牌营销路径

■ **考核要求**

基本考核内容	考核标准		
			内　容
1. 营销与传播统一的特点 2. 品牌关系及基本构成 3. 品牌的各种相关利益者 4. 品牌关系的梯度	知识	识记	（1）营销传播及其概念
			（2）完整的品牌视角
		领会	（1）品牌是营销与传播的统一
			（2）品牌关系的基本内涵
			（3）结合案例认识品牌营销使营销与传播统一
			（4）为什么说品牌实质上所体现的是一种关系
	技能	简单 应用	（1）简单概括具体品牌的主要相关利益者
			（2）说明相关利益者对品牌营销的影响
		综合 应用	（1）对具体品牌的关系建构加以思考
			（2）尝试为其规划出相应的关系模式

第四章　品牌与消费者

■ **考核要求**

基本考核内容	考核标准		
			内　容
1. 消费者品牌需求动机 2. 消费者需求与品牌定位 3. 消费者的品牌忠诚	知识	识记	（1）消费者品牌需求动机
			（2）产品定位与品牌定位的不同
		领会	（1）消费者品牌需求的决策过程
			（2）影响消费者行为的基本动因
			（3）结合案例认识消费者需求特征
			（4）说明消费者需求与定位的关系
	技能	简单 应用	（1）简单概括具体品牌的消费者特点
			（2）说明相关品牌定位与消费者对应
		综合 应用	（1）从消费者忠诚角度分析具体品牌
			（2）尝试根据品牌特点为其塑造消费者忠诚

第五章 品牌认同策略

■ **考核要求**

基本考核内容	考核标准		
			内　容
1. 品牌认同的基本内涵 2. 产品在品牌认同的作用 3. 企业与品牌认同的关系 4. 消费者认同与价值认同 5. 建立品牌认同的途径	知识	识记	（1）品牌认同的概念
			（2）品牌认同的基本内涵
		领会	（1）品牌认同对品牌营销的意义
			（2）品牌认同的核心体现在哪里
			（3）结合案例认识品牌认同特点
			（4）说明品牌认同对消费者品牌忠诚的影响
	技能	简单应用	（1）简单概括具体品牌的产品认同
			（2）说明其产品认同是如何实现的
		综合应用	（1）尝试为某具体品牌建立品牌认同
			（2）强化顾客对具体品牌的某两方面认同

第六章 品牌市场策略

■ **考核要求**

基本考核内容	考核标准		
			内　容
1. 市场细分与目标市场 2. 市场细分方法与程序 3. 品牌定位观念与特点 4. 品牌定位的主要方法	知识	识记	（1）市场细分与目标市场概念
			（2）品牌定位的含义
		领会	（1）目标市场与品牌定位
			（2）品牌定位的运作流程
			（3）结合案例认识细分市场的特点
			（4）细分市场选择目标市场
	技能	简单应用	（1）简单概括具体品牌的目标市场
			（2）说明其如何根据目标市场进行品牌定位
		综合应用	（1）尝试在市场细分基础上为某品牌确定目标市场
			（2）根据目标市场为其实施品牌定位

附：中国品牌管理岗位水平证书考试《品牌营销管理》考试大纲

第七章 品牌渠道策略

■ **考核要求**

基本考核内容	考核标准		
			内 容
1. 渠道营销的基本内涵 2. 渠道对品牌的传播能力 3. 品牌延伸与渠道的扩张	知识	识记	（1）渠道营销的基本概念
			（2）品牌延伸的基本内涵
		领会	（1）渠道对品牌的传播能力
			（2）品牌营销中渠道的辐射与扩张能力
			（3）结合案例认识渠道建设与品牌营销关系
			（4）说明渠道与品牌之间怎样达成互动
	技能	简单应用	（1）简单概括具体的品牌延伸案例
			（2）说明其品牌延伸的特点
		综合应用	（1）结合渠道营销分析具体品牌延伸
			（2）从渠道与品牌关系角度提出相应建议

第八章 品牌广告策略

■ **考核要求**

基本考核内容	考核标准		
			内 容
1. 广告对品牌传播的价值 2. 促销广告与品牌广告 3. 传统广告品牌传播局限 4. 新媒体环境下的广告	知识	识记	（1）广告在品牌传播中的作用
			（2）植入式广告及其特点
		领会	（1）品牌广告的基本特点
			（2）促销广告与品牌广告的区别
			（3）广告传播中的品牌个性塑造
			（4）新媒体广告运用的特点
	技能	简单应用	（1）分析具体广告的品牌传播特点
			（2）指出其广告传播的不足之处
		综合应用	（1）为具体品牌进行广告创意
			（2）运用新媒体进行品牌传播尝试

附：中国品牌管理岗位水平证书考试《品牌营销管理》考试大纲

第九章　品牌促销策略

■ 考核要求

基本考核内容	考核标准		
			内　容
1. 促销的基本概念和方法 2. 品牌促销的特征 3. 品牌营销与忠诚度促销	知识	识记	(1) 促销的基本概念
			(2) 忠诚度营销的基本内涵
		领会	(1) 传统促销与品牌促销的区别
			(2) 忠诚度促销的主要形态及本质所在
			(3) 促销在品牌营销中有哪些作用
			(4) 著名品牌为什么也要促销
	技能	简单应用	(1) 有针对性地设计一个具体促销方式
			(2) 努力体现出促销设计对品牌的促进
		综合应用	(1) 从维护品牌关系角度提出促销思考
			(2) 为具体品牌制订忠诚度促销计划

第十章　品牌公关运用

■ 考核要求

基本考核内容	考核标准		
			内　容
1. 公共关系与品牌建设 2. 公共关系的传播特点 3. 品牌公关活动的策划	知识	识记	(1) 公共关系以及营销公关概念
			(2) 品牌公关的基本要素
		领会	(1) 公共关系的传播特点
			(2) 危机公关及其对应方式
			(3) 公共关系与品牌营销有什么共性追求
			(4) 品牌营销中公关有什么特别价值
	技能	简单应用	(1) 为具体品牌提出公关宣传重点
			(2) 对相关重点进行可行性说明
		综合应用	(1) 结合现状为具体品牌进行公关策划
			(2) 能够完成详细的公关策划方案

321

第十一章　品牌网络传播

■ 考核要求

基本考核内容	考核标准		
			内　容
1. 网络营销与网络传播 2. 网络广告与网络公关 3. 品牌与数据库营销	知识	识记	(1) 网络营销与网络传播概念
			(2) 数据库的含义及其价值
		领会	(1) 网络对品牌营销的影响
			(2) 网络传播有哪些新趋势
			(3) 从案例看网络营销的创新
			(4) 数据库对客户关系管理
	技能	简单 应用	(1) 结合自身感受说明数据库现象
			(2) 对周围网络广告进行归纳
		综合 应用	(1) 为具体品牌设计网络营销
			(2) 提出网络营销与数据库结合计划

第十二章　品牌整合传播

■ 考核要求

基本考核内容	考核标准		
			内　容
1. 品牌整合传播的基本内涵 2. 品牌接触点以及接触点管理 3. 品牌终极追求与可获利关系	知识	识记	(1) 品牌接触点管理的概念
			(2) 品牌终极追求的基本含义
		领会	(1) 品牌接触点及其价值所在
			(2) 计划内信息与计划外信息
			(3) 品牌接触点为什么要关注细节
			(4) 什么是可获利的品牌关系
	技能	简单 应用	(1) 指出具体品牌的主要接触点
			(2) 说明如何维持品牌的利益平衡
		综合 应用	(1) 从整合传播角度思考品牌关系
			(2) 制订一项有利于品牌关系的计划